VOLNEY

LES RUINES

VOLNEY

LES RUINES

OU MÉDITATIONS SUR LES RÉVOLUTIONS DES EMPIRES

suivies de

LA LOI NATURELLE ET DE L'HISTOIRE DE SAMUEL

NOUVELLE ÉDITION

REVUE AVEC SOIN D'APRÈS LES MEILLEURS TEXTES

Et précédée de nouveaux aperçus sur la vie et les ouvrages de l'auteur extraits des *Causeries du Lundi*, DE M. SAINTE-BEUVE

PARIS

GARNIER FRÈRES, LIBRAIRES-ÉDITEURS

6, RUE DES SAINTS-PÈRES, 6

—

1883

APERÇUS
SUR LA VIE ET LES OUVRAGES
DE VOLNEY

(Extrait des *Causeries du Lundi*)

———

Constantin-François *Chasseboeuf*, qui ne prit que plus tard le nom de *Volney*, naquit le 3 février 1757 à Craon, dans la Mayenne, « sur la limite extrême où la mollesse angevine s'efface, dit-on, devant l'âpreté bretonne : » pour lui, ce n'est point du côté de la mollesse qu'il penchera. Dans notre jeunesse, et quand le Moyen-Age était à la mode, je me rappelle avoir entendu regretter, au sujet de Volney, qu'au lieu de ce nom qui siérait aussi bien à un personnage de roman, il n'eût point gardé ce premier nom pittoresque de *Chas-*

sebœuf, qui rappelait un chevalier et haut baron poursuivant dans la plaine le vilain et piquant les troupeaux de sa lance : mais le commun du monde y voyait naturellement le vilain et le bouvier encore plus que le chevalier. Le père de Volney, avocat en crédit, à qui ce nom de Chassebœuf ne souriait pas et qui y avait gagné plus d'une raillerie, donna dès l'enfance à son fils celui de *Boisgirais*, qui ne fut que provisoire. Le jeune enfant perdit sa mère à deux ans et fut abandonné aux mains d'une servante de campagne et d'une vieille parente, gâté par l'une, grondé par l'autre. Il était déjà ce qu'il sera toute sa vie, d'une santé faible et délicate. Les terreurs que les deux femmes qui l'élevaient contradictoirement mêlaient à l'envi aux contes du coin du feu paraissent lui en avoir ôté tout le charme, et on ne voit jamais trace chez lui d'un tendre regard en arrière vers les années de son enfance. Mis à sept ans dans un petit collège tenu à Ancenis par un prêtre bas-breton, il y fut maltraité ; il avançait pourtant dans ses études et était à la tête de ses classes. Chagrin et méditatif par nature ou par suite de l'abandon de son père, il inspira de l'intérêt à un oncle maternel, la seule

personne de sa famille qui le visitât quelquefois.
Cet oncle décida le père de **Volney** à le mettre au
collége d'Angers, où le jeune homme acheva brillamment ses études. A dix-sept ans, son père,
qui continuait apparemment à se soucier assez
peu de lui, le fit émanciper, lui rendit compte du
bien de sa mère, qui était de onze cents livres de
rente, et le laissa ensuite se diriger à son gré.
Volney, qu'on nous représente, à Angers comme
à Ancenis, solitaire, taciturne, ne prenant aucune
part aux amusements de son âge et ne se liant intimement avec aucun de ses camarades, s'adonna à
la médecine et se tourna dès lors vers l'étude des
langues orientales. Il vint à Paris vers 1776, y
poussa fortement ses études de linguistique et
d'histoire, débuta par un mémoire sur la Chronologie d'Hérodote et brisa une lance contre Larcher,
il s'annonçait comme devant marcher sur les traces
du docte Fréret. Dès ses débuts, il fut présenté
dans la société du baron d'Holbach, y connut
Franklin, le monde de madame Helvétius, et toutes
ces influences se combinèrent bientôt, se fixèrent
en lui de telle sorte qu'il devint l'élève le plus original peut-être de cette école...

En 1781, ayant hérité d'une somme d'argent, six mille livres environ, son embarras fut de l'employer : « Parmi mes amis, dit-il, les uns voulaient que je jouisse du fonds, les autres me conseillaient de m'en faire des rentes : je fis mes réflexions, et je jugeai cette somme trop faible pour ajouter sensiblement à mon revenu, et trop forte pour être dissipée en dépenses frivoles. Des circonstances heureuses avaient habitué ma jeunesse à l'étude; j'avais pris le goût, la passion même de l'instruction; mon fonds me parut un moyen nouveau de satisfaire ce goût, et d'ouvrir une plus grande carrière à mon éducation. J'avais lu et entendu répéter que de tous les moyens d'orner l'esprit et de former le jugement, le plus efficace était de voyager : j'arrêtai le plan d'un voyage ; le théâtre me restait à choisir : je le voulais nouveau, ou du moins brillant. » Après quelques incertitudes sur le choix du lieu, il se détermina pour l'Orient, pour ce berceau des antiques religions; il se mêlait bien encore à son dessein quelque chose de la philosophie curieuse et destructive dont il était fils ; cette fois du moins, dans l'exécution, cet esprit négatif ne se donna point carrière comme plus tard. Volney fit un voyage savant, exact, positif, et l'écrivit avec des qualités de style rares, bien qu'incomplètes. Ce *Voyage en Égypte et en Syrie*, qui parut en 1787, est son beau titre.

Un voyage en Orient était à cette date une grande chose : là où Chateaubriand ira bientôt en cavalier et en gentilhomme, Byron en grand seigneur, Lamartine en émir et en prince, Volney se proposait d'aller un bâton blanc à la main. Il avait vingt-cinq ans. On raconte qu'il voulut, avant son départ, revoir Angers et l'oncle maternel qui avait eu quelque soin de son enfance ; là il s'exerça durant plusieurs mois par un régime actif et par des courses de chaque jour à ses fatigues nouvelles, et, quand il se crut suffisamment aguerri, il se mit en marche comme un valeureux fantassin (fin de 1782). En sortant de cette ville d'Angers où il avait passé les années de sa première et studieuse jeunesse, il se retourna un moment en arrière, salua les toits ardoisés qui brillaient dans le lointain, et pleura. On le dit, mais ce n'est pas lui qui nous l'apprend : jamais homme, jamais voyageur ne fut plus sobre et plus discret sur ses propres impressions que Volney. — Ce moment, pour lui solennel

O.

du départ, fut aussi celui où il changea le nom de *Boisgirais* qu'il avait porté jusque-là en celui de *Volney* qu'il allait rendre célèbre. On a dit que ce nom de *Volney* n'est qu'une traduction, en une des langues d'Orient, de celui de *Chasseb\œuf;* des érudits que j'ai interrogés là-dessus ne m'ont point donné de réponse satisfaisante.

Arrivé en Orient, après quelque séjour en Égypte, il comprit qu'il ne ferait rien sans la langue, et il alla s'enfermer durant huit mois au monastère de *Mar-Hanna* dans le Liban pour apprendre l'arabe. Plus tard il se lia avec un *cheik* bédouin; il s'était accoutumé à *porter la lance* et à *courir un cheval* aussi bien qu'un Arabe du désert. On entrevoit ainsi dans son voyage quelque trace de ce qu'il fit personnellement; mais, au rebours de ses devanciers et de ses successeurs qui aiment à se mettre en scène, Volney a pris, pour exposer ce qu'il a vu, une méthode d'auteur plutôt que de voyageur. Au lieu de nous raconter ses marches, l'emploi de ses journées, et de nous permettre de le suivre, il n'a donné que le résultat de ses observations durant trois ans : « J'ai rejeté comme trop longs, dit-il, l'ordre et les détails itinéraires ainsi que les aventures personnelles ; je n'ai traité que par tableaux généraux, parce qu'ils rassemblent plus de faits et d'idées, et que, dans la foule des livres qui se succèdent, il me paraît important d'*économiser le temps des lecteurs.* » Il a donc composé un livre, un tableau, et n'a pas senti qu'il y avait plus de charme pour tout lecteur dans la simple manière d'un voyageur qui nous parle chemin faisant, et qu'on accompagne. Il n'y a rien de Montaigne en lui. Volney a peur de tout ce qui est charme ; il semble craindre toujours de rien ajouter aux choses, et de présenter les objets d'une manière trop attachante : « Je me suis interdit tout tableau d'imagination, dit-il, quoique je n'ignore pas les avantages de l'illusion auprès de la plupart des lecteurs; mais j'ai pensé que le genre des voyages appartenait à l'histoire et non aux romans. Je n'ai donc point représenté les pays plus beaux qu'ils ne m'ont paru : je n'ai point peint les hommes meilleurs ou plus méchants que je ne les ai vus ; et j'ai peut-être été propre à les voir tels qu'ils sont, puisque je n'ai reçu d'eux ni bienfaits ni outrages. »

Nous avons vu, depuis, les inconvénients de la

manière opposée, le débordement des couleurs à tout propos, et le déluge des impressions personnelles. Volney, de peur d'y tomber, s'est rangé plutôt à l'excès contraire ; il affecterait au besoin l'aridité [1].

La publication de son *Voyage* en 1787 rendit Volney célèbre. Quoique, par la forme, ce livre n'eût rien de séduisant, et qu'il rompît par le ton avec la mollesse des écrits en vogue sous Louis XVI, quoiqu'il ne fût pas possible, pour tout dire, de moins ressembler à Bernardin de Saint-Pierre que Volney, celui-ci trouvait, à certains égards, un public préparé : c'était l'heure où Laplace physicien, Lavoisier chimiste, Monge géomètre, et d'autres encore dans cet ordre supérieur, donnaient des témoignages de leur génie. Volney fut le voyageur avoué et estimé de cette école savante et positive. L'année suivante (1788), il publia un écrit de circonstance, des *Considérations sur la guerre des Turcs*, dans lesquelles il parlait de ces peuples d'Orient en connaissance de cause et ne se montrait

---

[1] Lire au tome VII des *Causeries du Lundi* l'examen plein d'intérêt que fait M. Sainte-Beuve du *Voyage en Égypte et en Syrie*.

point défavorable aux projets de Catherine ; il exposait les chances probables de la guerre comme étant tout à l'avantage de la Russie. L'impératrice reconnut le zèle de Volney en lui envoyant par les mains de Grimm une médaille d'or. Lorsque Catherine se déclara contre la France et pour les Émigrés en 1791, Volney renvoya cette médaille en y joignant une lettre publique à l'adresse de Grimm, lettre plus solennelle encore et plus ambitieuse que patriotique. Il en résulta une réponse sous le nom de Grimm, mais qui était sans doute de Rivarol, satire amère, piquante et des plus désagréables pour Volney.

Sa renommée de voyageur et la confiance qu'inspiraient alors les hommes de lettres le portèrent aux États Généraux en 1789 : il y fut nommé par ses compatriotes de l'Anjou, et, comme tant de philosophes et de littérateurs, il s'y montra au-dessous de sa réputation. Il y décela un fanatisme froid que son *Voyage* ne laissait qu'entrevoir, et dont sa justesse d'esprit sur bien des points aurait dû, ce semble, le préserver. Ce moraliste qui se piquait d'être sans illusion se trouva pris au dépourvu sur la nature humaine. Ayant vu en Orient les effets désastreux du despotisme, il crut qu'il suffisait de la pure et simple liberté pour que tout fût bien. Il suivit le mouvement constitutionnel et même démocratique, sans y apporter les réserves et les craintes que de bons esprits concevaient déjà.....

Il y avait chez Volney un côté pratique, économique et réel, qu'on ne s'attendait pas à trouver chez un érudit si passionné pour l'étude et pour le travail du cabinet. Lors de la sécularisation et de la mise en vente des biens du Clergé, il indiquait dans *le Moniteur* du 2 mai 1790 un moyen simple et assez ingénieusement calculé de les vendre promptement et sans dépréciation; il avait hâte de voir se subdiviser les grandes propriétés et se multiplier le nombre des petits propriétaires. Il jugeait que c'était le grand intérêt de l'État et la garantie de la société nouvelle. Par ces côtés positifs, Volney était un membre utile de l'émancipation de 1789, mais il y mêlait une passion philosophique singulière, et, entre toutes celles du même genre qui éclataient alors, la sienne se distinguait par un caractère aigu et ardent.

On le vit bientôt lors de la publication des *Ruines*

en 1791. La vraie date des *Ruines* est bien celle qui s'étend depuis la Constitution de 1791 jusqu'à la fête de l'Être suprême, et qui redescend de là à travers le Directoire : leur moment comprend tout l'interrègne social jusqu'au rétablissement des Cultes et au Concordat. Je ne crois nullement, comme l'a dit un esprit d'ailleurs judicieux, que *les Ruines* constituent un *type* dans notre littérature : mais c'est en effet un livre qui, par le ton, est bien le contemporain de certaines formes de David en peinture, de Marie-Joseph Chénier et de Le Brun en poésie [1].

---

[1] Les articles de M. Sainte-Beuve sur Volney sont remplis d'observations excellentes dont nous n'avons pu citer qu'une faible partie ; nous engageons les lecteurs à lire ces articles dans leur entier au tome VII des *Causeries du Lundi*.

INVOCATION

Je vous salue, ruines solitaires, tombeaux saints, murs silencieux! c'est vous que j'invoque ; c'est à vous que j'adresse ma prière. Oui ! tandis que votre aspect repousse d'un secret effroi les regards du vulgaire, mon cœur trouve à vous contempler le charme des sentiments profonds et des hautes pensées. Combien d'utiles leçons, de réflexions touchantes ou fortes n'offrez-vous pas à l'esprit qui sait vous consulter ! C'est vous qui, lorsque la terre entière asservie se taisait devant les tyrans, proclamiez déjà les vérités qu'ils détestent, et qui, confondant la dépouille des rois avec celle du dernier esclave, attestiez le saint dogme de l'ÉGALITÉ. C'est dans votre enceinte qu'amant solitaire de la LIBERTÉ j'ai vu m'apparaître son génie, non tel que se le peint un vulgaire insensé, armé de torches et de poignards, mais sous l'aspect auguste de la justice, tenant en ses mains les balances sacrées où se pèsent les actions des mortels aux portes de l'éternité.

O tombeaux ! que vous possédez de vertus! Vous épouvantez les tyrans : vous empoisonnez d'une terreur secrète leurs jouissances impies ; ils fuient votre incorruptible aspect, et les lâches portent loin de vous l'orgueil de leurs palais. Vous punissez l'oppresseur puissant ; vous ravissez l'or au concussionnaire avare, et vous vengez le faible qu'il a dépouillé ; vous compensez les privations du pauvre, en flétrissant de soucis le faste du riche ; vous consolez le malheureux, en lui offrant un dernier asile ; enfin vous donnez à l'âme ce juste équilibre de force et de sensibilité qui constitue la sagesse, la science de la vie. En considérant qu'il faut tout vous restituer, l'homme réfléchi néglige de se charger de vaines grandeurs, d'inutiles richesses : il retient son cœur dans les bornes de l'équité ; et cependant, puisqu'il faut qu'il fournisse sa carrière, il emploie les instants de son existence et use des biens qui lui sont accordés. Ainsi vous jetez un frein salutaire sur l'élan impétueux de la cupidité ; vous calmez l'ardeur fiévreuse des jouissances qui troublent les sens ; vous reposez l'âme de la lutte fatigante des passions ; vous l'élevez au-dessus des vils intérêts qui tourmentent la foule ; et de vos sommets, embrassant la scène des peuples et des temps, l'esprit ne se déploie qu'à de grandes affections, et ne conçoit que des idées solides de vertu et de gloire. Ah ! quand le songe de la vie sera terminé, à quoi auront servi ses agitations, si elles ne laissent la trace de l'utilité ?

O ruines ! je retournerai vers vous prendre vos leçons ! je me replacerai dans la paix de vos solitudes ; et là, éloigné du spectacle affligeant des passions, j'aimerai les hommes sur des souvenirs ; je m'occuperai de leur bonheur, et le mien se composera de l'idée de l'avoir hâté.

LES RUINES

ou

MÉDITATION SUR LES RÉVOLUTIONS

DES EMPIRES

CHAPITRE PREMIER

LE VOYAGE

La onzième année du règne d'*Abd-ul-Hamid*, fils d'*Ahmed*, empereur des *Turks*, au temps où les Russes victorieux s'emparèrent de la Krimée et plantèrent leurs étendards sur le rivage qui mène à Constantinople, je voyageais dans l'empire des *Ottomans*, et je parcourais les provinces qui jadis furent les royaumes d'*Égypte* et de *Syrie*.

Portant toute mon attention sur ce qui concerne le bonheur des hommes dans l'état social, j'entrais dans les villes et j'étudiais les mœurs de leurs habitants ; je pénétrais dans les palais, et j'observais la conduite de ceux qui gouvernent ; je m'écartais dans les campagnes, et j'examinais la condition des hommes qui cultivent ; et partout ne voyant que brigandage et dévastation, que tyrannie et que misère, mon cœur était oppressé de tristesse et d'indignation.

Chaque jour je trouvai sur ma route des champs abandonnés, des villages désertés, des villes en ruines : souvent je rencontrais d'antiques monuments, des débris de temples, de palais et de forteresses ; des colonnes, des aqueducs, des tombeaux : et ce spectacle tourna mon esprit vers la méditation des temps passés, et suscita dans mon cœur des pensées graves et profondes.

Et j'arrivai à la ville de *Hems*, sur les bords de l'*Oronte* ; et là, me trouvant rapproché de celle de *Palmyre*, située dans le désert, je résolus de reconnaître par moi-même ses monuments si vantés ; et, après trois jours de marche dans des solitudes arides, ayant traversé une vallée remplie de grottes et de *sépulcres*, tout à coup, au sortir de cette vallée, j'aperçus dans la plaine la scène de ruines la plus étonnante : c'était une multitude innombrable de superbes colonnes debout, qui, telles que les avenues de nos parcs, s'étendaient à perte de vue en files symétriques. Parmi ces colonnes étaient de grands édifices, les uns entiers, les autres demi-écroulés. De toutes parts la terre était jonchée de semblables débris, de corniches, de chapiteaux, de fûts, d'entablements, de pilastres, tous de marbre blanc, d'un travail exquis. Après trois quarts d'heure de marche le long de ces ruines, j'entrai dans l'enceinte d'un vaste édifice, qui fut jadis un temple dédié au *soleil,* et je pris l'hospitalité chez de pauvres paysans arabes, qui ont établi leurs chaumières sur le parvis même du temple ; et je résolus de demeurer pendant quelques jours pour considérer en détail la beauté de tant d'ouvrages.

Chaque jour je sortais pour visiter quelqu'un des monuments qui couvrent la plaine ; et un soir que, l'esprit occupé de réflexions, je m'étais avancé jusqu'à la *vallée des sépulcres,* je montai sur les hauteurs qui la bordent, et d'où l'œil domine à la fois l'ensemble des ruines et l'immensité du désert.— Le soleil venait de se coucher ; un bandeau rougeâtre marquait encore sa trace à l'horizon lointain des monts de la Syrie: la pleine lune à l'orient s'élevait sur un fond bleuâtre, aux planes rives de l'Euphrate : le ciel était pur, l'air calme et serein ; l'éclat mourant du jour tempérait l'horreur des ténèbres ; la fraîcheur naissante de la nuit calmait les feux de la terre embrasée ; les pâtres avaient retiré leurs chameaux ; l'œil n'apercevait plus aucun mouvement sur la plaine monotone et grisâtre; un vaste silence régnait sur le désert ; seulement à de longs intervalles on entendait les lugubres cris de quelques oiseaux de nuit et de quelques *chacals* [1].... L'ombre croissait, et déjà dans le crépuscule mes regards ne distinguaient plus que les fantômes blanchâtres des

---

[1] Espèce de renard qui ne vague que pendant la nuit.

colonnes et des murs..... Ces lieux solitaires, cette soirée paisible, cette scène majestueuse, imprimèrent à mon esprit un recueillement religieux. L'aspect d'une grande cité déserte, la mémoire des temps passés, la comparaison de l'état présent, tout éleva mon cœur à de hautes pensées. Je m'assis sur le tronc d'une colonne ; et là, le coude appuyé sur le genou, la tête soutenue sur la main, tantôt portant mes regards sur le désert, tantôt les fixant sur les ruines, je m'abandonnai à une rêverie profonde.

CHAPITRE II

LA MÉDITATION

Ici, me dis-je, ici fleurit jadis une ville opulente : ici fut le siége d'un empire puissant. Oui ! ces lieux maintenant si déserts, jadis une multitude vivante animait leur enceinte ; une foule active circulait dans ces routes aujourd'hui solitaires. En ces murs où règne un morne silence, retentissaient sans cesse le bruit des arts et les cris d'allégresse et de fête : ces marbres amoncelés formaient des palais réguliers ; ces colonnes abattues ornaient la majesté des temples ; ces galeries écroulées dessinaient les places publiques. Là, pour les devoirs respectables de son culte, pour les soins touchants de sa subsistance, affluait un peuple nombreux : là, une industrie créatrice de jouissances appelait les richesses de tous les climats, et l'on voyait s'échanger la pourpre de *Tyr* pour le fil précieux de la *Sérique*, les tissus moelleux de *Kachemire* pour les tapis fastueux de la *Lydie*, l'ambre de la Baltique pour les perles et les parfums arabes, l'or d'*Ophir* pour l'étain de *Thulé*.

Et maintenant voilà ce qui subsiste de cette ville puissante, un lugubre squelette ! Voilà ce qui reste d'une vaste domination, un souvenir obscur et vain ! Au concours bruyant qui se pressait sous ces portiques a succédé une solitude de mort. Le silence des tombeaux s'est substitué au murmure des places publiques. L'opulence d'une cité de commerce s'est échangée en une pauvreté hideuse. Les palais des rois sont devenus le repaire des fauves ; les troupeaux parquent au seuil des temples, et les reptiles immondes habitent les sanctuaires des dieux !... Ah ! comment s'est éclipsée tant de gloire !... Comment se sont anéantis tant de travaux !...... Ainsi donc périssent les ouvrages des hommes ! ainsi s'évanouissent les empires et les nations !

Et l'histoire des temps passés se retraça vivement à ma pensée; je me rappelai ces siècles anciens où vingt peuples fameux existaient en ces contrées ; je me peignis l'*Assyrien* sur les rives du *Tigre*, le *Kaldéen* sur celles de l'*Euphrate*, le *Perse* régnant de l'*Indus* à la *Méditerranée*. Je dénombrai les royaumes de *Damas* et de l'*Idumée*, de *Jérusalem* et de *Samarie*, et les États belliqueux des *Philistins*, et les républiques commerçantes de la *Phénicie*. Cette *Syrie*, me disais-je, aujourd'hui presque dépeuplée, comptait alors cent villes puissantes. Ses campagnes étaient couvertes de villages, de bourgs et de hameaux [1]. De toutes parts l'on ne voyait que champs cultivés, que chemins fréquentés, qu'habitations pressées.... Ah ! que sont devenus ces âges d'abondance et de vie ? Que sont devenues tant de brillantes créations de la main de l'homme ? Où sont-ils ces remparts de *Ninive*, ces murs de *Babylone*, ces palais de *Persépolis,* ces temples de *Balbeck* et de *Jérusalem ?* Où sont ces flottes de *Tyr,* ces chantiers d'*Arad,* ces ateliers de *Sidon*, et cette multitude de matelots, de pilotes, de marchands, de soldats ? et ces laboureurs, et ces moissons, et ces troupeaux, et toute cette création d'êtres vivants dont s'enorgueillissait la face de la terre ? Hélas ! je l'ai parcourue, cette terre ravagée ! J'ai visité les lieux qui furent le théâtre de tant de splendeur, et je n'ai vu qu'abandon et que solitude.... J'ai cherché les anciens peuples et leurs ouvrages, et je n'en ai vu que la trace, semblable à celle que le pied du passant laisse sur la poussière. Les temples se sont écroulés, les palais sont renversés, les ports sont comblés, les villes sont détruites, et la terre, nue d'habitants, n'est plus qu'un lieu désolé de sépulcres...... Grand Dieu ! d'où viennent de si funestes révolutions ? Par quels motifs la fortune de ces contrées a-t-elle si fort changé ? Pourquoi tant de villes se sont-elles détruites ? Pourquoi cette ancienne population ne s'est-elle point reproduite et perpétuée ?

[1] D'après les calculs de Josèphe et de Strabon, la Syrie a dû contenir dix millions d'habitants ; elle n'en a pas deux aujourd'hui.

Ainsi livré à ma rêverie, sans cesse de nouvelles réflexions se présentaient à mon esprit. Tout, continuai-je, égare mon jugement et jette mon cœur dans le trouble et l'incertitude. Quand ces contrées jouissaient de ce qui compose la gloire et le bonheur des hommes, c'étaient des peuples *infidèles* qui les habitaient : c'était le *Phénicien,* sacrificateur homicide à *Molok,* qui rassemblait dans ses murs les richesses de tous les climats ; c'était le *Kaldéen,* prosterné devant un *serpent* [1], qui subjuguait d'opulentes cités, et dépouillait les palais des rois et les temples des dieux ; c'était le *Perse,* adorateur du feu, qui recueillait les tributs de cent nations ; c'étaient les habitants de cette ville même, adorateurs du soleil et des astres, qui élevaient tant de monuments de prospérité et de luxe... Troupeaux nombreux, champs fertiles, moissons abondantes, tout ce qui devait être le prix de la *piété* était aux mains de ces *idolâtres* : et maintenant que des peuples *croyants* et *saints* occupent ces montagnes, ce n'est plus que solitude et stérilité. La terre, sous ces mains bénites, ne produit que des ronces et des absinthes. L'homme sème dans l'angoisse, et ne recueille que des larmes et des soucis ; la guerre, la famine, la peste l'assaillent tour à tour... Cependant, ne sont-ce pas là les enfants des prophètes ? Ce *musulman,* ce *chrétien,* ce *juif,* ne sont-ils pas les peuples élus du ciel, comblés de grâces et de miracles ? Pourquoi donc ces races privilégiées ne jouissent-elles plus des mêmes

[1] Le dragon Bel.

faveurs ? Pourquoi ces terres, sanctifiées par le sang des martyrs, sont-elles privées des bienfaits anciens ? Pourquoi en sont-ils comme bannis et transférés depuis tant de siècles à d'autres nations, en d'autres pays ?...

Et à ces mots, mon esprit suivant le cours des vicissitudes qui ont tour à tour transmis le sceptre du monde à des peuples si différents de cultes et de mœurs, depuis ceux de l'Asie antique jusqu'aux plus récents de l'*Europe,* ce nom d'une terre natale réveilla en moi le sentiment de la *patrie ;* et, tournant vers elle mes regards, j'arrêtai toutes mes pensées sur la situation où je l'avais quittée [1].

Je me rappelai ses campagnes si richement cultivées, ses routes si somptueusement tracées, ses villes habitées par un peuple immense, ses flottes répandues sur toutes les mers, ses ports-couverts des tributs de l'une et de l'autre Inde ; et comparant à l'activité de son commerce, à l'étendue de sa navigation, à la richesse de ses monuments, aux arts et à l'industrie de ses habitants, tout ce que l'Égypte et la Syrie purent jadis posséder de semblable, je me plaisais à retrouver la splendeur passée de l'Asie dans l'Europe moderne ; mais bientôt le charme de ma rêverie fut flétri par un dernier terme de comparaison. Réfléchissant que telle avait été jadis l'activité des lieux que je contemplais : Qui sait, me dis-je, si tel ne sera pas un jour l'abandon de nos propres contrées ? Qui sait si sur

[1] En 1782, à la fin de la guerre d'Amérique.

les rives de la *Seine*, de la *Tamise* ou du *Sviderzée*, là où maintenant, dans le tourbillon de tant de jouissances, le cœur et les yeux ne peuvent suffire à la multitude des sensations ; qui sait si un voyageur comme moi ne s'assoira pas un jour sur de muettes ruines, et ne pleurera pas solitaire sur la cendre des peuples et la mémoire de leur grandeur ?

A ces mots mes yeux se remplirent de larmes, et couvrant ma tête du pan de mon manteau, je me livrai à de sombres méditations sur les choses humaines. Ah ! malheur à l'homme, dis-je dans ma douleur ; une aveugle fatalité se joue de sa destinée ! Une nécessité funeste régit au hasard le sort des mortels. Mais non : ce sont les décrets d'une justice céleste qui s'accomplissent ! Un Dieu mystérieux exerce ses jugements incompréhensibles ! Sans doute il a porté contre cette terre un anathème secret ; en vengeance des races passées, il a frappé de malédiction les races présentes. Oh ! qui osera sonder les profondeurs de la Divinité [1] ?

Et je demeurai immobile, absorbé dans une mélancolie profonde.

---

[1] La fatalité est le préjugé universel et enraciné des Orientaux ; CELA ÉTAIT ÉCRIT est leur réponse à tout ; de là leur apathie et leur négligence, qui sont un obstacle radical à toute instruction et civilisation.

CHAPITRE III

LE FANTOME

Cependant un bruit frappa mon oreille ; tel que l'agitation d'une robe flottante et d'une marche à pas lents sur des herbes sèches et frémissantes. Inquiet, je soulevai mon manteau, et jetant de tous côtés un regard furtif, tout à coup à ma gauche, dans le mélange du clair-obscur de la lune, au travers des colonnes et des ruines d'un temple voisin, il me sembla voir un Fantôme blanchâtre enveloppé d'une draperie immense, tel que l'on peint les spectres sortant des tombeaux. Je frissonnai ; et tandis qu'ému d'effroi j'hésitais de fuir ou de m'assurer de l'objet, les graves accents d'une voix profonde me firent entendre ce discours :

« Jusques à quand l'homme importunera-t-il les cieux d'une injuste plainte ? Jusques à quand, par de vaines clameurs, accusera-t-il le sort de ses maux ? Ses yeux seront-ils donc toujours fermés à la lumière, et son cœur aux insinuations de la vérité et de la raison ? Elle s'offre partout à lui, cette vérité lumineuse, et il ne la voit point ! Le cri de la raison frappe son oreille, et il ne l'entend pas ! Homme injuste ! si tu peux un instant suspendre le prestige qui fascine tes sens ! si ton cœur est capable de comprendre le langage du raisonnement, interroge ces ruines ! Lis les leçons qu'elles te présentent...! Et vous, témoins de vingt siècles divers, temples saints! tombeaux vénérables! murs jadis glorieux, paraissez dans la cause de la *nature même!* Venez au tribunal d'un sain entendement déposer contre une accusation injuste! venez confondre les déclamations d'une fausse sagesse ou d'une piété hypocrite, et vengez la terre et les cieux de l'homme qui les calomnie!

« Quelle est-elle, cette *aveugle fatalité*, qui, sans *règle* et sans *lois,* se *joue* du sort des mortels? Quelle est cette nécessité injuste qui confond l'issue des actions, et de la prudence, et de la folie? En quoi consistent ces *anathèmes* célestes sur ces contrées? Où est cette malédiction *divine* qui perpétue l'abandon de ces campagnes? Dites, monuments des temps passés! les cieux ont-ils changé leurs lois, et la terre sa marche? Le soleil a-t-il éteint ses feux dans l'espace? Les mers n'élèvent-elles plus leurs nuages? Les pluies et les rosées demeurent-elles fixées dans les airs? Les montagnes retiennent-elles leurs sources? Les ruisseaux se sont-ils taris? et les plantes sont-elles privées de semences et de fruits? Répondez, race de mensonge et d'iniquité, Dieu a-t-il troublé cet ordre primitif et constant qu'il assigna lui-même à la nature? Le ciel a-t-il dénié à la terre, et la terre à ses habitants, les biens que jadis ils leur accordèrent? Si rien n'a changé dans la création, si les mêmes moyens qui existèrent subsistent encore, à quoi tient donc que les races présentes ne soient ce que furent les races passées? Ah! c'est faussement que vous accusez le sort et la Divinité! c'est à tort que vous reportez à Dieu la cause de vos maux!

Dites, race perverse et hypocrite ! si ces lieux sont désolés, si des cités puissantes sont réduites en solitudes, est-ce Dieu qui en a causé la ruine ? Est-ce sa main qui a renversé ces murailles, sapé ces temples, mutilé ces colonnes, ou est-ce la main de l'homme ? Est-ce le bras de Dieu qui a porté le fer dans la ville et le feu dans la campagne, qui a tué le peuple, incendié les moissons, arraché les arbres et ravagé les cultures, ou est-ce le bras de l'homme ? Et lorsque, après la dévastation des récoltes, la famine est survenue, est-ce la vengeance de Dieu qui l'a produite, ou la fureur insensée de l'homme ? Lorsque dans la famine le peuple s'est repu d'aliments immondes, si la peste a suivi, est-ce la colère de Dieu qui l'a envoyée, ou l'imprudence de l'homme ? Lorsque la guerre, la famine et la peste ont moissonné les habitants, si la terre est restée déserte, est-ce Dieu qui l'a dépeuplée ? Est-ce son avidité qui pille le laboureur, ravage les champs producteurs et dévaste les campagnes, ou est-ce l'avidité de ceux qui gouvernent ? Est-ce son orgueil qui suscite des guerres homicides, ou l'orgueil des rois et de leurs ministres ? Est-ce la vénalité de ses décisions qui renverse la fortune des familles, ou la vénalité des organes des lois ? Sont-ce enfin ses passions qui, sous mille formes, tourmentent les individus et les peuples, ou sont-ce les passions des hommes ? Et si, dans l'angoisse de leurs maux, ils n'en voient pas les remèdes, est-ce l'ignorance de Dieu qu'il en faut inculper, ou leur ignorance ? Cessez donc, ô mortels, d'accuser la fatalité du SORT ou les jugements de la Divinité ! Si

Dieu est bon, sera-t-il l'auteur de notre supplice ? S'il est juste, sera-t-il le complice de vos forfaits ? Non, non ; la bizarrerie dont l'homme se plaint n'est point la bizarrerie du destin ; l'obscurité où sa raison s'égare n'est point l'obscurité de Dieu ; la source de ses calamités n'est point reculée dans les cieux, elle est près de lui sur la terre ; elle n'est point cachée au sein de la Divinité, elle réside dans l'homme même ; il la porte dans son cœur.

« Tu murmures et tu dis : Comment des peuples infidèles ont-ils joui des bienfaits des cieux et de la terre ? Comment des races saintes sont-elles moins fortunées que des peuples impies ? Homme fasciné ! où est donc la contradiction qui te scandalise ? Où est l'énigme que tu supposes à la justice des cieux ? Je remets à toi-même la balance des grâces et des peines, des causes et des effets. Dis : Quand ces infidèles observaient les lois des cieux et de la terre, quand ils réglaient d'intelligents travaux sur l'ordre des saisons et la course des astres, Dieu devait-il troubler l'équilibre du monde pour tromper leur prudence ? Quand leurs mains cultivaient ces campagnes avec soins et sueurs, devait-il détourner les pluies, les rosées fécondantes, et y faire croître des épines ? Quand, pour fertiliser ce sol aride, leur industrie construisait des aqueducs, creusait des canaux, amenait, à travers les déserts, des eaux lointaines, devait-il tarir les sources des montagnes ? devait-il arracher les moissons que l'art faisait naître, dévaster les campagnes que peuplait la paix, renverser les villes que faisait fleurir le travail, troubler enfin l'ordre établi par la sagesse de l'homme ? Et quelle est cette *infidélité* qui fonda des empires par la prudence, les défendit par le courage, les affermit par la justice ; qui éleva des villes puissantes, creusa des ports profonds, dessécha des marais pestilentiels, couvrit la mer de vaisseaux, la terre d'habitants, et, semblable à l'esprit créateur, répandit le mouvement et la vie sur le monde ? Si telle est l'*impiété*, qu'est-ce donc que la *vraie croyance* ? La sainteté consiste-t-elle à détruire ? Le Dieu qui peuple l'air d'oiseaux, la terre d'animaux, les ondes de reptiles ; le *Dieu* qui anime la nature entière, est-il donc un Dieu de ruines et de tombeaux ? Demande-t-il la dévastation pour hommage, et pour sacrifice l'incendie ? Veut-il pour hymnes des gémissements, des homicides pour adorateurs, pour temple un monde désert et ravagé ? Voilà cependant, races *saintes* et *fidèles*, quels sont vos ouvrages ! Voilà les fruits de votre *piété !* Vous avez tué les peuples, brûlé les villes, détruit les cultures, réduit la terre en solitude, et vous demandez le salaire de vos œuvres ! Il faudra sans doute vous produire des miracles ! Il faudra ressusciter les laboureurs que vous égorgez, relever les murs que vous renversez, reproduire les moissons que vous détruisez, rassembler les eaux que vous dispersez, contrarier enfin toutes les lois des cieux et de la terre, ces lois établies par Dieu même pour démonstration de sa magnificence et de sa grandeur ; ces lois éternelles antérieures à tous les codes, à tous les prophètes ; ces lois immuables que ne peuvent altérer ni les passions ni l'ignorance de l'homme ! Mais la *passion* qui les méconnaît, l'*ignorance* qui n'observe point les causes, qui ne prévoit point les effets, ont dit dans la sottise de leur cœur : « Tout vient du hasard ; une fatalité aveugle verse le bien et le mal sur la terre, sans que la prudence ou le savoir puisse s'en préserver. » Ou, prenant un langage hypocrite, elles ont dit : « Tout vient de Dieu ; il se plaît à tromper la sagesse et à confondre la raison ;... » et l'ignorance s'est applaudie dans sa malignité. « Ainsi, a-t-elle dit, je m'égalerai à la science qui me blesse ; je rendrai inutile la prudence qui me fatigue et m'importune ; » et la cupidité a ajouté : « Ainsi j'opprimerai le faible et je dévorerai les fruits de sa peine : et je dirai : *C'est Dieu qui l'a décrété, c'est le sort qui l'a voulu.* » — Mais moi, j'en jure par les lois du ciel et de la terre, et par celles qui régissent le cœur humain ! l'hypocrite sera déçu dans sa fourberie, l'injuste dans sa rapacité ; le soleil changera son cours avant que la sottise prévale sur la sagesse et le savoir, et que l'aveuglement l'emporte sur la prudence, dans l'art délicat et profond de procurer à l'homme ses vraies jouissances, et d'asseoir sur des bases solides sa félicité. »

CHAPITRE IV

L'EXPOSITION

Ainsi parla le Fantôme. Interdit de ce discours, et le cœur agité de diverses pensées, je demeurai longtemps en silence. Enfin, m'enhardissant à prendre la parole, je lui dis : « O Génie des tombeaux et des ruines ! ta présence et ta sévérité ont jeté mes sens dans le trouble ; mais la justesse de ton discours rend la confiance à mon âme. Pardonne à mon ignorance. Hélas ! si l'homme est aveugle, ce qui fait son tourment fera-t-il encore son crime ? J'ai pu méconnaître la voix de la raison ; mais je ne l'ai point rejetée après l'avoir connue. Ah ! si tu lis dans mon cœur, tu sais combien il désire la vérité, tu sais qu'il la recherche avec passion..... Et n'est-ce pas à sa poursuite que tu me vois en ces lieux écartés ? Hélas ! j'ai parcouru la terre ; j'ai visité les campagnes et les villes ; et voyant partout la misère et la désolation, le sentiment des maux qui tourmentent mes semblables a profondément affligé mon âme. Je me suis dit en soupirant : L'homme n'est-il donc créé que pour l'angoisse et pour la douleur ? Et j'ai appliqué mon esprit à la méditation de nos maux, pour en découvrir les remèdes. J'ai dit : Je me séparerai des sociétés corrompues ; je m'éloignerai des palais où l'âme se déprave par la satiété, et des cabanes où elle s'avilit par la misère ; j'irai dans la solitude vivre parmi les ruines ; j'interrogerai les monuments anciens sur la sagesse des temps passés ; j'évoquerai du sein des tombeaux l'esprit qui jadis, dans l'Asie, fit la splendeur des États et la gloire des peuples. Je demanderai à la cendre des législateurs *par quels mobiles s'élèvent et s'abaissent les empires ; de quelles causes naissent la prospérité et les malheurs des nations ; sur quels principes enfin doivent s'établir la paix des sociétés et le bonheur des hommes.* »

Je me tus ; et, les yeux baissés, j'attendis la réponse du Génie. « La paix, dit-il, et le bonheur descendent sur celui qui pratique la justice. O jeune homme ! puisque ton cœur cherche avec droiture la vérité, puisque tes yeux peuvent encore la reconnaître à travers le bandeau des préjugés, ta prière ne sera point vaine : j'exposerai à tes regards cette vérité que tu appelles ; j'enseignerai à ta raison cette sagesse que tu réclames ; je te révélerai la sagesse des tombeaux et la science des siècles.... » Alors, s'approchant de moi et posant sa main sur ma tête : « Élève-toi, mortel, dit-il, et dégage tes sens de la poussière où tu rampes.... » Et soudain, pénétré d'un feu céleste, les liens qui nous fixent ici-bas me semblèrent se dissoudre ; et tel qu'une vapeur légère, enlevé par le vol du Génie, je me sentis transporté dans la région supérieure. Là, du plus haut des airs, abaissant mes regards vers la terre, j'aperçus une scène nouvelle. Sous mes pieds, nageant dans l'espace, un globe semblable à celui de la lune, mais moins gros et moins lumineux,

me présentait l'une de ses faces [1] ; et cette face avait l'aspect d'un disque semé de grandes taches, les unes blanchâtres et nébuleuses, les autres brunes, vertes ou grisâtres ; et tandis que je m'efforçais de démêler ce qu'étaient ces taches : « Homme qui cherches la vérité, me dit le Génie, reconnais-tu ce spectacle ?
— O Génie ! répondis-je, si d'autre part je ne voyais le globe de la lune, je prendrais celui-ci pour le sien ; car il a les apparences de cette planète vue au télescope dans l'ombre d'une éclipse : on dirait que ces diverses taches sont des mers et des continents.

« — Oui, me dit-il, ce sont des mers et des continents, ceux-là mêmes de l'hémisphère que tu habites....

« — Quoi ! m'écriai-je, c'est là cette terre où vivent les mortels!....

« — Oui, reprit-il : cet espace brumeux qui occupe irrégulièrement une grande portion du disque, et l'enceint presque de tous côtés, c'est là ce que vous appelez le vaste *Océan*, qui, du pôle du sud s'avançant vers l'équateur, forme d'abord le grand golfe de l'*Inde* et de l'*Afrique*, puis se prolonge à l'orient à travers les îles *Malaises* jusqu'aux confins de la *Tartarie*, tandis qu'à l'ouest il enveloppe les continents de l'*Afrique* et de l'*Europe* jusque dans le nord de l'*Asie*.

« Sous nos pieds, cette presqu'île de forme carrée est l'aride contrée des *Arabes* ; à sa gauche ce grand continent presque aussi nu dans son intérieur, et seulement verdâtre sur ses bords, est le sol brûlé qu'ha-

---

[1] Voyez ci à côté la planche II, qui représente une moitié de la terre.

bitent les *hommes noirs*[1]. Au nord, par delà une
mer irrégulière et longuement étroite [2], sont les campagnes de l'Europe, riche en prairies et en champs
cultivés : à sa droite, depuis la Caspienne, s'étendent
les plaines neigeuses et nues de la *Tartarie*. En revenant à nous, cet espace blanchâtre est le vaste et triste
désert du *Cobi*, qui sépare la *Chine* du reste du monde.
Tu vois cet empire dans le terrain sillonné qui fuit à
nos regards sous un plan obliquement courbé. Sur ces
bords, ces langues déchirées et ces points épars, sont
les presqu'îles et les îles des peuples *Malais*, tristes
possesseurs des parfums et des aromates. Ce triangle
qui s'avance au loin dans la mer est la presqu'île trop
célèbre de l'*Inde*. Tu vois le cours tortueux du *Gange*,
les âpres montagnes du *Tibet*, le vallon fortuné de
Kachemire, les déserts salés du *Persan*, les rives de
l'*Euphrate* et du *Tigre*, et le lit encaissé du *Jourdain*,
et les canaux du *Nil* solitaire.....

« — O Génie, dis-je en l'interrompant, la vue d'un
mortel n'atteint pas à ces objets dans un tel éloignement.... » Aussitôt, m'ayant touché la vue, mes yeux
devinrent plus perçants que ceux de l'aigle ; et cependant les fleuves ne me parurent encore que des rubans sinueux, les montagnes, des sillons tortueux, et
les villes que de petits compartiments semblables à des
cases d'échecs.

Et le Génie m'indiquant du doigt les objets : « Ces
monceaux, me dit-il, que tu aperçois dans l'aride et

[1] L'Afrique.
[2] La Méditerranée.

longue vallée que sillonne le Nil, sont les squelettes des villes opulentes dont s'enorgueillissait l'ancienne Éthiopie ; voilà cette *Thèbes aux cent palais*, métropole première des sciences et des arts, berceau mystérieux de tant d'opinions qui régissent encore les peuples à leur insu. Plus bas, ces blocs quadrangulaires sont les pyramides dont les masses t'ont épouvanté : au delà, le rivage étroit que bornent et la mer et de raboteuses montagnes fut le séjour des peuples phéniciens. Là furent les villes de *Tyr*, de *Sidon*, d'*Ascalon*, de *Gaze* et de *Beryte*. Ce filet d'eau sans issue est le fleuve du Jourdain, et ces roches arides furent jadis le théâtre d'événements qui ont rempli le monde. Voilà ce désert d'*Horeb* et ce mont *Sinaï*, où, par des moyens qu'ignore le vulgaire, un homme profond et hardi fonda des institutions qui ont influé sur l'espèce entière. Sur la plage aride qui confine, tu n'aperçois plus de trace de splendeur, et cependant ici fut un entrepôt de richesses. Ici étaient ces ports iduméens, d'où les flottes phéniciennes et juives, côtoyant la presqu'île arabe, se rendaient dans le golfe Persique pour y prendre les perles d'Hévila, et l'or de Saba et d'Ophir. Oui, c'est là, sur cette côte d'Oman et de Bahrain, qu'était le siége de ce commerce de luxe, qui, dans ses mouvements et ses révolutions, fit le destin des anciens peuples : c'est là que venaient se rendre les aromates et les pierres précieuses de Ceylan, les schals de Kachemire, les diamants de Golconde, l'ambre des Maldives, le musc du Tibet, l'aloès de Cochin, les singes et les paons du continent de l'Inde, l'encens d'Hadramaût, la myrrhe, l'argent, la poudre d'or et l'ivoire d'Afrique : c'est de là que prenant leur route, tantôt par la mer Rouge, sur les vaisseaux d'Égypte et de Syrie, ces jouissances alimentèrent successivement l'opulence de Thèbes, de Sidon, de Memphis et de Jérusalem ; et que, tantôt remontant le Tigre et l'Euphrate, elles suscitèrent l'activité des nations assyriennes, mèdes, kaldéennes et perses ; et ces richesses, selon l'abus et l'usage qu'elles en firent, élevèrent ou renversèrent tour à tour leur domination. Voilà le foyer qui suscitait la magnificence de Persépolis, dont tu aperçois les colonnes ; d'Ecbatane, dont la septuple enceinte est détruite ; de Babylone, qui n'a plus que des monceaux de terre fouillée ; de Ninive, dont le nom à peine subsiste ; de Tapsaque, d'Anatho, de Gerra, de cette désolée Palmyre. O noms à jamais glorieux ! champs célèbres, contrées mémorables ! combien votre aspect présente de leçons profondes ! combien de vérités sublimes sont écrites sur la surface de cette terre ! Souvenirs des temps passés, revenez à ma pensée ! Lieux témoins de la vie de l'homme en tant de divers âges, retracez-moi les révolutions de sa fortune ! Dites quels en furent les mobiles et les ressorts ! Dites à quelles sources il puisa ses succès et ses disgrâces ! Dévoilez à lui-même les causes de ses maux ! Redressez-le par la vue de ses erreurs ! Enseignez-lui sa propre sagesse, et que l'expérience des races passées devienne un tableau d'instruction et un germe de bonheur pour les races présentes et futures ! »

CHAPITRE V

CONDITION DE L'HOMME DANS L'UNIVERS

Et après quelques moments de silence, le Génie reprit en ces termes :

« Je te l'ai dit, ô ami de la vérité ! l'homme reporte en vain ses malheurs à des *agents obscurs* et *imaginaires* ; il recherche en vain à ses maux des *causes mystérieuses*.... Dans l'ordre général de l'univers, sans doute sa condition est assujettie à des inconvénients ; sans doute son existence est dominée par des *puissances supérieures* ; mais ces puissances ne sont ni les décrets d'un destin aveugle, ni les caprices d'êtres fantastiques et bizarres : ainsi que le monde dont il fait partie, l'homme est régi par des *lois naturelles*, régulières dans leur cours, conséquentes dans leurs effets, immuables dans leur essence ; et ces lois, *source commune des biens et des maux*, ne sont point écrites au loin dans les astres, ou cachées dans des codes mystérieux ; inhérentes à la nature des êtres terrestres, identifiées à leur existence, en tout temps, en tout lieu elles sont présentes à l'homme, elles agissent sur ses sens, elles avertissent son intelligence, et portent à chaque action sa peine et sa récompense. Que l'homme connaisse ces lois ! *qu'il comprenne la nature des êtres qui l'environnent, et sa propre nature*, et il connaîtra les moteurs de sa destinée ; il saura quelles sont les causes de ses maux, et quels peuvent en être les remèdes.

Quand la *puissance secrète* qui *anime l'univers* forma le globe que l'homme habite, elle imprima aux êtres qui le composent des *propriétés essentielles* qui devinrent la *règle* de leurs mouvements individuels, le lien de leurs rapports réciproques, la cause de l'harmonie de l'ensemble ; par là, elle établit un ordre régulier de causes et d'effets, de principes et de conséquences, lequel, *sous une apparence de hasard,* gouverne l'univers et maintient l'équilibre du monde : ainsi, elle attribua au feu le mouvement de l'activité ; à l'air, l'élasticité ; la pesanteur et la densité à la matière ; elle fit l'air plus léger que l'eau, le métal plus lourd que la terre, le bois moins tenace que l'acier ; elle ordonna à la flamme de monter, à la pierre de descendre, à la plante de végéter ; à l'homme, *voulant l'exposer au choc* de tant d'êtres divers, et cependant *préserver sa vie* fragile, elle lui donna la faculté *de sentir*. Par cette faculté, toute action nuisible à son existence lui porta une sensation de *mal* et de *douleur;* et toute action favorable, une sensation de *plaisir* et de *bien-être*. Par ces sensations, l'homme, tantôt détourné de ce qui blesse ses sens, et tantôt entraîné vers ce qui les flatte, a été *nécessité d'aimer* et *de conserver sa vie*. Ainsi, *l'amour de soi, le désir du bien-être, l'aversion de la douleur,* ont été les *lois essentielles et primordiales imposées à l'homme par la* NATURE *même ;* les lois que la puissance ordonnatrice quelconque a établies pour le gouverner, et qui, semblables à celles *du mouvement dans le monde physique,* sont devenues le principe simple et fécond de *tout ce qui s'est passé dans le monde moral.*

Telle est donc la condition de l'homme : d'un côté, soumis à l'action des éléments qui l'environnent, il est assujetti à plusieurs maux inévitables ; et si dans cet arrêt la NATURE s'est montrée sévère, d'autre part juste, et même indulgente, elle a non-seulement tempéré ces maux par des biens équivalents, elle a encore donné à l'homme le pouvoir d'augmenter les uns et d'alléger les autres ; elle a semblé lui dire : « Faible ouvrage de mes mains, je ne te dois rien, et je te donne la vie ; le monde où je te place ne fut pas fait pour toi, et cependant je t'en accorde l'usage : tu le trouveras mêlé de biens et de maux ; c'est à toi de les distinguer, c'est à toi de guider tes pas dans des sentiers de fleurs et d'épines. Sois l'arbitre de ton sort ; je te remets ta destinée. » — Oui, l'homme est devenu l'artisan de sa destinée ; lui-même a créé tour à tour les revers ou les succès de sa fortune ; et si, à la vue de tant de douleurs dont il a tourmenté sa vie, il a eu lieu de gémir de sa faiblesse ou de son imprudence, en considérant de quels principes il est parti et à quelle hauteur il a su s'élever, peut-être a-t-il plus droit encore de présumer de sa force et de s'enorgueillir de son génie.

CHAPITRE VI

ÉTAT ORIGINEL DE L'HOMME

Dans l'*origine*, l'homme, formé *nu de corps et d'esprit*, se trouva jeté au hasard sur la terre confuse et sauvage : orphelin délaissé de la *puissance* inconnue qui l'avait produit, il ne vit point à ses côtés des *êtres descendus des cieux* pour l'avertir de *besoins* qu'il ne doit qu'à *ses sens*, pour l'instruire de *devoirs* qui naissent uniquement de *ses besoins*. Semblable aux autres animaux, sans expérience du passé, sans prévoyance de l'avenir, il erra au sein des forêts, guidé seulement et gouverné par les affections de sa nature : par la *douleur* de la *faim*, il fut conduit aux aliments, et il pourvut à sa subsistance ; par les *intempéries de l'air*, il désira de couvrir son corps, et il se fit des vêtements ; par l'*attrait d'un plaisir puissant*, il s'approcha d'un être semblable à lui, et il perpétua son espèce......

Ainsi les *impressions* qu'il reçut de chaque objet, éveillant ses *facultés*, développèrent par degrés son entendement, et commencèrent d'instruire sa profonde ignorance ; ses besoins suscitèrent son industrie, ses périls formèrent son courage ; il apprit à distinguer les plantes utiles des nuisibles, à combattre les éléments, à saisir une proie, à défendre sa vie, et il allégea sa misère.

Ainsi, *l'amour de soi, l'aversion de la douleur, le désir du bien-être,* furent les mobiles simples et puissants qui retirèrent l'homme de *l'état sauvage* et *barbare* où la NATURE l'avait placé ; et lorsque maintenant sa vie est semée de jouissances, lorsqu'il peut compter chacun de ses jours par quelques douceurs, il a le droit de s'applaudir et de se dire : « C'est moi qui ai produit les biens qui m'environnent ; c'est moi qui suis l'artisan de mon bonheur : habitation sûre, vêtements commodes, aliments abondants et sains, campagnes riantes, coteaux fertiles, empires peuplés, tout est mon ouvrage ; sans moi, cette terre livrée au désordre ne serait qu'un marais immonde, qu'une forêt sauvage, qu'un désert hideux. » Oui, *homme créateur,* reçois mon hommage ! Tu as mesuré l'étendue des cieux, calculé la masse des astres, saisi l'éclair dans les nuages, dompté la mer et les orages, asservi tous les éléments : ah ! comment tant d'élans sublimes se sont-ils mélangés de tant d'égarements ?

CHAPITRE VII

PRINCIPES DES SOCIÉTÉS

Cependant, errants dans les bois et aux bords des fleuves, à la poursuite des fauves et des poissons, les premiers humains, chasseurs et pêcheurs, entourés de dangers, assaillis d'ennemis, tourmentés par la faim, par les reptiles, par les bêtes féroces, sentirent *leur faiblesse individuelle;* et, mus d'*un besoin* commun de *sûreté* et d'un *sentiment réciproque* de mêmes maux, ils unirent leurs moyens et leurs forces ; et quand l'un encourut un péril, plusieurs l'aidèrent et le secoururent; quand l'un manqua de subsistance, un autre le partagea de sa proie : ainsi les hommes *s'associèrent* pour *assurer leur existence,* pour *accroître leurs facultés,* pour *protéger leurs jouissances;* et l'*amour de soi* devint le *principe* de la *société.*

Instruits ensuite par l'épreuve répétée d'accidents divers, par les fatigues d'une vie vagabonde, par les soucis de disettes fréquentes, les hommes raisonnèrent en eux-mêmes, et se dirent : « Pourquoi consumer nos jours à chercher des fruits épars sur un sol avare ? Pourquoi nous épuiser à poursuivre des proies qui nous échappent dans l'onde et les bois ? Que ne rassemblons-nous sous notre main les animaux qui nous sustentent ? Que n'appliquons-nous nos soins à les multiplier et à les défendre ? Nous nous alimenterons de leurs produits ; nous nous vêtirons de leurs dépouilles, et nous vivrons exempts des fatigues du jour et des soucis du lendemain. » Et les hommes, s'aidant l'un et l'autre, saisirent le chevreau léger, la brebis timide ; ils captivèrent le chameau patient, le taureau farouche, le cheval impétueux ; et, s'applaudissant de leur industrie, ils s'assirent dans la joie de leur âme, et commencèrent de goûter le repos et l'aisance; et *l'amour de soi, prin-*

cipe de tout raisonnement, devint le moteur de tout art et de toute jouissance.

Alors que les hommes purent couler des jours dans de longs loisirs et dans la communication de leurs pensées, ils portèrent sur la terre, sur les cieux, et sur leur propre existence, des regards de curiosité et de réflexion ; ils remarquèrent le cours des saisons, l'action des éléments, les propriétés des fruits et des plantes, et ils appliquèrent leur esprit à multiplier leurs jouissances. Et dans quelques contrées, ayant observé que certaines semences contenaient sous un petit volume une substance saine, propre à se transporter et à se conserver, ils imitèrent le procédé de la nature ; ils confièrent à la terre le riz, l'orge et le blé, qui fructifièrent au gré de leur espérance ; et ayant trouvé le moyen d'obtenir, dans *un petit espace, et sans déplacement, beaucoup de subsistances et de longues provisions,* ils se firent des *demeures sédentaires;* ils construisirent des maisons, des hameaux, des villes, formèrent des peuples, des nations ; et l'*amour de soi* produisit tous les développements du génie et de la puissance.

Ainsi, par l'unique secours de ses facultés, l'homme a su lui-même s'élever à l'étonnante hauteur de sa fortune présente. Trop heureux si, observateur scrupuleux de la loi imprimée à son être, il en eût fidèlement rempli l'unique et véritable objet ! Mais, par une imprudence fatale, ayant tantôt méconnu, tantôt transgressé sa limite, il s'est lancé dans un dédale d'erreurs et d'infortunes ; et l'*amour de soi,* tantôt *déréglé* et tantôt *aveugle*, est devenu un principe fécond de calamités.

CHAPITRE VIII

SOURCE DES MAUX DES SOCIÉTÉS

En effet, à peine les hommes purent-ils développer leurs facultés, que, *saisis* de *l'attrait* des *objets qui flattent les sens*, ils se livrèrent à des désirs effrénés. Il ne leur suffit plus de la mesure des *sensations douces* que la NATURE avait *attachées à leurs vrais besoins pour les lier à leur existence :* non contents des biens que leur offrait la terre ou que produisait leur industrie, ils voulurent entasser les jouissances, et convoitèrent celles que possédaient leurs semblables ; et un homme *fort s'éleva contre un homme faible*, pour lui ravir le fruit de ses peines ; et le *faible* invoqua un *autre faible,* pour *résister* à la *violence ;* et deux forts se dirent : « Pourquoi *fatiguer* nos bras à produire les jouissances qui se trouvent dans les mains des faibles ? *Unissons-nous*, et *dépouillons-les* ; ils fatigueront pour nous, et nous jouirons sans peines. » Et les *forts* s'étant associés pour l'oppression, les *faibles* pour la *résistance,* les hommes se tourmentèrent réciproquement ; et il s'établit sur la terre une discorde générale et funeste, dans laquelle les passions, se produisant sous mille formes nouvelles, n'ont cessé de former un enchaînement successif de calamités.

Ainsi, ce *même amour de soi* qui, *modéré* et *prudent*, était un *principe de bonheur* et de *perfection*, devenu *aveugle* et *désordonné*, se transforma en un poison corrupteur ; et la *cupidité*, fille et compagne de l'*ignorance*, s'est rendue la *cause de tous les maux* qui ont désolé la terre.

Oui, l'IGNORANCE et la CUPIDITÉ ! voilà la double source de tous les tourments de la vie de l'homme ! C'est par elles que, se faisant de fausses idées de bonheur, il a *méconnu* ou *enfreint les lois de la nature*, dans les rapports de lui-même aux objets extérieurs, et que, nuisant à son existence, il a *violé la morale individuelle* ; c'est par elles que, *fermant son cœur à la compassion* et son esprit à l'équité, il a vexé, affligé son semblable, et violé la *morale* sociale. Par l'*ignorance* et la *cupidité*, l'homme s'est armé contre l'homme, la famille contre la famille, la tribu contre la tribu, et la terre est devenue un théâtre sanglant de discorde et de brigandage : par l'*ignorance* et la *cupidité*, une guerre secrète, fermentant au sein de chaque État, a divisé le citoyen du citoyen ; et une même société s'est partagée en oppresseurs et en opprimés, en maîtres et en esclaves : par elles, tantôt insolents et audacieux, les chefs d'une nation ont tiré ses fers de son propre sein, et l'avidité mercenaire a fondé le despotisme politique ; tantôt hypocrites et rusés, ils ont fait descendre du ciel des pouvoirs menteurs, un joug sacrilége ; et la cupidité crédule a fondé le despotisme religieux : par elles enfin se sont dénaturées les **idées du *bien* et du *mal*, du *juste* et de l'*injuste*, du** *vice* et de la *vertu ;* et les nations se sont égarées dans un labyrinthe d'erreurs et de calamités... La *cupidité* de l'homme et son *ignorance !...* voilà les *génies malfaisants* qui ont perdu la terre ! voilà les *décrets* du *sort* qui ont renversé les empires ! voilà les anathèmes célestes qui ont frappé ces murs jadis glorieux, et converti la splendeur d'une ville populeuse en une solitude de deuil et de ruines !...... Mais puisque ce fut du sein de l'homme que sortirent tous les maux qui l'ont déchiré, ce fut aussi là qu'il en dut trouver les remèdes, et c'est là qu'il faut les chercher.

CHAPITRE IX

ORIGINE DES GOUVERNEMENTS ET DES LOIS

En effet, il arriva bientôt que les hommes, fatigués des maux qu'ils se causaient réciproquement, soupirèrent après la paix ; et, réfléchissant sur les causes de leurs infortunes, ils se dirent : « Nous nous nuisons mutuellement par nos passions, et pour vouloir chacun tout envahir, il résulte que nul ne possède ; ce que l'un ravit aujourd'hui, on le lui enlève demain, et notre cupidité retombe sur nous-mêmes. Établissons-nous des *arbitres, qui jugent* nos prétentions et pacifient nos discordes. Quand le fort s'élèvera contre le faible, l'arbitre le réprimera, et il disposera de nos bras pour contenir la violence ; et la vie et les propriétés de chacun de nous seront sous la garantie et la protection communes, et nous jouirons tous des biens de la nature. »

Et, au sein des sociétés, il se forma des *conventions,* tantôt *expresses* et tantôt *tacites,* qui devinrent la *règle* des *actions* des particuliers, la *mesure* de leurs *droits,* la *loi* de leurs rapports réciproques; et quelques hommes furent préposés pour les faire observer, et le peuple leur confia la *balance* pour peser les *droits,* et l'*épée* pour *punir* les *transgressions.*

Alors s'établit entre les individus un heureux *équilibre* de forces et d'action, qui fit la *sûreté* commune. Le nom de l'*équité* et de la *justice* fut reconnu et révéré sur la terre; chaque homme, pouvant jouir en paix des fruits de son travail, se livra tout entier aux mouvements de son âme; et l'activité, suscitée et entretenue par la réalité ou par l'espoir des jouissances, fit éclore toutes les richesses de l'art et de la nature; les champs se couvrirent de moissons, les vallons de troupeaux, les coteaux de fruits, la mer de vaisseaux, et l'homme fut heureux et puissant sur la terre.

Ainsi le désordre que son imprudence avait produit, sa propre sagesse le répara; et cette sagesse en lui fut encore l'effet des lois de la nature dans l'organisation de son être. Ce fut pour assurer ses jouissances qu'il respecta celles d'autrui; et la *cupidité* trouva son correctif dans l'*amour éclairé de soi-même.*

Ainsi l'*amour de soi,* mobile éternel de tout individu, est devenu la base nécessaire de toute association; et c'est de l'observation de cette *loi naturelle* qu'a dépendu le sort de toute nation. Les *lois factices* et *conventionnelles* ont-elles tendu vers son but et rempli ses indications, chaque homme, mû d'un instinct puissant, a déployé toutes les facultés de son être ; et de la *multitude des félicités particulières* s'est composée la *félicité publique.* Ces *lois,* au contraire, ont-elles gêné l'essor de l'homme vers son bonheur, son cœur, privé de ses vrais mobiles, a langui dans l'inaction, et l'*accablement* des individus a fait la *faiblesse publique.*

Or, comme l'*amour de soi,* impétueux et imprévoyant, porte sans cesse l'homme contre son semblable, et tend par conséquent à *dissoudre* la *société*, l'art des *lois* et la vertu de leurs *agents* ont été de *tempérer* le *conflit* des *cupidités,* de maintenir l'équilibre entre les forces, d'assurer à chacun son *bien-être*, afin que, dans le choc de société à société, tous les membres portassent un même *intérêt* à la conservation et à la défense de la *chose publique.*

La splendeur et la prospérité des empires ont donc eu à l'intérieur, pour cause efficace, l'*équité* des gouvernements et des lois ; et leur puissance respective a eu pour mesure, à l'extérieur, le nombre des intéressés et le degré d'intérêt à la chose publique.

D'autre part, la multiplication des hommes, en compliquant leurs rapports, ayant rendu la démarcation de leurs droits difficile ; le jeu perpétuel des passions ayant suscité des incidents non prévus ; les conventions ayant été vicieuses, insuffisantes ou nulles ; enfin les auteurs des *lois* en ayant tantôt méconnu et tantôt dissimulé le but ; et leurs ministres, au lieu de contenir la cupidité d'autrui, s'étant livrés à la leur propre : toutes ces causes ont jeté dans les sociétés le trouble et le désordre ; et le vice des *lois*, et l'*injustice* des gouvernements, dérivés de la *cupidité* et de l'*ignorance,* sont devenus les mobiles des malheurs des peuples et de la subversion des États.

CHAPITRE X

CAUSES GÉNÉRALES DE LA PROSPÉRITÉ DES ANCIENS ÉTATS

O jeune homme qui demandes la sagesse, voilà quelles ont été les causes des révolutions de ces anciens États, dont tu contemples les ruines ! Sur quelque lieu que s'arrête ma vue, à quelque temps que se porte ma pensée, partout s'offrent à mon esprit les mêmes principes d'accroissement ou de destruction, d'élévation ou de décadence. Partout, si un peuple est puissant, si un empire prospère, c'est que les *lois* de *convention* y sont conformes aux *lois* de la *nature ;* c'est que le *gouvernement* y procure aux hommes l'*usage* respectivement libre de leurs facultés, la *sûreté égale de leurs personnes et de leurs propriétés.* Si, au contraire, un empire tombe en *ruines* ou se dissout, c'est que les lois sont vicieuses ou imparfaites, ou que le gouvernement corrompu les enfreint. Et si les lois et les gouvernements, d'abord sages et justes, ensuite se dépravent, c'est que l'alternative du bien et du mal tient à la nature du cœur de l'homme, à la succession de ses penchants, au progrès de ses connaissances, à la combinaison des circonstances et des événements, comme le prouve l'histoire de l'espèce.

Dans l'enfance des nations, quand les hommes vivaient encore dans les forêts, soumis tous aux mêmes besoins, doués tous des mêmes facultés, ils étaient tous presque égaux en forces ; et cette égalité fut une circonstance féconde et avantageuse dans la composition des sociétés : par elle, chaque individu se trouvant indépendant de tout autre, nul ne fut l'esclave d'autrui, nul n'avait l'idée d'être maître. L'homme novice ne connaissait ni servitude ni tyrannie ; muni de moyens suffisants à son être, il n'imaginait pas d'en emprunter d'étrangers. Ne devant rien, n'exigeant rien, il jugeait des droits d'autrui par les siens, et il se faisait des idées exactes de justice : ignorant d'ailleurs l'art des jouissances, il ne savait produire que le nécessaire ; et faute de superflu, la cupidité restait assoupie ; que si elle osait s'éveiller, l'homme, attaqué dans ses vrais besoins, lui résistait avec énergie, et la seule opinion de cette résistance entretenait un heureux équilibre.

Ainsi, l'*égalité originelle*, à défaut de *convention*, maintenait la **liberté** des personnes, la **sûreté** des propriétés, et produisait les **bonnes mœurs** et l'ordre. Chacun travaillait par soi et pour soi ; et le *cœur de l'homme, occupé, n'errait point en désirs coupables.* L'homme avait peu de jouissances, mais ses besoins étaient satisfaits ; et comme la nature indulgente les fit moins étendus que ses forces, le travail de ses mains produisit bientôt l'abondance ; l'abondance, la population : les arts se développèrent, les cultures s'étendirent, et la terre, couverte de nombreux habitants, se partagea en divers domaines.

Alors que les rapports des hommes se furent compliqués, l'ordre intérieur des sociétés devint plus difficile à maintenir. Le temps et l'industrie ayant fait naître les richesses, la cupidité devint plus active ; et parce que l'égalité, facile entre les individus, ne put subsister entre les familles, l'équilibre naturel fut rompu : il fallut y suppléer par un équilibre factice ; il fallut préposer des chefs, établir des lois, et, dans l'inexpérience primitive, il dut arriver qu'occasionnées par la cupidité, elles en prirent le caractère ; mais diverses circonstances concoururent à tempérer le désordre et à faire aux gouvernements une nécessité d'être justes.

En effet, les États, d'abord faibles, ayant à redouter des ennemis extérieurs, il devint important aux chefs de ne pas opprimer les sujets : en diminuant l'*intérêt* des citoyens à leur gouvernement, ils eussent diminué leurs *moyens* de *résistance*, ils eussent facilité les invasions étrangères et, pour des jouissances superflues, compromis leur propre existence.

A l'intérieur, le caractère des peuples repoussait la tyrannie. Les hommes avaient contracté de trop longues habitudes d'indépendance ; ils avaient trop peu de besoins et un sentiment trop présent de leurs propres forces.

Les États étant resserrés, il était difficile de diviser les citoyens pour les opprimer les uns par les autres : ils se communiquaient trop aisément, et leurs intérêts étaient trop clairs et trop simples. D'ailleurs, tout homme étant propriétaire et cultivateur, nul n'avait besoin de se vendre, et le despote n'eût point trouvé de mercenaires.

Si donc il s'élevait des dissensions, c'était de famille à famille, de faction à faction, et les intérêts étaient toujours communs à un grand nombre ; les troubles en étaient sans doute plus vifs, mais la crainte des étrangers apaisait les discordes : si l'oppression d'un parti s'établissait, la terre étant ouverte, et les hommes, encore simples, rencontrant partout les mêmes avantages, le parti accablé émigrait et portait ailleurs son indépendance.

Les anciens États jouissaient donc en eux-mêmes de moyens nombreux de prospérité et de puissance : de ce que chaque homme trouvait son bien-être dans la constitution de son pays, il prenait un vif intérêt à sa conservation ; si un étranger l'attaquait, ayant à défendre son champ, sa maison, il portait aux combats la passion d'une cause personnelle, et le dévouement pour soi-même occasionnait le dévouement pour la patrie.

De ce que toute action utile au public attirait son estime et sa reconnaissance, chacun s'empressait d'être utile, et l'*amour-propre* multipliait les talents et les vertus civiles.

De ce que tout citoyen contribuait également de

ses biens et de sa personne, les armées et les fonds étaient inépuisables, et les nations déployaient des masses imposantes de forces.

De ce que la terre était libre et sa possession sûre et facile, chacun était propriétaire ; et la division des propriétés conservait les mœurs en rendant le luxe impossible.

De ce que chacun cultivait pour lui-même, la culture était plus active, les denrées plus abondantes, et la richesse particulière faisait l'opulence publique.

De ce que l'abondance des denrées rendait la subsistance facile, la population fut rapide et nombreuse, et les États atteignirent en peu de temps le terme de leur plénitude.

De ce qu'il y eut plus de production que de consommation, le besoin du commerce naquit, et il se fit, de peuple à peuple, des échanges qui augmentèrent leur activité et leurs jouissances réciproques.

Enfin, de ce que certains lieux, à certaines époques, réunirent l'avantage d'être bien gouvernés à celui d'être placés sur la route de la plus active circulation, ils devinrent des entrepôts florissants de commerce et des siéges puissants de domination. Et sur les rives du Nil et de la Méditerranée, du Tigre et de l'Euphrate, les richesses de l'Inde et de l'Europe, entassées, élevèrent successivement la splendeur de cent métropoles.

Et les peuples, devenus riches, appliquèrent le superflu de leurs moyens à des travaux d'utilité commune et publique ; et ce fut là, dans chaque État, l'époque de ces ouvrages dont la magnificence étonne l'esprit ; de ces puits de Tyr, de ces digues de l'Euphrate, de ces conduits souterrains de la Médie¹, de ces forteresses du désert, de ces aqueducs de Palmyre, de ces temples, de ces portiques... Et ces travaux purent être immenses sans accabler les nations, parce qu'ils furent le produit d'un concours égal et commun des forces d'individus passionnés et libres.

Ainsi, les anciens États prospérèrent, parce que les institutions sociales y furent conformes aux véritables lois de la *nature*, et parce que les hommes, y jouissant de la *liberté* et de la *sûreté* de leurs *personnes* et de leurs *propriétés*, purent déployer toute l'étendue de leurs facultés, toute l'énergie de l'amour de soi-même.

CHAPITRE XI

CAUSES GÉNÉRALES DES RÉVOLUTIONS ET DE LA RUINE DES ANCIENS ÉTATS

Cependant la cupidité avait suscité entre les hommes une lutte constante et universelle qui, portant sans cesse les individus et les sociétés à des invasions réciproques, occasionna des révolutions successives et une agitation renaissante.

¹ Voyez pour ces faits le Voyage en Syrie, tome II, et les Recherches nouvelles sur l'Histoire ancienne, tome II.

Et d'abord, dans l'état sauvage et barbare des premiers humains, cette cupidité audacieuse et féroce enseigna la rapine, la violence, le meurtre ; et, longtemps, les progrès de la civilisation en furent ralentis.

Lorsque ensuite les sociétés commencèrent de se former, l'effet des mauvaises habitudes passant dans les lois et les gouvernements, il en corrompit les institutions et le but ; et il s'établit des droits arbitraires et factices, qui dépravèrent les idées de justice et la moralité des peuples.

Ainsi, parce qu'un homme fut plus fort qu'un autre, cette inégalité, accident de la nature, fut prise pour sa loi ; et parce que le fort put ravir au faible la vie, et qu'il la lui conserva, il s'arrogea sur sa personne un droit de propriété abusif, et l'*esclavage des individus* prépara l'esclavage des nations.

Parce que le chef de famille put exercer une autorité absolue dans sa maison, il ne prit pour règle de sa conduite que ses goûts et ses affections : il donna ou ôta ses biens sans égalité, sans justice ; et le *despotisme paternel* jeta les fondements du despotisme politique. Et dans les sociétés formées sur ces bases, le temps et le travail ayant développé les richesses, la cupidité, gênée par les lois, devint plus artificieuse sans être moins active. Sous des apparences d'union et de paix civile, elle fomenta, au sein de chaque État, une guerre intestine, dans laquelle les citoyens, divisés en corps opposés de professions, de classes, de familles, tendirent éternellement à s'approprier, sous le nom de *pouvoir suprême*, la faculté de tout dépouiller et de tout asservir au gré de leurs passions : et c'est cet esprit d'*invasion* qui, déguisé sous toutes les formes, mais toujours le même dans son but et dans ses mobiles, n'a cessé de tourmenter les nations.

Tantôt, s'opposant au pacte social, ou rompant celui qui déjà existait, il livra les habitants d'un pays au choc tumultueux de toutes leurs discordes ; et les *États dissous* furent, sous le nom d'*anarchie*, tourmentés par les passions de tous leurs membres.

Tantôt, un peuple jaloux de sa liberté, ayant préposé des *agents* pour administrer, ces *agents* s'approprièrent les pouvoirs dont ils n'étaient que les gardiens : ils employèrent les fonds publics à corrompre les élections, à s'attacher des partisans, à diviser le peuple en lui-même. Par ces moyens, de temporaires qu'ils étaient, ils se rendirent perpétuels ; puis d'électifs, héréditaires ; et l'État, agité par les brigues des ambitieux, par les largesses des riches factieux, par la vénalité des pauvres oiseux, par l'empirisme des orateurs, par l'audace des hommes pervers, par la faiblesse des hommes vertueux, fut travaillé de tous les inconvénients de la *démocratie*.

Dans un pays, les chefs égaux en force, se redoutant mutuellement, firent des pactes impies, des associations scélérates ; et se partageant les pouvoirs, les rangs, les honneurs, ils s'attribuèrent des priviléges, des immunités ; s'érigèrent en corps séparés, en classes distinctes ; s'asservirent en commun le peuple ; et, sous le nom d'*aristocratie*, l'État fut tourmenté par les passions des grands et des riches.

Dans un autre pays, tendant au même but par d'autres moyens, des *imposteurs sacrés* abusèrent de la crédulité des hommes ignorants. Dans l'ombre des temples, et derrière les voiles des autels, ils firent agir et parler les dieux, rendirent des oracles, montrèrent des prodiges, ordonnèrent des *sacrifices*, imposèrent des *offrandes,* prescrivirent des *fondations;* et, sous le nom de *théocratie* et de *religion,* les États furent tourmentés par les *passions* des prêtres.

Quelquefois, lasse de ses désordres ou de ses tyrans, une nation, pour diminuer les sources de ses maux, se donna un seul maître ; et alors, si elle limita les pouvoirs du prince, il n'eut d'autre désir que de les étendre ; et si elle les laissa indéfinis, il abusa du dépôt qui lui était confié ; et, sous le nom de *monarchie,* les États furent tourmentés par les passions des *rois* et des *princes*.

Alors des factieux, profitant du mécontentement des esprits, flattèrent le peuple de l'espoir d'un meilleur maître ; ils répandirent les dons, les promesses, renversèrent le despote pour s'y substituer, et leurs disputes pour la succession ou pour le partage tourmentèrent les États des désordres et des dévastations des *guerres civiles.*

Enfin, parmi ces rivaux, un individu plus habile ou plus heureux, prenant l'ascendant, concentra en lui toute la puissance : par un phénomène bizarre, un seul homme maîtrisa des millions de ses semblables contre leur gré ou sans leur aveu, et l'art de la *tyrannie* naquit encore de la *cupidité*. En effet, observant l'esprit d'égoïsme qui sans cesse divise tous les hommes, l'ambitieux le fomenta adroitement ; il flatta la vanité de l'un, aiguisa la jalousie de l'autre, caressa l'avarice de celui-ci, enflamma le ressentiment de celui-là, irrita les passions de tous ; opposant les intérêts ou les préjugés, il sema les divisions et les haines, promit au pauvre la dépouille du riche, au riche l'asservissement du pauvre, menaça un homme par un homme, une classe par une classe ; et isolant tous les citoyens par la défiance, il fit sa force de leur faiblesse, et leur imposa un joug d'*opinion,* dont ils se serrèrent mutuellement les nœuds. Par l'armée, il s'empara des contributions ; par les contributions, il disposa de l'armée ; par le jeu correspondant des richesses et des places, il enchaîna tout un peuple d'un lien indissoluble, et les États tombèrent dans la consomption lente du *despotisme.*

Ainsi, un même mobile, variant son action sous toutes les formes, attaqua sans cesse la consistance des États, et un cercle éternel de vicissitudes naquit d'un cercle éternel de passions.

Et cet esprit constant d'égoïsme et d'usurpation engendra deux effets principaux également funestes : l'un, que divisant sans cesse les sociétés dans toutes leurs fractions, il en opéra la faiblesse et en facilita la *dissolution ;* l'autre, que tendant toujours à concentrer le pouvoir en une seule main, il occasionna un *engloutissement* successif de sociétés et d'États, fatal à leur paix et à leur existence commune.

En effet, de même que dans un État un parti avait absorbé la nation, puis une famille le parti, un individu la famille ; de même il s'établit d'État à État un mouvement d'absorption, qui déploya en grand, dans l'*ordre politique*, tous les maux particuliers de l'*ordre civil*. Et une *cité* ayant subjugué une cité, elle se l'asservit, et en composa une province ; et deux *provinces* s'étant englouties, il s'en forma un *royaume* : enfin, deux royaumes s'étant conquis, l'on vit naître des *empires* d'une étendue gigantesque ; et dans cette agglomération, loin que la force interne des États s'accrût en raison de leur masse, il arriva, au contraire, qu'elle fut diminuée ; et, loin que la condition des peuples fût rendue plus heureuse, elle devint de jour en jour plus fâcheuse et plus misérable, par des raisons sans cesse dérivées de la nature des choses...

Par la raison qu'à mesure que les États acquirent plus d'étendue, leur administration devenant plus épineuse et plus compliquée, il fallut, pour remuer ces masses, donner plus d'énergie au pouvoir, et il n'y eut plus de proportion entre les devoirs des souverains et leurs facultés ;

Par la raison que les despotes, sentant leur faiblesse, redoutèrent tout ce qui développait la force des nations, et qu'ils firent leur étude de l'atténuer ;

Par la raison que les nations, divisées par des préjugés d'ignorance et des haines féroces, secondèrent la perversité des gouvernements ; et que, se servant réciproquement de satellites, elles aggravèrent leur esclavage ;

Par la raison que, la balance s'étant rompue entre les États, les plus forts accablèrent plus facilement les faibles ;

Enfin, par la raison qu'à mesure que les États se concentrèrent, les peuples, dépouillés de leurs lois, de leurs usages et des gouvernements qui leur étaient propres, perdirent l'esprit de *personnalité* qui causait leur énergie.

Et les despotes, considérant les empires comme des domaines, et les peuples comme des propriétés, se livrèrent aux déprédations et aux déréglements de l'autorité la plus arbitraire.

Et toutes les forces et les richesses des nations furent détournées à des dépenses particulières, à des fantaisies personnelles ; et les rois, dans les ennuis de leur satiété, se livrèrent à tous les goûts factices et dépravés ; il leur fallut des jardins suspendus sur des voûtes, des fleuves élevés sur des montagnes, ils changèrent des campagnes fertiles en parcs pour des fauves, creusèrent des lacs dans les terrains secs, élevèrent des rochers dans des lacs, firent construire des palais de marbre et de porphyre, voulurent des ameublements d'or et de diamants. Sous prétexte de religion, leur orgueil fonda des temples, dota des prêtres oiseux, bâtit, pour de vains squelettes, d'extravagants tombeaux, mausolées et pyramides. Pendant des règnes entiers, on vit des millions de bras employés à des *travaux stériles :* et le luxe des princes, imité par leurs parasites et transmis de grade en grade jusqu'aux derniers rangs, devint une source générale de corruption et d'appauvrissement.

Et, dans la soif insatiable des jouissances, les tributs ordinaires ne suffisant plus, ils furent augmentés ; et le cultivateur, voyant accroître sa peine sans indemnité, perdit le courage ; et le commerçant, se voyant dépouillé, se dégoûta de son industrie ; et la multitude, condamnée à demeurer pauvre, restreignit son travail au seul nécessaire, et toute activité productive fut anéantie.

La surcharge rendant la possession des terres onéreuse, l'humble propriétaire abandonna son champ, ou le vendit à l'homme puissant ; et les fortunes se concentrèrent en un moindre nombre de mains. Et toutes les lois et les institutions favorisant cette accumulation, les nations se partagèrent entre un groupe d'oisifs opulents et une multitude pauvre de mercenaires. Le peuple indigent s'avilit, les grands rassasiés se dépravèrent ; et le nombre des intéressés à la conservation de l'État décroissant, sa force et son existence devinrent d'autant plus précaires.

D'autre part, nul objet n'étant offert à l'émulation, nul encouragement à l'instruction, les esprits tombèrent dans une ignorance profonde.

Et l'*administration* étant *secrète* et *mystérieuse*, il n'exista aucun moyen de réforme ni d'amélioration ; les chefs ne régissant que par la violence et la fraude, les peuples ne virent plus en eux qu'une *faction* d'ennemis publics, et il n'y eut plus aucune harmonie entre les gouvernés et les gouvernants.

Et tous ces vices ayant énervé les États de l'Asie opulente, il arriva que les peuples vagabonds et pauvres des *déserts* et des *monts* adjacents convoitèrent les jouissances des *plaines fertiles ;* et, par une cupidité commune, ayant attaqué les *empires policés,* ils renversèrent les trônes des despotes ; et ces révolutions furent rapides et faciles, parce que la politique des tyrans avait amolli les sujets, rasé les forteresses, détruit les guerriers ; et parce que les sujets accablés restaient sans intérêt personnel, et les soldats mercenaires sans courage.

Et des hordes barbares ayant réduit des nations entières à l'état d'esclavage, il arriva que les empires, formés d'un peuple conquérant et d'un peuple conquis, réunirent en leur sein deux classes essentiellement opposées et ennemies. Tous les principes de la société furent dissous : il n'y eut plus ni intérêt *commun,* ni esprit *public ;* et il s'établit une *distinction* de *castes* et de *races*, qui réduisit en système régulier le maintien du désordre ; et selon que l'on naquit d'un certain sang, l'on naquit serf ou tyran, *meuble* ou *propriétaire*.

Et les oppresseurs étant moins nombreux que les opprimés, il fallut, pour soutenir ce faux équilibre, perfectionner la *science* de l'*oppression*. L'art de gouverner ne fut plus que celui d'assujettir au plus petit nombre le plus grand. Pour obtenir une obéissance si contraire à l'instinct, il fallut établir des peines plus sévères ; et la cruauté des lois rendit les mœurs atroces. Et la distinction des personnes établissant dans l'État deux codes, deux justices, deux droits ; le peuple, placé entre le penchant de son cœur et le serment de sa bouche, eut deux consciences contradictoires, et les idées du juste et de l'injuste n'eurent plus de base dans son entendement.

Sous un tel régime, les peuples tombèrent dans le désespoir et l'accablement. Et les accidents de la nature s'étant joints aux maux qui les assaillaient, éperdus de tant de calamités, ils en reportèrent les causes à des puissances supérieures et cachées ; et parce qu'ils avaient des tyrans sur la terre, ils en supposèrent dans les cieux ; et la superstition aggrava les malheurs des nations.

Et il naquit des doctrines funestes, des systèmes de religion atrabilaires et misanthropiques, qui peignirent les dieux *méchants* et *envieux* comme les despotes. Et pour les apaiser, l'homme leur offrit le sacrifice de toutes ses jouissances : il s'environna de *privations* et renversa les lois de la nature. Prenant ses *plaisirs* pour des *crimes*, ses *souffrances* pour des *expiations*, il *voulut aimer la douleur, abjurer l'amour de soi-même*; il persécuta ses sens, détesta sa vie ; et une *morale abnégative* et *antisociale* plongea les nations dans l'inertie de la mort.

Mais parce que la nature prévoyante avait doué le cœur de l'homme d'un espoir inépuisable, voyant le bonheur tromper ses désirs sur cette terre, il le poursuivit dans un *autre monde :* par une douce illusion, il se *fit une autre patrie,* un *asile* où, loin des tyrans, il reprit les droits de son être ; de là résulta un nouveau désordre : épris d'un *monde imaginaire,* l'homme méprisa celui de la nature ; pour des *espérances* chimériques, il négligea la *réalité.* Sa vie ne fut plus à ses yeux qu'un *voyage fatigant,* qu'un songe *pénible ;* son corps qu'une *prison,* obstacle à sa félicité ; et la terre un lieu d'*exil* et de *pèlerinage,* qu'il ne daigna plus cultiver. Alors une *oisiveté sacrée s'établit dans le monde politique ;* les campagnes se désertèrent ; les friches se multiplièrent, les empires se dépeuplèrent, les monuments furent négligés ; et de toutes parts l'ignorance, la superstition, le fanatisme, joignant leurs effets, multiplièrent les dévastations et les ruines.

Ainsi, agités par leurs propres passions, les hommes en masse ou en individus, toujours avides et imprévoyants, passant de l'esclavage à la tyrannie, de l'orgueil à l'avilissement, de la présomption au découragement, ont eux-mêmes été les éternels instruments de leurs infortunes.

Et voilà par quels mobiles simples et naturels fut régi le sort des anciens États ; voilà par quelle série de causes et d'effets liés et conséquents, ils s'élevèrent ou s'abaissèrent, selon que les lois *physiques* du cœur humain y furent observées ou enfreintes ; et dans le cours successif de leurs vicissitudes, cent peuples divers, cent empires tour à tour abaissés, puissants, conquis, renversés, en ont répété pour la terre les instructives leçons.... Et ces leçons aujourd'hui demeurent perdues pour les générations qui ont succédé ! Les désordres des temps passés ont reparu chez les races présentes ! les chefs des nations ont continué de marcher dans des voies de mensonge et de tyrannie ! les peuples, de s'égarer dans les ténèbres des superstitions et de l'ignorance !

Eh bien ! ajouta le Génie en se recueillant, puisque l'expérience des races passées reste ensevelie pour les races vivantes, puisque les fautes des aïeux n'ont pas encore instruit leurs descendants, les exemples anciens vont reparaître : la terre va voir se renouveler les scènes imposantes des temps oubliés. De nouvelles révolutions vont agiter les peuples et les empires. Des trônes puissants vont être de nouveau renversés, et des catastrophes terribles rappelleront aux hommes que ce n'est point en vain qu'ils enfreignent les lois de la nature, et les préceptes de la sagesse et de la vérité. »

CHAPITRE XII

LEÇONS DES TEMPS PASSÉS RÉPÉTÉES SUR LES TEMPS PRÉSENTS

Ainsi parla le Génie : frappé de la justesse et de la cohérence de tout son discours ; assailli d'une foule d'idées, qui en choquant mes habitudes captivaient cependant ma raison, je demeurai absorbé dans un profond silence.... Mais tandis que, d'un air triste et rêveur, je tenais les yeux fixés sur l'Asie, soudain, du côté du nord, aux rives de la *mer Noire* et dans les champs de la *Krimée*, des tourbillons de fumée et de flammes attirèrent mon attention : ils semblaient s'élever à la fois de toutes les parties de la presqu'île : puis, ayant passé par l'isthme dans le continent, ils coururent, comme chassés d'un vent d'ouest, le long du lac fangeux d'*Azof*, et furent se perdre dans les plaines herbageuses du Kouban ; et considérant de plus près la marche de ces tourbillons, je m'aperçus qu'ils étaient précédés ou suivis de pelotons d'êtres mouvants, qui, tels que des fourmis ou des sauterelles troublées par le pied d'un passant, s'agitaient avec vivacité : quelquefois ces pelotons semblaient marcher les uns vers les autres et se heurter ; puis, après le choc, il en restait plusieurs sans mouvement.... Et tandis qu'inquiet de tout ce spectacle, je m'efforçais de distinguer les objets : — « Vois-tu, me dit le Génie, ces feux qui courent sur la terre, et comprends-tu leurs effets et leurs causes ? — O Génie ! répondis-je, je vois des colonnes de flammes et de fumée, et comme des insectes qui les accompagnent ; mais quand déjà je saisis à peine les masses des villes et des monuments, comment pourrais-je discerner de si petites créatures ? seulement on dirait que ces insectes simulent des combats ; car ils vont, viennent, se choquent, se poursuivent. — Ils ne les simulent pas, dit le Génie, ils les réalisent. — Et quels sont, repris-je, ces animalcules insensés qui se détruisent ? ne périront-ils pas assez tôt, eux qui ne vivent qu'un jour ?.... » Alors le Génie me touchant encore une fois la vue et l'ouïe : « *Vois*, me dit-il, et *entends.* » Aussitôt, dirigeant mes yeux sur les mêmes objets : « Ah ! malheureux, m'écriai-je, saisi de douleur, ces colonnes de feux, ces insectes ! ô Génie ! ce sont les hommes, ce sont les ravages de la guerre !.... Ils partent des villes et des hameaux, ces torrents de flammes ! Je vois les cavaliers qui les allument, et qui, le sabre à la main, se répandent dans les campagnes ; devant eux fuient des troupes éperdues d'enfants, de femmes, de vieillards : j'aperçois d'autres cavaliers qui, la lance sur l'épaule, les accompagnent et les guident. Je reconnais même à leurs chevaux en laisse, à leurs *kalpaks*, à leur touffe de cheveux, que ce sont des *Tartares* ; et sans doute ceux qui les poursuivaient, coiffés d'un chapeau triangulaire et vêtus d'uniformes verts, sont des *Moscovites*. Ah ! je le comprends, la guerre vient de se rallumer entre l'empire des *tsars* et celui des *sultans*. — Non, pas encore, répliqua le Génie. Ce n'est qu'un préliminaire. Ces Tartares ont été et seraient encore des voisins incommodes, on s'en débarrasse ; leur pays est d'une grande convenance, on s'en arrondit ; et pour prélude d'une autre révolution, le trône des *Guérais* est détruit. »

Et, en effet, je vis les étendards russes flotter sur la Krimée ; et leur pavillon se déploya bientôt sur l'*Euxin*.

Cependant, aux cris des Tartares fugitifs, l'empire des Musulmans s'émut. « On chasse nos frères, s'écrièrent les enfants de Mahomet : on outrage le peuple du Prophète ! des infidèles occupent une terre consacrée et profanent les temples de l'Islamisme. Armons-nous ; courons aux combats pour venger la gloire de Dieu et notre propre cause. »

Et un mouvement général de guerre s'établit dans les deux empires. De toutes parts on assembla des hommes armés, des provisions, des munitions, et tout l'appareil meurtrier des combats fut déployé ; et, chez les deux nations, les temples, assiégés d'un peuple immense, m'offrirent un spectacle qui fixa mon attention. D'un côté, les Musulmans assemblés devant leurs mosquées se lavaient les mains, les pieds, se taillaient les ongles, se peignaient la barbe ; puis, étendant par terre des tapis, et se tournant vers le midi, les bras tantôt ouverts et tantôt croisés, ils faisaient des génuflexions et des prostrations ; et, dans le souvenir des revers essuyés pendant leur dernière guerre, ils s'écriaient : « Dieu clément, Dieu miséricordieux ! as-tu donc abandonné ton peuple fidèle ? Toi qui as promis au Prophète l'empire des nations et signalé ta religion par tant de triomphes, comment livres-tu les *vrais croyants* aux armes des infidèles? » Et les *Imans* et les *Santons* disaient au peuple : « C'est le châtiment de vos péchés. Vous mangez du porc, vous buvez du vin ; vous touchez les choses immondes : Dieu vous a punis. Faites pénitence, purifiez-vous, dites la *profession de foi*[1] ; jeûnez de l'aurore au coucher ; donnez la dîme de vos biens aux mosquées ; allez à la Mekke, et Dieu vous rendra la victoire. » Et le peuple, reprenant courage, jetait de grands cris : « Il n'y a qu'un Dieu, dit-il

---

[1] Il n'y a qu'un Dieu, et Mahomet est son prophète.

saisi de fureur, et Mahomet est son prophète : anathème à quiconque ne croit pas !....

« Dieu de bonté, accorde-nous d'exterminer ces chrétiens : c'est pour ta gloire que nous combattons, et notre mort est un martyre pour ton nom. » — Et alors, offrant des victimes, ils se préparèrent aux combats.

D'autre part, les Russes, à genoux, s'écriaient : « Rendons grâces à Dieu, et célébrons sa puissance ; il a fortifié notre bras pour humilier ses ennemis. Dieu *bienfaisant*, exauce nos prières : pour te plaire, nous passerons trois jours sans manger ni viande ni œufs. Accorde-nous d'exterminer ces mahométans impies et de renverser leur empire ; nous te donnerons la dîme des dépouilles, et nous t'élèverons de nouveaux temples. » Et les prêtres remplirent les églises de nuages de fumée, et dirent au peuple : « Nous prions pour vous, et Dieu agrée notre encens et bénit vos armes. Continuez de jeûner et de combattre ; dites-nous vos fautes secrètes ; donnez vos biens à l'église : nous vous absoudrons de vos péchés, et vous mourrez en état de grâce. » Et ils jetaient de l'eau sur le peuple, lui distribuaient de petits os de morts pour servir d'amulettes et de talismans ; et le peuple ne respirait que guerre et combats.

Frappé de ce tableau contrastant des mêmes passions, et m'affligeant de leurs suites funestes, je méditais sur la difficulté qu'il y avait pour le juge commun d'accorder des demandes si contraires, lorsque le Génie, saisi d'un mouvement de colère, s'écria avec véhémence :

« Quels accents de démence frappent mon oreille ? quel délire aveugle et pervers trouble l'esprit des nations ? Prières sacriléges, retombez sur la terre ! et vous, Cieux, repoussez des vœux homicides, des actions de grâces impies ! Mortels insensés ! est-ce donc ainsi que vous révérez la Divinité ? Dites ! comment celui que vous appelez votre père commun doit-il recevoir l'hommage de ses enfants qui s'égorgent ? Vainqueurs ! de quel œil doit-il voir vos bras fumants du sang qu'il a créé ? Et vous, vaincus ! qu'espérez-vous de ces gémissements inutiles ? Dieu a-t-il donc le cœur d'un mortel, pour avoir des passions changeantes ? Est-il, comme vous, agité par la vengeance ou la compassion, par la fureur ou le repentir ? O quelles idées basses ils ont conçu du plus élevé des êtres ! A les entendre, il semblerait que, bizarre et capricieux, *Dieu* se fâche ou s'apaise comme un homme ; que tour à tour il aime ou il hait ; qu'il bat ou qu'il caresse ; que, faible ou méchant, il couve sa haine ; que, contradictoire et perfide, il tend des piéges pour y faire tomber ; qu'il punit le mal qu'il permet ; qu'il prévoit le crime sans l'empêcher ; que, juge partial, on le corrompt par des offrandes ; que, despote imprudent, il fait des lois qu'ensuite il révoque ; que, tyran farouche, il ôte ou donne ses grâces sans raison, et ne se fléchit qu'à force de bassesses.... Ah ! c'est maintenant que j'ai reconnu le mensonge de l'homme ! En voyant le tableau qu'il a tracé de la Divinité, je me suis dit : Non, non, ce n'est point *Dieu qui a fait l'homme à son image, c'est l'homme qui a figuré Dieu sur la sienne ;* il lui a donné son esprit, l'a revêtu de ses penchants, lui a prêté ses jugements.... Et lorsqu'en ce mélange il s'est surpris contradictoire à ses propres principes, affectant une humilité hypocrite, il a taxé d'impuissance sa raison, et nommé *mystères de Dieu* les absurdités de son entendement.

« Il a dit : Dieu est *immuable*, et il lui a adressé des vœux pour le *changer*. Il l'a dit *incompréhensible*, et il l'a sans cesse interprété.

« Il s'est élevé sur la terre des *imposteurs* qui se sont dits *confidents de Dieu*, et qui, s'érigeant en docteurs des peuples, ont ouvert des voies de mensonge et d'iniquité : ils ont attaché des mérites à des pratiques indifférentes ou ridicules ; ils ont érigé en vertu de prendre certaines postures, de prononcer certaines paroles, d'articuler de certains noms ; ils ont transformé en délit de manger de certaines viandes, de boire certaines liqueurs à tels jours plutôt qu'à tels autres. C'est le juif qui mourrait plutôt que de *travailler un jour de sabbat;* c'est le Perse qui se laisserait suffoquer avant de *souffler le feu* de son *haleine;* c'est l'Indien qui place la suprême perfection à se *frotter* de *fiente de vache* et à *prononcer* mystérieusement *Aúm* ; c'est le musulman qui croit avoir tout réparé en se lavant la tête et les bras, et qui dispute, le sabre à la main, s'il faut *commencer* par le *coude* ou par le *bout des doigts;* c'est le chrétien qui se croirait damné s'il mangeait de la graisse au lieu de lait ou de beurre. O doctrines sublimes et vraiment célestes ! ô morales parfaites et dignes du martyre et de l'apostolat ! je passerai les

CHAPITRE XII

mers pour enseigner ces lois admirables aux peuples sauvages, aux nations reculées ; je leur dirai : *Enfants de la nature ! jusques à quand marcherez-vous dans le sentier de l'ignorance ?* Jusques à quand méconnaîtrez-vous les vrais principes de la morale et de la religion ? Venez en chercher les leçons chez les peuples pieux et savants, dans les pays civilisés ; ils vous apprendront comment, pour plaire à Dieu, il faut, en certains mois de l'année, languir de soif et de faim tout le jour ; comment on peut verser le sang de son prochain, et s'en purifier en faisant une profession de foi et une ablution méthodique ; comment on peut lui dérober son bien, et s'en absoudre en le partageant avec certains hommes qui se vouent à le dévorer.

« *Pouvoir souverain et caché de l'univers ! moteur mystérieux de la nature ! âme universelle des êtres !* toi que, sous tant de noms divers, les mortels ignorent et révèrent ; *être incompréhensible, infini* ; Dieu qui, dans l'immensité des cieux, diriges la marche des mondes, et peuples les abîmes de l'espace de millions de soleils tourbillonnants, dis, que paraissent à tes yeux ces insectes humains que déjà ma vue perd sur la terre ! Quand tu t'occupes à guider les astres dans leurs orbites, que sont pour toi les vermisseaux qui s'agitent sur la poussière ? Qu'importent à ton immensité leurs distinctions de partis, de sectes ? et que te font les subtilités dont se tourmente leur folie ?

« Et vous, hommes crédules, montrez-moi l'efficacité de vos pratiques ! Depuis tant de siècles que vous les suivez ou les altérez, qu'ont changé vos *recettes* aux lois de la nature? Le soleil en a-t-il plus lui? le cours des saisons est-il autre? la terre en est-elle plus féconde? les peuples sont-ils plus heureux? Si Dieu est bon, comment se plaît-il à vos pénitences? S'il est infini, qu'ajoutent vos hommages à sa gloire? Si ses décrets ont tout prévu, vos prières en changent-elles l'arrêt? Répondez, hommes inconséquents!

« Vous, vainqueurs, qui dites servir Dieu, a-t-il donc besoin de votre aide? S'il veut punir, n'a-t-il pas en main les tremblements, les volcans, la foudre? et le Dieu clément ne sait-il corriger qu'en exterminant?

« Vous, musulmans, si Dieu vous châtie pour le viol des *cinq* préceptes, comment élève-t-il les Francs qui s'en rient? Si c'est par le *Qôran* qu'il régit la terre, sur quels principes jugea-t-il les nations avant le prophète, tant de peuples qui buvaient du vin, mangeaient du porc, n'allaient point à la *Mekke*, à qui cependant il fut donné d'élever des empires puissants? Comment jugea-t-il les *Sabéens* de *Ninive* et de *Babylone*; le *Perse, adorateur du feu*; le *Grec*, le *Romain, idolâtres*; les *anciens royaumes du Nil*, et vos propres aïeux *Arabes* et *Tartares?* Comment juge-t-il encore maintenant tant de nations qui méconnaissent ou ignorent votre culte, les nombreuses castes des Indiens, le vaste empire des Chinois, les noires tribus de l'Afrique, les insulaires de l'Océan, les peuplades de l'Amérique?

« Hommes présomptueux et ignorants, qui vous arrogez à vous seuls la terre! si Dieu rassemblait à la fois toutes les générations passées et présentes, que seraient, dans leur océan, ces sectes soi-disant universelles du chrétien et du musulman ? Quels seraient les jugements de sa justice égale et commune sur l'universalité réelle des humains ? C'est là que votre esprit s'égare en systèmes incohérents, et c'est là que la vérité brille avec évidence ; c'est là que se manifestent les lois puissantes et simples de la nature et de la raison : lois d'un *moteur commun, général* ; d'un Dieu impartial et juste, qui, pour pleuvoir sur un pays, ne demande point quel est son prophète ; qui fait luire également son soleil sur toutes les races des hommes, sur le *blanc* comme sur le *noir*, sur le juif, sur le musulman, sur le chrétien et sur l'idolâtre ; qui fait prospérer les moissons là où des mains soigneuses les cultivent ; qui multiplie toute nation chez qui règnent l'industrie et l'ordre ; qui fait prospérer tout empire où la justice est pratiquée, où l'homme puissant est lié par les lois, où le pauvre est protégé par elles, où le faible vit en sûreté, où chacun enfin jouit des droits qu'il tient de la *nature* et d'un *contrat* dressé avec équité.

« Voilà par quels principes sont jugés les peuples ! voilà la vraie religion qui régit le sort des empires, et qui, de vous-mêmes, Ottomans, n'a cessé de faire la destinée ! Interrogez vos ancêtres ! demandez-leur par quels moyens ils élevèrent leur fortune, alors qu'*idolâtres*, peu nombreux et pauvres, ils vinrent des déserts tartares camper dans ces riches contrées ; demandez si ce fut par l'islamisme, jusque-là méconnu par eux, qu'ils vainquirent les Grecs, les Arabes, ou si ce fut par le courage, la prudence, la modération, l'esprit d'union, vraies *puissances* de *l'état social*. Alors le sultan lui-même rendait la justice et veillait à la discipline ; alors étaient punis le juge prévaricateur, le gouverneur concussionnaire, et la multitude vivait dans l'aisance : le cultivateur était garanti des rapines du janissaire, et les campagnes prospéraient ; les routes publiques étaient assurées, et le commerce répandait l'abondance. Vous étiez des brigands ligués, mais entre vous, vous étiez justes : vous subjuguiez les peuples, mais vous ne les opprimiez pas. Vexés par leurs princes, ils préféraient d'être vos tributaires. Que m'importe, disait le chrétien, que *mon maître aime ou brise les images, pourvu qu'il me rende justice ? Dieu jugera sa doctrine aux cieux.*

« Vous étiez sobres et endurcis ; vos ennemis étaient énervés et lâches : vous étiez savants dans l'art des combats ; vos ennemis en avaient perdu les principes: vos chefs étaient expérimentés, vos soldats aguerris, dociles : le butin excitait l'ardeur ; la bravoure était récompensée ; la lâcheté, l'indiscipline punies ; et tous les ressorts du cœur humain étaient en activité : ainsi vous vainquîtes cent nations, et d'une foule de royaumes conquis vous fondâtes un immense empire.

« Mais d'autres mœurs ont succédé ; et dans les revers qui les accompagnent, ce sont encore les lois de la nature qui agissent. Après avoir dévoré vos ennemis, votre cupidité, toujours allumée, a réagi sur son propre foyer ; et, concentrée dans votre sein, elle vous a dévorés vous-mêmes. Devenus riches, vous vous êtes divisés pour le partage et la jouissance ; et le désordre s'est introduit dans toutes les classes de votre société. Le sultan, enivré de sa grandeur, a méconnu l'objet de ses fonctions ; et tous les vices du pouvoir arbitraire se sont développés. Ne rencontrant jamais d'obstacles à ses goûts, il est devenu un être dépravé ; homme faible et orgueilleux, il a repoussé de lui le peuple, et la voix du peuple ne l'a plus instruit et guidé. Ignorant, et pourtant flatté, il a négligé toute instruction, toute étude, et il est tombé dans l'incapacité ; devenu inepte aux affaires, il en a jeté le fardeau sur des mercenaires, et les mercenaires l'ont trompé. Pour satisfaire leurs propres passions, ils ont stimulé, étendu les siennes ; ils ont agrandi ses besoins, et son luxe énorme a tout consumé; il ne lui a plus suffi de la table frugale, des vêtements modestes, de l'habitation simple de ses aïeux ; pour satisfaire à son faste, il a fallu épuiser la mer et la terre ; faire venir du pôle les plus rares fourrures ; de l'équateur, les plus chers tissus ; il a dévoré, dans un mets, l'impôt d'une ville ; dans l'entretien d'un jour, le revenu d'une province. Il s'est investi d'une armée de femmes, d'eunuques, de satellites. On lui a dit que la vertu des rois était la libéralité, la magnificence ; et les trésors des peuples ont été livrés aux mains des adulateurs. A l'imitation du maître, les esclaves ont aussi voulu avoir des maisons superbes, des meubles d'un travail exquis, des tapis brodés à grands frais, des vases d'or et d'argent pour les plus vils usages, et toutes les richesses de l'empire se sont englouties dans le *Séraï*.

« Pour suffire à ce luxe effréné, les *esclaves* et les *femmes* ont vendu leur crédit, et la vénalité a introduit une dépravation générale : ils ont vendu la faveur suprême au visir, et le visir a vendu l'empire. Ils ont vendu la loi au cadi, et le cadi a vendu la justice. Ils ont vendu au prêtre l'autel, et le prêtre a vendu les cieux ; et l'or conduisant à tout, l'on a tout fait pour obtenir l'or : pour l'or, l'ami a trahi son ami ; l'enfant, son père ; le serviteur, son maître ; la femme, son honneur ; le marchand, sa conscience ; et il n'y a plus eu dans l'État ni bonne foi, ni mœurs, ni concorde, ni force.

« Et le pacha, qui a payé le gouvernement de sa province, l'a considérée comme une ferme, et il y a exercé toute concussion. A son tour, il a vendu la perception des impôts, le commandement des troupes, l'administration des villages ; et comme tout emploi *a été passager*, la rapine, répandue de grade en grade, a été hâtive et précipitée. Le douanier a rançonné le marchand, et le négoce s'est anéanti ; l'aga a dépouillé le cultivateur, et la culture s'est amoindrie. Dépourvu d'avances, le laboureur n'a pu ensemencer : l'impôt est survenu, il n'a pu payer ; on l'a menacé *du bâton,* il a emprunté ; le numéraire, faute de sûreté, s'est trouvé caché ; l'*intérêt* a été énorme, et l'usure du riche a aggravé la misère de l'ouvrier.

« Et des accidents de saison, des sécheresses excessives ayant fait manquer les récoltes, le gouvernement n'a fait pour l'impôt ni délai ni grâce ; et la détresse s'appesantissant sur un village, une partie de ses habitants a fui dans les villes ; et leur charge, reversée sur ceux qui ont demeuré, a consommé leur ruine, et le pays s'est dépeuplé.

« Et il est arrivé que, poussés à bout par la tyrannie et l'outrage, des villages se sont révoltés ; et le pacha s'en est réjoui : il leur a fait la guerre, il a pris d'assaut leurs maisons, pillé leurs meubles, enlevé leurs animaux ; et quand la terre a demeuré déserte, *que m'importe ?* a-t-il dit, *je m'en vais demain.*

« Et la terre manquant de bras, les eaux du ciel ou des torrents débordés ont séjourné en marécages ; et sous ce climat chaud, leurs exhalaisons putrides ont causé des épidémies, des pestes, des maladies de toute espèce ; et il s'en est suivi un surcroît de dépopulation, de pénurie et de ruine.

« Oh ! qui dénombrera tous les maux de ce règne tyrannique !

« Tantôt les pachas se font la guerre, et, pour leurs querelles personnelles, les provinces d'un État identique sont dévastées. Tantôt, redoutant leurs maîtres, ils tendent à l'indépendance et attirent sur leurs sujets les châtiments de leur révolte. Tantôt, redoutant ces sujets, ils appellent et soudoient des étrangers, et, pour se les affider, ils leur permettent tout brigandage. En un lieu, ils intentent un procès à un homme riche, et le dépouillent sur un faux prétexte ; en un autre, ils apostent de faux témoins, et imposent une contribution pour un petit délit imaginaire : partout ils excitent la haine des sectes, provoquent leurs délations pour en retirer des *avanies* ; ils extorquent les biens, frappent les personnes ; et quand leur avarice imprudente a entassé en un monceau toutes les richesses d'un pays, le gouvernement, par une perfidie exécrable, feignant de venger le peuple opprimé, attire à lui sa dépouille dans celle du coupable, et verse inutilement le sang pour un crime dont il est complice.

« O scélérats ! monarques ou ministres, qui vous jouez de la vie et des biens des peuples ! est-ce vous qui avez donné le souffle à l'homme, pour le lui ôter? est-ce vous qui faites naître les produits de la terre, pour les dissiper ? fatiguez-vous à sillonner le champ? endurez-vous l'ardeur du soleil et le tourment de la soif, à couper la moisson, à battre la gerbe ? veillez-vous à la rosée nocturne comme le pasteur ? traversez-vous les déserts comme le marchand ? Ah! en voyant la cruauté et l'orgueil des puissants, j'ai été transporté d'indignation, et j'ai dit, dans ma colère : Hé quoi, il ne s'élèvera pas sur la terre des hommes qui vengent les peuples et punissent les tyrans ! Un petit nombre de brigands dévorent la multitude, et la multitude se laisse dévorer! O peuples avilis ! connaissez vos droits ! *Toute autorité vient de vous*, toute puissance *est la vôtre*. Vainement les rois vous commandent de par *Dieu* et de par *leur lance*, soldats, restez immobiles : puisque Dieu *soutient* le *sultan*, votre secours est inutile ; puisque son épée lui suffit, il n'a pas besoin de la vôtre : voyons ce qu'il peut par lui-même... Les soldats ont baissé les armes ; et voilà les *maîtres du monde* faibles comme le dernier de *leurs sujets !*

Peuples ! sachez donc que ceux qui vous gouvernent sont vos *chefs* et non pas vos *maîtres*, vos *préposés* et non pas vos *propriétaires*, qu'ils n'ont d'autorité *sur vous* que par *vous* et *pour votre* avantage ; que vos richesses sont *à vous*, et qu'ils vous en sont *comptables*; que rois ou sujets, Dieu a fait tous les hommes *égaux*, et que nul des mortels n'a droit d'opprimer son semblable.

« Mais cette nation et ses chefs ont méconnu ces vérités saintes.... Eh bien ! ils subiront les conséquences de leur aveuglement... L'arrêt en est porté; le jour approche où ce colosse de puissance, brisé, s'écroulera sous sa propre masse : oui, j'en jure par les *ruines de tant d'empires détruits ! l'empire du Croissant* subira le sort des États dont il a imité le régime. Un peuple étranger chassera les sultans de leur métropole ; le *trône d'Orkhan sera renversé, le dernier rejeton de sa race sera retranché,* et la horde des *Oguzians*, privée de chef, se dispersera comme celle des *Nogais :* dans cette dissolution, les peuples de l'empire, déliés du joug qui les rassemblait, reprendront leurs anciennes distinctions, et une anarchie générale surviendra comme il est arrivé dans l'empire des *Sophis*, jusqu'à ce qu'il s'élève chez l'Arabe, l'Arménien ou le Grec, des législateurs qui recomposent de nouveaux États... Oh ! s'il se trouvait sur la terre des hommes profonds et hardis ! quels éléments de grandeur et de gloire !... Mais déjà l'heure du destin sonne. Le cri de la guerre frappe mon oreille, et la catastrophe va commencer. Vainement le sultan oppose ses armées ; ses guerriers ignorants sont battus, dispersés : vainement il appelle ses *sujets* ; les cœurs sont glacés ; les sujets répondent : *Cela est écrit ; et qu'importe qui soit notre maître ? nous ne pouvons perdre à changer.* Vainement les vrais croyants invoquent les cieux et le Prophète : le Prophète est mort, et les cieux, sans pitié, répondent : « Cessez de nous invoquer ; vous avez fait vos maux, « guérissez-les vous-mêmes. La nature a établi des « lois, c'est à vous de les pratiquer : observez, raisonnez, profitez de l'expérience. C'est la folie de l'homme « qui le perd, c'est à sa sagesse de le sauver. Les peuples sont ignorants, qu'ils s'instruisent ; leurs chefs « sont pervers, qu'ils se corrigent et s'améliorent ; » car tel est l'arrêt de la *nature : Puisque les maux des sociétés viennent de la cupidité et de l'ignorance, les hommes ne cesseront d'être tourmentés qu'ils ne soient éclairés et sages,* qu'ils ne pratiquent l'art *de la justice,* fondé sur la *connaissance* de leurs rapports et des lois de leur organisation. »

CHAPITRE XIII

L'ESPÈCE HUMAINE S'AMÉLIORERA-T-ELLE ?

A ces mots, oppressé du sentiment douloureux dont m'accabla leur sévérité : « Malheur aux nations ! m'écriai-je en fondant en larmes ; malheur à moi-même ! Ah ! c'est maintenant que j'ai désespéré du bonheur de l'homme. Puisque ses maux procèdent de son cœur, puisque lui seul peut y porter remède, malheur à jamais à son existence ! Qui pourra, en effet, mettre un frein à la cupidité du fort et du puissant ? Qui pourra éclairer l'ignorance du faible ? Qui instruira la multitude de ses droits, et forcera les chefs de remplir leurs devoirs ? Ainsi, la race des hommes est pour toujours dévouée à la souffrance ! Ainsi, l'individu ne cessera d'opprimer l'individu, une nation d'attaquer une autre nation ; et jamais il ne renaîtra pour ces contrées des jours de prospérité et de gloire. Hélas ! des conquérants viendront ; ils chasseront les oppresseurs et s'établiront à leur place ; mais, succédant à leur pouvoir, ils succéderont à leur rapacité, et la terre aura changé de tyrans sans changer de tyrannie. »

Alors, me tournant vers le Génie : « O Génie ! lui dis-je, le désespoir est descendu dans mon âme : en connaissant la nature de l'homme, la *perversité de ceux qui gouvernent* et l'*avilissement* de ceux qui sont gouvernés m'ont dégoûté de la vie ; et quand il n'est de choix que d'être complice ou victime de l'oppression, que reste-t-il à l'homme vertueux que de joindre sa cendre à celle des tombeaux ! »

Et le Génie, gardant le silence, me fixa d'un regard sévère mêlé de compassion ; et, après quelques instants, il reprit : « Ainsi, c'est à mourir que la vertu réside ! L'homme pervers est infatigable à consommer le crime, et l'homme juste se rebute au premier obstacle à faire le bien !..... Mais tel est le cœur humain ; un succès l'enivre de confiance, un revers l'abat et le consterne : toujours entier à la sensation du moment, il ne juge point des choses par leur nature, mais par l'élan de sa passion. Homme qui désespères du genre humain, sur quel calcul profond de faits et de raisonnements as-tu établi ta sentence ? As-tu scruté l'organisation de l'être sensible, pour déterminer avec précision si les mobiles qui le portent au bonheur sont essentiellement plus faibles que ceux qui l'en repoussent ? Ou bien, embrassant d'un coup d'œil l'histoire de l'espèce, et jugeant du futur par l'exemple du passé, as-tu constaté que tout progrès lui est impossible ? Réponds ! depuis leur origine, les sociétés n'ont-elles fait aucun pas vers l'instruction et un meilleur sort ? Les hommes sont-ils encore dans les forêts, manquant de tout, ignorants, féroces, stupides ? Les nations sont-elles encore toutes à ces temps où, sur le globe, l'œil ne voyait que des brigands brutes ou des brutes esclaves ? Si, dans un temps, dans un lieu, des individus sont devenus meilleurs, pourquoi la masse ne s'améliorerait-elle pas ? Si des sociétés partielles se sont perfectionnées, pourquoi ne se perfectionnerait pas la société générale ? Et si les premiers obstacles sont franchis, pourquoi les autres seraient-ils insurmontables ?

« Voudrais-tu penser que l'espèce va se détériorant ? Garde-toi de l'illusion et des paradoxes du *misanthrope* : l'homme mécontent du présent suppose au passé une perfection mensongère, qui n'est que le masque de son chagrin. Il loue les morts en haine des vivants, il bat les enfants avec les ossements de leurs pères.

« Pour démontrer une prétendue perfection rétrograde, il faudrait démentir le témoignage des faits et de la raison ; et s'il reste aux faits passés de l'équivoque, il faudrait démentir le fait subsistant de l'organisation de l'homme ; il faudrait prouver qu'il naît avec un usage éclairé de ses sens ; qu'il sait, sans expérience, distinguer du poison l'aliment ; que l'enfant est plus sage que le vieillard, l'aveugle plus assuré dans sa marche que le clairvoyant ; que l'homme civilisé est plus malheureux que l'anthropophage ; en un mot, qu'il n'existe pas d'échelle progressive d'expérience et d'instruction.

« Jeune homme, crois-en la voix des tombeaux et le témoignage des monuments : des contrées sans doute ont déchu de ce qu'elles furent à certaines époques ; mais si l'esprit sondait ce qu'alors même furent la sagesse et la félicité de leurs habitants, il trouverait qu'il y eut dans leur gloire moins de réalité que d'éclat ; il verrait que dans les anciens États, même les plus vantés, il y eut d'énormes vices, de cruels abus, d'où résulta précisément leur fragilité ; qu'en général les principes des gouvernements étaient atroces ; qu'il régnait de peuple à peuple un brigandage insolent, des guerres barbares, des haines implacables ; que le droit naturel était ignoré ; que la moralité était pervertie par un fanatisme insensé, par des superstitions déplorables ; qu'un songe, qu'une vision, un oracle, causaient à chaque instant de vastes commotions :

et peut-être les nations ne sont-elles pas encore bien guéries de tant de maux ; mais du moins l'intensité en a diminué, et l'expérience du passé n'a pas été totalement perdue. Depuis trois siècles surtout, les lumières se sont accrues, propagées ; la civilisation, favorisée de circonstances heureuses, a fait des progrès sensibles ; les inconvénients mêmes et les abus ont tourné à son avantage ; car si les conquêtes ont trop étendu les États, les peuples, en se réunissant sous un même joug, ont perdu cet esprit d'isolement et de division qui les rendait tous ennemis : si les pouvoirs se sont concentrés, il y a eu, dans leur gestion, plus d'ensemble et plus d'harmonie : si les guerres sont devenues plus vastes dans leurs masses, elles ont été moins meurtrières dans leurs détails : si les peuples y ont porté moins de personnalité, moins d'énergie, leur lutte a été moins sanguinaire, moins acharnée, ils ont été moins libres, mais moins turbulents ; plus amollis, mais plus pacifiques. Le despostime même les a servis ; car si les gouvernements ont été plus absolus, ils ont été moins inquiets et moins orageux ; si les trônes ont été des propriétés, ils ont excité, à titre d'héritage, moins de dissensions, et les peuples ont eu moins de secousses ; si enfin les despotes, jaloux et mystérieux, ont interdit toute connaissance de leur administration, toute concurrence au maniement des affaires, les passions, écartées de la carrière politique, se sont portées vers les arts, les sciences naturelles, et la sphère des idées en tout genre s'est agrandie : l'homme, livré aux études abstraites, a mieux saisi sa place dans la nature, ses rapports dans la société ; les principes ont été mieux discutés, les fins mieux connues, les lumières plus répandues, les individus plus instruits, les mœurs plus sociales, la vie plus douce ; en masse, l'espèce, surtout dans certaines contrées, a sensiblement gagné ; et cette amélioration désormais ne peut que s'accroître, parce que ses deux principaux obstacles, ceux-là mêmes qui l'avaient rendue jusque-là si lente et quelquefois rétrograde, la difficulté de transmettre et de communiquer rapidement les idées, sont enfin levés.

« En effet, chez les anciens peuples, chaque canton, chaque cité, par la *différence de son langage,* étant isolé de tout autre, il en résultait un chaos favorable à l'ignorance et à l'anarchie. Il n'y avait point de communications d'idées, point de participation d'invention, point d'harmonie d'intérêts ni de volontés, point d'unité d'action, de conduite : en outre, tout moyen de répandre et de transmettre les idées se réduisant *à la parole fugitive et limitée, à des écrits longs d'exécution, dispendieux et rares,* il s'ensuivait empêchement de toute instruction pour le présent, perte d'expérience de génération à génération, instabilité, rétrogradation de lumières, et perpétuité de chaos et d'enfance.

« Au contraire, dans l'état moderne, et surtout dans celui de l'Europe, de grandes nations ayant contracté l'alliance d'un même langage, il s'est établi de vastes communautés d'opinions ; les esprits se sont rapprochés, les cœurs se sont entendus ; il y a eu accord de pensées, unité d'action : ensuite *un art sacré, un don divin du génie, l'imprimerie,* ayant fourni le moyen de répandre, de communiquer en un même instant une même idée à des millions d'hommes, et de la fixer d'une manière durable, sans que la puissance des tyrans pût l'arrêter ni l'anéantir, il s'est formé une masse progressive d'instruction, une atmosphère croisssante de lumières, qui désormais assurent solidement l'amélioration. Et cette amélioration devient un effet nécessaire des lois de la nature ; car, par *la loi de la sensibilité,* l'homme tend aussi invinciblement à se *rendre heureux,* que le *feu à monter,* que la *pierre à graviter,* que l'*eau à se niveler.* Son obstacle est son *ignorance,* qui l'égare dans les moyens, qui le trompe sur les effets et les causes. A force d'expérience il s'éclairera; à force d'erreurs il se redressera ; il deviendra sage et bon, *parce qu'il est de son intérêt de l'être ;* et, dans une nation, les idées se communiquant, des classes entières seront instruites, et la science deviendra vulgaire ; et tous les hommes connaîtront quels sont les principes du bonheur individuel et de la félicité publique, ils sauront quels sont leurs rapports, leurs droits, leurs devoirs dans l'ordre social ; ils apprendront à se garantir des illusions de la cupidité ; ils concevront que la *morale* est une *science physique,* composée, il est vrai, d'éléments compliqués dans leur jeu, mais simples et invariables dans leur nature, parce qu'ils sont les éléments mêmes de l'organisation de l'homme. Ils sentiront qu'ils doivent être *modérés* et *justes,* parce que là est l'avantage et la sûreté de chacun ; que vouloir jouir aux dépens d'autrui est un faux calcul d'ignorance, parce que de là résultent des représailles, des haines, des vengeances, et que l'improbité est l'effet constant de la sottise.

« Les particuliers sentiront que le bonheur individuel est lié au bonheur de la société ;

« Les faibles, que loin de se diviser d'intérêts, ils doivent s'unir, parce que l'égalité fait leurs forces ;

« Les riches, que la mesure des jouissances est bornée par la constitution des organes, et que l'ennui suit la satiété ;

« Le pauvre, que c'est dans l'emploi du temps et la paix du cœur que consiste le plus haut degré du bonheur de l'homme.

« Et l'opinion publique, atteignant les rois jusque sur leurs trônes, les forcera de se contenir dans les bornes d'une autorité régulière.

« Le hasard même, servant les nations, leur donnera, tantôt *des chefs incapables, qui, par faiblesse, les laisseront devenir libres* ; tantôt *des chefs éclairés, qui, par vertu, les affranchiront.*

« Et alors qu'il existera sur la terre de *grands individus*, des *corps de nations éclairées* et *libres*, il arrivera à l'espèce ce qui arrive à ses éléments : la communication des lumières d'une portion s'étendra de proche en proche et gagnera le tout. Par *la loi de l'imitation, l'exemple d'un premier peuple sera suivi par les autres ; ils adopteront son esprit, ses lois*. Les despotes mêmes, voyant qu'ils ne peuvent plus maintenir leur pouvoir sans la justice et la bienfaisance, adouciront leur régime par besoin, par rivalité ; et la civilisation deviendra générale.

« Et il s'établira de peuple à peuple *un équilibre de forces,* qui, les contenant tous dans le respect de leurs droits réciproques, fera cesser leurs barbares usages de guerre et soumettra *à des voies civiles le jugement de leurs contestations ;* et l'espèce entière deviendra une *grande société,* une même *famille* gouvernée par un même esprit, par de communes lois, et jouissant de toute la félicité dont la nature humaine est capable.

« Ce grand travail sans doute sera long, parce qu'il faut qu'un même mouvement se propage dans un corps immense ; qu'un même levain assimile une énorme masse de parties hétérogènes ; mais enfin ce mouvement s'opérera ; et déjà les présages de cet avenir se déclarent. Déjà la *grande société,* parcourant dans sa marche les mêmes phases que les *sociétés partielles,* s'annonce pour tendre aux mêmes résultats. Dissoute d'abord en toutes ses parties, elle a vu longtemps ses membres sans cohésion ; et l'isolement général des peuples forma *son premier âge d'anarchie et d'enfance :* partagée ensuite au hasard en sections irrégulières d'États et de royaumes, elle a subi les fâcheux effets de l'extrême *inégalité* des richesses, des conditions ; et l'*aristocratie des grands empires* a formé son *second âge :* puis, ces *grands privilégiés* se disputant la prédominance, elle a parcouru la période du *choc* des *factions.* Et maintenant les partis, las de leurs discordes, sentant le besoin des lois, soupirent après l'époque de l'ordre et de la paix. Qu'il se montre un *chef* vertueux ! qu'un *peuple puissant et juste* paraisse ! et la terre l'élève au pouvoir suprême : la terre attend un *peuple législateur;* elle le désire, elle l'appelle, et mon cœur l'entend....» Et tournant la tête du côté de l'occident : « Oui, continua-t-il, déjà un bruit sourd frappe mon oreille : un cri de *liberté,* prononcé sur des rives lointaines, a retenti dans l'ancien continent. A ce cri, un murmure secret contre l'oppression s'élève chez une grande nation ; une inquiétude salutaire l'alarme sur sa situation ; elle s'interroge sur ce qu'elle est, sur ce qu'elle devrait être ; et, surprise de sa faiblesse, elle recherche quels sont ses droits, ses moyens ; quelle a été la conduite de ses chefs..... Encore un jour, une réflexion..... et un mouvement immense va naître: un siècle nouveau va s'ouvrir ! siècle d'étonnement pour le vulgaire, de surprise et d'effroi pour les tyrans, d'affranchissement pour un grand peuple, et d'espérance pour toute la terre! »

CHAPITRE XIV

LE GRAND OBSTACLE AU PERFECTIONNEMENT

Le Génie se tut.... Cependant, prévenu de noirs sentiments, mon esprit demeura rebelle à la persuasion ; mais, craignant de le choquer par ma résistance, je demeurai silencieux.... Après quelque intervalle, se tournant vers moi et me fixant d'un regard perçant :....
« Tu gardes le silence! reprit-il, et ton cœur agite des

pensées qu'il n'ose produire !.... » Interdit et troublé : « O Génie ! lui dis-je, pardonne ma faiblesse : sans doute ta bouche ne peut proférer que la vérité ; mais ta céleste intelligence en saisit les traits là où mes sens grossiers ne voient que des nuages. J'en fais l'aveu : la conviction n'a point pénétré dans mon âme, et j'ai craint que mon *doute* ne te fût une offense.

« — Et qu'a le *doute*, répondit-il, qui en fasse un crime ? L'homme est-il maître de sentir autrement qu'il n'est affecté ?.... Si une vérité est palpable et d'une pratique importante, plaignons celui qui la méconnaît : sa peine naîtra de son aveuglement. Si elle est incertaine, équivoque, comment lui trouver le caractère qu'elle n'a pas ? Croire sans évidence, sans démonstration, est un acte d'ignorance et de sottise : le crédule se perd dans un dédale d'inconséquences ; l'homme sensé examine, discute, afin d'être d'accord dans ses opinions ; et l'homme de bonne foi supporte la contradiction, parce qu'elle seule fait naître l'évidence. La violence est l'argument du mensonge ; et imposer d'autorité une croyance, est l'acte et l'indice d'un tyran. »

Enhardi par ces paroles : « O Génie, répondis-je, puisque ma raison est libre, je m'efforce en vain d'accueillir l'espoir flatteur dont tu la consoles : l'âme vertueuse et sensible se livre aisément aux rêves du bonheur, mais sans cesse une réalité cruelle la réveille à la souffrance et à la misère : plus je médite sur la nature de l'homme, plus j'examine l'état présent des sociétés, moins un monde de sagesse et de félicité me semble possible à réaliser. Je parcours de mes regards toute la face de notre hémisphère ; en aucun lieu je n'aperçois le germe, ou ne pressens le mobile d'une heureuse révolution. L'Asie entière est ensevelie dans les plus profondes ténèbres. Le Chinois, avili par le *despotisme* du *bambou*, aveuglé par la superstition astrologique, entravé par un code immuable de gestes, par le vice radical d'une langue et surtout d'une écriture mal construites, ne m'offre, dans sa civilisation avortée, qu'un peuple automate. L'Indien, accablé de préjugés, enchaîné par les liens sacrés de ses castes, végète dans une apathie incurable. Le Tartare, errant ou fixé, toujours ignorant et féroce, vit dans la barbarie de ses aïeux. L'Arabe, doué d'un génie heureux, perd sa force et le fruit de sa vertu dans l'anarchie de ses tribus et la jalousie de ses familles. L'Africain, dégradé de la condition d'homme, semble voué sans retour à la servitude. Dans le nord, je ne vois que des serfs avilis, que des peuples *troupeaux*, dont se jouent de grands *propriétaires*. Partout l'ignorance, la tyrannie, la misère, ont frappé de stupeur les nations ; et des habitudes vicieuses, dépravant les sens naturels, ont détruit jusqu'à l'instinct du bonheur et de la vérité : il est vrai que dans quelques contrées de l'Europe la raison a commencé de prendre un premier essor ; mais là même les lumières des particuliers sont-elles communes aux nations? L'habileté des gouvernements a-t-elle tourné à l'avantage des peuples ? Et ces peuples qui se disent policés, ne sont-ils pas ceux qui, depuis trois siècles, remplissent la terre de leurs injustices ?

ne sont-ce pas eux qui, sous des prétextes de commerce, ont dévasté l'Inde, dépeuplé un nouveau continent, et soumettent encore aujourd'hui l'Afrique au plus barbare des esclavages? La liberté naîtra-t-elle du sein des tyrans, et la justice sera-t-elle rendue par des mains spoliatrices et avares? O Génie ! j'ai vu les pays civilisés, et l'illusion de leur sagesse s'est dissipée devant mes regards : j'ai vu les richesses entassées dans quelques mains, et la multitude pauvre et dénuée : j'ai vu tous les droits, tous les pouvoirs concentrés dans certaines *classes*, et la masse des peuples passive et précaire : j'ai vu des *maisons de prince*, et point de *corps de nation*; des intérêts de *gouvernement*, et point d'intérêt ni d'esprit publics : j'ai vu que toute la science de ceux qui commandent consistait à *opprimer prudemment*; et la servitude raffinée des peuples policés m'en a paru plus irrémédiable.

« Un obstacle surtout, ô Génie ! a profondément frappé ma pensée : en portant mes regards sur le globe, je l'ai vu partagé en vingt systèmes de cultes différents : chaque nation a reçu ou s'est fait des opinions religieuses opposées ; et chacune, s'attribuant exclusivement la vérité, veut croire toute autre en erreur. Or si, comme il est de fait, dans leur discordance, le grand nombre des hommes se trompe, et se trompe de bonne foi, il s'ensuit que notre esprit se *persuade du mensonge comme de la vérité*; et alors, quel moyen de l'éclairer? Comment dissiper le préjugé qui d'abord a saisi l'esprit? Comment, surtout, écarter son bandeau, quand le premier article de chaque croyance, le premier dogme de toute religion, est la proscription absolue du *doute*, *l'interdiction de l'examen*, *l'abnégation* de son propre jugement? Que fera la vérité pour être reconnue? Si elle s'offre avec les preuves du raisonnement, l'homme pusillanime récuse sa conscience ; si elle invoque l'autorité des puissances célestes, l'homme préoccupé lui oppose une autorité du même genre et traite toute innovation de blasphème. Ainsi l'homme, dans son aveuglement, rivant sur lui-même ses fers, s'est à jamais livré sans défense au jeu de son ignorance et de ses passions. Pour dissoudre des entraves si fatales, il faudrait un concours inouï d'heureuses circonstances ; il faudrait qu'une nation entière, guérie du délire de la superstition, fût inaccessible aux impulsions du fanatisme ; qu'affranchi du joug d'une fausse doctrine, un peuple s'imposât lui-même celui de la vraie morale et de la raison ; qu'il fût à la fois *hardi* et *prudent*, instruit et docile ; que chaque individu, connaissant ses droits, n'en transgressât pas la limite ; que le pauvre sût résister à la séduction, le riche à l'avarice : qu'il se trouvât des chefs désintéressés et justes ; que les oppresseurs fussent saisis d'un esprit de démence et de vertige ; que le *peuple*, recouvrant ses pouvoirs, sentît qu'il ne les peut exercer, et qu'il se constituât des organes ; que, créateur de ses magistrats, il sût à la fois les censurer et les respecter ; que, dans la réforme subite de toute une nation vivant d'abus, chaque individu disloqué souffrît patiemment les privations et le changement de ses habitudes ; que cette nation enfin fût assez courageuse pour conquérir sa liberté, assez instruite pour l'affermir, assez puissante pour la défendre, assez généreuse pour la partager : et tant de conditions pourront-elles jamais se rassembler ? Et lorsqu'en ses combinaisons infinies, le sort produirait enfin celle-là, en verrai-je les jours fortunés ? et ma cendre ne sera-t-elle pas dès longtemps refroidie ? »

A ces mots, ma poitrine oppressée se refusa à la parole.... Le Génie ne me répondit point ; mais j'entendis qu'il disait à voix basse : « Soutenons l'espoir de cet homme ; car si celui qui aime ses semblables se décourage, que deviendront les nations ? Et peut-être le passé n'est-il que trop propre à flétrir le courage ? Eh bien ! anticipons le temps à venir ; dévoilons à la vertu le siècle étonnant près de naître, afin qu'à la vue du but qu'elle désire, ranimée d'une nouvelle ardeur, elle redouble l'effort qui doit l'y porter. »

CHAPITRE XV

LE SIÈCLE NOUVEAU

A peine eut-il achevé ces mots, qu'un bruit immense s'éleva du côté de l'occident ; et, y tournant mes regards, j'aperçus à l'extrémité de la Méditerranée, dans le domaine de l'une des nations de l'Europe, un mouvement prodigieux ; tel qu'au sein d'une vaste cité, lorsqu'une sédition violente éclate de toutes parts, on voit un peuple innombrable s'agiter et se répandre à flots dans les rues et les places publiques. Et mon oreille, frappée de cris poussés jusqu'aux cieux, distingua par intervalles ces phrases :

« Quel est donc ce prodige nouveau ? quel est ce fléau cruel et mystérieux ? Nous sommes une nation nombreuse, et nous manquons de bras ! nous avons un sol excellent, et nous manquons de denrées ! nous sommes actifs, laborieux, et **nous vivons dans l'indigence** ! nous payons des tributs énormes, et l'on nous dit qu'ils ne suffisent pas ! nous sommes en paix au dehors, et nos personnes et nos biens ne sont pas en sûreté au dedans ! Quel est donc l'ennemi caché qui nous dévore ? »

Et des voix parties du sein de la multitude répondirent : « Élevez un étendard distinctif autour duquel se rassemblent tous ceux qui, par d'utiles travaux, entretiennent et nourrissent la société, et vous connaîtrez l'ennemi qui vous ronge. »

Et, l'étendard ayant été levé, cette nation se trouva tout à coup partagée en *deux corps inégaux* et d'un aspect contrastant: *l'un, innombrable* et presque *total*, offrait, dans la pauvreté générale des vêtements et l'air maigre et hâlé des visages, les indices de la misère et du travail ; l'autre, *petit groupe, fraction* insensible, présentait, dans la richesse des habits chamarrés d'or et d'argent, et dans l'embonpoint des visages, les symptômes du loisir et de l'abondance.

Et, considérant ces hommes plus attentivement, je reconnus que le *grand corps* était composé de laboureurs, d'artisans, de marchands, de toutes les professions laborieuses et studieuses utiles à la société, et que, dans le *petit groupe*, il ne se trouvait que des ministres du culte de tout grade (moines et prêtres), que des gens de finance, d'armoirie, de livrée, des chefs militaires et autres salariés du gouvernement.

Et ces deux corps en présence, front à front, s'étant considérés avec étonnement, je vis, d'un côté, naître la colère et l'indignation ; de l'autre, un mouvement d'effroi ; et le *grand corps* dit au *plus petit :*

« Pourquoi êtes-vous séparés de nous ?. N'êtes-vous donc pas de notre nombre ?

« Non, répondit le groupe : vous êtes le *peuple ;* nous autres, nous sommes un corps distinct, *une classe privilégiée,* qui avons nos lois, nos usages, nos droits à part. »

LE PEUPLE.

Et de quel travail viviez-vous dans notre société ?

LES PRIVILÉGIÉS.

Nous ne sommes pas faits pour travailler.

LE PEUPLE.

Comment avez-vous donc acquis tant de richesses ?

LES PRIVILÉGIÉS.

En prenant le soin de vous gouverner.

LE PEUPLE.

Quoi ! nous *fatiguons,* et vous *jouissez !* nous *produisons,* et vous *dissipez !* Les richesses viennent de nous, vous les absorbez, et vous appelez cela *gouverner !....* *Classe* privilégiée, corps distinct qui nous êtes étranger, formez votre nation à part, et voyons comment vous subsisterez.

Alors, le petit groupe délibérant sur ce cas nouveau, quelques hommes justes et généreux dirent : Il faut nous rejoindre au peuple et partager ses fardeaux ; car ce sont des hommes comme nous, et nos richesses viennent d'eux. Mais d'autres dirent avec orgueil : Ce serait une honte de nous confondre avec la foule, elle est faite pour nous servir ; ne sommes-nous pas la *race noble* et *pure* des conquérants de cet empire ? Rappelons à cette multitude nos droits et son origine.

LES NOBLES.

Peuple ! oubliez-vous que nos ancêtres ont conquis ce pays, et que votre race n'a obtenu la vie qu'à condition de nous servir ? Voilà notre contrat social ; voilà le gouvernement *constitué* par l'usage et prescrit par le temps.

LE PEUPLE.

Race *pure* des conquérants ! montrez-nous vos généalogies ! nous verrons ensuite si ce qui, dans un individu, est *vol* et *rapine*, devient vertu dans une nation.

Et à l'instant, des voix élevées de divers côtés commencèrent d'appeler par leurs noms une foule d'individus *nobles ;* et, citant leur origine et leur parenté, elles racontèrent comment l'aïeul, le bisaïeul, le père lui-même, nés marchands, artisans, après s'être enrichis par des moyens quelconques, avaient acheté, à prix d'argent, la noblesse : en sorte qu'un très-petit nombre de familles étaient réellement de souche ancienne. Voyez, disaient ces voix, voyez ces roturiers parvenus qui renient leurs parents ; voyez ces recrues plébéiennes qui se croient des vétérans illustres ! Et ce fut une rumeur de risée.

Pour la détourner, quelques hommes astucieux s'écrièrent : Peuple doux et fidèle, reconnaissez l'autorité légitime : *le Roi veut, la loi ordonne.*

LE PEUPLE.

Classe privilégiée, courtisans de la fortune, laissez les rois s'expliquer ; les rois ne peuvent vouloir que le *salut* de l'immense multitude, qui est le *peuple ;* la loi ne saurait être que le vœu de l'*équité.*

Alors les privilégiés militaires dirent : La multitude ne sait obéir qu'à la force, il faut la châtier. Soldats, frappez ce peuple rebelle !

LE PEUPLE.

Soldats ! vous êtes notre sang ! frapperez-vous vos parents, vos frères ? Si le peuple périt, qui nourrira l'armée ?

Et les soldats, baissant les armes, dirent : Nous sommes aussi le peuple, montrez-nous l'ennemi ! Alors les privilégiés ecclésiastiques dirent : Il n'y a plus qu'une ressource : le peuple est superstitieux ; il faut l'effrayer par les noms de Dieu et de religion.

Nos chers frères ! nos enfants ! Dieu nous a établis pour vous gouverner.

LE PEUPLE.

Montrez-nous vos pouvoirs célestes.

LES PRÊTRES.

Il faut de la foi : la raison égare.

LE PEUPLE.

Gouvernez-vous sans raisonner ?

LES PRÊTRES.

Dieu veut la paix : la religion prescrit l'obéissance.

LE PEUPLE.

La paix suppose la justice ; l'obéissance veut la conviction d'un devoir.

LES PRÊTRES.

On n'est ici-bas que pour souffrir.

LE PEUPLE.

Montrez-nous l'exemple.

LES PRÊTRES.

Vivrez-vous sans dieux et sans rois ?

LE PEUPLE.

Nous voulons vivre sans oppresseurs.

LES PRÊTRES.

Il vous faut des *médiateurs,* des *intermédiaires.*

LE PEUPLE.

Médiateurs près de *Dieu* et des *rois! courtisans* et *prêtres,* vos services sont trop dispendieux ; nous traiterons désormais directement nos affaires.

Et alors le petit groupe dit : *Tout est perdu, la multitude est éclairée.*

Et le peuple répondit : Tout est sauvé ; car si nous sommes éclairés, nous n'abuserons pas de notre force : nous ne voulons que nos droits. Nous avons des ressentiments, nous les oublions ; nous étions esclaves, nous pourrions commander ; nous ne voulons qu'être libres, et la *liberté* n'est que la *justice.*

CHAPITRE XVI

UN PEUPLE LIBRE ET LÉGISLATEUR

Alors, considérant que toute puissance publique était suspendue, que le régime habituel de ce peuple cessait tout à coup, je fus saisi d'effroi par la pensée qu'il allait tomber dans la dissolution de l'anarchie ; mais tout à coup des voix s'élevèrent et dirent :

« Ce n'est pas assez de nous être affranchis des parasites et des oppresseurs, il faut empêcher qu'il n'en renaisse. Nous sommes *hommes,* et l'expérience nous a trop appris que chacun de nous tend sans cesse à dominer et à jouir aux dépens d'autrui. Il faut donc nous prémunir contre un penchant auteur de discorde ; il faut établir des *règles certaines de* nos *actions* et de nos *droits :* or, la *connaissance* de ces droits, le *jugement* de ces actions sont des choses abstraites, difficiles, qui exigent tout le temps et toutes les facultés d'un homme. Occupés chacun de nos travaux, nous ne pouvons vaquer à de telles études, ni exercer par nous-mêmes de telles fonctions. Choisissons donc parmi nous quelques hommes dont ce soit l'emploi propre. *Déléguons*-leur nos pouvoirs communs pour nous créer un gouvernement et des lois ; constituons-les *représentants* de nos *volontés* et de nos *intérêts*. Et, afin qu'en effet ils en soient une représentation aussi exacte qu'il sera possible, choisissons-les *nombreux et semblables à nous,* pour que la diversité de nos volontés et de nos intérêts se trouve rassemblée en eux. »

Et ce peuple, ayant choisi dans son sein une troupe nombreuse d'hommes qu'il jugea propres à son dessein, il leur dit : « Jusqu'ici nous avons vécu en une *société* formée *au hasard,* sans *clauses fixes,* sans conventions libres, sans stipulation de droits, sans engagements réciproques ; et une foule de désordres et de maux ont résulté de cet état précaire. Aujourd'hui nous voulons, de dessein réfléchi, former un contrat régulier ; et nous vous avons choisis pour en dresser les articles : examinez donc avec maturité quelles doivent être ses bases et ses conditions ; recherchez avec soin *quel est le but,* quels sont les principes *de toute association :* connaissez les *droits* que chaque membre y porte, les facultés qu'il y *engage,* et celles qu'il y doit conserver : tracez-nous des *règles* de conduite, des *lois* équitables; dressez-nous un système nouveau de gouvernement ; car nous sentons que les principes qui nous ont guidés jusqu'à ce jour sont vicieux. Nos pères ont marché dans des sentiers d'*ignorance,* et l'*habitude* nous a égarés sur leurs pas : tout s'est fait par violence, par fraude, par séduction, et les vraies lois de la morale et de la raison sont encore obscures : démêlez-en donc le chaos, découvrez-en l'enchaînement, publiez-en le code, et nous nous y conformerons. »

Et ce peuple éleva un trône immense en forme de pyramide ; et y faisant asseoir les hommes qu'il avait choisis, il leur dit : « Nous vous élevons aujourd'hui au-dessus de nous, afin que vous découvriez mieux l'ensemble de nos rapports, et que vous soyez hors de l'atteinte de nos passions.

« Mais souvenez-vous que vous êtes nos semblables ; que le pouvoir que nous vous conférons est à nous ; que nous vous le donnons en dépôt, non en propriété ni en héritage ; que les lois que vous ferez, vous y serez les premiers soumis ; que demain vous redescendrez parmi nous, et que nul droit ne vous sera acquis, que celui de l'estime et de la reconnaissance. Et pensez de quel tribut de gloire l'univers qui révère *tant d'apôtres d'erreur,* honorera la *première assemblée d'hommes raisonnables* qui aura solennellement déclaré les principes immuables de la justice, et consacré, à la face des tyrans, les droits des nations ! »

CHAPITRE XVII

BASE UNIVERSELLE DE TOUT DROIT ET DE TOUTE LOI

Alors les *hommes, choisis* par le peuple pour rechercher les vrais principes de la morale et de la raison, procédèrent à l'objet sacré de leur mission ; et, après un long examen, ayant découvert un principe universel et fondamental, il s'éleva un législateur qui dit au peuple : « Voici la *base primordiale.* l'origine *physique* de toute justice et de tout droit.

« *Quelle que soit la puissance active, la cause motrice qui régit l'univers, ayant donné à tous les hommes les mêmes organes, les mêmes sensations, les mêmes besoins,* elle a, par ce fait même, *déclaré* qu'elle leur *donnait à tous les mêmes droits* à l'usage de ses biens, *et que tous les hommes sont égaux dans l'ordre de la nature.*

« En second lieu, de ce qu'elle a donné à chacun des *moyens suffisants* de pourvoir à son existence, il résulte avec évidence qu'elle les a tous constitués *indépendants* les uns des autres ; qu'elle les a créés *libres ;* que nul n'est soumis à autrui ; que chacun est *propriétaire absolu* de son être.

« Ainsi, l'*égalité* et la *liberté* sont deux *attributs essentiels de l'homme ;* deux *lois* de la Divinité, *inabrogeables* et *constitutives* comme les *propriétés* physiques des éléments.

« Or, de ce que tout individu est *maître absolu* de sa personne, il s'ensuit que la *liberté* pleine de son *consentement* est une condition inséparable de tout contrat et de tout engagement.

« Et de ce que tout individu est *égal* à un autre, il suit que la balance de ce qui est rendu à ce qui est donné, doit être rigoureusement en *équilibre :* en sorte que l'idée de liberté contient essentiellement celle de *justice,* qui naît de l'*égalité.*

« *L'égalité et la liberté* sont donc les *bases physiques* et inaltérables de toute *réunion d'hommes en société,* et, par suite, le *principe nécessaire* et *régénérateur* de toute loi et de tout système de gouvernement régulier.

« C'est pour avoir dérogé à cette base que chez vous, comme chez tout peuple, se sont introduits les désordres qui vous ont enfin soulevés. C'est en revenant à cette règle que vous pourrez les réformer, et reconstituer une association heureuse.

« Mais observez qu'il en résultera une grande

secousse dans vos habitudes, dans vos fortunes, dans vos préjugés. Il faudra dissoudre des contrats vicieux, des droits abusifs ; renoncer à des distinctions injustes, à de fausses propriétés ; rentrer enfin un instant dans l'état de la nature. Voyez si vous saurez consentir à tant de sacrifices. »

Alors, pensant à la *cupidité* inhérente au cœur de l'homme, je crus que ce peuple allait renoncer à toute idée d'amélioration.

Mais, dans l'instant, une foule d'hommes généreux et des plus hauts rangs, s'avançant vers le trône, y firent abjuration de *toutes leurs distinctions* et de toutes *leurs richesses* : « Dictez-nous, dirent-ils, les lois de *l'égalité* et de *la liberté* ; nous ne voulons plus rien posséder qu'au titre sacré de *la justice*.

« *Egalité, justice, liberté*, voilà quel sera désormais notre code et notre étendard. »

Et sur-le-champ le peuple éleva un drapeau immense, inscrit de ces trois mots, auxquels il assigna *trois couleurs*. Et l'ayant planté sur le siége du législateur, l'étendard de la *justice universelle* flotta pour la première fois sur la terre ; et le peuple dressa en avant du siége un *autel nouveau*, sur lequel il plaça une balance d'or, une épée et **un livre**, avec cette inscription :

A LA LOI ÉGALE, QUI JUGE ET PROTÉGE.

Puis, ayant environné le siége et l'autel d'un amphithéâtre immense, cette nation s'y assit tout entière pour entendre la publication de la loi. Et des millions d'hommes, levant à la fois les bras vers le ciel, firent le serment solennel de vivre *libres et justes ; de respecter leurs droits réciproques, leurs propriétés ; d'obéir à la loi et à ses agents régulièrement préposés.*

Et ce spectacle si imposant de force et de grandeur, si touchant de générosité, m'émut jusqu'aux larmes ; et m'adressant au Génie : « Que je vive maintenant « lui dis-je, car désormais je puis espérer. »

CHAPITRE XVIII

EFFROI ET CONSPIRATION DES TYRANS

Cependant, à peine le cri solennel de l'*égalité* et de la *liberté* eut-il retenti sur la terre, qu'un mouvement de trouble et de surprise s'excita au sein des nations ; et d'une part la multitude émue de désir, mais indécise entre l'espérance et la crainte, entre le sentiment de ses droits et l'habitude de ses chaînes, commença de s'agiter ; d'autre part, les rois réveillés subitement du sommeil de l'indolence et du despotisme, craignirent de voir renverser leurs trônes ; et partout *ces classes de tyrans civils et sacrés* qui trompent les rois et oppriment les peuples, furent saisies de rage et d'effroi ; et tramant des desseins perfides : « Malheur à nous, dirent-ils, si le cri funeste de la *liberté* parvient à l'oreille de la multitude ! Malheur à nous, si ce pernicieux esprit de *justice* se propage !...... » Et voyant flotter l'étendard : « Concevez-vous l'essaim de maux renfermés dans ces seules paroles ? Si tous les hommes sont *égaux*, où sont nos *droits exclusifs* d'honneur et de puissance ? Si tous sont ou doivent être *libres*, que deviennent nos *esclaves*, nos *serfs*, nos *propriétés* ? Si tous sont *égaux* dans l'état civil, où sont nos prérogatives de *naissance*, *d'hérédité* ? et que devient la *noblesse* ? S'ils sont tous égaux devant Dieu, où est le besoin de *médiateurs* ? et que devient le *sacerdoce* ? Ah ! pressons-nous de détruire un germe si fécond, si contagieux ! Employons tout notre art contre cette calamité ; effrayons les rois, pour qu'ils s'unissent à notre cause. Divisons les peuples, et suscitons-leur des troubles et des guerres. Occupons-les de *combats*, de *conquêtes* et de *jalousies*. Alarmons-les sur la puissance de cette nation libre. Formons une grande ligue contre l'ennemi commun. Abattons cet étendard sacrilége, renversons ce trône de rebellion, et étouffons dans son foyer cet incendie de révolution. »

Et en effet, les tyrans civils et sacrés des peuples formèrent une ligue générale ; entraînant sur leurs pas une multitude contrainte ou séduite, ils se portèrent d'un mouvement hostile contre la nation libre, et investirent à grands cris *l'autel* et le *trône de la loi naturelle :* « Quelle est, dirent-ils, cette doctrine hérétique et nouvelle ? Quel est cet autel impie, ce culte sacrilége ?...... Sujets fidèles et croyants ! ne semblerait-il pas que ce fût d'aujourd'hui que l'on vous découvre la vérité, que jusqu'ici vous eussiez marché dans l'erreur, que ces rebelles, plus heureux que vous, ont seuls le privilége d'être sages ! Et vous, *peuple égaré*, ne voyez-vous pas que vos nouveaux chefs vous trompent, qu'ils *altèrent* les *principes* de *votre foi*, qu'ils *renversent* la *religion* de *vos pères*? Ah ! tremblez que le courroux du ciel ne s'allume, et hâtez-vous, par un prompt repentir, de réparer votre erreur. »

Mais, inaccessible à la suggestion comme à la terreur, la nation libre garda le silence ; et, se montrant tout entière en armes, elle tint une attitude imposante.

Et le législateur dit *aux chefs des peuples :* « Si, lorsque nous marchions *un bandeau sur les yeux*, la lumière éclairait nos pas, pourquoi, aujourd'hui qu'il est levé, fuira-t-elle nos regards qui la cherchent? Si les chefs qui prescrivent aux hommes d'être clairvoyants, les trompent et les égarent, que font ceux qui ne veulent guider que des *aveugles* ? Chefs des peuples ! si vous possédez la vérité, faites-nous la voir: nous la recevrons avec reconnaissance ; car nous la cherchons avec désir, et nous avons intérêt de la trouver : nous *sommes hommes*, et nous pouvons nous tromper ; mais vous êtes hommes aussi, et vous êtes *également* faillibles. Aidez-nous donc dans ce labyrinthe où, depuis tant de siècles, erre l'humanité ; aidez-nous à dissiper l'illusion de tant de préjugés et de vicieuses habitudes ; concourez avec nous, dans le choc de tant d'opinions qui se disputent notre croyance, à démêler le caractère propre et distinctif de la vérité.

Terminons dans un jour les combats si longs de l'erreur : établissons entre elle et la vérité une lutte solennelle : appelons les opinions des hommes de toutes les nations : convoquons l'assemblée générale des peuples : qu'ils soient juges eux-mêmes dans la cause qui leur est propre ; et que, dans le débat de tous les systèmes, nul défenseur, nul argument ne manquant aux préjugés ni à la raison, le sentiment d'une évidence générale et commune fasse enfin naître la concorde universelle des esprits et des cœurs. »

CHAPITRE XIX

ASSEMBLÉE GÉNÉRALE DES PEUPLES

Ainsi parla le législateur ; et la multitude, saisie de ce mouvement qu'inspire d'abord toute proposition raisonnable, ayant applaudi, les tyrans, restés sans appui, demeurèrent confondus.

Alors s'offrit à mes regards une scène d'un genre étonnant et nouveau : tout ce que la terre compte de peuples et de nations, tout ce que les climats produisent de races d'hommes divers, accourant de toutes parts, me sembla se réunir dans une même enceinte ; et là, formant un immense congrès, distingué en groupes par l'aspect varié des costumes, des traits du visage, des teintes de la peau, leur foule innombrable me présenta le spectacle le plus extraordinaire et le plus attachant.

D'un côté je voyais l'Européen, à l'habit court et serré, au chapeau pointu et triangulaire, au menton rasé, aux cheveux blanchis de poudre ; de l'autre, l'Asiatique, à la robe traînante, à la longue barbe, à la tête rase et au turban rond. Ici j'observais les peuples africains, à la peau d'ébène, aux cheveux laineux, au corps ceint de pagnes blancs et bleus, ornés de bracelets et de colliers de corail, de coquilles et de verre : là les races septentrionales, enveloppées dans leurs sacs de peau ; le *Lapon,* au bonnet pointu, aux souliers de raquette ; le *Samoyède,* à l'odeur forte et au corps brûlant ; le *Tongouze,* au bonnet cornu, portant ses idoles pendues sur son sein ; le *Yakoute,* au visage piqueté ; le *Calmouque,* au nez aplati, aux petits yeux renversés. Plus loin étaient le *Chinois,* au vêtement de soie, aux tresses pendantes ; le *Japonais,* au sang mélangé ; le *Malais,* aux grandes oreilles, au nez percé d'un anneau, au vaste chapeau de feuilles de palmier, et les habitants *tatoués* des îles de l'Océan et du continent antipode. Et l'aspect de tant de variétés d'une même espèce, de tant d'inventions bizarres d'un même entendement, de tant de modifications différentes d'une même organisation, m'affecta à la fois de mille sensations et de mille pensées. Je considérais avec étonnement cette gradation de couleurs, qui de l'incarnat vif passe au brun clair, puis foncé, fumeux, bronzé, olivâtre, plombé, cuivré, enfin jusqu'au noir d'ébène et du jais ; et trouvant le *Kachemirien,* au teint de roses, à côté l'*Indou* hâlé, le *Géorgien* à côté du *Tartare,* je réfléchissais sur les effets du climat chaud ou froid, du

CHAPITRE XIX

sol élevé ou profond, marécageux ou sec, découvert ou ombragé ; je comparais l'homme nain du pôle au géant des zones tempérées ; le corps grêle de l'*Arabe* à l'ample corps du *Hollandais* ; la taille épaisse et courte du *Samoyède* à la *taille* svelte du *Grec* et de l'*Esclavon* ; la laine grasse et noire du *Nègre* à la soie dorée du *Danois* ; la face aplatie du *Calmouque*, ses petits yeux en angle, son nez écrasé, à la face ovale et saillante, aux grands yeux bleus, au nez aquilin du *Circassien* et de l'*Abasan*. J'opposais aux toiles peintes de l'*Indien*, aux étoffes savantes de l'*Européen*, aux riches fourrures du *Sibérien*, les pagnes d'écorce, les tissus de jonc, de feuilles, de plumes, des nations sauvages, et les figures bleuâtres de serpents, de fleurs et d'étoiles dont leur peau était imprimée. Et tantôt le tableau bigarré de cette multitude me retraçait les prairies émaillées du Nil et de l'Euphrate, lorsque, après les pluies ou le débordement, des millions de fleurs naissent de toutes parts ; tantôt il me représentait, par son murmure et son mouvement, les essaims innombrables de sauterelles qui, du désert, viennent au printemps couvrir les plaines du *Hauran*.

Et, à la vue de tant d'êtres animés et sensibles, embrassant tout à coup l'immensité des pensées et des sensations rassemblées dans cet espace ; d'autre part, réfléchissant à l'opposition de tant de préjugés, de tant d'opinions, au choc de tant de passions d'hommes si mobiles, je flottais entre l'étonnement, l'admiration et une crainte secrète..., quand le législateur, ayant réclamé le silence, attira toute mon attention.

« Habitants de la terre, dit-il, une *nation libre* et *puissante* vous adresse des paroles de *justice* et de *paix,* et elle vous offre de sûrs gages de ses intentions dans sa conviction et son expérience. Longtemps affligée des mêmes maux que vous, elle en a recherché la source ; et elle a trouvé qu'ils dérivaient tous de la violence et de l'injustice, érigées en lois par l'inexpérience des races passées, et maintenues par les préjugés des races présentes : alors, annulant ses institutions factices et arbitraires, et remontant à l'origine de tout droit et de toute raison, elle a vu qu'il existait dans l'*ordre même de l'univers*, et dans la constitution physique de l'homme, des lois éternelles et immuables, qui n'attendaient que ses regards pour le rendre heureux. O hommes ! élevez les yeux vers ce ciel qui vous éclaire ! jetez-les sur cette terre qui vous nourrit ! Quand ils vous offrent à tous les mêmes dons, quand vous avez reçu de la *puissance qui les meut* la même vie, les mêmes organes, n'en avez-vous pas reçu les mêmes droits à l'usage de ses bienfaits ? Ne vous a-t-elle pas, par là même, *déclarés* tous *égaux* et *libres* ? Quel mortel osera donc refuser à son semblable ce que lui accorde la nature ? O nations ! bannissons toute tyrannie et toute discorde; ne formons plus qu'une même société, qu'une grande famille ; et puisque le genre humain n'a qu'une même constitution, qu'il n'existe plus pour lui qu'une loi, celle de la *nature;* qu'un même code, celui de la *raison;* qu'un même trône, celui de la *justice;* qu'un même autel, celui de l'*union.* »

Il dit ; et une acclamation immense s'éleva jusqu'aux cieux : mille cris de bénédiction partirent du sein de la multitude ; et les peuples, dans leurs transports, firent retentir la terre des mots d'*égalité,* de *justice,* d'*union.* Mais bientôt à ce premier mouvement en succéda un différent ; bientôt, les docteurs, les chefs des peuples les excitant à la dispute, je vis naître d'abord un murmure, puis une rumeur, qui, se communiquant de proche en proche, devint un vaste désordre ; et chaque nation, élevant des prétentions exclusives, réclamait la prédominance pour son code et son opinion.

« Vous êtes dans l'erreur, se disaient les partis en se montrant du doigt les uns les autres ; nous seuls possédons la vérité et la raison ; nous seuls avons la vraie loi, la vraie règle de tout droit, de toute justice, le seul moyen du bonheur, de la perfection ; tous les autres hommes sont des aveugles ou des rebelles. » Et il régnait une agitation extrême.

Mais le législateur ayant réclamé le silence : « Peuples, dit-il, quel mouvement de passion vous agite? Où vous conduira cette querelle ? Qu'attendez-vous de cette dissension ? Depuis des siècles la terre est un champ de disputes, et vous avez versé des torrents de sang pour des opinions chimériques : qu'ont produit tant de combats et de larmes ? Quand le fort a soumis le faible à son opinion, qu'a-t-il fait pour la vérité et pour l'évidence ? O nations ! prenez conseil de votre propre sagesse ! Quand, parmi vous, une contestation divise des individus, des familles, que faites-vous pour les concilier ? Ne leur donnez-vous pas des arbitres ? « *Oui,* » s'écria unanimement la multitude. « Eh bien ! donnez-en de même aux auteurs de vos dissentiments. Ordonnez à ceux qui se font vos instituteurs, et qui vous imposent leur croyance, d'en débattre devant vous les raisons. Puisqu'ils invoquent vos intérêts, connaissez comment ils les traitent. Et vous, chefs et docteurs des peuples, avant de les entraîner dans la lutte de vos systèmes, discutez-en contradictoirement les preuves. Établissons une controverse solennelle, une recherche publique de la vérité, non devant le tribunal d'un individu corruptible ou d'un parti passionné, mais en face de toutes les lumières et de tous les intérêts dont se compose l'humanité, et que le sens *naturel* de toute l'espèce soit notre arbitre et notre juge. »

CHAPITRE XX

LA RECHERCHE DE LA VÉRITÉ

Et les peuples ayant applaudi, le législateur dit : « Afin de procéder avec ordre et sans confusion, laissez dans l'arène, en avant de l'*autel* de l'*union* et de la *paix*, un spacieux demi-cercle libre ; et que chaque système de religion, chaque secte, élevant un étendard propre et distinctif, vienne le planter aux bords de la circonférence ; que ses chefs et ses docteurs se placent

CHAPITRE XX

autour, et que leurs sectateurs se placent à la suite sur une même ligne. »

Et le demi-cercle ayant été tracé et l'ordre publié, à l'instant il s'éleva une multitude innombrable d'étendards de toutes couleurs et de toutes formes ; tel qu'en un port fréquenté de cent nations commerçantes, l'on voit aux jours de fêtes des milliers de pavillons et de flammes flotter sur une forêt de mâts. Et à l'aspect de cette diversité prodigieuse, me tournant vers le Génie : Je croyais, lui dis-je, que la terre n'était divisée qu'en huit ou dix systèmes de croyance, et je désespérais de toute conciliation : maintenant que je vois des milliers de partis différents, comment espérer la concorde ?... Et cependant, me dit-il, ils n'y sont pas encore tous : et ils veulent être intolérants !...

Et à mesure que les groupes vinrent se placer, me faisant remarquer les symboles et les attributs de chacun, il commença de m'expliquer leurs caractères en ces mots :

« Ce premier groupe, me dit-il, formé d'étendards verts, qui portent *un croissant, un bandeau* et *un sabre,* est celui des sectateurs du prophète arabe. *Dire qu'il y a un Dieu* (sans savoir ce qu'il est), *croire aux paroles d'un homme* (sans entendre sa langue), *aller dans un désert prier Dieu* (qui est partout), *laver ses mains d'eau* (et ne pas s'abstenir de sang), *jeûner le jour* (et manger de nuit), *donner l'aumône de son bien* (et ravir celui d'autrui) : tels sont les moyens de perfection institués par *Mahomet,* tels sont les cris de ralliement de ses fidèles croyants. Quiconque n'y répond pas est un réprouvé, frappé d'anathème et dévoué au glaive. *Un Dieu clément, auteur de la vie,* a donné ces lois d'oppression et de meurtre : il les a faites pour tout l'univers, quoiqu'il ne les ait révélées qu'à un homme : il les a établies de toute éternité, quoiqu'il ne les ait publiées que d'hier : elles suffisent à tous les besoins, et cependant il y a joint un volume : ce volume devait répandre la lumière, montrer l'**évidence**, amener la perfection, le bonheur ; et cependant, du vivant même de l'apôtre, ses pages offrant à chaque phrase des sens obscurs, ambigus, contraires, il a fallu l'expliquer, le commenter ; et ses interprètes, divisés d'opinions, se sont partagés en sectes opposées et ennemies. L'une soutient qu'*Ali* est le vrai successeur ; l'autre défend *Omar* et *Aboubekre* : celle-ci nie *l'éternité* du *Qôran*, celle-là la nécessité des ablutions, des prières : le *Carmate* prescrit le pèlerinage et permet le vin ; le *Hakemite* prêche la transmigration des âmes : ainsi jusqu'au nombre de soixante-douze partis, dont tu peux compter les enseignes. Dans cette opposition, chacun s'attribuant exclusivement l'évidence, et taxant les autres d'hérésie, de rébellion, a tourné contre tous son apostolat sanguinaire. Et cette religion qui célèbre un Dieu clément et miséricordieux, auteur et père commun de tous les hommes, devenue un flambeau de discorde, un motif de meurtre et de guerre, n'a cessé depuis douze cents ans d'inonder la terre de sang, et de répandre le ravage et le désordre d'un bout à l'autre de l'ancien hémisphère.

« Ces hommes remarquables par leurs énormes

turbans blancs, par leurs amples manches, par leurs longs chapelets, sont les *imans,* les *mollas,* les *muphtis,* et près d'eux les *derviches* au bonnet pointu, et les *santons* aux cheveux épars. Les voilà qui font avec véhémence la profession de foi, et commencent de disputer sur les *souillures graves* ou *légères,* sur la matière et la forme des *ablutions,* sur les attributs de Dieu et ses perfections, sur le *chaïtan* et les anges méchants ou bons, sur la mort, la résurrection, l'*interrogatoire* dans le tombeau, le jugement, le *passage du pont étroit comme un cheveu,* la *balance des œuvres,* les peines de l'enfer et les délices du paradis.

« A côté, ce second groupe, encore plus nombreux, composé d'étendards à fond blanc, parsemés de croix, est celui des adorateurs de *Jésus.* Reconnaissant le même Dieu que les musulmans, fondant leur croyance sur les mêmes livres, admettant comme eux un premier homme qui perd tout le genre humain en mangeant une pomme, ils leur vouent cependant une sainte horreur, et par piété ils se traitent mutuellement de blasphémateurs et d'*impies.* Le grand point de leur dissension réside surtout en ce qu'après avoir admis un Dieu *un* et *indivisible,* les chrétiens le divisent ensuite en *trois* personnes, qu'ils veulent être chacune *un Dieu entier et complet,* sans cesser de former entre elles un *tout* identique. Et ils ajoutent que cet *être, qui remplit l'univers,* s'est *réduit* dans le corps d'un *homme,* et qu'il a pris des organes matériels, périssables, circonscrits, sans cesser d'être immatériel, éternel, infini. Les musulmans, qui ne comprennent pas ces *mystères*, quoiqu'ils conçoivent l'éternité du Qôran et la mission du Prophète, les taxent de folie, et les rejettent comme des visions de cerveaux malades ; et de là des haines implacables.

« D'autre part, divisés entre eux sur plusieurs points de leur propre croyance, les chrétiens forment des partis non moins divers ; et les querelles qui les agitent sont d'autant plus opiniâtres et plus violentes, que les objets sur lesquels elles se fondent étant inaccessibles aux sens, et par conséquent d'une démonstration impossible, les opinions de chacun n'ont de règle et de base que dans le caprice et la volonté. Ainsi, convenant que *Dieu* est un être *incompréhensible, inconnu*, ils *disputent* néanmoins sur son essence, sur sa manière d'agir, sur ses attributs : convenant que la transformation qu'ils lui supposent en homme est une énigme au-dessus de l'entendement, ils disputent cependant sur la confusion ou la distinction des *deux volontés* et des *deux natures*, sur le *changement* de *substance*, sur la *présence réelle* ou *feinte*, sur le *mode de l'incarnation*, etc., etc.

« Et de là des sectes innombrables, dont deux ou trois cents ont déjà péri, et dont trois ou quatre cents autres, qui subsistent encore, t'offrent cette multitude de drapeaux où ta vue s'égare. Le premier en tête, qu'environne ce groupe d'un costume bizarre, ce mélange confus de robes violettes, rouges, blanches, noires, bigarrées, de têtes à tonsures, à cheveux courts ou rasés, à chapeaux rouges, à bonnets carrés, à mitres pointues, même à longues barbes, est l'étendard du pontife de Rome, qui, appliquant au sacerdoce la prééminence de sa ville dans l'ordre civil, a érigé sa *suprématie* en point de religion et a fait un article de foi de son orgueil.

« A sa droite tu vois le pontife grec, qui, fier de la rivalité élevée par sa métropole, oppose d'égales prétentions, et les soutient contre l'Église d'Occident par l'antériorité de l'Église d'Orient. A gauche, sont les étendards de deux chefs récents [1], qui, secouant un joug devenu tyrannique, ont, dans leur réforme, dressé autels contre autels, et soustrait au pape la moitié de l'Europe. Derrière eux sont les sectes subalternes qui subdivisent encore tous ces grands partis, les *nestoriens,* les *eutychéens,* les *jacobites,* les *iconoclastes,* les *anabaptistes,* les *presbytériens,* les *wiclefites,* les *osiandrins,* les *manichéens,* les *méthodistes,* les *adamites,* les *contemplatifs,* les *trembleurs,* les *pleureurs,* et cent autres semblables ; tous partis distincts, se persécutant quand ils sont forts, se tolérant quand ils sont faibles, se haïssant au nom d'un Dieu de paix, se faisant chacun un paradis exclusif dans une religion de charité universelle, se vouant réciproquement, dans l'autre monde, à des peines sans fin, et réalisant, dans celui-ci, l'enfer que leurs cerveaux placent dans celui-là. »

Après ce groupe, voyant un seul étendard de couleur hyacinthe, autour duquel étaient rassemblés des hommes de tous les costumes de l'Europe et de l'Asie :

---

[1] Luther et Calvin.

« Du moins, dis-je au Génie, trouverons-nous ici de l'unanimité. — Oui, me répondit-il, au premier aspect, et par cas fortuit et momentané : ne reconnais-tu pas ce système de culte ? » Alors, apercevant le monogramme du nom de Dieu en lettres hébraïques, et les palmes que tenaient en main les rabbins : « Il est vrai, lui dis-je, ce sont les enfants de Moïse dispersés jusqu'à ce jour, et qui, abhorrant toute nation, ont été partout abhorrés et persécutés. — Oui, reprit-il, et c'est par cette raison que, n'ayant ni le temps ni la liberté de disputer, ils ont gardé l'apparence de l'unité ; mais à peine, dans leur réunion, vont-ils confronter leurs principes et raisonner sur leurs opinions, qu'ils vont, comme jadis, se partager au moins en deux sectes principales [1], dont l'une, s'autorisant du silence du législateur, et s'attachant au sens littéral de ses livres, niera tout ce qui n'y est point clairement exprimé, et, à ce titre, rejettera, comme invention des *circoncis*, la *survivance de l'âme* au corps, et sa *transmigration* dans des lieux de peines ou de délices, et sa résurrection, et le jugement final, et les bons et les mauvais anges, et la révolte du mauvais génie, et tout le système poétique d'un monde ultérieur : et ce peuple privilégié, dont la perfection consiste à se couper un petit morceau de chair, ce peuple atome, qui, dans l'océan des peuples, n'est qu'une petite vague, et qui veut que Dieu n'ait rien fait que pour lui seul, réduira encore de moitié, par son schisme, le poids déjà si

---

[1] **Les Saducéens et les Pharisiens**

CHAPITRE XX

léger qu'il établit dans la balance de l'univers. »

Et me montrant un groupe voisin, composé d'hommes vêtus de robes blanches, portant un voile sur la bouche, et rangés autour d'un étendard de *couleur aurore,* sur lequel était peint un globe tranché en deux hémisphères, l'un noir et l'autre blanc : « Il en sera ainsi, continua-t-il, de ces enfants de *Zoroastre*, restes obscurs de peuples jadis si puissants : maintenant persécutés comme les juifs, et dispersés chez les autres peuples, ils reçoivent, sans discussion, les préceptes du représentant de leur prophète ; mais sitôt que le *môbed* et les *destours* seront rassemblés, la controverse s'établira sur le *bon* et le *mauvais principe ;* sur les combats d'*Ormuzd*, dieu de lumière, contre *Ahrimanes,* dieu de ténèbres ; sur leur sens direct ou allégorique ; sur les *bons* et *mauvais génies ;* sur le *culte du feu* et *des éléments ;* sur les *ablutions* et sur les *souillures,* sur la *résurrection* en *corps* ou seulement en *âme,* et sur le *renouvellement du monde* existant, et sur le *monde nouveau* qui lui doit succéder. Et les *Parsis* se diviseront en sectes d'autant plus nombreuses, que dans leur dispersion les familles auront contracté les mœurs, les opinions des nations étrangères.

« A côté d'eux, ces étendards à fond d'azur, où sont peintes des figures monstrueuses de corps humains doubles, triples, quadruples, à tête de lion, de sanglier, d'éléphant, à queue de poisson, de tortue, etc., sont les étendards des sectes indiennes, qui trouvent leurs dieux dans les animaux, et les âmes de leurs parents dans les reptiles et les insectes. Ces hommes fondent des hospices pour des éperviers, des serpents, des rats, et ils ont en horreur leurs semblables ! Ils se purifient avec la fiente et l'urine de la vache, et ils se croient souillés du contact d'un homme ! Ils portent un réseau sur la bouche, de peur d'avaler, dans une mouche, une âme en souffrance, et ils laissent mourir de faim un paria ! Ils admettent les mêmes divinités, et ils se partagent en drapeaux ennemis et divers.

« Ce premier, isolé à l'écart, où tu vois une figure à quatre têtes, est celui de *Brahma*, qui, quoique *dieu créateur*, n'a plus ni sectateurs ni temple, et qui, réduit à servir de piédestal au *Lingam*, se contente d'un peu d'eau que chaque matin le brahmane lui jette par-dessus l'épaule, en lui récitant un cantique stérile.

« Ce second, où est peint un *milan* au corps roux et à la tête blanche, est celui de *Vichenou*, qui, quoique *dieu conservateur*, a passé une partie de sa vie en aventures malfaisantes. Considère-le sous les formes hideuses de *sanglier* et de *lion*, déchirant des entrailles humaines, ou sous la figure d'un cheval, devant venir, le sabre à la main, détruire l'âge présent, *obscurcir les astres, abattre les étoiles, ébranler la terre*, et *faire vomir au grand serpent un feu qui consumera les globes*.

« Ce troisième est celui de *Chiven*, dieu de *destruction*, de ravage, et qui a cependant pour emblème le signe de la production : il est le plus *méchant* des trois, et il compte le plus de sectateurs. Fiers de son caractère, ses partisans méprisent, dans leur dévotion [1], les autres dieux, ses égaux et ses frères ; et par une imitation de sa bizarerie, professant la pudeur et la chasteté, ils couronnent publiquement de fleurs, et arrosent de lait et de miel l'image obscène du *Lingam*.

« Derrière eux viennent les moindres drapeaux d'une foule de dieux, mâles, femelles, hermaphrodites, qui, parents et amis des trois principaux, ont passé leur vie à se livrer des combats ; et leurs adorateurs les imitent. Ces dieux n'ont besoin de rien, et sans cesse ils reçoivent des offrandes ; ils sont tout-puissants, remplissent l'univers ; et un brâmane, avec quelques paroles, les enferme dans une idole ou dans une cruche, pour vendre à son gré leurs faveurs.

« Au delà, cette multitude d'autres étendards que, sur un fond jaune qui leur est commun, tu vois porter des emblèmes différents, sont ceux d'un même *dieu*, lequel, sous des noms divers, règne chez les nations de l'Orient. Le Chinois l'adore dans *Fôt*, le Japonais le révère dans *Budso*, l'habitant de Ceylan dans *Bedhou* et *Boudah*, celui de Laos dans *Chekia*, le Pégouan dans *Phta*, le Siamois dans *Sommona Kodom*, le Tibétain dans *Boudh* et dans *La* : tous, d'accord sur le fond de son histoire, célèbrent sa *vie pénitente*, ses *mortifications*, ses *jeûnes*, ses fonctions de *médiateur* et d'*expiateur*, les haines d'un *dieu* son *ennemi*, leurs com-

---

[1] Quand un sectateur de Chiven entend prononcer le nom de Vichenou, il s'enfuit en se bouchant les oreilles et va se purifier.

bats et son *ascendant*. Mais, discords entre eux sur les moyens de lui plaire, ils disputent sur les rites et sur les pratiques, sur les dogmes de la *doctrine intérieure* et de la *doctrine publique*. Ici, ce bonze japonais, à la robe jaune, à la tête nue, prêche l'éternité des âmes, leurs transmigrations successives dans divers corps; et près de lui le *sintoïste*, niant leur existence séparée des sens, soutient qu'elles ne sont qu'un *effet* des organes auxquels elles sont liées, et avec qui elles périssent, comme le son avec l'instrument. Là, le *Siamois*, aux sourcils rasés, l'écran *talipat* à la main, recommande l'aumône, les expiations, les offrandes, et cependant il croit au destin aveugle et à l'impassible fatalité. Le *hochang* chinois sacrifie aux âmes des ancêtres, et près de lui le sectateur de *Confutsée* cherche son horoscope dans des fiches jetées au hasard, et dans le mouvement des cieux. Cet enfant, environné d'un essaim de prêtres à robes et à chapeaux jaunes, est le *grand Lama,* en qui vient de passer le dieu que le *Tibet* adore. Un rival s'est élevé pour partager ce bienfait avec lui; et sur les bords du lac *Baikal*, le Calmouque a aussi son dieu comme l'habitant de *La-sa ;* mais, d'accord en ce point important, que Dieu ne peut habiter qu'un corps d'homme, tous deux rient de la grossièreté de l'Indien, qui honore la fiente de la vache, tandis qu'eux consacrent les excréments de leur pontife.

Après ces drapeaux, une foule d'autres que l'œil ne pouvait dénombrer, s'offrant encore à nos regards :
« Je ne terminerais point, dit le Génie, si je te détail-

lais tous les systèmes divers de croyance qui partagent encore les nations. Ici les hordes tartares adorent, dans des figures d'animaux, d'oiseaux et d'insectes, les *bons* et les *mauvais génies, qui, sous un dieu* principal, mais insouciant, régissent l'univers ; dans leur idolâtrie, elles retracent le paganisme de l'ancien Occident. Tu vois l'habillement bizarre de leurs *chamans,* qui, sous une robe de cuir garnie de clochettes, de grelots, d'idole de fer, de griffes d'oiseaux, de peaux de serpents, de têtes de chouettes, s'agitent en convulsions factices, et, par des cris magiques, évoquent les morts pour tromper les vivants. Là, les peuples noirs de l'Afrique, dans le culte de leurs fétiches, offrent les mêmes opinions. Voici l'habitant de Juida, qui adore Dieu dans un grand serpent, dont par malheur les porcs sont avides... Voilà le Téleute, qui se le représente vêtu de toutes couleurs, ressemblant à un soldat russe ; voilà le Kamtschadale qui, trouvant que tout va mal dans ce monde et dans son climat, se le figure un *vieillard capricieux* et *chagrin,* fumant sa pipe et chassant en traîneau les renards et les martres; enfin, voilà cent nations sauvages qui, n'ayant aucune des idées des peuples policés sur Dieu, ni sur l'âme, ni sur un monde ultérieur et une autre vie, ne forment aucun système de culte, et n'en jouissent pas moins des dons de la nature dans l'irréligion où elle-même les a créées.

CHAPITRE XXI

PROBLÈME DES CONTRADICTIONS RELIGIEUSES

Cependant les divers groupes s'étant placés et un vaste silence ayant succédé à la rumeur de la multitude, le législateur dit : « Chefs et docteurs des peuples ! vous voyez comment jusqu'ici les nations, vivant isolées, ont suivi des routes différentes : chacune croit suivre celle de la vérité ; et cependant, si la vérité n'en a qu'une, et que les opinions soient opposées, il est bien évident que quelqu'un se trouve en erreur. Or, si tant d'hommes se trompent, qui osera garantir que lui-même n'est pas abusé ? Commencez donc par être indulgent sur vos dissentiments et sur vos discordances. Cherchons tous la vérité comme si nul ne la possédait. Jusqu'à ce jour les opinions qui ont gouverné la terre, produites au hasard, accréditées par l'amour de la nouveauté et par l'imitation, propagées par l'enthousiasme et l'ignorance populaires, ont en quelque sorte usurpé clandestinement leur empire. Il est temps, si elles sont fondées, de donner à leur certitude un caractère de solennité et de légitimer leur existence. Rappelons-les donc aujourd'hui à un examen général et commun ; que chacun expose sa croyance, et que, tous devenant le juge de chacun, cela seul soit reconnu *vrai* qui l'est pour le genre humain. »

CHAPITRE XXI

Alors, la parole ayant été déférée par ordre de position au premier étendard de la gauche : Il n'est pas permis de douter, dirent les chefs, que notre doctrine ne soit la seule véritable, la seule infaillible. D'abord elle est révélée de Dieu même...

Et la nôtre aussi, s'écrièrent tous les autres étendards ; il n'est pas permis d'en douter.

Mais du moins faut-il l'exposer, dit le législateur ; car l'on ne peut *croire* ce que l'on ne connaît pas.

Notre doctrine est prouvée, reprit le premier étendard, par des *faits* nombreux, par une multitude de *miracles*, par des résurrections de morts, des torrents mis à sec, des montagnes transportées, etc.

Et nous aussi, s'écrièrent tous les autres, nous avons une foule de miracles ; et ils commencèrent chacun à raconter les choses les plus incroyables.

Leurs miracles, dit le premier étendard, sont des *prodiges supposés* ou des *prestiges* de l'*esprit malin*, qui les a trompés.

Ce sont les vôtres, répliquèrent-ils, qui sont supposés ; et chacun, parlant de soi, dit : Il n'y a que les nôtres de véritables ; tous les autres sont des faussetés.

Et le législateur dit : Avez-vous des témoins vivants ?

Non, répondirent-ils tous : les faits sont anciens, les témoins sont morts, mais ils ont écrit.

Soit, reprit le législateur ; mais s'ils sont en contradiction, qui les conciliera ?

Juste arbitre ! s'écria un des étendards, la preuve

que nos témoins ont vu la vérité, c'est qu'ils sont morts pour la *témoigner*, et notre croyance est scellée du sang des *martyrs*.

Et la nôtre aussi, dirent les autres étendards : nous avons des milliers de martyrs qui sont morts dans des tourments affreux, sans jamais se démentir. Et alors les chrétiens de toutes les sectes, les musulmans, les Indiens, les Japonais, citèrent des légendes sans fin de confesseurs, de martyrs, de pénitents, etc.

Et l'un de ces partis ayant nié les martyrs des autres : Eh bien! dirent-ils, nous allons mourir pour prouver que notre croyance est vraie.

Et dans l'instant une foule d'hommes de toute religion, de toute secte, se présentèrent pour souffrir des tourments et la mort. Plusieurs même commencèrent de se déchirer les bras, de se frapper la tête et la poitrine, sans témoigner de douleur.

Mais le législateur, les arrêtant : O hommes! leur dit-il, écoutez de sang-froid mes paroles : si vous mourriez pour prouver que deux et deux font quatre, cela les ferait-il davantage être quatre ?

Non, répondirent-ils tous.

Et si vous mourriez pour prouver qu'ils font cinq, cela les ferait-il être cinq ?

Non, dirent-ils tous encore.

Eh bien! que prouve donc votre persuasion, si elle ne change rien à l'existence des choses ? La vérité est une, vos opinions sont diverses ; donc plusieurs de vous se trompent. Si, comme il est évident, ils sont

CHAPITRE XXI

persuadés de l'erreur, que prouve la persuasion de l'homme ?

Si l'erreur a ses martyrs, où est le cachet de la vérité ?

Si l'esprit malin opère des miracles, où est le caractère distinctif de la Divinité ?

Et d'ailleurs, pourquoi toujours des miracles incomplets et insuffisants ? Pourquoi, au lieu de ces bouleversements de la nature, ne pas changer plutôt les opinions ? Pourquoi tuer les hommes ou les effrayer, au lieu de les instruire et de les corriger ?

O mortels crédules, et pourtant opiniâtres ! nul de nous n'est certain de ce qui s'est passé hier, de ce qui se passe aujourd'hui sous ses yeux, et nous jurons de ce qui s'est passé il y a deux mille ans.

Hommes faibles, et pourtant orgueilleux ! les lois de la nature sont immuables et profondes, nos esprits sont pleins d'illusion et de légèreté ; et nous voulons tout démontrer, tout comprendre ! En vérité, il est plus facile à tout le genre humain de se tromper que de dénaturer un atome.

Eh bien ! dit un docteur, laissons là les preuves de fait, puisqu'elles peuvent être équivoques ; venons aux preuves du raisonnement, à celles qui sont inhérentes à la doctrine.

Alors un *imam* de la loi de *Mahomet*, s'avançant plein de confiance dans l'arène, après s'être tourné vers la *Mekke* et avoir proféré avec emphase la *profession de foi :* « *Louange à Dieu !* dit-il d'une voix grave et imposante ! La lumière brille avec évidence, et la vérité n'a pas besoin d'examen : » et montrant le Qôran : « Voilà la lumière et la vérité dans leur propre essence. *Il n'y a point de doute en ce livre ; il conduit droit celui qui marche aveuglément, qui reçoit sans discussion la parole divine descendue sur le Prophète pour sauver le simple et confondre le savant. Dieu a établi Mahomet son ministre sur la terre ; il lui a livré le monde pour soumettre par le sabre celui qui refuse de croire à sa loi : les infidèles disputent et ne veulent pas croire ; leur endurcissement vient de Dieu ; il a scellé leur cœur pour les livrer à d'affreux châtiments.....* [1] »

A ces mots un violent murmure, élevé de toutes parts, interrompit l'orateur. « Quel est cet homme, s'écrièrent tous les groupes, qui nous outrage aussi gratuitement ? De quel droit prétend-il nous imposer sa croyance comme un vainqueur et comme un tyran ? Dieu ne nous a-t-il pas donné, *comme à lui,* des yeux, un esprit, une intelligence ? et n'avons-nous pas *droit* d'en user *également,* pour savoir ce que nous devons rejeter ou croire ? S'il a le droit de nous attaquer, n'avons-nous pas celui de nous défendre ? S'il lui a plu de croire sans examen, ne sommes-nous pas *maîtres* de croire avec discernement ?

« Et quelle est cette doctrine *lumineuse* qui craint la *lumière* ? Quel est cet apôtre d'un Dieu *clément,* qui ne prêche que *meurtre* et *carnage* ? Quel est ce Dieu de justice, qui punit un aveuglement que lui-

---

[1] Ces paroles sont le sens et presque le texte littéral du premier chapitre du Qôran.

même cause ? Si la violence et la persécution sont les arguments de la vérité, la douceur et la charité seront-elles les indices du mensonge ? »

Alors un homme, s'avançant d'un groupe voisin vers l'imam, lui dit : « Admettons que Mahomet soit l'apôtre de la meilleure doctrine, le prophète de la vraie religion ; veuillez du moins nous dire qui nous devons suivre pour la pratiquer : sera-ce son gendre *Ali*, ou ses vicaires *Omar* et *Aboubekre* [1] ? »

A peine eut-il prononcé ces *noms*, qu'au sein même des musulmans éclata un schisme terrible : les partisans d'*Omar* et d'*Ali*, se traitant mutuellement d'*hérétiques*, d'*impies*, de *sacriléges*, s'accablèrent de malédictions. La querelle même devint si violente qu'il fallut que les groupes voisins s'interposassent pour les empêcher d'en venir aux mains.

Enfin, le calme s'étant un peu rétabli, le législateur dit aux imams : « Voyez quelles conséquences résultent de vos principes ! Si les hommes les mettaient en pratique, vous-mêmes, d'opposition en opposition, vous vous détruiriez jusques au dernier ; et la *première loi de Dieu* n'est-elle pas que *l'homme vive ?* » Puis, s'adressant aux autres groupes : « Sans doute cet esprit d'intolérance et d'exclusion choque toute idée de justice, renverse toute base de morale et de société ; cependant, avant de rejeter entièrement ce code de doctrine, ne conviendrait-il pas d'entendre quelques-uns de ses dogmes, afin de ne pas prononcer sur les

---

[1] Ce sont ces deux grands partis qui divisent les musulmans. Les Turks ont embrasé le second, les Persans le premier.

formes, sans avoir pris connaissance du fond ? »

Et les groupes y ayant consenti, l'imam commença d'exposer comment *Dieu, après avoir envoyé vingt-quatre mille prophètes* aux nations qui s'égaraient dans l'idolâtrie, *en avait enfin envoyé un dernier, le sceau et la perfection de tous, Mahomet, sur qui soit le salut de paix* ; comment, afin que les infidèles n'altérassent plus la parole divine, *la suprême clémence avait elle-même tracé les feuillets du Qôran :* et détaillant les dogmes de l'islamisme, l'imam expliqua comment, à titre *de parole de Dieu, le Qôran était incréé, éternel,* ainsi que la source dont il émanait ; comment *il avait été envoyé feuillet par feuillet en vingt-quatre mille apparitions nocturnes de l'ange Gabriel;* comment l'ange s'annonçait *par un petit cliquetis, qui saisissait le Prophète d'une sueur froide ;* comment, dans la vision d'une nuit, il avait parcouru *quatre-vingt-dix cieux, monté sur l'animal Boraq, moitié cheval, moitié femme*; comment, doué du don des miracles, *il marchait au soleil sans ombre, faisait reverdir d'un seul mot les arbres, remplissait d'eau les puits, les citernes, et avait fendu en deux le disque de la lune ; comment, chargé des ordres du ciel, Mahomet* avait propagé, le sabre à la main, la religion *la plus digne de Dieu par sa sublimité,* et la plus propre aux hommes par la simplicité de ses pratiques, puisqu'elle ne consistait qu'en huit ou dix points : *professer l'unité de Dieu ; reconnaître Mahomet pour son seul prophète ; prier cinq fois par jour ; jeûner un mois par an ; aller à la Mekke une fois dans sa vie ; donner la*

CHAPITRE XXI

dîme de ses biens ; ne point boire de vin, ne point manger de porc, et faire la guerre aux infidèles ; qu'à ce moyen, tout musulman, devenant lui-même apôtre et martyr, jouissait, dès ce monde, d'une foule de biens ; et qu'à sa mort, son âme, *pesée dans la balance des œuvres,* et absoute par les *deux anges noirs,* traversait par-dessus l'enfer *le pont étroit comme un cheveu et tranchant comme un sabre ;* et qu'enfin elle était reçue dans un *lieu de délices,* arrosé de fleuves de lait et de miel, embaumé de tous les parfums indiens et arabes, où des vierges toujours chastes, les célestes *houris,* comblaient de faveurs toujours renaissantes les élus toujours rajeunis.

A ces mots, un rire involontaire se traça sur tous les visages ; et les divers groupes, raisonnant sur ces articles de croyance, dirent unanimement : Comment se peut-il que des hommes raisonnables admettent de telles rêveries ? Ne dirait-on pas entendre un chapitre des *Mille et une Nuits ?*

Et un *Samoyède,* s'avançant dans l'arène : Le paradis de Mahomet, dit-il, me paraît fort bon ; mais un des moyens de le gagner m'embarrasse ; car, s'il ne faut ni boire ni manger *entre deux soleils, ainsi qu'il l'ordonne,* comment pratiquer un tel jeûne dans notre pays, *où le soleil reste sur l'horizon quatre mois entiers sans se coucher ?*

Cela est impossible, dirent les docteurs musulmans pour soutenir l'honneur du Prophète. Mais, cent peuples ayant attesté le fait, l'infaillibilité de Mahomet ne laissa pas que de recevoir une fâcheuse atteinte.

Il est singulier, dit un Européen, que Dieu ait sans cesse révélé tout ce qui se passait dans le ciel, sans jamais nous instruire de ce qui se passe sur la terre !

Pour moi, dit un *Américain*, je trouve une grande difficulté au pèlerinage ; car supposons vingt-cinq ans par génération, et seulement cent millions de mâles sur le globe : chacun étant obligé d'aller à la Mekke une fois dans sa vie, ce sera par an quatre millions d'hommes en route ; on ne pourra pas revenir dans la même année ; et le nombre devient double, c'est-à-dire de huit millions : où trouver les vivres, la place, l'eau, les vaisseaux pour cette procession universelle ? Il faudrait bien là des miracles.

La preuve, dit un théologien catholique, que la religion de Mahomet n'est pas révélée, c'est que la plupart des idées qui en font la base existaient longtemps avant elle, et qu'elle n'est qu'un mélange confus de vérités altérées de notre sainte religion et de celle des Juifs, qu'un homme ambitieux a fait servir à ses projets de domination et à ses vues mondaines. Parcourez son livre ; vous n'y verrez que des histoires de la Bible et de l'Évangile, travesties en contes absurdes, et du reste un tissu de déclamations contradictoires et vagues, de préceptes ridicules ou dangereux. Analysez l'esprit de ces préceptes et la conduite de l'apôtre ; vous n'y verrez qu'un caractère rusé et audacieux, qui, pour arriver à son but, remue assez habilement, il est vrai, les passions du peuple qu'il veut gouverner. Il parle à des hommes simples et crédules, il leur suppose des prodiges ; ils sont ignorants et jaloux, il flatte leur vanité en méprisant la science ; ils sont pauvres et avides, il excite leur cupidité par l'espoir du pillage ; il n'a rien à donner d'abord sur la terre, il se crée des trésors dans les cieux ; il fait désirer la mort comme un bien suprême ; il menace les lâches de l'enfer ; il promet le paradis aux braves ; il affermit les faibles par l'opinion de la fatalité ; en un mot, il produit le dévouement dont il a besoin par tous les attraits des sens, par les mobiles de toutes les passions.

Quel caractère différent dans notre doctrine ! et combien son empire, établi sur la contradiction de tous les penchants, sur la ruine de toutes les passions, ne prouve-t-il pas son origine céleste ? Combien sa morale douce, compatissante, et ses affections toutes spirituelles n'attestent-elles pas son émanation de la Divinité ? Il est vrai que plusieurs de ses dogmes s'élèvent au dessus de l'entendement et imposent à la raison un respectueux silence ; mais par là même sa révélation n'est que mieux constatée, puisque jamais les hommes n'eussent imaginé de si grands mystères. Et tenant d'une main la *Bible*, et de l'autre les *quatre Évangiles,* le docteur commença de raconter que, dans l'origine, Dieu (après avoir passé une éternité sans rien faire) prit enfin le dessein, sans motif connu, de produire le monde de rien ; qu'ayant créé l'univers entier en six jours, il se trouva fatigué le septième ; qu'ayant placé un premier couple d'humains dans un lieu de délices, pour les y rendre parfaitement heureux, il leur défendit néanmoins de goûter d'un fruit qu'il leur laissa sous la main ; que ces premiers parents ayant cédé à la tentation, toute leur race (qui n'était pas née) avait été condamnée à porter la peine d'une faute qu'elle n'avait pas commise ; qu'après avoir laissé le genre humain se damner pendant quatre ou cinq mille ans, ce Dieu de miséricorde avait ordonné à un fils bien-aimé, qu'il avait engendré sans mère, et qui était aussi âgé que lui, d'aller se faire mettre à mort sur terre ; et cela afin de sauver les hommes, dont cependant depuis ce temps-là le très-grand nombre continuait de se perdre ; que, pour remédier à ce nouvel inconvénient, ce dieu, né d'une femme restée vierge, après être mort et ressuscité, renaissait encore chaque jour ; et, sous la forme d'un peu de levain, se multipliait par milliers à la voix du dernier des hommes. Et de là passant à la doctrine des sacrements, il allait traiter à fond de la puissance de *lier* et de *délier*, des moyens de purger tout crime avec de l'eau et quelques paroles, quand, ayant proféré les mots *indulgence,* pouvoir du *pape, grâce suffisante* ou *efficace,* il fut interrompu par mille cris. C'est un *abus horrible,* dirent les luthériens, de *prétendre,* pour de l'*argent,* remettre les *péchés.* C'est une chose contraire au texte de l'Évangile, dirent les calvinistes, de supposer une *présence véritable.* Le pape n'a pas le droit de rien décider par lui-même, dirent les jansénistes : et, trente sectes à la fois s'accusant mutuellement d'hérésie et d'erreur, il ne fut plus possible de s'entendre.

CHAPITRE XXI

Après quelque temps, le silence s'étant rétabli, les musulmans dirent au législateur : Lorsque vous avez repoussé notre doctrine, comme proposant des choses incroyables, pourrez-vous admettre celle des chrétiens ? n'est-elle pas encore plus contraire au sens naturel et à la justice ? Dieu *immatériel, infini,* se faire *homme !* avoir un fils aussi âgé que lui ! ce dieu-homme devenir du pain que l'on mange et que l'on digère ! avons-nous rien de semblable à cela ? Les chrétiens ont-ils le *droit exclusif* d'exiger une foi aveugle ? et leur accorderez-vous des *priviléges* de croyance à notre détriment ?

Et des hommes sauvages, s'étant avancés : Quoi, dirent-ils, parce qu'un homme et une femme, il y a six mille ans, ont mangé une pomme, tout le genre humain se trouve damné, et vous dites Dieu juste ! quel tyran rendit jamais les enfants responsables des fautes de leurs pères ! Quel homme peut répondre des actions d'autrui ! N'est-ce pas renverser toute idée de justice et de raison ?

Et où sont, dirent d'autres, les témoins, les preuves de tous ces prétendus faits allégués ? Peut-on les recevoir ainsi sans aucun examen de preuves ? Pour la moindre action en justice il faut deux témoins ; et l'on nous fera croire tout ceci sur des traditions, des ouï-dire !

Alors un rabbin, prenant la parole : « Quant aux faits, dit-il, nous en sommes garants pour le fond : à l'égard de la forme et de l'emploi que l'on en a fait, le cas est différent, et les chrétiens se condamnent ici par leurs propres arguments ; car ils ne peuvent nier que nous ne soyons la source originelle dont ils dérivent, le tronc primitif sur lequel ils se sont entés ; et de là un raisonnement péremptoire : Ou notre loi est de Dieu, et alors la leur est une hérésie, puisqu'elle en diffère ; ou notre loi n'est pas de Dieu, et la leur tombe en même temps. »

Il faut distinguer, répondit le chrétien : votre loi est de Dieu, comme *figurée* et *préparative*, mais non pas comme *finale* et *absolue;* vous n'êtes que *le simulacre* dont nous sommes *la réalité.*

Nous savons, repartit le rabbin, que telles sont vos prétentions ; mais elles sont absolument gratuites et fausses. Votre système porte tout entier sur des bases de *sens mystiques, d'interprétations visionnaires* et *allégoriques* ; et ce système, violentant la lettre de nos livres, substitue sans cesse au sens vrai les idées les plus chimériques, et y trouve tout ce qu'il lui plaît, comme une imagination vagabonde trouve des figures dans les nuages. Ainsi, vous avez fait un *messie spirituel* de ce qui, dans l'esprit de nos prophètes, n'était qu'un *roi politique :* vous avez fait une rédemption du genre humain de ce qui n'était que le rétablissement de notre nation : vous avez établi une prétendue *conception virginale* sur une phrase prise à contre-sens. Ainsi vous supposez à votre gré tout ce qui vous convient ; vous voyez dans nos livres mêmes votre *trinité,* quoiqu'il n'en soit pas dit le mot le plus indirect, et que ce soit une idée des nations profanes, admise avec une foule d'autres opinions de tout culte et de toute secte, dont se composa votre système dans le chaos et l'anarchie de vos trois *premiers siècles.*

A ces mots, transportés de fureur et criant au *sacrilége,* au *blasphème,* les docteurs chrétiens voulurent s'élancer sur le juif. Et des moines bigarrés de noir et de blanc, s'étant avancés avec un drapeau où étaient peints des *tenailles,* un *gril,* un *bûcher* et ces mots : *justice, charité* et *miséricorde* : « Il faut, dirent-ils, faire un *acte de foi* de ces *impies,* et les brûler pour la gloire de Dieu. » Et déjà ils traçaient le plan d'un bûcher, quand les musulmans leur dirent d'un ton ironique : Voilà donc cette religion de *paix,* cette morale *humble* et *bienfaisante* que vous nous avez vantée ? Voilà cette *charité évangélique* qui ne combat l'*incrédulité* que par la *douceur,* et n'oppose aux *injures* que la *patience ?* Hypocrites ! c'est ainsi que vous trompez les nations ; c'est ainsi que vous avez propagé vos funestes erreurs ! Avez-vous été faibles, vous avez prêché la *liberté,* la *tolérance,* la *paix* : êtes-vous devenus forts, vous avez pratiqué la *persécution,* la *violence....*

Et ils allaient commencer l'histoire des guerres et des meurtres du *christianisme,* quand le législateur, réclamant le silence, suspendit ce mouvement de discorde.

« Ce n'est pas nous, répondirent les moines bigarrés, d'un ton de voix toujours humble et doux, ce n'est pas nous que nous voulons venger, c'est la cause de Dieu, c'est sa gloire que nous défendons. »

Et de quel droit, repartirent les *imams,* vous *con-*

stituez-vous ses représentants plus que *nous ?* Avez-vous des *priviléges* que nous *n'ayons pas ?* êtes-vous d'*autres hommes que nous ?*

Défendre Dieu, dit un autre groupe, prétendre le venger, n'est-ce pas insulter sa sagesse, sa puissance ? Ne sait-il pas mieux que les hommes ce qui convient à sa dignité ?

Oui, mais ses voies sont cachées, reprirent les moines.

« Et il vous restera toujours à prouver, repartirent les rabbins, que vous avez le privilége exclusif de les comprendre. » Et alors, fiers de trouver des soutiens de leur cause, les juifs crurent que leur loi allait triompher, lorsque le *môbed* (grand prêtre) des *Parsis*, ayant demandé la parole, dit au législateur :

« Nous avons entendu le récit des juifs et des chrétiens sur l'origine du monde ; et, quoique altéré, nous y avons reconnu beaucoup de choses que nous admettons ; mais nous réclamons contre l'attribution qu'ils en font à leur prophète Moïse, d'abord parce qu'ils ne sauraient prouver que les livres inscrits de son nom soient réellement son ouvrage ; qu'au contraire nous offrons de démontrer, par vingt passages positifs, que leur rédaction lui est postérieure de plus de six siècles, et qu'elle provient de la connivence manifeste d'un grand prêtre et d'un roi désignés [1] ; qu'ensuite, si vous parcourez avec attention le détail des lois, des rites et

---

[1] Voyez à ce sujet le tome I des *Recherches nouvelles sur l'histoire ancienne,* où cette question est développée à fond depuis le chapitre V.

des préceptes présumés venir directement de Moïse, vous ne trouverez en aucun article une indication, même tacite, de ce qui compose aujourd'hui la doctrine théologique des juifs et de leurs enfants les chrétiens. En aucun lieu vous ne verrez de trace, ni de l'*immortalité* de l'âme, ni d'une *vie ultérieure,* ni de l'*enfer* et du *paradis,* ni de la *révolte* de l'*ange principal auteur des maux du genre humain*, etc.

« *Moïse* n'a point connu ces idées, et la raison en est péremptoire, puisque ce ne fut que plus de deux siècles après lui que notre prophète *Zerdoust*, dit *Zoroastre*, les évangélisa dans l'Asie... Aussi, ajouta le *môbed* en s'adressant aux *rabbins*, n'est-ce que depuis cette époque, c'est-à-dire après le siècle de vos premiers rois, que ces idées apparaissent dans vos écrivains ; et elles ne s'y montrent que par degrés, et d'abord furtivement, selon les relations politiques que vos pères eurent avec nos aïeux ; ce fut surtout lorsque, vaincus et dispersés par les rois de Ninive et de Babylone, vos pères furent transportés sur les bords du Tigre et de l'Euphrate, et qu'élevés pendant trois générations successives dans notre pays, ils s'imprégnèrent de mœurs et d'opinions jusqu'alors repoussées comme contraires à leur loi. Alors que notre roi *Kyrus* les eut délivrés de l'esclavage, leurs cœurs se rapprochèrent de nous par la reconnaissance ; ils devinrent nos imitateurs, nos disciples ; les familles les plus distinguées que les rois de Babylone avaient fait élever dans les sciences chaldéennes, rapportèrent à Jérusalem des idées nouvelles, des dogmes étrangers.

« D'abord la masse du peuple, non émigrée, opposa le texte de la loi et le silence absolu du prophète ; mais la doctrine *pharisienne* ou *parsie* prévalut ; et, modifiée selon votre génie et les idées qui vous étaient propres, elle causa une nouvelle secte. Vous attendiez un *roi restaurateur* de votre puissance ; nous annoncions un *Dieu réparateur* et *sauveur* : de la combinaison de ces idées, *vos esséniens* firent la base du *christianisme* ; et, quoi qu'en supposent vos prétentions, juifs, chrétiens, musulmans, *vous n'êtes,* dans votre *système des êtres spirituels,* que des *enfants égarés* de Zoroastre ! »

Le *môbed,* passant de suite au développement de sa religion, et s'appuyant du *Sad-der* et du *Zend-avesta,* raconta, dans le même ordre que la *Genèse,* la création du monde en *six gahâns ;* la formation d'un premier homme et d'une première femme dans un lieu *céleste,* sous le *règne du bien ;* l'introduction du *mal* dans le monde par la *grande couleuvre, emblème d'Ahrimanes ;* la révolte et les combats de ce génie du *mal* et des *ténèbres* contre *Ormuzd,* dieu du *bien* et de la *lumière ;* la division des anges en *blancs* et en *noirs,* en *bons* et en *méchants ;* leur ordre hiérarchique en *chérubins, séraphins, trônes, dominations,* etc. ; la fin du *monde au bout de six mille ans ;* la venue de l'*agneau réparateur* de la *nature ;* le monde nouveau ; la *vie future* dans des *lieux* de *délices* ou de *peines ;* le *passage* des *âmes* sur le *pont* de l'*abîme ;* les cérémonies des mystères de *Mythras ;* le *pain azyme* qu'y mangent les initiés ; le *baptême* des *enfants* nouveau-nés ; les *onc-*

tions des *morts,* et les *confessions* de leurs *péchés ;* en un mot, il exposa tant de choses analogues aux trois religions précédentes, qu'il semblait que ce fût un commentaire ou une continuation du *Qôran* et de l'*Apocalypse*.

Mais les docteurs juifs, chrétiens, musulmans, se récriant sur cet exposé, et traitant les *parsis* d'idolâtres et d'*adorateurs du feu,* les taxèrent de mensonge, de supposition, d'altération de faits : et il s'éleva une violente dispute sur les dates des événements, sur leur succession et sur leur série ; sur la source première des opinions, sur leur transmission de peuple à peuple, sur l'authenticité des livres qui les établissent, sur l'époque de leur composition, le caractère de leurs rédacteurs, la valeur de leurs témoignages ; et les divers partis, se démontrant réciproquement des contradictions, des invraisemblances, des apocryphités, s'accusèrent mutuellement d'avoir établi leur croyance sur des bruits populaires, sur des traditions vagues, sur des fables absurdes, inventées sans discernement, admises sans critique par des écrivains inconnus, ignorants ou partiaux, à des époques incertaines ou fausses.

D'autre part, un grand murmure s'excita sous les drapeaux des sectes *indiennes* ; et les *brahmanes*, protestant contre les prétentions des juifs et des parsis, dirent : Quels sont ces peuples nouveaux et presque inconnus, qui s'établissent ainsi, de leur droit privé, les auteurs des nations et les dépositaires de leurs archives ? A entendre leurs calculs de cinq à six mille ans, il semblerait que le monde ne fût né que d'hier, tandis que nos monuments constatent une durée de plusieurs milliers de siècles. Et de *quel droit* leurs livres seraient-ils préférés aux nôtres? Les *Vèdas*, les *Chastras*, les *Pourans*, sont-ils donc inférieurs aux *Bibles*, au *Zend-avesta*, au *Sad-der*? Le témoignage de nos pères et de nos dieux ne vaudra-t-il pas celui des dieux et des pères des Occidentaux? Ah! s'il nous était permis d'en révéler les mystères à des hommes profanes! si un voile sacré ne devait pas couvrir notre doctrine à tous les regards!...

Et les brahmanes s'étant tus à ces mots : « Comment admettre votre doctrine, leur dit le législateur, si vous ne la manifestez pas? Et comment ses premiers auteurs l'ont-ils propagée, alors qu'étant seuls à la posséder, leur propre peuple leur était profane? Le Ciel la révéla-t-il pour la taire? »

Mais, les brahmanes persistant à ne pas s'expliquer : « Nous pouvons leur laisser les honneurs du secret, dit un homme d'Europe. Désormais leur doctrine est à découvert; nous possédons leurs livres, et je puis vous en résumer la substance. »

En effet, en analysant les *quatre Vèdas*, les *dix-huit Pourans* et les *cinq* ou *six Chastras*, il exposa comment un être immatériel, infini, éternel et *rond,* après avoir passé un *temps sans* bornes à se *contempler,* voulant enfin se *manifester,* sépara les *facultés mâle* et *femelle* qui étaient en lui, et opéra un acte de génération dont le *lingam* est resté l'emblème ; comment de ce premier acte naquirent trois *puissances divines*, appelées *Brahma*, *Bichen* ou *Vichenou*, et *Chib* ou *Chiven*, chargées, la première de *créer*, la seconde de *conserver*, la troisième de *détruire* ou de *changer* les formes de l'univers : et détaillant l'histoire de leurs opérations et de leurs aventures, il expliqua comment *Brahma*, fier d'avoir créé le monde et les huit sphères de *purifications*, s'étant préféré à son égal *Chib*, ce mouvement d'orgueil causa entre eux un combat qui fracassa les *globes* ou *orbites célestes, comme un panier d'œufs* ; comment *Brahma*, vaincu dans ce combat, fut réduit à servir de piédestal à *Chib*, métamorphosé en *lingam* ; comment *Vichenou*, dieu *médiateur*, a pris, à des époques diverses, neuf formes animales et mortelles pour *conserver* le monde ; comment d'abord, sous celle de *poisson*, il sauva du *déluge universel* une famille qui repeupla la terre ; comment ensuite, sous la forme d'*une tortue*, il tira de *la mer de lait* la montagne *Mandreguiri* (le pôle) ; puis, sous celle de *sanglier*, déchira le ventre du géant *Erenniachessen, qui submergeait* la terre dans l'abîme du *Djôle*, dont il la retira sur ses défenses ; comment, incarné sous la forme de *berger noir*, et sous le nom de *Chris-en, il délivra le monde* du venimeux serpent *Calengam*, et parvint, après en avoir été *mordu au pied, à lui écraser la tête*.

Puis, passant à l'histoire des *génies secondaires*, il raconta comment l'*Éternel, pour faire éclater sa gloire,* avait créé divers ordres d'*anges*, chargés de chanter ses louanges et de diriger l'univers ; comment une partie de ces *anges se révoltèrent* sous la conduite d'*un chef ambitieux,* qui voulut usurper le pouvoir de Dieu et tout gouverner ; comment *Dieu* les précipita dans le monde de ténèbres, pour y subir le traitement de leur *malfaisance ;* comment ensuite, touché de compassion, il consentit à les en retirer et à les rappeler en grâce, après qu'ils eurent subi de longues épreuves ; comment à cet effet ayant créé *quinze orbites* ou *régions* de *planètes,* et des corps pour les habiter, il soumit ces anges rebelles à y subir *quatre-vingt-sept transmigrations :* il expliqua comment *les âmes ainsi purifiées* retournaient à la *source première, à l'océan de vie et d'animation* dont elles étaient émanées ; comment tous les êtres vivants contenant une portion de cette *âme universelle,* il était très-coupable de les en priver. Enfin il allait développer les *rites* et les *cérémonies,* lorsqu'ayant parlé des *offrandes* et des *libations de lait* et *de beurre à des dieux de cuivre et de bois,* et *des purifications* par la *fiente* et *l'urine* de *vache,* il s'éleva de toutes parts des murmures mêlés d'éclats de rire, qui interrompirent l'orateur.

Et chaque groupe raisonnant sur cette religion : « Ce sont des idolâtres, dirent les musulmans, il faut les exterminer.... Ce sont des cerveaux dérangés, dirent les sectateurs de *Confutsée,* qu'il faut tâcher de guérir. Les plaisants dieux, disaient quelques autres, que ces marmousets graisseux et enfumés, qu'on lave comme des enfants malpropres, et dont il faut chasser les mouches friandes de miel, qui viennent les salir d'ordures ! »

Et un brahmane indigné, prenant la parole : Ce sont des mystères profonds, s'écria-t-il, des emblèmes de vérités que vous n'êtes pas dignes d'entendre.

De quel droit, répondit un *lama* du Tibet, en êtes-vous plus dignes que nous ? Est-ce parce que vous vous *prétendez issus de la tête de Brahma,* et que vous rejetez à de moins nobles parties le reste des humains ? Mais, pour soutenir l'orgueil de vos distinctions *d'origines* et de *castes*, prouvez-nous d'abord que vous êtes d'autres hommes que nous. Prouvez-nous ensuite, comme faits historiques, les allégories que vous nous racontez : prouvez-nous même que vous êtes les auteurs de toute cette doctrine; car nous, s'il le faut, nous prouverons que vous n'en êtes que les *plagiaires* et les *corrupteurs ;* que vous n'êtes que les imitateurs de l'ancien paganisme des Occidentaux, auquel vous avez, par un mélange bizarre, allié la doctrine toute spirituelle de notre *Dieu ;* cette doctrine dégagée des sens, entièrement ignorée de la terre avant que *Boudh* l'eût enseignée aux nations.

Et une foule de groupes ayant demandé quelle était cette doctrine et quel était ce *dieu,* dont la plupart n'avaient jamais ouï le nom, le *lama* reprit la parole et dit :

Qu'au *commencement* un *Dieu unique,* existant par lui-même, après avoir passé une éternité absorbé dans la contemplation de son être, voulut manifester ses perfections hors de lui-même, et créa la matière du *monde* ; que, les *quatre éléments* étant produits, mais encore *confus, il souffla* sur *les eaux*, qui s'enflèrent comme une *bulle* immense de la forme d'un *œuf,* laquelle en se développant devint la *voûte et l'orbe du ciel* qui *enceint le monde ;* qu'ayant fait la terre et les *corps des êtres, ce Dieu, essence du mouvement,* leur départit, pour les animer, une *portion* de *son être ;* qu'à ce titre, *l'âme* de tout ce qui respire étant une fraction de *l'âme universelle,* aucune *ne périt*, mais que seulement elles *changent* de *moule* et de *forme,* en *passant* successivement *en des corps divers;* que de toutes les formes, celle qui plaît le plus à l'*Être divin* est celle de l'*homme,* comme approchant le plus de ses perfections ; que quand un homme, par un dégagement absolu de ses sens, *s'absorbe dans la contemplation de lui-même,* il parvient à y découvrir la *Divinité,* et il la devient en effet; que parmi les *incarnations* de cette espèce que *Dieu* a déjà revêtues, l'une des plus saintes et des plus solennelles fut celle dans laquelle il parut il y a vingt-huit siècles dans le *Kachemire,* sous le nom de *Fôt* ou *Boudh,* pour enseigner la doctrine de l'*anéantissement,* du *renoncement à soi-même.* Et traçant l'histoire de *Fôt,* le lama dit qu'il *était né du côté droit d'une vierge de sang royal,* qui *n'avait* pas *cessé d'être vierge en devenant mère ;* que *le roi du pays,* inquiet de sa naissance, *voulut le faire périr,* et *qu'il fit massacrer tous les mâles nés à son époque ;* que, sauvé par des pâtres, *Boudh* en mena la vie *dans le désert* jusqu'à *l'âge de trente ans,* où il *commença sa mission* d'éclairer les hommes et de les *délivrer des démons* ; qu'il fit une foule de *miracles* les plus étonnants ; qu'il vécut dans le *jeûne* et dans les pénitences les plus rudes, et qu'il laissa en mourant un livre à ses disciples, où était contenue sa doctrine ; et le *lama* commença de lire...

« Celui qui abandonne son père et sa mère pour me suivre, dit *Fôt,* devient un parfait *samanéen* (homme céleste).

« Celui qui pratique mes préceptes jusqu'au quatrième degré de perfection, acquiert la faculté de voler en l'air, de faire mouvoir le ciel et la terre, de prolonger ou de diminuer la vie (de ressusciter).

« Le samanéen rejette les richesses, n'use que du plus étroit nécessaire ; il mortifie son corps ; ses passions sont muettes ; il ne désire rien ; il ne s'attache à rien ; il médite sans cesse ma doctrine ; il souffre patiemment les injures ; il n'a point de haine contre son prochain.

« Le *ciel* et la *terre périront*, dit *Fôt :* méprisez donc votre corps composé des quatre éléments *périssables*, et ne songez qu'à votre âme *immortelle*.

« *N'écoutez pas la chair :* les passions produisent la crainte et le chagrin ; étouffez les passions, vous détruirez la crainte et le chagrin.

« Celui qui meurt sans avoir embrassé ma religion, dit *Fôt,* revient parmi les hommes jusqu'à ce qu'il la pratique. »

Le *lama* allait continuer, lorsque les chrétiens, rompant le silence, s'écrièrent que c'était leur propre religion que l'on altérait, que *Fôt* n'était que *Iésous* lui-même *défiguré*, et que les *lamas* n'étaient que des nestoriens et des manichéens déguisés et abâtardis.

Mais le *lama,* soutenu de tous les *chamans, bonzes, gonnis, talapoins* de *Siam,* de *Ceylan,* du *Japon,* de *la Chine,* prouva aux chrétiens, par leurs auteurs mêmes, que la doctrine des *samanéens* était répandue dans tout l'Orient plus de mille ans avant le christianisme ; que leur nom était cité dès avant l'époque d'*Alexandre,* et que *Boutta* ou *Boudh* était mentionné longtemps avant *Iésous.* Et rétorquant contre eux leur prétention : « Prouvez-nous maintenant, leur dit-il, que vous-mêmes n'êtes pas des *samanéens dégénérés ;* que l'homme dont vous faites *l'auteur de votre secte* n'est pas *Fôt* lui-même altéré. Démontrez-nous son existence par des monuments historiques à l'époque que vous nous citez ; car, pour nous, fondés sur l'absence de tout témoignage authentique, nous vous la nions formellement ; et nous soutenons que vos Évangiles mêmes ne sont que les livres des *mithriaques* de *Perse* et des *esséniens* de *Syrie,* qui n'étaient eux-mêmes que des *samanéens* réformés. »

A ces mots, les *chrétiens* jetant de grands cris, une nouvelle dispute plus violente allait s'élever, lorsqu'un groupe de *chamans chinois* et de *talapoins de Siam,* s'avançant en scène, dirent qu'ils allaient mettre d'accord tout le monde ; et l'un d'eux prenant la parole : « Il est temps, dit-il, que nous terminions toutes ces contestations frivoles en levant pour vous le voile de la *doctrine intérieure* que *Fôt* lui-même, au lit de la mort, a révélée à ses disciples.

« Toutes ces opinions théologiques, a-t-il dit, ne sont que des chimères ; tous ces récits de la nature des dieux, de leurs actions, de leur vie, ne sont que des allégories, des emblèmes mythologiques, sous lesquels sont enveloppées des idées ingénieuses de morale et la connaissance des opérations de la nature dans le jeu des éléments et la marche des astres.

« La vérité est que *tout se réduit au néant*; que tout est *illusion, apparence, songe;* que la *métempsycose morale* n'est que le sens figuré de la *métempsycose physique*, de ce *mouvement successif* par lequel les éléments d'un *même corps* qui ne périssent point, passent, quand il se dissout, dans d'autres *milieux* et forment d'autres combinaisons. L'*âme* n'est que le *principe vital* qui résulte des *propriétés de la matière* et du jeu des éléments dans les corps où ils créent un *mouvement* spontané. Supposer que ce *produit* du jeu des organes, né avec eux, développé avec eux, endormi avec eux, subsiste quand ils ne sont plus, c'est un roman peut-être agréable, mais réellement chimérique, de l'imagination abusée. *Dieu* lui-même n'est autre chose que le *principe moteur*, que la *force occulte répandue dans les êtres;* que la *somme de leurs lois et de leurs propriétés; que le principe animant*, en un mot, l'*âme* de l'*univers;* laquelle, à raison de l'infinie variété de ses rapports et de ses opérations, considérée tantôt comme *simple* et tantôt comme *mul-*

tiple, tantôt comme *active* et tantôt comme *passive*, a toujours présenté à l'esprit humain une énigme insoluble. Tout ce qu'il peut y comprendre de plus clair, c'est que la matière ne périt point ; qu'elle possède essentiellement des propriétés par lesquelles le *monde* est régi comme un *être vivant* et organisé ; que la connaissance de ces *lois,* par rapport à l'homme, est ce qui constitue la *sagesse* ; que la *vertu et le mérite* résident dans leur *observation* ; et *le mal, le péché, le vice*, dans leur *ignorance* et *leur infraction* ; que le *bonheur* et le *malheur* en sont le résultat, par la même *nécessité* qui fait que les choses *pesantes descendent, que les légères s'élèvent*, et par une fatalité de causes et d'effets dont la chaîne remonte depuis le dernier atome jusqu'aux astres les plus élevés. Voilà ce qu'a révélé au lit du trépas notre *Boudah Somona Goutama.* »

A ces mots, une foule de théologiens de toute secte s'écrièrent que cette doctrine était un pur *matérialisme* ; que ceux qui la professaient étaient des *impies*, des *athées, ennemis* de *Dieu* et des hommes, qu'il fallait *exterminer*. — « Eh bien ! répondirent les *chamans*, supposons que nous soyons en erreur ; cela peut être, car le *premier attribut de l'esprit humain* est d'être *sujet à l'illusion* ; mais de quel droit *ôterez-vous à des hommes comme vous la vie* que le Ciel leur a donnée ? Si *ce Ciel* nous *tient pour coupables, nous a en horreur*, pourquoi nous distribue-t-il les mêmes biens qu'à vous ? Et s'il nous traite avec tolérance, quel droit avez-vous d'être moins indulgents ?

Hommes pieux qui parlez de *Dieu* avec tant de certitude et de confiance, veuillez nous dire ce qu'il est ; faites-nous comprendre ce que sont ces êtres abstraits et métaphysiques que vous appelez *Dieu* et *âme, substance sans matière, existence sans corps, vie sans organes ni sensations*. Si vous connaissez ces êtres par *vos sens* ou par leur *réflexion*, rendez-nous-les de même perceptibles : que si vous n'en parlez que sur *témoignage* et *par tradition*, montrez-nous un récit uniforme, et donnez à notre croyance des *bases* identiques et fixes. »

Alors il s'éleva entre les théologiens une grande controverse sur *Dieu* et sur *sa nature* ; sur sa *manière d'agir* et de se *manifester* ; sur *la nature* de l'*âme* et *son union* avec le *corps* ; sur son *existence avant les organes*, ou seulement depuis leur *formation* ; *sur la vie future et sur l'autre monde :* et chaque secte, chaque école, chaque individu différant sur tous ces points, et motivant son dissentiment de raisons plausibles, d'autorités respectables, et cependant opposées, ils tombèrent tous dans un labyrinthe inextricable de contradictions.

Alors le législateur, ayant réclamé le silence et ramenant la question à son premier but : « Chefs et instituteurs des peuples, dit-il, vous êtes venus en présence pour la *recherche de la vérité* ; et d'abord chacun de vous, croyant la posséder, a exigé une foi implicite ; mais apercevant la contrariété de vos opinions, vous avez conçu qu'il fallait les soumettre à un régulateur commun d'évidence, les rapporter à un terme général de comparaison, et vous êtes convenus d'exposer chacun vos preuves de croyance. Vous avez allégué des faits ; mais chaque religion, chaque secte ayant *également* ses miracles et ses martyrs, chacune produisant *également* des témoignages et les soutenant de son dévouement à la mort, la balance, par droit de parité, est restée *égale* sur ce premier point.

« Vous avez ensuite passé aux preuves de raisonnement ; mais les mêmes arguments s'appliquant *également* à des thèses contraires ; les mêmes assertions, également gratuites, étant *également* avancées et repoussées ; l'assentiment de chacun *étant dénié par les mêmes droits*, rien ne s'est trouvé démontré. Bien plus, la confrontation de vos dogmes a suscité de nouvelles et plus grandes difficultés ; car, à travers les diversités apparentes ou accessoires, leur développement vous a présenté un fond ressemblant, un canevas commun ; et chacun de vous, s'en prétendant l'inventeur *autographe*, le dépositaire premier, vous vous êtes taxés les uns les autres d'être des *altérateurs* et des *plagiaires* ; et il naît de là une question épineuse de *transmission de peuple à peuple* des *idées religieuses*.

« Enfin, pour combler l'embarras, ayant voulu vous rendre compte de ces idées elles-mêmes, il s'est trouvé qu'elles vous étaient à tous confuses et même étrangères ; qu'elles portaient sur des bases inaccessibles à vos sens ; que, par conséquent, vous étiez sans moyens d'en juger, et qu'à leur égard vous conveniez vous-mêmes de n'être que les échos de vos pères : de là cette autre question de savoir *comment elles ont pu venir à vos pères, qui, eux-mêmes,* n'avaient pas d'autres moyens que vous de les concevoir : de manière que, d'une part, la *succession de ces idées étant* inconnue, d'autre part leur origine et leur existence dans l'entendement étant un mystère, tout l'édifice de vos opinions théologiques devient un problème compliqué de métaphysique et d'histoire.

« Comme néanmoins ces opinions, quelque extraordinaires qu'elles puissent être, ont une origine quelconque ; comme les idées les plus abstraites et les plus fantastiques ont, dans la nature, un modèle physique, une cause, quelle qu'elle soit, il s'agit de remonter à cette origine, de découvrir quel fut ce modèle ; en un mot, de savoir d'où sont venues, dans l'entendement de l'homme, ces idées maintenant si obscures de *la divinité,* de l'*âme,* de tous les *êtres immatériels,* qui font la base de tant de systèmes, et de démêler la *filiation* qu'elles ont suivie, les *altérations* qu'elles ont éprouvées dans leur succession et leurs embranchements. Si donc il se trouve des hommes qui aient porté leurs études sur ces objets, qu'ils s'avancent et qu'ils tentent de dissiper, à la face des nations, l'obscurité des opinions où depuis si longtemps elles s'égarent. »

CHAPITRE XXII

ORIGINE ET FILIATION DES IDÉES RELIGIEUSES

A ces mots, un groupe nouveau, formé à l'instant d'hommes de divers étendards, mais lui-même n'en arborant point, s'avança dans l'arène ; et l'un de ses membres, portant la parole, dit :

« Législateur, ami de l'évidence et de la vérité !

« Il n'est pas étonnant que tant de nuages enveloppent le sujet que nous traitons, puisque, outre les difficultés qui lui sont propres, la pensée n'a, jusqu'à ce moment, cessé d'y rencontrer des obstacles accessoires, et que tout travail libre, toute discussion lui ont été interdits par l'intolérance de chaque système ; mais puisque enfin il lui est permis de se développer, nous allons exposer au grand jour, et soumettre au jugement commun, ce que de longues recherches ont appris de plus raisonnable à des esprits dégagés de préjugés ; et nous l'exposerons, non avec la prétention d'en imposer la croyance, mais avec l'intention de provoquer de nouvelles lumières et de plus grands éclaircissements.

« Vous le savez, docteurs et instituteurs des peuples ! d'épaisses ténèbres couvrent la nature, l'origine, l'histoire des dogmes que vous enseignez : imposés par la force et l'autorité, inculqués par l'éducation, entretenus par l'exemple, ils se perpétuent d'âge en âge, et affermissent leur empire par l'habitude et l'inattention. Mais si l'homme, éclairé par la réflexion et l'expérience, rappelle à un mûr examen les préjugés de son enfance, il y découvre bientôt une foule et de disparates et de contradictions qui éveillent sa sagacité et provoquent son raisonnement.

« D'abord, remarquant la diversité et l'opposition des croyances qui partagent les nations, il s'enhardit contre l'infaillibilité que toutes s'arrogent ; et, s'armant de leurs prétentions réciproques, il conçoit que les *sens* et la *raison*, *émanés immédiatement de Dieu,* ne sont pas *une loi moins sainte,* un guide moins sûr que les *codes médiats* et *contradictoires* des prophètes.

« S'il examine ensuite le tissu de ces *codes* eux-mêmes, il observe que leurs *lois* prétendues *divines,* c'est-à-dire *immuables* et *éternelles,* sont nées par *circonstances* de temps, de lieux et de personnes ; qu'elles dérivent les unes des autres dans une espèce d'ordre généalogique, puisqu'elles s'empruntent naturellement un fonds commun et ressemblant d'idées, que chacune modifie à son gré.

« Que s'il remonte à la source de ces idées, il trouve qu'elle se perd dans la nuit des temps, dans l'enfance des peuples, jusqu'à l'origine du monde même, à laquelle elles se disent liées ; et là, placées dans l'obscurité du chaos et dans l'empire fabuleux des traditions, elles se présentent accompagnées d'un état de choses si prodigieux, qu'il semble interdire tout accès au jugement ; mais cet état même suscite un premier rai-

9

sonnement, qui en résout la difficulté ; car, si les faits prodigieux que nous présentent les systèmes théologiques ont réellement existé ; si, par exemple, les métamorphoses, les apparitions, les conversations d'un seul ou de plusieurs dieux, tracées dans les *livres sacrés* des Indiens, des Hébreux, des Parsis, sont des événements historiques, il faut convenir que la *nature* d'alors différait entièrement de celle qui subsiste ; que les hommes actuels n'ont rien de commun avec ceux de ces siècles-là, et qu'ils ne doivent plus s'en occuper.

« Si, au contraire, ces faits prodigieux n'ont pas réellement existé dans l'ordre physique, dès lors on conçoit qu'ils sont du genre des créations de l'entendement ; et sa nature, capable encore aujourd'hui des compositions les plus fantastiques, rend d'abord raison de l'apparition de ces monstres dans l'histoire ; il ne s'agit plus que de savoir comment et pourquoi ils se sont formés dans l'imagination : or, en examinant avec attention les sujets de leurs tableaux, en analysant les idées qu'ils combinent et qu'ils associent, en pesant avec soin toutes les circonstances qu'ils allèguent, l'on parvient à découvrir, à ce premier état incroyable, une solution conforme aux lois de la nature ; on s'aperçoit que ces récits d'un genre fabuleux ont un sens figuré autre que le sens apparent ; que ces prétendus faits merveilleux sont des faits simples et physiques, mais qui, mal conçus ou mal peints, ont été dénaturés par des causes accidentelles dépendantes de l'esprit humain ; par la confusion des signes qu'il a employés pour peindre les objets ; par l'équivoque des mots, le vice du langage, l'imperfection de l'écriture ; on trouve que ces dieux, par exemple, qui jouent des rôles si singuliers dans tous les systèmes, ne sont que les *puissances physiques* de la nature, les *éléments,* les *vents,* les *astres* et les *météores,* qui ont été *personnifiés* par le mécanisme nécessaire du langage et de l'entendement ; que leur *vie,* leurs *mœurs,* leurs *actions* ne sont que le jeu de *leurs opérations, de leurs rapports ;* et que toute leur prétendue histoire n'est que la description de leurs phénomènes, tracée par les premiers physiciens qui les observèrent, et prise à contre-sens par le vulgaire, qui ne l'entendit pas, ou par les générations suivantes, qui l'oublièrent. On reconnaît, en un mot, que tous les dogmes théologiques sur l'*origine du monde,* sur la *nature de Dieu,* la *révélation* de ses lois, l'*apparition* de sa personne, ne sont que des récits de faits astronomiques, que des *narrations figurées* et *emblématiques du jeu* des constellations : on se convaincra que l'idée même de la *divinité,* cette idée aujourd'hui si obscure, n'est, dans son modèle primitif, que celle des *puissances physiques* de *l'univers,* considérées tantôt comme *multiples* à raison de leurs *agents* et de leurs *phénomènes,* et tantôt comme un être *unique* et *simple* par *l'ensemble* et le rapport de toutes leurs parties ; en sorte que l'être appelé *Dieu* a été tantôt le *vent,* le *feu,* l'*eau, tous les éléments ;* tantôt le *soleil,* les *astres,* les *planètes* et leurs influences ; tantôt la *matière* du *monde visible,* la *totalité* de l'univers ; tantôt les *qualités* abstraites et métaphysiques, telles que *l'espace, la durée, le mouvement et l'intelligence* ; et toujours avec ce résultat, que *l'idée de la divinité* n'a point été une *révélation miraculeuse d'êtres invisibles,* mais une *production naturelle de l'entendement,* une opération de l'esprit humain, dont elle a suivi les progrès et subi les révolutions dans la connaissance du monde physique et de ses agents.

« Oui, vainement les nations reportent leur culte à des inspirations célestes ; vainement leurs dogmes invoquent un premier état de choses surnaturel : la barbarie originelle du genre humain, attestée par ses propres monuments, dément d'abord toutes ces assertions ; mais de plus, un fait subsistant et irrécusable dépose victorieusement contre les faits incertains et douteux du passé. *De ce que l'homme n'acquiert et ne reçoit d'idées que par l'intermède de ses sens,* il suit avec évidence que toute notion qui s'attribue une autre origine que celle de l'expérience et des sensations est la supposition erronée d'un raisonnement dressé dans un temps postérieur : or, il suffit de jeter un coup d'œil réfléchi sur les systèmes sacrés de *l'origine du monde, l'action des dieux,* pour découvrir à chaque idée, à chaque mot, l'anticipation d'un ordre de choses qui ne naquit que longtemps après ; et la raison, forte de ces contradictions, rejetant tout ce qui ne trouve pas sa preuve dans l'ordre naturel, et n'admettant pour bon *système historique* que celui qui s'accorde avec les vraisemblances, la raison établit le sien, et dit avec assurance :

« Avant qu'une nation eût reçu d'une autre nation

des dogmes déjà inventés ; avant qu'une génération eût hérité des idées requises par une génération antérieure, nul de tous les systèmes composés n'existait encore dans le monde. Enfants de la nature, les premiers humains, antérieurs à tout événement, novices à toute connaissance, naquirent sans aucune idée, ni de dogmes issus de disputes scolastiques ; ni de rites fondés sur des usages et des arts à naître ; ni de préceptes qui supposent un développement de passions ; ni de codes qui supposent un langage, un état social encore au néant ; ni de *divinité*, dont tous les attributs se rapportent à des choses physiques, et toutes les actions à un état *despotique* du gouvernement ; ni enfin d'*âme* et de tous ces êtres métaphysiques que l'on dit ne point tomber sous les sens, et à qui cependant, par toute autre voie, l'accès à l'entendement demeure impossible. Pour arriver à tant de résultats, il fallut parcourir un cercle nécessaire de faits préalables ; il fallut que des essais répétés et lents apprissent à l'homme brut l'usage de ses organes ; que l'expérience accumulée de générations successives eût inventé et perfectionné les moyens de la vie, et que l'esprit, dégagé de l'entrave des premiers besoins, s'élevât à l'art compliqué de comparer des idées, d'asseoir des raisonnements et de saisir des rapports abstraits.

§ I. Origine de l'idée de Dieu : culte des éléments et des puissances physiques de la nature.

« Ce ne fut qu'après avoir franchi ces obstacles et parcouru déjà une longue carrière dans la nuit de l'histoire, que l'homme, méditant sur sa condition, commença de s'apercevoir qu'il était soumis à des *forces supérieures* à la sienne et *indépendantes* de sa volonté. Le soleil l'éclairait, l'échauffait ; le feu le brûlait, le tonnerre l'effrayait, l'eau le suffoquait, le vent l'agitait ; tous les êtres exerçaient sur lui une *action puissante* et *irrésistible*. Longtemps automate, il subit cette action sans en rechercher la cause ; mais du moment qu'il voulut s'en rendre compte, il tomba dans *l'étonnement* ; et passant de la surprise d'une première pensée à la rêverie de la curiosité, il forma une série de raisonnements.

« D'abord, considérant l'*action* des éléments sur lui, il conclut de sa part une *idée de faiblesse*, *d'assujettissement*, et de leur part une idée de *puissance*, *de domination* ; et cette idée de *puissance* fut le type primitif et fondamental de toute idée de la *divinité*.

« Secondement, les êtres naturels, dans leur action, excitaient en lui des sensations de *plaisir* ou de *douleur*, de *bien* ou de *mal* ; par un effet naturel de son organisation, il conçut pour eux de l'*amour* ou de l'*aversion* ; il *désira* ou *redouta* leur présence : et la *crainte* ou l'*espoir* furent le principe de toute idée de *religion*.

« Ensuite, *jugeant* de tout par *comparaison*, et remarquant dans ces êtres un *mouvement spontané* comme le sien, il supposa à ce mouvement une *volonté*, une *intelligence* de l'espèce de la sienne ; et de là, par induction, il fit un nouveau raisonnement. — Ayant éprouvé que certaines pratiques envers ses sem-

CHAPITRE XXII

blables avaient l'effet de modifier à son gré leurs affections et de diriger leur conduite, il employa ces pratiques avec les *êtres puissants* de l'univers ; il se dit : « Quand mon semblable, plus *fort* que moi, veut me faire du mal, je *m'abaisse* devant lui, et ma *prière* a l'art de le calmer. Je prierai les *êtres puissants* qui me frappent ; je supplierai les *intelligences* des vents, des astres, des eaux, et elles m'entendront ; je les conjurerai de *détourner les maux*, de *me donner* les biens dont elles disposent ; je les toucherai par *mes larmes*, je les fléchirai par *mes dons*, et je *jouirai* du *bien-être*. »

« Et l'homme, simple dans l'enfance de sa raison, parla au soleil, à la lune ; il anima de son esprit et de ses passions les *grands agents* de la nature ; il crut, par de vains sons, par de vaines pratiques, changer leurs lois inflexibles : erreur funeste ! Il pria la pierre de monter, l'eau de s'élever, les montagnes de se transporter, et substituant un monde fantastique au monde véritable, il se constitua des *êtres d'opinion*, pour l'épouvantail de son esprit et le tourment de sa race.

« Ainsi les idées de *Dieu* et de *religion*, à l'égal de toutes les autres, ont pris leur origine dans les objets physiques, et ont été, dans l'entendement de l'homme, le produit de ses sensations, de ses besoins, des circonstances de sa vie et de l'état progressif de ses connaissances.

« Or, de ce que les *idées* de la *divinité* eurent pour premiers *modèles* les êtres physiques, il résulta que la *divinité* fut d'abord variée et *multiple*, comme les formes sous lesquelles elle parut agir : chaque être fut une *puissance*, un *génie ;* et l'univers pour les premiers hommes fut rempli de dieux innombrables.

« Et de ce que les *idées* de la *divinité* eurent pour *moteurs* les *affections* du cœur humain, elles subirent un ordre de division calqué sur ses sensations de *douleur* et de *plaisir,* d'*amour* ou de *haine ;* les *puissances* de la *nature,* les dieux, les génies furent partagés en *bienfaisants* et en *malfaisants,* en *bons* et en *mauvais ;* et de là l'universalité de ces deux caractères dans tous les systèmes de religion.

« Dans le principe, ces idées analogues à la condition de leurs inventeurs furent longtemps confuses et grossières. Errants dans les bois, obsédés de besoins, dénués de ressources, les hommes sauvages n'avaient pas le loisir de combiner des rapports et des raisonnements : affectés de plus de maux qu'ils n'éprouvaient de jouissances, leur sentiment le plus habituel était la crainte, leur théologie la *terreur ;* leur culte se bornait à quelques pratiques de salut et d'offrande à des êtres qu'ils se peignaient *féroces* et *avides* comme eux. Dans leur état d'*égalité* et d'*indépendance,* nul ne s'établissait médiateur auprès de dieux *insubordonnés* et *pauvres* comme lui-même. Nul n'ayant de superflu à donner, il n'existait ni parasite sous le nom de prêtre, ni tribut sous le nom de victime, ni empire sous le nom d'autel ; le dogme et la *morale* confondus n'étaient que la *conservation* de soi-même ; et la religion, idée arbitraire, sans influence sur les rapports des hommes entre eux, n'était qu'un vain hommage rendu aux *puissances visibles* de la *nature*.

« Telle fut l'origine nécessaire et première de toute idée de la divinité. »

Et l'orateur, s'adressant aux nations sauvages :

« Nous vous le demandons, hommes qui n'avez pas reçu d'idées étrangères et factices ; dites-nous si jamais vous vous en êtes formé d'autres ? Et vous, docteurs, nous vous en attestons ; dites-nous si tel n'est pas le témoignage unanime de tous les anciens monuments ?

§ II. Second système. Culte des astres, ou sabéisme.

« Mais ces mêmes monuments nous offrent ensuite un système plus méthodique et plus compliqué, celui du culte de tous les astres, adorés tantôt sous leur forme propre, tantôt sous des emblèmes et des symboles figurés ; et ce culte fut encore l'effet des connaissances de l'homme en physique, et dériva immédiatement des causes premières de l'état social, c'est-à-dire des besoins et des arts de premier degré qui entrèrent comme éléments dans la formation de la société.

« En effet, alors que les hommes commencèrent de se réunir en société, ce fut pour eux une nécessité d'étendre leurs moyens de subsistance, et par conséquent de s'adonner à l'agriculture : or, l'agriculture, pour être exercée, exigea l'observation et la connaissance des cieux. Il fallut connaître le retour périodique des mêmes opérations de la nature, des mêmes phénomènes de la voûte des cieux ; en un mot, il fallut régler la durée, la succession des saisons et des mois de l'année. Ce fut donc un besoin de connaître d'abord la marche du *soleil*, qui, dans sa révolution *zodiacale*, se montrait le premier et suprême agent de toute création ; puis de la lune, qui, par ses phases et ses retours, réglait et distribuait le temps ; enfin des étoiles et même des planètes, qui, par leurs apparitions et disparitions sur l'horizon et l'hémisphère nocturnes, formaient de moindres divisions ; enfin il fallut dresser un système entier d'astronomie, un calendrier ; et de ce travail résulta bientôt et spontanément une manière nouvelle d'envisager les *puissances dominatrices* et *gouvernantes*. Ayant observé que les *productions terrestres* étaient dans des rapports réguliers et constants avec les *êtres célestes*; que la *naissance*, l'*accroissement*, le *dépérissement* de chaque plante étaient liés à l'*apparition*, à l'*exaltation*, au *déclin* d'un même astre, d'un même groupe d'étoiles ; qu'en un mot la langueur ou l'activité de la végétation semblaient dépendre d'*influences célestes*, les hommes en conclurent une idée d'*action*, de *puissance* de ces *êtres célestes*, *supérieurs*, sur les corps terrestres ; et les astres dispensateurs d'abondance ou de disette devinrent des *puissances*, des *génies*, des *dieux* auteurs des *biens* et des *maux*.

« Or, comme l'état social avait déjà introduit une hiérarchie méthodique de rangs, d'emplois, de conditions, les hommes, continuant de raisonner par comparaison, transportèrent leurs nouvelles notions dans leur théologie ; et il en résulta un système compliqué de *divinités graduelles*, dans lequel le *soleil, dieu premier*, fut un *chef* militaire, un *roi* politique ; la *lune*, une *reine* sa compagne ; les *planètes*, des serviteurs, des porteurs d'ordre, des messagers ; et la multitude des *étoiles*, un *peuple*, une *armée* de héros, de *génies* chargés de *régir* le *monde* sous les ordres de leurs officiers ; et chaque individu eut des noms, des fonctions, des attributs tirés de ses rapports et de ses influences, enfin même un sexe tiré du genre de son appellation.

« Et comme l'état social avait introduit des usages et des pratiques composés, le culte, marchant de front, en prit de semblables : les cérémonies, d'abord simples et privées, devinrent publiques et solennelles ; les offrandes furent plus riches et plus nombreuses, les rites plus méthodiques ; on établit des lieux d'assemblée, et l'on eut des chapelles, des temples ; on institua des officiers pour administrer, et l'on eut des pontifes, des prêtres ; on convint de formules, d'époques, et la religion devint un acte civil, un lien politique. Mais dans ce développement, elle n'altéra point ses premiers principes, et l'idée de *Dieu* fut toujours l'idée d'*êtres physiques* agissant en *bien* ou en *mal*, c'est-à-dire imprimant des sensations de *peine* ou de *plaisir* ; le *dogme* fut la connaissance de *leurs lois* ou manières d'agir ; la *vertu* et le *péché*, l'observation ou l'infraction de ces lois ; et la *morale*, dans sa simplicité native, fut une *pratique* judicieuse de tout ce qui *contribue à la conservation de l'existence, au bien-être de soi et de ses semblables.*

« Si l'on nous demande à quelle époque naquit ce système, nous répondrons, sur l'autorité des monuments de l'astronomie elle-même, que ses principes paraissent remonter avec certitude au delà de quinze mille ans : et si l'on demande à quel peuple il doit être attribué, nous répondrons que ces mêmes monuments, appuyés de traditions unanimes, l'attribuent aux premières peuplades de l'*Égypte* : et lorsque le raisonnement trouve réunies dans cette contrée toutes les circonstances physiques qui ont pu le susciter; lorsqu'il y rencontre à la fois une zone du ciel, voisine du tropique, également purgée des pluies de l'équateur et des brumes du nord ; lorsqu'il y trouve le point central de la sphère antique, un climat salubre, un fleuve immense et cependant docile, une terre fertile sans art, sans fatigue, inondée sans exhalaisons morbifiques, placée entre deux mers qui touchent aux contrées les plus riches, il conçoit que l'habitant du *Nil*, *agricole* par la nature de son sol, *géomètre* par le besoin annuel de mesurer ses possessions, *commerçant* par la facilité de ses communications, *astronome* enfin par l'état de son ciel sans cesse ouvert à l'observation, dut le premier passer de la condition *sauvage* à l'état social, et par conséquent arriver aux connaissances physiques et morales qui sont propres à l'homme civilisé.

« Ce fut donc sur les bords supérieurs du Nil, et chez un peuple de race noire, que s'organisa le système compliqué du *culte des astres*, considérés dans leurs rapports avec les productions de la terre et les travaux de l'agriculture ; et ce premier culte, caractérisé par leur adoration sous leurs *formes* ou leurs *attributs naturels*, fut une marche simple de l'esprit humain : mais bientôt la multiplicité des objets, de leurs rapports, de leurs actions réciproques, ayant compliqué les idées et les signes qui les représentaient, il survint une confusion aussi bizarre dans sa cause que pernicieuse dans ses effets.

§ III. Troisième système. Culte des symboles, ou idolâtrie.

« Dès l'instant où le peuple agricole eut porté un regard observateur sur les astres, il sentit le besoin d'en distinguer les individus ou les groupes, et de les dénommer chacun proprement, afin de s'entendre dans leur désignation : or, une grande difficulté se présenta pour cet objet : car d'un côté les corps célestes, semblables en formes, n'offraient aucun caractère spécial pour être dénommés ; de l'autre, le langage, pauvre en sa naissance, n'avait point d'expressions pour tant d'idées neuves et *métaphysiques*. Le mobile ordinaire du génie, le *besoin*, sut tout surmonter. Ayant remarqué que, dans la révolution annuelle, le renouvellement et l'apparition périodiques des productions terrestres étaient constamment *associés* au *lever* ou au *coucher* de certaines étoiles et à leur position relativement au soleil, terme fondamental de toute comparaison, l'esprit, par un mécanisme naturel, lia dans sa pensée les objets terrestres et célestes qui étaient liés dans le fait ; et leur appliquant un même signe, il donna aux *étoiles* ou aux *groupes* qu'il en formait, les noms mêmes des objets terrestres qui leur répondaient.

« Ainsi l'Éthiopien de Thèbes appela *astres* de l'*inondation* ou du *verse-eau*, ceux sous lesquels le fleuve commençait son *débordement ; astres* du *bœuf* ou du *taureau*, ceux sous lesquels il convenait d'appliquer la charrue à la terre ; *astres du lion*, ceux où cet animal, chassé des déserts par la soif, se montrait sur les bords du fleuve ; *astres* de l'épi ou de *la vierge moissonneuse*, ceux où se recueillait la moisson ; *astres* de l'*agneau, astres* des *chevreaux*, ceux où naissaient ces animaux précieux : et ce premier moyen résolut une première partie des difficultés.

« D'autre part, l'homme avait remarqué dans les êtres qui l'environnaient des qualités distinctives et propres à chaque espèce ; et, par une première opération, il en avait retiré un nom pour les désigner : par une seconde, il y trouva un moyen ingénieux de généraliser ses idées ; et, transportant le nom déjà inventé à tout ce qui présentait une propriété, une action analogue ou semblable, il enrichit son langage d'une métaphore perpétuelle.

« Ainsi, le même *Éthiopien* ayant observé que le retour de l'inondation répondait constamment à l'apparition d'une très-belle étoile qui, à cette époque, se montrait vers *la source du Nil* et semblait *avertir* le laboureur de se garder de la surprise des eaux, il compara cette action à celle de l'animal qui, par son *aboiement*, avertit d'un danger, et il appela cet astre le *chien*, l'*aboyeur* (Syrius) ; de même il nomma *astres* du *crabe*, ceux où le soleil, parvenu à la borne du tropique, revenait sur ses pas, en marchant à reculons et de côté, comme le *crabe* ou *cancer*; astres du *bouc sauvage*, ceux où, parvenu au point le plus *culminant* du ciel, au faîte du *gnomon* horaire, le soleil imitait l'action de l'animal qui se plaît à *grimper* aux faîtes des rochers; astres de la *balance*, ceux où les jours et les nuits *égaux* semblaient en *équilibre* comme cet instrument; astres du *scorpion*, ceux où certains vents réguliers apportaient une *vapeur brûlante* comme le *venin* du scorpion. Ainsi encore, il appela *anneaux* et *serpents* la trace figurée des orbites des astres et des planètes; et tel fut le moyen général d'appellation de toutes les étoiles, et même des planètes prises par groupes ou par individus, selon leurs rapports aux opérations champêtres et terrestres, et selon les analogies que chaque nation y trouva avec les travaux agricoles et avec les objets de son climat et de son sol.

« De ce procédé il résulta que des êtres abjects et terrestres entrèrent en *association* avec les *êtres supérieurs* et *puissants* des cieux; et cette *association* se resserra chaque jour par la constitution même du langage et le mécanisme de l'esprit. On disait, par une métaphore naturelle : « Le *taureau* répand sur la terre
« les germes de la fécondité (au printemps); il ra-
« mène l'abondance et la création des plantes (qui
« nourrissent). L'agneau (ou bélier) *délivre* les cieux
« des *génies malfaisants* de l'hiver; il *sauve* le *monde*
« du *serpent* (emblème de l'humide saison), et il ra-
« mène le règne du *bien* (de l'*été*, saison de toute jouis-

« sance). Le *scorpion* verse son venin sur la terre, et
« répand les maladies et la mort, etc.; et ainsi de tous
« les effets semblables. »

« Ce langage, compris de tout le monde, subsista
d'abord sans inconvénient ; mais, par le laps du temps,
lorsque le calendrier eut été réglé, le peuple, qui n'eut
plus besoin de l'observation du ciel, perdit de vue le
motif de ces expressions ; et leur allégorie, restée dans
l'usage de la vie, y devint un écueil fatal à l'entendement et à la raison. Habitué à joindre aux *symboles*
les idées de leurs *modèles*, l'esprit finit par les confondre : alors, ces mêmes animaux, que la pensée avait
transportés aux cieux, en redescendirent sur la terre ;
mais dans ce retour, vêtus des livrées des astres, ils s'en
arrogèrent les attributs, et ils en imposèrent à leurs
propres auteurs. Alors le peuple, croyant voir près de
lui ses *dieux*, leur adressa plus facilement sa prière ;
il demanda au *bélier* de son troupeau les influences
qu'il attendait du *bélier céleste* ; il pria le scorpion de
ne point répandre son venin sur la nature ; il révéra
le *crabe* de la mer, le *scarabée* du limon, le *poisson*
du fleuve ; et, par une série d'analogies vicieuses, mais
enchaînées, il se perdit dans un labyrinthe d'absurdités *conséquentes*.

« Voilà quelle fut l'origine de ce *culte antique* et
bizarre des *animaux* ; voilà par quelle marche d'idées
le caractère de la divinité passa aux plus viles des
brutes, et comment se forma le système *théologique*
très-vaste, très-compliqué, très-savant, qui, des bords
du Nil, porté de contrée en contrée par le commerce,

CHAPITRE XXII

la guerre et les conquêtes, envahit tout l'ancien monde ; et qui, modifié par les temps, par les circonstances, par les préjugés, se montre encore à découvert chez cent peuples, et subsiste comme base intime et secrète de la théologie de ceux-là mêmes qui le méprisent et le rejettent. »

A ces mots, quelques murmures s'étant fait entendre dans divers groupes : « Oui, continua l'orateur, voilà d'où vient par exemple chez vous, peuples *Africains !* l'adoration de vos *fétiches, plantes, animaux, cailloux, morceaux* de bois, devant qui vos ancêtres n'eussent pas eu le délire de se courber, s'ils n'y eussent vu des *talismans* en qui la *vertu des astres* s'était *insérée*. Voilà, nations tartares, l'origine de vos *marmousets* et de tout cet appareil d'animaux dont vos *chamans* bigarrent leurs robes magiques. Voilà l'origine de ces *figures* d'oiseaux, de serpents, que toutes les nations sauvages s'impriment sur la peau avec des cérémonies mystérieuses et sacrées. Vous, Indiens ! vainement vous enveloppez-vous du voile du mystère : l'épervier de votre dieu Vichenou n'est que l'un des *mille* emblèmes du *soleil* en Égypte ; et vos incarnations d'un *dieu* en *poisson,* en *sanglier,* en *lion,* en *tortue,* et toutes ses monstrueuses aventures, ne sont que les métamorphoses de l'astre qui, passant successivement dans les *signes* des *douze animaux,* fut censé en prendre les figures et en remplir les rôles astronomiques. Vous, Japonais ! votre *taureau* qui brise *l'œuf du monde,* n'est que celui du ciel qui, jadis, *ouvrait l'âge de la création,* l'équinoxe du printemps. C'est ce même *bœuf Apis* qu'adorait l'Égypte, et que vos ancêtres, ô rabbins juifs ! adorèrent aussi dans l'idole du *veau d'or*. C'est encore votre *taureau*, enfants de Zoroastre ! qui, sacrifié dans les mystères symboliques de *Mithra*, versait un *sang fécond* pour le monde : et vous, chrétiens ! votre *bœuf* de l'Apocalypse, avec ses ailes, *symbole* de *l'air*, n'a pas une autre origine ; et votre *agneau de Dieu*, immolé, comme le *taureau* de *Mithra*, pour le *salut du monde*, n'est encore que ce même *soleil* au signe du *bélier céleste*, lequel, dans un âge postérieur, ouvrant à son tour l'équinoxe, fut censé délivrer le monde du règne du *mal*, c'est-à-dire de la constellation du *serpent*, de cette *grande couleuvre, mère de l'hiver*, et emblème de l'*Ahrimanes* ou *Satan des Perses*, vos instituteurs. Oui, vainement votre zèle imprudent dévoue les *idolâtres* aux tourments du *Tartare* qu'ils ont inventé : toute la base de votre système n'est que le culte du *soleil*, dont vous avez rassemblé les attributs sur votre principal personnage. C'est le *soleil* qui, sous le nom d'*Orus*, *naissait*, comme votre dieu, au *solstice* d'hiver, dans les bras de la *vierge céleste*, et qui passait une enfance *obscure, dénuée, disetteuse*, comme l'est la saison des frimas. C'est lui qui, sous le nom d'*Osiris*, persécuté par *Typhon* et par les *tyrans* de l'air, était *mis à mort*, renfermé dans un *tombeau obscur*, emblème de l'*hémisphère d'hiver*, et qui ensuite se *relevant* de la *zone inférieure* vers le point culminant des cieux, *ressuscitait* vainqueur des *géants* et des *anges destructeurs*.

CHAPITRE XXII

« Vous, prêtres ! qui murmurez, vous portez ses signes sur tout votre corps : votre *tonsure* est le *disque du soleil*, votre *étole* est son *zodiaque*, vos *chapelets* sont l'emblème des astres et des planètes. Vous, pontifes et prélats ! votre *mitre*, votre *crosse*, votre *manteau*, sont ceux d'*Osiris* ; et cette *croix*, dont vous vantez le *mystère* sans le comprendre, est la croix de *Sérapis*, tracée par la main des prêtres égyptiens sur le plan d'un monde figuré, laquelle, passant par les *équinoxes* et par les *tropiques*, devenait l'emblème de la *vie future* et de la *résurrection*, parce qu'elle touchait aux *portes* d'ivoire et de corne, par où les âmes passaient aux cieux. »

A ces mots, les docteurs de tous les groupes commencèrent de se regarder avec étonnement ; mais, nul ne rompant le silence, l'orateur continua :

« Et trois causes principales concoururent à cette confusion des idées. Premièrement, les *expressions figurées* par lesquelles le langage naissant fut contraint de peindre les rapports des objets ; expressions qui, passant ensuite d'un sens propre à un sens général, d'un sens physique à un sens moral, causèrent par leurs équivoques et leurs synonymes une foule de méprises.

« Ainsi, ayant dit d'abord que le *soleil surmontait, venait à bout de douze animaux*, on crut par la suite qu'il les *tuait*, les *combattait*, les *domptait*, et l'on en fit la vie historique d'*Hercule*.

« Ayant dit qu'il *réglait* le temps des travaux, des semailles, des moissons, qu'il *distribuait* les *saisons*, les occupations ; qu'il *parcourait* les climats, qu'il *dominait* sur la *terre*, etc., on le prit pour un *roi législateur*, pour un *guerrier conquérant ;* et l'on en composa l'histoire d'*Osiris,* de *Bacchus* et de leurs semblables.

« Ayant dit qu'une planète *entrait* dans un signe, on fit de leur *conjonction* un *mariage,* un *adultère,* un *inceste*. Ayant dit qu'elle était *cachée, ensevelie,* parce qu'après avoir disparu elle revenait à la *lumière* et remontait en *exaltation,* on la dit *morte, ressuscitée, enlevée* au *ciel,* etc.

« Une seconde cause de confusion fut les figures matérielles elles-mêmes par lesquelles on peignit d'abord les pensées, et qui, sous le nom d'*hiéroglyphes* ou *caractères sacrés,* furent la première invention de l'esprit. Ainsi, pour avertir de l'*inondation* et du besoin de s'en préserver, l'on avait peint une *nacelle,* le *navire Argo* ; pour désigner le *vent,* l'on avait peint une *aile d'oiseau ;* pour spécifier la *saison,* le *mois,* l'on avait peint l'*oiseau* de *passage,* l'*insecte,* l'*animal* qui apparaissait à cette époque ; pour exprimer l'*hiver,* on peignit un *porc,* un *serpent,* qui se plaisent dans les *lieux humides ;* et la réunion de ces figures avait des sens *convenus* de phrases et de mots. Mais comme ce sens ne portait par lui-même rien de fixe et de précis ; comme le nombre de ces figures et de leurs combinaisons devint excessif et surchargea la mémoire, il en résulta d'abord des confusions, des explications fausses. Ensuite, le génie ayant inventé l'art plus simple d'appliquer les signes aux sons, dont le nombre est limité, et de peindre la parole au lieu des pensées, l'*écriture alphabétique* fit tomber en désuétude les *peintures hiéroglyphiques ;* et, de jour en jour, leurs significations oubliées donnèrent lieu à une foule d'illusions, d'équivoques et d'erreurs.

« Enfin, une troisième cause de confusion fut l'organisation civile des anciens États. En effet, lorsque les peuples commencèrent de se livrer à l'agriculture, la formation du calendrier rural exigeant des observations astronomiques continues, il fut nécessaire d'y préposer quelques individus chargés de veiller à l'apparition et au coucher de certaines étoiles ; d'avertir du retour de l'inondation, de certains vents, de l'époque des pluies, du temps propre à semer chaque espèce de grain : ces hommes, à raison de leur service, furent dispensés des travaux vulgaires, et la société pourvut à leur entretien. Dans cette position, uniquement occupés de l'observation, ils ne tardèrent pas de saisir les grands phénomènes de la nature, de pénétrer même le secret de plusieurs de ses opérations : ils connurent la marche des astres et des planètes ; le concours de leurs phases et de leurs retours avec les productions de la terre et le mouvement de la végétation ; les propriétés médicinales ou nourrissantes des fruits et des plantes ; le jeu des éléments et leurs affinités réciproques. Or, parce qu'il n'existait de moyens de communiquer ces connaissances que par le soin pénible de l'instruction orale, ils ne les transmettaient qu'à leurs amis et à leurs parents ; et il en résulta une concentration de toute science et de toute instruction dans quelques familles, qui, s'en arrogeant le privilége exclusif, prirent un esprit de *corps* et d'*isolement* funeste à la chose publique. Par cette succession continue des mêmes recherches et des mêmes travaux, le progrès des connaissances fut à la vérité plus hâtif ; mais, par le mystère qui l'accompagnait, le peuple, plongé de jour en jour dans de plus épaisses ténèbres, devint plus superstitieux et plus asservi. Voyant des mortels produire certains phénomènes, *annoncer,* comme à volonté, des éclipses et des comètes, guérir des maladies, manier des serpents, il les crut en communication avec les *puissances célestes ;* et pour obtenir les biens ou repousser les maux qu'il en attendait, il les prit pour ses *médiateurs* et ses *interprètes ;* et il s'établit, au sein des États, des *corporations sacriléges* d'hommes *hypocrites* et *trompeurs,* qui attirèrent à eux tous les pouvoirs ; et les *prêtres,* à la fois *astronomes, théologues, physiciens, médecins, magiciens, interprètes* des *dieux, oracles* des *peuples, rivaux* des *rois* ou leurs *complices,* établirent, sous le nom de *religion,* un *empire* de *mystère* et un *monopole d'instruction,* qui ont perdu jusqu'à ce jour les nations... »

A ces mots, les prêtres de tous les groupes interrompirent l'orateur ; et jetant de grands cris, ils l'accusèrent d'impiété, d'irréligion, de blasphème, et voulurent l'empêcher de continuer ; mais, le législateur ayant observé que ce n'était qu'une *exposition de faits historiques ;* que si ces faits étaient faux ou controuvé, il serait aisé de les démentir ; que jusquelà l'énoncé de toute *opinion* était libre, sans quoi il était impossible de découvrir la vérité, l'orateur reprit :

« Or, de toutes ces causes et de l'association continuelle d'idées disparates, résultèrent une foule de désordres dans la théologie, dans la morale, dans les traditions ; et d'abord, parce que les *animaux* figurèrent les astres, il arriva que les qualités des brutes, leurs penchants, leurs sympathies, leurs aversions passèrent aux dieux, et furent supposés être leurs actions : ainsi, le dieu *ichneumon* fit la guerre au dieu *crocodile ;* le dieu *loup* voulut *manger* le dieu *mouton,* le dieu *ibis* dévora le dieu *serpent ;* et la *divinité* devint un *être bizarre, capricieux, féroce,* dont l'idée dérégla le jugement de l'homme et corrompit sa morale avec sa raison.

« Et parce que, dans l'esprit de leur culte, chaque famille, chaque nation avait pris pour *patron* spécial un *astre,* une *constellation,* les affections et les antipathies de l'*animal-symbole* passèrent à ses sectateurs; et les partisans du dieu *chien* furent ennemis de ceux du dieu *loup ;* les adorateurs du dieu *bœuf* eurent en horreur ceux qui le mangeaient ; et la religion devint un mobile de haine et de combats, une cause insensée de délire et de superstition.

« D'autre part, les noms des *astres-animaux* ayant, par cette même raison de patronage, été imposés à des peuples, à des pays, à des montagnes, à des fleuves, ces objets furent pris pour des *dieux,* et il en résulta un mélange d'êtres géographiques, historiques et mythologiques, qui confondit toutes les traditions.

« Enfin, par l'analogie des actions qu'on leur supposa, les *dieux-astres* ayant été pris pour des *hommes,* pour des *héros,* pour des *rois,* les rois et les héros prirent à leur tour les actions des *dieux* pour modèles, et devinrent par imitation guerriers, conquérants, sanguinaires, orgueilleux, lubriques, paresseux ; et la religion consacra les crimes des despotes et pervertit les principes des gouvernements.

§ IV. **Quatrième système. Culte des deux principes, ou dualisme.**

« Cependant les prêtres astronomes, dans l'abondance et la paix de leurs temples, firent de jour en jour de nouveaux progrès dans les sciences ; et le *système du monde* s'étant développé graduellement à leurs yeux, ils élevèrent successivement diverses *hypothèses* de ses *effets* et de ses *agents,* qui devinrent autant de *systèmes théologiques.*

« Et d'abord, les navigations des *peuples maritimes,* et les caravanes des *nomades* d'Asie et d'Afrique leur ayant fait connaître la terre depuis les *îles Fortunées* jusqu'à la *Sérique,* et depuis la Baltique jusqu'aux sources du Nil, la comparaison des phénomènes des diverses zones leur découvrit la *rondeur* du globe et fit naître une nouvelle théorie. Ayant remarqué que toutes les *opérations* de la nature, dans la période annuelle, se résumaient en *deux principales,* celle de *produire* et celle de *détruire ;* que, sur la majeure partie du globe, chacune de ces opérations s'accomplissait également de l'un à l'autre équinoxe, c'est-à-dire que pendant les six mois d'été tout se *procréait,* se *multipliait*, et que pendant les six mois d'hiver tout *languissait*, *était* presque mort, ils supposèrent, dans la NATURE, *des puissances contraires* en un état continuel de *lutte* et d'effort ; et considérant sous ce rapport la sphère céleste, ils divisèrent les *tableaux* qu'ils en figuraient en deux *moitiés* ou *hémisphères,* tels que les constellations qui se trouvaient dans le *ciel d'été* formèrent un *empire direct* et *supérieur,* et celles qui se trouvaient dans le ciel *d'hiver* formèrent un *empire antipode* et *inférieur.* Or, de ce que les *constellations* d'été *accompagnaient* la saison des jours longs, brillants et chauds, ainsi que des fruits et des moissons, elles furent censées des *puissances* de *lumière,* de *fécondité,* de *création,* et, par transition du sens physique au moral, des *génies*, des *anges* de *science,* de *bienfaisance,* de *pureté* et de *vertu ;* et de ce que les *constellations* d'hiver se liaient aux longues nuits, aux brumes polaires, elles furent des *génies* de *ténèbres,* de *destruction,* de *mort*, et, par transition, des anges d'*ignorance,* de *méchanceté,* de *péché* et de *vice.* Par une telle disposition, le ciel se trouva partagé en deux domaines, en deux *factions* : et déjà l'analogie des idées humaines ouvrait une vaste carrière aux écarts de l'imagination ; mais une circonstance particulière détermina, si même elle n'occasionna, la méprise et l'illusion. *(Suivez la planche III).*

« Dans la projection de la sphère céleste que traçaient les prêtres astronomes, le zodiaque et les constellations disposés circulairement, présentaient leurs moitiés en *opposition* diamétrale ; l'hémisphère d'hiver, *antipode* à celui d'été, lui était *adverse, contraire, opposé.* Par la métaphore perpétuelle, ces mots passèrent au sens moral ; et les *anges,* les *génies adverses* devinrent des *révoltés,* des *ennemis.* Dès lors, toute l'histoire astronomique des constellations se changea en histoire politique ; le ciel fut un État *humain* où tout se passa ainsi que sur la terre. Or, comme les États, la plupart despotiques, avaient leur monarque, et que déjà le soleil en était un apparent des cieux, *l'hémisphère d'été, empire de lumière,* et ses *constellations,* peuple d'*anges blancs,* eurent pour roi un dieu *éclairé, intelligent, créateur* et *bon.* Et, comme toute faction *rebelle* doit avoir son *chef,* le ciel d'*hiver,* empire *souterrain* de *ténèbres* et de tristesse, et ses *astres,* peuple d'anges *noirs, géants* ou *démons,* eurent pour chef un *génie* malfaisant, dont le rôle fut attribué à la *constellation* la plus remarquée par chaque peuple. En Égypte, ce fut d'abord le *scorpion, premier* signe zodiacal après la balance, et longtemps *chef* des signes de l'hiver ; puis ce fut *l'ours,* ou *l'âne* polaire, appelé *Typhon,* c'est-à-dire *déluge,* à raison des *pluies* qui *inondent* la terre pendant que cet astre *domine.* Dans la *Perse,* en un temps postérieur, ce fut le *serpent* qui, sous le nom d'*Ahrimanes,* forma la base du système de *Zoroastre* ; et c'est lui, ô *chrétiens et juifs* ! qui est devenu votre *serpent* d'*Ève* (la vierge céleste) et celui de la *croix*, dans les deux cas, emblème de *Satan, l'ennemi,* le grand *adversaire* de *l'ancien des jours,* chanté par *Daniel.*

« Dans la Syrie, ce fut le *porc* ou le *sanglier* ennemi d'*Adonis,* parce que, dans cette contrée, le rôle de l'*ours boréal* fut rempli par l'animal dont les inclinations *fangeuses* sont emblématiques de l'*hiver ;* et voilà pourquoi, enfants de Moïse et de Mahomet ! vous l'avez pris en horreur, à l'imitation des prêtres de *Memphis* et de *Baalbek,* qui détestaient en lui le meurtrier de leur dieu *soleil.* C'est aussi le type premier de votre *Chib-en,* ô Indiens ! lequel fut jadis le *Pluton* de vos frères les Romains et les Grecs : ainsi que votre *Brahma,* ce dieu créateur n'est que l'*Ormuzd* persan et l'*Osiris* égyptien, dont le nom même exprime un *pouvoir créateur, producteur de formes.* Et ces dieux reçurent un culte analogue à leurs attributs vrais ou feints, lequel, à raison de leur différence, se partagea en deux branches diverses. Dans l'une, le dieu *bon* reçut le culte d'*amour* et de *joie,* d'où dérivent tous les actes religieux du genre gai ; les fêtes, les danses, les festins, les offrandes de fleurs, de lait, de miel, de parfums, en un mot, de tout ce qui flatte les sens et l'âme. Dans l'autre, le dieu *mauvais* reçut, au contraire, un culte de *crainte* et de *douleur,* d'où dérivent tous les actes religieux du genre triste ; les pleurs, la désolation, le deuil, les privations, les offrandes sanglantes et les sacrifices cruels.

« De là vient encore ce partage des êtres terrestres en *purs* ou *impurs,* en *sacrés* ou *abominables,* selon que leurs espèces se trouvèrent du nombre des constellations de l'un des deux dieux, et firent partie de leur domaine ; ce qui produisit d'une part les superstitions de souillures et de purifications, et de l'autre les prétendues *vertus* efficaces des amulettes et des *talismans.*

« Vous concevez maintenant, continua l'orateur en s'adressant aux Indiens, aux Perses, aux juifs, aux chrétiens, aux musulmans ; vous concevez l'origine de ces idées de *combats,* de *rébellions,* qui remplissent également vos *mythologies.* Vous voyez ce que signifient les *anges blancs* et les *anges noirs,* les *chérubins* et les *séraphins* à la tête d'*aigle,* de *lion* ou de *taureau ;* les *deûs, diables* ou *démons à cornes de bouc,* à *queue de serpent;* les *trônes* et les *dominations* rangés en *sept ordres* ou *gradations comme* les *sept sphères* des *planètes ;* tous êtres jouant les mêmes rôles, ayant les mêmes attributs dans les *Védas,* les *Bibles* ou le *Zend-avesta,* soit qu'ils aient pour chef *Ormuzd* ou *Brahma, Typhon* ou *Chiven, Michel* ou *Satan,* soit qu'ils se présentent sous la forme de *géants* à cent bras et à pieds de serpent, ou de dieux métamorphosés en *lions,* en *ibis,* en *taureaux,* en *chats,* comme dans les contes sacrés des Grecs et des Égyptiens, vous apercevez la filiation successive de ces idées, et comment, à mesure qu'elles se sont éloignées de leurs sources, et que les esprits se sont policés, ils en ont adouci les formes grossières, pour les rapprocher d'un état moins choquant.

« Or, de même que le système des deux *principes,* ou *dieux opposés,* naquit de celui des *symboles,* entrés tous dans sa contexture, de même vous allez voir naître de lui un système nouveau, auquel il servit à son tour de base et d'échelon.

§ V. Culte mystique et moral, ou système de l'autre monde.

« En effet, alors que le vulgaire entendit parler d'un *nouveau ciel* et d'*un autre monde,* il donna bientôt un corps à ces *fictions ;* il y plaça un théâtre solide, des scènes réelles ; et les notions géographiques et astronomiques vinrent favoriser, si même elles ne provoquèrent cette illusion.

« D'une part, les navigateurs phéniciens, ceux qui, passant les *colonnes d'Hercule,* allaient chercher l'étain de *Thulé* et l'ambre de la *Baltique,* racontaient qu'à l'extrémité du monde, au bout de l'Océan (la Méditerranée), où le soleil se couche pour les contrées asiatiques, étaient des *îles fortunées,* séjour d'un printemps éternel, et plus loin des *régions hyperboréennes,* placées *sous terre* (relativement aux tropiques), où régnait une *éternelle* nuit [1]. Sur ces récits mal compris, et sans doute confusément faits, l'imagination du peuple composa les champs *Élysées* [2], *lieux de délices placés dans un monde inférieur,* ayant leur ciel, leur soleil, leurs astres ; et le *Tartare, lieu* de *ténèbres,* d'*humidité,* de *fange,* de *frimas.* Or, parce

---

[1] Les nuits de six mois.
[2] Aliz, en phénicien ou hébreu, signifie dansant et joyeux.

que l'homme, curieux de tout ce qu'il ignore et avide d'une longue existence, s'était déjà interrogé sur ce qu'il devenait après sa mort, parce qu'il avait de bonne heure raisonné sur le *principe* de *vie* qui anime son corps, qui s'en sépare sans le déformer, et qu'il avait imaginé les *substances* déliées, les *fantômes,* les *ombres,* il aima à croire qu'il continuerait, dans le monde *souterrain,* cette vie qu'il lui coûtait trop de perdre ; et les *lieux infernaux* furent un emplacement commode pour recevoir les objets chéris auxquels il ne pouvait renoncer.

« D'autre part, les *prêtres astrologues* et *physiciens* faisaient de leurs cieux des récits, et ils en traçaient des tableaux qui s'encadraient parfaitement dans ces fictions. Ayant appelé, dans leur langage métaphorique, les *équinoxes* et les *solstices* les *portes* des *cieux* ou *entrées* des *saisons,* ils expliquaient les phénomènes terrestres en disant « que par la *porte* de *corne* (d'abord le taureau, puis le bélier) et par celle du *cancer,* descendaient les *feux vivifiants* qui animent au printemps la végétation, et les *esprits aqueux* qui causent au *solstice* le *débordement* du Nil; que par la porte d'*ivoire* (la *balance,* et auparavant l'*arc* ou sagittaire) et par celle du *capricorne* ou de l'*urne,* s'en retournaient à leur source et remontaient à leur origine les *émanations* ou *influences* des cieux ; et la *voie lactée,* qui passait par ces *portes* des solstices, leur semblait placée là exprès pour leur servir de *route* et de *véhicule ;* de plus, dans leur atlas, la scène céleste présentait un *fleuve* (le Nil, figuré par les plis de l'*hydre*),

CHAPITRE XXII

une barque (le navire *Argo*) et le *chien Syrius*, tous deux relatifs à ce *fleuve*, dont ils présageaient l'*inondation*. Ces circonstances, associées aux premières et y ajoutant des détails, en augmentèrent les vraisemblances ; et pour arriver au *Tartare* ou à l'Élysée, il fallut que les âmes traversassent les fleuves du *Styx* et de l'*Achéron* dans la *nacelle* du nocher *Caron*, et qu'elles passassent par les portes de *corne* ou d'*ivoire*, que gardait le chien *Cerbère*. Enfin, un usage civil se joignit à toutes ces fictions et acheva de leur donner de la consistance.

« Ayant remarqué que, dans leur climat brûlant, la putréfaction des cadavres était un levain de peste et de maladies, les habitants de l'Égypte avaient, dans plusieurs États, institué l'usage d'inhumer les morts hors de la terre habitée, dans le désert qui est au *couchant*. Pour y arriver, il fallait passer les canaux du fleuve, et par conséquent *être reçu dans une barque*, payer un salaire au *nocher*; sans quoi, le corps privé de sépulture eût été la proie des bêtes féroces. Cette coutume inspira aux législateurs civils et religieux un moyen puissant d'influer sur les mœurs ; et saisissant par la piété filiale et par le respect pour les morts des hommes grossiers et féroces, ils établirent pour condition nécessaire d'avoir subi un jugement préalable, qui décidât si le mort méritait d'être admis au rang de sa famille dans la *noire cité*. Une telle idée s'adaptait trop bien à toutes les autres pour ne pas s'y incorporer ; le peuple ne tarda pas de l'y associer ; et les enfers eurent leur *Minos* et leur *Rhadamante*, avec la baguette, le siége, les huissiers et l'urne, comme dans l'état terrestre et civil. Alors la divinité devint un être moral et politique, un législateur social d'autant plus redouté, que ce législateur suprême, ce juge final fut inaccessible aux regards : **alors ce** *monde fabuleux* et *mythologique*, si bizarrement composé de membres épars, se trouva un *lieu de châtiment* et de récompense, où la *justice* divine fut censée corriger ce que celle des hommes eut de vicieux, d'erroné ; et ce système *spirituel* et *mystique* acquit d'autant plus de crédit, qu'il s'empara de l'homme par tous ses penchants : le faible opprimé y trouva l'espoir d'une indemnité, la consolation d'une vengeance future ; l'oppresseur comptant, par de riches offrandes, arriver toujours à l'impunité, se fit de l'erreur du vulgaire une arme de plus pour le subjuguer ; et les chefs des peuples, les rois et les prêtres, y virent de nouveaux moyens de le maîtriser, par le privilége qu'ils se réservèrent de répartir les grâces ou les châtiments du grand juge, selon des délits ou des actions méritoires qu'ils caractérisèrent à leur gré.

« Voilà comment s'est introduit, dans le *monde visible* et *réel*, un *monde invisible* et *imaginaire ;* voilà l'origine de ces lieux de *délices* et de *peines* dont vous, *Perses !* avez fait votre terre *rajeunie*, votre ville de *résurrection* placée sous l'*équateur,* avec l'attribut singulier que les *heureux n'y donneront point d'ombre.* Voilà, *juifs* et *chrétiens*, disciples des *Perses !* d'où sont venus votre *Jérusalem* de l'Apocalypse, votre *paradis*, votre *ciel*, caractérisés par tous les détails du ciel astrologique d'Hermès : et vous, musulmans! votre enfer, abîme *souterrain*, surmonté d'un pont ; votre *balance* des *âmes* et de leurs œuvres, votre *jugement* par les anges *Monkir* et *Nékir*, ont également pris leurs modèles dans les *cérémonies mystérieuses* de l'*antre de Mithra;* et votre ciel ne diffère en rien de celui d'*Osiris*, d'*Ormuzd* et de *Brahma*.

§ VI. Sixième système. Monde animé, ou culte de l'univers sous divers emblèmes.

« Tandis que les peuples s'égarèrent dans le labyrinthe ténébreux de la *mythologie* et des fables, les prêtres physiciens, poursuivant leurs études et leurs recherches sur l'ordre et la disposition de l'*univers*, arrivèrent à de nouveaux résultats, et dressèrent de nouveaux systèmes de *puissances* et de *causes motrices*.

« Longtemps bornés aux simples *apparences*, ils n'avaient vu dans les mouvements des astres qu'un jeu inconnu de corps lumineux, qu'ils croyaient rouler autour de *la terre*, point central de toutes les sphères ; mais alors qu'ils eurent découvert la *rondeur* de notre planète, les conséquences de ce premier fait les conduisirent à des considérations nouvelles ; et, d'induction en induction, ils s'élevèrent aux plus hautes conceptions de l'astronomie et de la physique.

En effet, ayant conçu cette idée lumineuse et simple, que le *globe terrestre est un petit cercle inscrit dans le cercle plus grand des cieux,* la théorie des *cercles concentriques* s'offrit d'elle-même à leur hypothèse, pour résoudre le cercle *inconnu* du globe terrestre par des points *connus* du cercle céleste ; et la mesure d'un ou de plusieurs degrés du méridien donna avec précision la circonférence totale. Alors, saisissant pour *compas* le *diamètre* obtenu de la terre, un génie heureux l'ouvrit d'une main hardie sur les orbites immenses des cieux ; et, par un phénomène inouï, du grain de sable qu'à peine il couvrait, l'homme embrassant les distances infinies des astres, s'élança dans les abîmes de l'espace et de la durée : là se présenta à ses regards un nouvel ordre de l'*univers ;* le globe atome qu'il habitait ne lui en parut plus le *centre :* ce rôle important fut déféré à la masse énorme du *soleil ;* et cet astre devint le pivot enflammé de *huit sphères* environnantes, dont les mouvements furent désormais soumis à la précision du calcul.

« C'était déjà beaucoup pour l'esprit humain d'avoir entrepris de résoudre la disposition et l'ordre des *grands êtres* de la NATURE ; mais non content de ce premier effort, il voulut encore en résoudre le *mécanisme,* en deviner l'*origine* et le *principe moteur ;* et c'est là qu'engagés dans les profondeurs abstraites et métaphysiques du *mouvement* et de sa *cause première,* des *propriétés* inhérentes ou communiquées de la *matière,* de ses *formes successives,* de *son étendue,* c'est-à-dire de l'espace et du temps sans bornes, les *physiciens théologues* se perdirent dans un chaos de raisonnements subtils et de controverses scolastiques.

CHAPITRE XXII

« Et d'abord l'action du soleil sur les corps terrestres leur ayant fait regarder sa substance comme un *feu pur* et *élémentaire,* ils en firent le *foyer* et le *réservoir* d'un océan de fluide *igné, lumineux,* qui, sous le nom d'*éther,* remplit l'univers et alimenta les êtres. Ensuite, les analyses d'une *physique savante* leur ayant fait découvrir ce même *feu,* ou un autre parfaitement semblable, dans la composition de tous les corps, et s'étant aperçus qu'il était l'agent *essentiel* de ce *mouvement spontané* que l'on appelle *vie* dans les animaux et *végétation* dans les plantes, ils conçurent le jeu et le mécanisme de l'*univers* comme celui d'un TOUT *homogène,* d'un *corps identique, dont les parties, quoique distantes, avaient cependant une liaison intime* ; et *le monde* fut un *être vivant,* animé par la circulation organique d'un fluide *igné* ou même *électrique,* qui, par un premier terme de comparaison pris dans l'*homme* et les animaux, eut le *soleil* pour *cœur* ou foyer.

« Alors, parmi les philosophes théologues, les uns partant de ces principes, résultats de l'observation, « que rien ne s'anéantit dans le monde ; que les éléments sont indestructibles ; qu'ils changent de combinaisons, mais non de nature ; que la vie et la mort des êtres ne sont que des modifications variées des mêmes *atomes* ; que la *matière* possède par elle-même des propriétés d'où résultent toutes ses manières d'être; que le *monde* est *éternel,* sans bornes d'espace et de durée ; » les uns dirent que l'*univers entier était Dieu* ; et selon eux, *Dieu* fut un *être* à la fois *effet* et *cause, agent* et *patient*, *principe moteur* et *chose mue*, ayant pour loi les propriétés invariables qui constituent la fatalité ; et ceux-là peignirent leur pensée tantôt par l'emblème de PAN (le GRAND TOUT), ou de *Jupiter* au front d'*étoiles*, au corps *planétaire*, aux *pieds d'animaux*, ou de l'*œuf orphique*, dont le *jaune*, suspendu au milieu d'un liquide enceint d'une *voûte*, figura le *globe* du *soleil* nageant dans l'*éther* au milieu de la *voûte* des cieux : tantôt par celui d'un *grand serpent rond*, figurant les cieux où ils plaçaient le premier mobile, par cette raison de *couleur d'azur*, parsemé de *taches d'or* (les étoiles), *dévorant* sa *queue*, c'est-à-dire *rentrant* en lui-même et se *repliant* éternellement comme les révolutions des sphères : tantôt par celui d'un *homme* ayant les pieds *liés* et *joints*, pour signifier l'*existence immuable ;* enveloppé d'un manteau de *toutes les couleurs,* comme le spectacle de la nature, et portant sur la tête une *sphère d'or*, emblème de la sphère des étoiles : ou par celui d'un autre homme quelquefois assis sur la fleur du *lotos* portée sur l'abîme des eaux, quelquefois couché sur une pile de douze *carreaux*, figurant les douze signes célestes. Et voilà, *Indiens, Japonais, Siamois, Tibetains, Chinois,* la théologie qui, fondée par les Égyptiens, s'est transmise et gardée chez vous dans les tableaux que vous tracez de *Brahma*, de *Beddou*, de *Sommonacodom*, d'*Omito :* voilà même, hébreux et chrétiens ! l'opinion dont vous avez conservé une parcelle dans votre *dieu, souffle porté sur les eaux,* par une allusion au *vent*, qui, à l'*origine* du *monde*, c'est-à-dire au départ des *sphères* du *signe* du *cancer*, annonçait l'inondation du *Nil* et semblait préparer la *création*.

§ VII. Septième système. Culte de l'AME DU MONDE, c'est-à-dire de l'élément du feu, principe vital de l'univers.

« Mais d'autres, répugnant à cette idée d'un *être* à la fois *effet* et *cause*, *agent* et *patient*, et rassemblant en une même nature des natures contraires, distinguèrent le *principe moteur* de la *chose mue*; et posant que la *matière* était *inerte* en elle-même, ils prétendirent que ses propriétés lui étaient communiquées par un *agent distinct*, dont elle n'était que l'*enveloppe* et le *fourreau*. Cet *agent* pour les uns fut le *principe igné*, reconnu l'auteur de tout *mouvement*; pour les autres ce fut le fluide appelé *éther*, cru plus actif et plus subtil; or, comme ils appelaient dans les animaux le *principe vital* et *moteur*, une *âme*, un *esprit*, et comme ils raisonnaient sans cesse par comparaison, surtout par celle de l'*être humain*, ils donnèrent au principe *moteur* de tout l'univers le nom d'*âme*, d'*intelligence*, d'*esprit*; et *Dieu* fut l'*esprit vital* qui, *répandu dans tous les êtres, anima le vaste corps du monde*. Et ceux-là peignirent leur pensée tantôt par *You-piter, essence du mouvement et de l'animation, prince de l'existence* ou plutôt l'*existence* elle-même; tantôt par *Vulcain* ou *Phtha, feu-principe* et *élémentaire*, ou par l'autel de *Vesta*, placé centralement dans son temple, comme le *soleil* dans les *sphères*; et tantôt par *Kneph*, être humain vêtu de *bleu foncé*, ayant en main un *sceptre* et une *ceinture* (le zodiaque), coiffé d'un bonnet de *plumes*, pour *exprimer* la *fugacité* de sa *pensée*, et produisant de sa bouche le *grand œuf*.

« Or, par une conséquence de ce système, chaque être contenant en soi une portion du fluide *igné* ou *éthérien*, moteur *universel* et commun ; et ce fluide *âme du monde* étant la *divinité*, il s'ensuivit que les *âmes* de tous les êtres furent une *portion* de Dieu même, participant à tous ses attributs, c'est-à-dire étant une substance *indivisible, simple, immortelle*; et de là tout le système de l'*immortalité* de l'âme, qui d'abord fut *éternité*. De là aussi ses *transmigrations* connues sous le nom de *métempsycose*, c'est-à-dire de passage du *principe vital* d'un corps à un autre ; idée née de la transmigration véritable des éléments *matériels*. Et voilà, Indiens, boudhistes, chrétiens, musulmans, d'où dérivent toutes vos opinions sur la *spiritualité* de l'âme ; voilà quelle fut la source des rêveries de *Pythagore* et de *Platon*, vos instituteurs, qui eux-mêmes ne furent que les échos d'une dernière secte de philosophes visionnaires qu'il faut développer.

§ VIII. Huitième système. MONDE-MACHINE, culte du Dêmi-Ourgos *ou* Grand-Ouvrier.

« Jusque-là les théologiens, en s'exerçant sur les substances *déliées* et *subtiles* de l'*éther* ou du *feu-principe*, n'avaient cependant pas cessé de traiter d'êtres palpables et perceptibles aux sens, et la théologie avait continué d'être la *théorie* des *puissances physiques*, placées tantôt spécialement dans les astres, tantôt disséminées dans tout l'univers ; mais à cette époque, des esprits superficiels, perdant le fil des idées qui avaient dirigé ces études profondes, ou ignorant les faits qui leur servaient de base, en dénaturèrent tous les résultats par l'introduction d'une chimère étrange et nouvelle. Ils prétendirent que cet *univers*, ces cieux, ces astres, ce soleil, n'étaient qu'une *machine* d'un genre ordinaire ; et à cette première hypothèse, appliquant une comparaison tirée des *ouvrages* de *l'art*, ils élevèrent l'édifice des sophismes les plus bizarres. « Une machine, dirent-ils, ne se fabrique point elle-même : elle a un ouvrier antérieur, elle l'indique par son existence. Le *monde* est une *machine :* donc il existe un fabricateur. »

« De là, le *dêmi-ourgos* ou *grand ouvrier*, constitué *divinité* autocratrice et suprême. Vainement l'ancienne philosophie objecta que l'*ouvrier* même avait besoin de *parents* et d'*auteurs*, et que l'on ne faisait qu'ajouter un échelon en ôtant l'éternité au monde pour la lui donner. Les innovateurs, non contents de ce premier paradoxe, passèrent à un second ; et, appliquant à leur *ouvrier* la théorie de l'*entendement* humain, ils prétendirent que le *dêmi-ourgos* avait fabriqué sa machine sur un *plan* ou *idée* résidant en son *entendement*. Or, comme leurs maîtres, les physiciens, avaient placé dans la *sphère* des fixes le *grand mobile régulateur*, sous le nom d'*intelligence,* de *raisonnement*, les *spiri-*

tualistes, leurs *mimes,* s'emparant de cet *être,* l'attribuèrent au *démi-ourgos,* en en faisant une substance distincte, *existante* par *elle-même,* qu'ils appelèrent *mens* ou *logos (parole* et *raisonnement).* Et comme d'ailleurs ils admettaient l'existence de *l'âme* du *monde,* ou *principe solaire,* ils se trouvèrent obligés de composer trois grades ou échelons de personnes *divines,* qui furent : 1° le *démi-ourgos* ou *dieu-ouvrier* ; 2° le *logos, parole* et *raisonnement;* et 3° *l'esprit* ou *l'âme* (du monde). Et voilà, chrétiens, le roman sur lequel vous avez fondé votre *Trinité;* voilà le système qui, né *hérétique* dans les temples égyptiens, transporté *païen* dans les écoles de l'Italie et de la Grèce, se trouve aujourd'hui *catholique orthodoxe* par la conversion de ses partisans, les disciples de *Pythagore* et de *Platon* devenus *chrétiens.*

« Et c'est ainsi que la divinité, après avoir été dans son origine l'*action sensible, multiple,* des *météores* et des *éléments ;*

« Puis la *puissance* combinée des *astres* considérés sous leurs rapports avec les êtres terrestres ;

« Puis ces *êtres terrestres* eux-mêmes par la confusion des *symboles* avec leurs *modèles;*

« Puis la *double puissance* de la nature dans ses *deux opérations* principales de *production* et de *destruction ;*

« Puis le *monde animé* sans distinction d'*agent* et de *patient,* d'*effet* et de *cause;*

« Puis le *principe solaire* ou l'*élément* du *feu* reconnu pour *moteur unique;*

« C'est ainsi que la Divinité est devenue, en dernier résultat, un *être chimérique* et *abstrait ;* une *subtilité scolastique* de substance sans *forme*, de *corps* sans *figure ;* un vrai *délire* de l'esprit, auquel la raison n'a plus rien compris. Mais vainement dans ce dernier passage veut-elle se dérober aux sens : le cachet de son origine lui demeure ineffaçablement empreint ; et ses attributs, tous calqués, ou sur les attributs physiques de l'*univers*, tels que l'*immensité*, l'*éternité*, l'*indivisibilité*, l'*incompréhensibilité,* ou sur les affections morales de l'homme, telles que la *bonté*, la *justice*, la *majesté*, etc. ; ses noms mêmes, tous dérivés des êtres physiques qui lui ont servi de *types*, et spécialement du *soleil*, des *planètes* et du *monde*, retracent incessamment, en dépit de ses corrupteurs, les traits indélébiles de sa véritable nature.

« Telle est la chaîne des idées que l'esprit humain avait déjà parcourue à une époque antérieure aux récits positifs de l'histoire ; et puisque leur continuité prouve qu'elles ont été le produit d'une même série d'études et de travaux, tout engage à en placer le théâtre dans le berceau de leurs éléments primitifs, dans l'*Égypte :* et leur marche y put être rapide, parce que la curiosité oiseuse des prêtres physiciens n'avait pour aliment, dans la retraite des temples, que l'*énigme* toujours présente de l'*univers ;* et que, dans la division politique qui longtemps partagea cette contrée, chaque État eut son collège de prêtres, lesquels tour à tour auxiliaires ou rivaux, hâtèrent, par leurs disputes, le progrès des sciences et des découvertes.

« Et déjà il était arrivé sur les bords du Nil ce qui depuis s'est répété par toute la terre. A mesure que chaque système s'était formé, il avait suscité, dans sa nouveauté, des querelles et des schismes : puis, accrédité par la persécution même, tantôt il avait détruit les idoles antérieures, tantôt il se les était incorporées en les modifiant ; et les révolutions politiques étant survenues, l'agrégation des États et le mélange des peuples confondirent toutes les opinions ; et le fil des idées s'étant perdu, la théologie tomba dans le chaos, et ne fut plus qu'un logogriphe des vieilles traditions, qui ne furent plus comprises. La religion, égarée d'objet, ne fut plus qu'un moyen politique de conduire un vulgaire crédule, dont s'emparèrent tantôt des hommes crédules eux-mêmes et dupes de leurs propres visions, et tantôt des hommes hardis et d'une âme énergique, qui se proposèrent de grands objets d'ambition.

§ IX. Religion de Moïse, ou culte de l'âme du monde (You-piter).

« Tel fut le législateur des *Hébreux*, qui, voulant séparer sa nation de toute autre, et se former un empire isolé et distinct, conçut le dessein d'en asseoir les bases sur les préjugés religieux, et d'élever autour de lui un rempart sacré d'opinions et de rites. Mais vainement proscrivit-il le culte des *symboles* régnant dans la Basse-Égypte et la Phénicie ; son dieu n'en fut pas moins un dieu *égyptien* de l'invention de ces prêtres dont Moïse avait été le disciple ; et *Yahouh*, décelé par son propre nom, l'*essence* (des êtres), et par son *symbole*, le *buisson de feu*, n'est que l'*âme* du *monde*, le *principe moteur*, que, peu après, la Grèce adopta sous la même dénomination dans son *You-piter, être générateur*, et sous celle d'*Éi*, l'*existence* ; que les Thébains consacraient sous le nom de *Kneph* ; que *Saïs* adorait sous l'emblème d'Isis *voilée*, avec cette inscription : *Je suis tout ce qui a été, tout ce qui est, tout ce qui sera, et nul mortel n'a levé mon voile* ; que Pythagore honorait sous le nom de *Vesta*, et que la philosophie stoïcienne définissait avec précision en l'appelant le principe du feu. Moïse voulut en vain effacer de sa religion tout ce qui rappelait le culte des astres : une foule de traits restèrent malgré lui pour le retracer ; et les sept *lumières* ou *planètes* du grand chandelier, les *douze pierres* ou *signes* de l'*urim* du grand-prêtre, la fête des deux *équinoxes, ouvertures* et *portes* de deux *hémisphères*, la cérémonie de l'*agneau* ou *bélier céleste* ; enfin, le nom d'*Osiris* même conservé dans son *cantique*, et l'*arche* ou coffre imité du tombeau où ce dieu fut enfermé, demeurent pour servir de témoins à la filiation de ses idées et à leur extraction de la source commune.

§ X. Religion de Zoroastre.

« Tel fut aussi Zoroastre, qui, deux siècles après Moïse, rajeunit et moralisa chez les *Mèdes* et les *Bactriens* tout le système égyptien d'*Osiris* et de *Typhon*, sous les noms d'*Ormuzd* et d'*Ahrimanes* ; qui, pour expliquer le système de la nature, supposa deux grands *dieux* ou *pouvoirs*, l'un occupé à *créer*, à *produire*, dans un empire de *lumière* et de *douce* chaleur (dont le type est l'été), et par cela, *dieu* de *science*, de *bienfaisance*, de *vertu* ; l'autre occupé à *détruire* dans un empire de *ténèbres* et de *froid* (dont le type est le pôle d'hiver), et par cela *dieu* d'*ignorance*, de *malfaisance* et de *péché* ; qui, par des expressions figurées, ensuite méconnues, appela *création du monde* le renouvellement de la scène physique à chaque printemps ; appela *résurrection* le renouvellement des périodes des astres dans leurs conjonctions ; *vie future, enfer, paradis*, ce qui n'était que le *Tartare* et l'*Élysée* des *astrologues* et des *géographes* ; en un mot, qui ne fit que consacrer les rêveries déjà existantes du système mystique.

§ XI. Brahmisme, *ou* système indien.

« Tel encore fut le législateur indien, qui, sous le nom de *Ménou*, antérieur à Zoroastre et à Moïse, consacra, sur les bords du Gange, la doctrine des trois *principes* ou *dieux* que connut la Grèce, l'un desquels, nommé *Brahma*, ou *Ioupiter*, fut l'auteur de toute *production* ou *création* (le soleil du printemps); le second, nommé *Chiven* ou *Pluton*, fut le dieu de toute *destruction* (le soleil d'hiver) ; et le troisième, nommé *Vichenou*, ou *Neptune*, fut le dieu *conservateur* de l'état stationnaire (le soleil solstitial, *stator*), tous trois distincts, et cependant tous trois ne formant qu'un seul *dieu* ou *pouvoir*, lequel, chanté dans les *Vedas* comme dans les hymnes *orphiques*, n'est autre chose que le *Ioupiter aux trois yeux* [1], ou soleil aux trois formes d'action, dans les trois *ritous* ou *saisons* : là vous avez la source de tout le système *trinitaire* subtilisé par Pythagore et Platon, totalement défiguré par leurs interprètes.

§ XII. Boudhisme, *ou* systèmes mystiques.

« Tels enfin ont été les réformateurs moralistes révérés depuis Mênou, sous les noms de *Bouddha, Gaaps, Chekia, Goutama,* etc., qui, des principes de la métempsycose, diversement modifiés, ont déduit des doctrines mystiques d'abord utiles en ce qu'elles inspiraient à leurs sectateurs l'*horreur du meurtre*, la *compassion pour tout être sensible*, la *crainte des peines* et l'*espoir des récompenses destinées à la vertu et au vice, dans une autre vie, sous une forme nouvelle;* mais ensuite devenues pernicieuses par l'abus d'une métaphysique visionnaire, qui, prenant à tâche de contrarier l'ordre naturel, voulut que le *monde palpable* et *matériel* fût une *illusion fantastique ;* que l'existence de l'homme *fût un rêve dont la mort était le vrai réveil ;* que son corps fût une prison impure dont il devait se hâter de sortir, ou une enveloppe grossière que, pour rendre perméable à la lumière interne, il devait atténuer, *diaphaniser* par le jeûne,

---

[1] Œil et soleil s'expriment par un même mot dans la plupart des anciennes langues d'Asie.

les macérations, les contemplations, et par une foule de pratiques anachorétiques si étranges, que le vulgaire étonné ne put s'expliquer le caractère de leurs auteurs qu'en les considérant comme des êtres surnaturels, avec cette difficulté de savoir s'ils furent *dieu devenu homme,* ou l'*homme devenu dieu.*

« Voilà les matériaux qui depuis des siècles nombreux existaient épars dans l'Asie, quand un concours fortuit d'événements et de circonstances vint, sur les bords de l'Euphrate et de la Méditerranée, en former de nouvelles combinaisons.

§ XIII. Christianisme, *ou* culte allégorique du soleil, sous ses noms cabalistiques de *Chris-en* ou *Christ,* et d'*Yés-us* ou *Jésus.*

« En constituant un peuple séparé, Moïse avait vainement prétendu le défendre de l'invasion de toute idée étrangère : un penchant invincible, fondé sur les affinités d'une même origine, avait sans cesse ramené les Hébreux vers le culte des nations voisines ; et les relations indispensables du commerce et de la politique qu'il entretenait avec elles, en avaient de jour en jour fortifié l'ascendant. Tant que le régime national se maintint, la force coercitive du gouvernement et des lois, en s'opposant aux innovations, retarda leur marche; et cependant les *hauts lieux étaient pleins d'idoles,* et le *dieu soleil avait son char* et ses chevaux peints dans les palais des rois et jusque dans le temple d'*Yahouh ;* mais lorsque les conquêtes des sultans de *Ninive* et de *Babylone* eurent dissous le lien

CHAPITRE XXII

de la puissance publique, le peuple, livré à lui-même, et sollicité par ses conquérants, ne contraignit plus son penchant pour les opinions profanes, et elles s'établirent publiquement en Judée. D'abord les colonies assyriennes, transportées à la place des tribus, remplirent le royaume de Samarie des dogmes des mages, qui bientôt pénétrèrent dans le royaume de Juda ; ensuite, Jérusalem ayant été subjuguée, les *Égyptiens,* les *Syriens,* les *Arabes,* accourus dans ce pays ouvert, y apportèrent de toutes parts les leurs, et la religion de Moïse fut déjà doublement altérée. D'autre part, les prêtres et les grands, transportés à Babylone et élevés dans les sciences des Kaldéens, s'imburent, pendant un séjour de cinquante ans, de toute leur théologie ; et de ce moment se naturalisèrent chez les Juifs les dogmes du génie *ennemi* (Satan), de l'*archange Michel,* de l'*ancien des jours* (Ormuzd), des *anges rebelles,* du *combat des cieux,* de l'*âme immortelle* et de la *résurrection; toutes choses inconnues à Moïse,* ou *condamnées* par le silence même qu'il en avait gardé.

« De retour dans leur patrie, les émigrés y rapportèrent ces idées ; et d'abord leur innovation y suscita les disputes de leurs partisans les *Pharisiens,* et de leurs opposants les *Sadducéens,* représentants de l'ancien culte national. Mais les premiers, secondés du penchant du peuple et de ses habitudes déjà contractées, appuyés de l'autorité des *Perses,* leurs libérateurs et leurs maîtres, terminèrent par prendre l'ascendant sur les seconds, et les enfants de Moïse consacrèrent la théologie de Zoroastre.

« Une analogie fortuite entre deux idées principales favorisa surtout cette coalition, et devint la base d'un dernier système, non moins étonnant dans sa fortune que dans les causes de sa formation.

« Depuis que les Assyriens avaient détruit le royaume de *Samarie*, des esprits judicieux, *prévoyant la même destinée pour Jérusalem*, n'avaient cessé de l'*annoncer*, de la *prédire*; et leurs *prédictions* avaient toutes eu ce caractère particulier, d'être terminées par des *vœux de rétablissement et de régénération*, énoncés sous la forme de *prophéties :* les hiérophantes, dans leur enthousiasme, avaient peint *un roi libérateur qui devait rétablir la nation dans son ancienne gloire ; le peuple hébreu devait redevenir* un *peuple puissant, conquérant*, et *Jérusalem* la capitale d'un *empire étendu sur tout l'univers*.

« Les événements ayant réalisé la première partie de ces prédictions, la *ruine* de *Jérusalem*, le peuple attacha à la seconde une croyance d'autant plus entière, qu'il tomba dans le malheur; et les Juifs affligés attendirent avec l'impatience du besoin et du désir, *le roi victorieux* et *libérateur qui devait* venir sauver la nation de *Moïse* et relever l'empire de *David*.

« D'autre part, les traditions sacrées et mythologiques des temps antérieurs avaient répandu dans toute l'Asie un dogme parfaitement analogue. On n'y parlait que d'un *grand médiateur*, d'un *juge final*, d'un *sauveur futur*, qui, *roi, dieu conquérant* et *législateur*, devait ramener l'*âge d'or* sur la terre, la délivrer

CHAPITRE XXII

de l'empire *du mal,* et rendre aux hommes *le règne du bien,* la *paix* et le *bonheur.* Ces idées occupaient d'autant plus les peuples, qu'ils y trouvaient des consolations de l'état funeste et des maux réels où les avaient plongés les dévastations successives des conquêtes et des conquérants, et le barbare despotisme de leurs gouvernements. Cette conformité entre les *oracles* des *nations* et ceux des *prophètes* excita l'attention des Juifs ; et sans doute les *prophètes* avaient eu l'art de calquer leurs tableaux sur le style et le génie des livres sacrés employés aux *mystères païens ;* c'était donc en Judée une attente générale que celle du grand *envoyé,* du *sauveur final,* lorsqu'une circonstance singulière vint déterminer l'époque de sa venue.

« Il était écrit dans les *livres sacrés* des Perses et des Kaldéens que le *monde,* composé d'une *révolution* totale de *douze mille,* était partagé en deux *révolutions* partielles, dont l'une, *âge* et *règne du bien,* se *terminait* au bout de *six mille,* et l'autre, *âge* et *règne du mal,* se terminait au bout de *six autres mille.*

« Par ces récits, les premiers auteurs avaient entendu la *révolution* annuelle du *grand orbe céleste,* appelé le *monde (révolution* composée de *douze mois* ou *signes,* divisés chacun en *mille parties),* et les deux périodes systématiques de l'*hiver* et de l'*été,* composée chacune également de *six mille.* Ces expressions, toutes équivoques, ayant été mal expliquées, et ayant reçu un sens *absolu* et *moral* au lieu de leur sens *physique* et *astrologique,* il arriva que le *monde annuel* fut pris pour un *monde séculaire,* les *mille* de temps pour des *mille d'années* ; et supposant, d'après les faits, que l'on vivait dans l'*âge du malheur*, on en inféra qu'il devait finir au bout des *six mille ans* prétendus.

« Or, dans les calculs admis par les Juifs, on commençait à compter près de six mille ans depuis la création (fictive) *du monde*. Cette coïncidence produisit de la fermentation dans les esprits. On ne s'occupa plus que d'une fin *prochaine* ; on interrogea les *hiérophantes* et leurs livres *mystiques,* qui en assignèrent divers termes ; on attendit le *réparateur ;* à force d'en parler, quelqu'un dit l'avoir vu, ou même un individu exalté crut l'être et se fit des partisans, lesquels, privés de leur chef par un incident vrai sans doute, mais passé obscurément, donnèrent lieu, par leurs récits, à une rumeur graduellement organisée en histoire : sur ce premier canevas établi, toutes les *circonstances* des *traditions mythologiques* vinrent bientôt se placer, et il en résulta un système *authentique* et *complet,* dont il ne fut plus permis de douter.

« Elles portaient, ces traditions mythologiques :
« Que, dans l'*origine,* une *femme* et un *homme* avaient,
« par leur *chute, introduit* dans le *monde* le *mal* et le
« péché. » *(Suivez la pl. III.)*

« Et par là elles indiquaient le fait *astronomique* de la *vierge céleste* et de l'*homme bouvier* (Bootes), qui, en se *couchant* héliaquement à l'*équinoxe* d'automne, livraient le *ciel* aux constellations de l'*hiver,* et semblaient, en *tombant* sous l'horizon, *introduire* dans le *monde* le génie du *mal*, Ahrimanes, figuré par la constellation du *serpent*.

« Elles portaient, ces traditions : « Que la *femme*
« *avait entraîné*, séduit l'*homme*. »

« Et, en effet, la vierge se *couchant* la *première*, semble *entraîner* à sa *suite* le bouvier.

« Que la *femme l'avait tenté en lui présentant des*
« *fruits beaux à voir* et *bons à manger*, qui donnaient
« la science du *bien* et du *mal*. »

« Et en effet, la *vierge* tient en main une *branche* de *fruits* qu'elle semble étendre vers le *bouvier*; et le rameau, emblème de l'automne, placé dans le *tableau de Mithra*, sur la frontière de l'*hiver* et de l'*été*, semble ouvrir la porte et donner la *science*, la *clef* du *bien* et du *mal*.

« Elles portaient : « Que ce *couple avait été chassé*
« *du jardin céleste, et qu'un chérubin à épée flam-*
« *boyante avait été placé* à la *porte pour le garder.* »

« Et, en effet, quand la *vierge* et le bouvier *tombent* sous l'horizon du couchant, Persée monte de l'autre côté, et, l'épée à la main, ce *génie* semble les chasser du *ciel* de l'*été*, *jardin* et *règne* des *fruits* et des *fleurs*.

« Elles portaient : « Que de *cette vierge devait*
« *naître, sortir un rejeton, un enfant qui écraserait*
« la *tête* du *serpent*, et *délivrerait* le *monde* du
« *péché.* »

« Et par là elles désignaient le *soleil*, qui, à l'*époque* du *solstice* d'*hiver*, au *moment* précis où les *mages des Perses* tiraient l'*horoscope* de la *nouvelle année*, *se trouvait placé dans le sein de la vierge, en lever héliaque à l'horizon oriental,* et qui, à ce titre, était figuré dans leurs tableaux astrologiques sous la forme d'un *enfant* allaité par *une vierge chaste,* et devenait ensuite, à l'équinoxe du printemps, le *bélier* ou l'*agneau*, vainqueur de la constellation du *serpent,* qui disparaissait des cieux.

« Elles portaient : « Que, dans son enfance, ce *ré-*
« *parateur* de *nature divine* ou *céleste vivrait abaissé,*
« *humble, obscur, indigent.* »

« Et cela, parce que le *soleil* d'hiver est *abaissé* sous l'horizon, et que cette période première de ses quatre *âges* ou *saisons* est un temps d'*obscurité,* de *disette,* de *jeûne,* de *privations.*

« Elles portaient : « Que, mis à mort par des
« *méchants,* il était *ressuscité glorieusement ;* qu'il
« était *remonté* des *enfers* aux *cieux,* où il régnerait
« *éternellement.* »

« Et par là elles *retraçaient* la *vie* du *soleil,* qui, terminant sa *carrière* au *solstice* d'*hiver*, lorsque dominaient *Typhon* et les *anges rebelles,* semblait être mis à *mort* par eux ; mais qui, bientôt après, *renaissait, ressurgeait,* dans la voûte des cieux, où il est encore.

« Enfin ces traditions, citant jusqu'à ses noms *astrologiques* et *mystérieux,* disaient qu'il s'appelait tantôt *Chris,* c'est-à-dire le *conservateur ;* et voilà ce dont vous, Indiens, avez fait votre dieu *Chris-en* ou *Chris-na ;* et vous, chrétiens, Grecs et Occidentaux, votre *Cris-tos*, fils de *Marie* ; et tantôt, qu'il s'appelait *Yês,* par la réunion de trois lettres, lesquelles, en valeur numérale, formaient le nombre 608, l'une des *périodes solaires* ; et voilà, ô Européens ! le nom qui, avec la finale latine, est devenu votre *Iês-us* ou *Jésus,* nom ancien et cabalistique attribué au jeune *Bacchus, fils clandestin* (nocturne) de la *vierge Minerve,* lequel, dans toute l'histoire de sa vie et même de sa mort, retrace l'histoire du *Dieu* des *chrétiens,* c'est-à-dire de l'*astre du jour,* dont ils sont tous les deux l'emblème. »

A ces mots, un grand murmure s'éleva de la part des *groupes chrétiens*; mais les musulmans, les lamas, les Indiens les rappelèrent à l'ordre, et l'orateur achevant son discours :

« Vous savez maintenant, dit-il, comment le reste de ce système se composa dans le chaos et l'anarchie des trois premiers siècles ; comment une foule d'opinions bizarres partagèrent les esprits, et les partagèrent avec un enthousiasme et une opiniâtreté réciproques, parce que, fondées également sur des traditions anciennes, elles étaient également sacrées. Vous savez comment, après trois cents ans, le *gouvernement* s'étant associé à l'une de ces sectes, en fit la *religion orthodoxe,* c'est-à-dire *dominante,* à l'exclusion des autres, lesquelles, par leur infériorité, devinrent des *hérésies ;* comment et par quels moyens de violence et de séduction cette religion s'est propagée, accrue, puis divisée et affaiblie ; comment, six cents ans après l'innovation du *christianisme,* un autre système se forma encore de ses matériaux et de ceux des Juifs, et comment Mahomet sut se composer un empire *politique* et *théologique* aux dépens de ceux de *Moïse* et des *vicaires* de *Jésus*...

« Maintenant, si vous résumez l'histoire entière de l'esprit religieux, vous verrez que dans son principe il n'a eu pour *auteur* que les *sensations* et les *besoins* de l'homme ; que l'*idée* de *Dieu* n'a eu pour type et pour modèle que celle des *puissances physiques,* des *être matériels* agissant en *bien* ou en *mal,* c'est-à-dire en impressions de plaisir ou de *douleur* sur l'*être sentant* ; que, dans la formation de tous ces systèmes, cet esprit religieux a toujours suivi la même marche, les mêmes procédés ; que dans tous, le dogme n'a cessé de représenter, sous le nom des dieux, les opérations de la nature, les passions des hommes et leurs préjugés ; que, dans tous, la morale a eu pour but le *désir* du *bien-être* et l'*aversion* de la *douleur,* mais que les peuples et la plupart des législateurs, ignorant les routes qui y conduisaient, se sont fait des idées fausses, et par là même opposées, du *vice* et de la *vertu,* du *bien* et du *mal,* c'est-à-dire de ce qui rend l'homme *heureux* ou *malheureux* ; que, dans tous, les moyens et les causes de *propagation* et d'*établissement* ont offert les mêmes scènes de passions et d'événements, toujours des disputes de mots, des prétextes de zèle, des révolutions et des guerres suscitées par l'*ambition des chefs,* par la fourberie des *promulgateurs,* par la crédulité des *prosélytes,* par l'ignorance du *vulgaire,* par la *cupidité exclusive* et l'*orgueil intolérant* de tous : enfin, vous verrez que l'histoire entière de l'esprit *religieux* n'est que celle des incertitudes de l'*esprit humain*, qui, placé dans un *monde* qu'il ne *comprend* pas, veut cependant en deviner l'*énigme* ; et qui, spectateur toujours étonné de ce *prodige mystérieux et visible*, imagine des *causes*, suppose des fins, bâtit des systèmes ; puis, en trouvant un défectueux, le détruit pour un autre non moins vicieux ; hait l'erreur qu'il quitte, méconnaît celle qu'il embrasse, repousse la vérité qui l'appelle, compose des chimères d'êtres disparates, et, rêvant sans cesse *sagesse* et *bonheur*, s'égare dans un labyrinthe de peines et de folies. »

CHAPITRE XXIII

IDENTITÉ DU BUT DES RELIGIONS

Ainsi parla l'orateur des hommes qui avaient recherché l'origine et la filiation des idées religieuses....

Et les théologiens des divers systèmes raisonnant sur ce discours : « C'est un exposé impie, dirent les uns, qui ne tend à rien moins qu'à renverser toute croyance, à jeter l'insubordination dans les esprits, à anéantir notre ministère et notre puissance : c'est un roman, dirent les autres, un tissu de conjectures dressées avec art, mais sans fondement. Et les *gens modérés* et *prudents* ajoutaient : *Supposons que tout cela soit* vrai, *pourquoi révéler ces mystères?* Sans doute nos *opinions sont pleines d'erreurs ; mais* ces erreurs *sont un frein* nécessaire à la multitude. Le monde va ainsi depuis deux mille ans, pourquoi le changer aujourd'hui ? »

Et déjà la rumeur du blâme qui s'élève contre toute nouveauté commençait de s'accroître, quand un groupe nombreux d'hommes des classes du peuple et de sauvages de tout pays et de toute nation, sans prophètes, sans docteurs, sans code religieux, s'avançant dans l'arène, attirèrent sur eux l'attention de toute l'assemblée ; et l'un d'eux, portant la parole, dit au législateur :

« Arbitre et médiateur des peuples ! depuis le commencement de ce débat, nous entendons des récits étranges, inouïs pour nous jusqu'à ce jour ; notre esprit, surpris, confondu de tant de choses, les unes savantes, les autres absurdes, qu'également il ne comprend pas, reste dans l'incertitude et le doute. Une seule réflexion nous frappe : en résumant tant de faits prodigieux, tant d'assertions opposées, nous nous demandons : Que nous importent toutes ces discussions? Qu'avons-nous besoin de savoir ce qui s'est passé il y a cinq ou six mille ans, dans des pays que nous ignorons, chez des hommes qui nous resteront inconnus ? Vrai ou faux, à quoi nous sert de savoir si le monde existe depuis six ou depuis vingt mille ans, s'il s'est fait de rien ou de quelque chose, de lui-même ou par un ouvrier, qui, à son tour, exige un auteur ? Quoi ! nous ne sommes pas assurés de ce qui se passe près de nous, et nous répondrons de ce qui peut se passer dans le soleil, dans la lune ou dans les espaces imaginaires ! Nous avons oublié notre enfance, et nous connaîtrons celle du monde ? Et qui attestera ce que nul n'a vu ? qui certifiera ce que personne ne comprend ?

« Qu'ajoutera d'ailleurs ou que diminuera à notre existence de dire *oui* ou *non* sur toutes ces chimères ? Jusqu'ici nos pères et nous n'en avons pas eu la première idée, et nous ne voyons pas que nous en ayons eu plus ou moins de *soleil*, plus ou moins de *subsistance*, plus ou moins de *mal* ou de *bien*.

« Si la connaissance en est nécessaire, pourquoi avons-nous aussi bien vécu sans elle, que ceux qui s'en inquiètent si fort ? Si elle est superflue, pourquoi en prendrons-nous aujourd'hui le fardeau ? » Et s'adressant aux docteurs et aux théologiens : « Quoi ! il faudra que **nous**, hommes ignorants et pauvres, dont tous les moments suffisent à peine aux soins de notre subsistance et aux travaux dont vous profitez, il faudra que nous apprenions tant d'histoires que vous racontez, que nous lisions tant de livres que vous nous citez, que nous apprenions tant de diverses langues dans lesquelles ils sont composés ! Mille ans de vie n'y suffiraient pas...

« Il n'est pas nécessaire, dirent les docteurs, que vous acquériez tant de science : nous l'avons pour vous....

« Mais vous-mêmes, répliquèrent les hommes simples, avec toute votre science vous n'êtes pas d'accord ! à quoi sert de la posséder ?

« D'ailleurs, comment pouvez-vous répondre pour nous ? Si la foi d'un homme s'applique à plusieurs, vous-mêmes quel besoin avez-vous de croire ? Vos pères auront *cru* pour vous, et cela sera raisonnable ; puisque c'est pour vous qu'ils ont vu.

« Ensuite, qu'est-ce que *croire*, si *croire* n'influe sur aucune action ? Et sur quelle action influe, par exemple, de *croire* le monde *éternel* ou *non* ?

« Cela offense Dieu, dirent les docteurs. — Où en est la preuve ? dirent les hommes simples. — *Dans nos livres,* répondirent les docteurs. — Nous ne les entendons pas, répliquèrent les hommes simples.

« Nous les entendons pour vous, dirent les docteurs.

« Voilà la difficulté, reprirent les hommes simples. De quel droit vous établissez-vous *médiateurs* entre Dieu et nous ?

« Par ses ordres, dirent les docteurs.

« Où est la preuve de ses ordres ? dirent les hommes simples. — *Dans nos livres,* dirent les docteurs. — *Nous ne les entendons pas,* dirent les hommes simples ; et comment ce Dieu juste vous donne-t-il ce privilége sur nous ? Comment ce père commun nous oblige-t-il de croire à un moindre degré d'évidence que vous ? Il vous a parlé, soit ; il est infaillible, et il ne vous trompe pas ; vous nous parlez, vous ! qui nous garantit que vous n'êtes pas en erreur, ou que vous ne sauriez nous y induire ? Et si nous sommes trompés, comment ce Dieu juste nous sauvera-t-il contre la loi, ou nous condamnera-t-il sur celle que nous n'avons pas connue ?

« Il vous a donné la loi naturelle, dirent les docteurs.

« Qu'est-ce que la loi naturelle ? répondirent les hommes simples. Si cette loi suffit, pourquoi en a-t-il donné d'autres ? si elle ne suffit pas, pourquoi l'a-t-il donnée imparfaite ?

« Ses jugements sont des mystères, reprirent les docteurs, et sa justice n'est pas comme celle des hommes. — Si sa justice, répliquèrent les hommes simples, n'est pas comme la nôtre, quel moyen avons-nous d'en juger ? et, de plus, pourquoi toutes ces lois, et quel est le but qu'elles se proposent ?

« De vous rendre plus heureux, reprit un docteur, en vous rendant meilleurs et plus vertueux : c'est pour apprendre aux hommes à user de ses bienfaits, et à ne point se nuire entre eux, que Dieu s'est manifesté par tant d'oracles et de prodiges.

« En ce cas, dirent les hommes simples, il n'est pas besoin de tant d'études ni de raisonnements : montrez-nous quelle est la religion qui remplit le mieux le but qu'elles se proposent toutes. »

Aussitôt chacun des groupes vantant sa morale, et la préférant à toute autre, il s'éleva de culte à culte une nouvelle dispute plus violente. « C'est nous, dirent les musulmans, qui possédons la morale par excellence, qui enseignons toutes les vertus utiles aux hommes et agréables à Dieu. Nous professons la *justice*, le *désintéressement*, le *dévouement* à la *Providence*, la *charité pour nos frères*, l'*aumône*, la *résignation*; nous *ne tourmentons point les âmes par des craintes superstitieuses* ; nous vivons sans *alarmes* et nous *mourons* sans remords.

« Comment osez-vous, répondirent les prêtres chrétiens, parler de morale, vous dont le chef a pratiqué la licence et prêché le scandale ? vous dont le premier précepte est l'homicide et la guerre ? Nous en prenons à témoin l'expérience : depuis douze cents ans votre zèle fanatique n'a cessé de répandre chez les nations le trouble et le carnage ; et si aujourd'hui l'Asie, jadis florissante, languit dans la barbarie et l'anéantissement, c'est à votre doctrine qu'il en faut attribuer la cause : à cette doctrine ennemie de toute instruction, qui, d'un côté, sanctifiant l'ignorance, et consacrant le despotisme le plus absolu dans celui qui commande, de l'autre imposant l'obéissance la plus aveugle et la plus passive à ceux qui sont gouvernés, a engourdi toutes les facultés de l'homme, étouffé toute industrie et plongé les nations dans l'abrutissement.

« Il n'en est pas ainsi de notre morale sublime et céleste ; c'est elle qui a retiré la terre de sa barbarie primitive, des superstitions insensées ou cruelles de l'idolâtrie, des sacrifices humains, des orgies honteuses des mystères païens ; qui a épuré les mœurs, proscrit les incestes, les adultères, policé les nations sauvages, fait disparaître l'esclavage, introduit des vertus nouvelles et inconnues, la *charité* pour les hommes, leur *égalité* devant Dieu, le pardon, l'oubli des injures, la répression de toutes les passions, le mépris des grandeurs mondaines ; en un mot, une vie toute sainte et toute spirituelle.

« Nous admirons, répliquèrent les musulmans, comment vous savez allier cette charité, cette douceur évangélique, dont vous faites tant d'ostentation, avec les injures et les outrages dont vous blessez sans cesse votre *prochain*. Quand vous inculpez si gravement les mœurs du grand homme que nous révérons, nous pourrions trouver des représailles dans la conduite de celui que vous adorez; mais dédaignant de tels moyens, et nous bornant au véritable objet de la question, nous soutenons que votre morale évangélique n'a point la perfection que vous lui attribuez ; qu'il n'est point vrai qu'elle ait introduit dans le monde des vertus inconnues, nouvelles : et, par exemple, cette *égalité des hommes devant Dieu*, cette *fraternité* et cette *bienveillance* qui en sont la suite, étaient des dogmes formels de la secte des *hermétiques* ou *samanéens*, dont vous descendez. Et quant au pardon des injures, les païens mêmes l'avaient enseigné ; mais, dans l'extension que vous lui donnez, loin d'être une vertu, il devient une immoralité, un vice. Votre précepte si vanté de *tendre* une *joue après l'autre*, n'est pas seulement contraire à tous les sentiments de l'homme, il est encore opposé à toute idée de justice; il enhardit les méchants par l'impunité; il avilit les bons par la servitude; il livre le monde au désordre, à la tyrannie; il dissout la société ; et tel est l'esprit véritable de votre doctrine : vos évangiles, dans leurs préceptes et leurs paraboles, ne représentent jamais *Dieu* que comme un *despote* sans règle d'équité ; c'est un père partial, qui traite un *enfant débauché, prodigue,* avec plus de faveur que ses autres enfants respectueux et de bonnes mœurs ; c'est un maître capricieux, qui donne le *même salaire* aux *ouvriers* qui ont travaillé une heure et à ceux qui ont fatigué pendant toute la journée, et qui *préfère les derniers* venus *aux premiers :* partout c'est une morale *misanthropique, antisociale*, qui dégoûte les hommes de la vie, de la société, et ne tend qu'à faire des ermites et des célibataires.

« Et quant à la manière dont vous l'avez pratiquée, nous en appelons à notre tour au témoignage des faits: nous vous demandons si c'est la *douceur évangélique* qui a suscité vos interminables guerres de sectes, vos persécutions atroces de prétendus *hérétiques*, vos croisades contre l'*arianisme*, le *manichéisme*, le *protestantisme*, sans parler de celles que vous avez faites contre nous, et de vos associations sacriléges, encore subsistantes, d'hommes assermentés pour les continuer. Nous vous demandons si c'est la *charité évangélique* qui vous a fait exterminer les peuples entiers de l'Amérique, anéantir les empires du Mexique et du Pérou ; qui vous fait continuer de dévaster l'*Afrique*, dont vous vendez les habitants comme des animaux, malgré *votre abolition* de l'*esclavage ;* qui vous fait ravager l'Inde, dont vous usurpez les domaines ; enfin, si c'est elle qui depuis trois siècles vous fait troubler dans leurs foyers les peuples des trois continents, dont les plus prudents, tels que le Chinois et le Japonais, ont été obligés de vous chasser pour éviter vos fers et recouvrer la paix intérieure. »

Et à l'instant les brahmes, les rabbins, les bonzes,

les chamans, les prêtres des îles Moluques et des côtes de la Guinée accablant les docteurs chrétiens de reproches : « Oui ! s'écrièrent-ils, ces hommes sont des brigands, des hypocrites, qui prêchent la *simplicité* pour surprendre la *confiance*; l'*humilité*, pour asservir plus facilement ; la *pauvreté*, pour s'approprier *toutes les richesses* ; ils promettent un *autre monde*, pour mieux *envahir celui-ci* ; et tandis qu'ils vous parlent de *tolérance* et de *charité*, ils brûlent au nom de *Dieu* les hommes qui ne l'adorent pas comme eux.

« Prêtres menteurs, répondirent des missionnaires, c'est vous qui abusez de la crédulité des nations ignorantes pour les subjuguer; c'est vous qui de votre ministère faites un art d'imposture et de fourberie : vous avez converti la religion en un négoce d'avarice et de cupidité. Vous feignez d'être en communication avec des esprits, et ils ne rendent pour oracles que vos volontés ; vous prétendez lire dans les astres, et le destin ne décrète que vos désirs ; vous faites parler les idoles, et les dieux ne sont que les instruments de vos passions ; vous avez inventé les sacrifices et les libations pour attirer à vous le lait des troupeaux, la chair et la graisse des victimes ; et, sous le manteau de la piété, vous dévorez les offrandes des dieux, *qui ne mangent point*, et la substance des peuples, *qui travaillent*.

« Et vous, répliquèrent les brahmes, les bonzes, les chamans, vous rendez aux vivants crédules de vaines prières pour les âmes des morts ; avec vos *indulgences* et vos *absolutions*, vous vous êtes arrogé la puissance et les fonctions de Dieu même ; et faisant un trafic de ses grâces et de ses pardons, vous avez mis le ciel à l'encan, et fondé, par votre système d'*expiation,* un *tarif* de crimes qui a perverti toutes les consciences.

« Ajoutez, dirent les *imans*, que ces hommes ont inventé la plus profonde des scélératesses : l'obligation absurde et impie de leur raconter les secrets les plus intimes des actions, des pensées, des *velléités* (la confession) ; en sorte que leur curiosité insolente a porté son inquisition jusque dans le sanctuaire sacré du lit nuptial, dans l'asile inviolable du cœur. »

Alors, de reproche en reproche, les docteurs des différents cultes commencèrent à révéler tous les délits de leur ministère, tous les vices cachés de leur état ; et il se trouva que chez tous les peuples l'*esprit des prêtres*, leur *système de conduite,* leurs *actions,* leurs *mœurs* étaient absolument les mêmes ;

Que partout ils avaient composé des *associations secrètes,* des *corporations ennemies* du reste de la société ;

Que partout ils s'étaient *attribué* des *prérogatives,* des *immunités,* au moyen desquelles ils vivaient à l'abri de tous les fardeaux des autres classes ;

Que partout ils n'essuyaient ni les fatigues du laboureur, ni les dangers du militaire, ni les revers du commerçant ;

Que partout ils vivaient célibataires, afin de s'épargner jusqu'aux embarras domestiques ;

Que partout, sous le manteau de la *pauvreté,* ils trouvaient le secret d'être riches et de se procurer toutes les jouissances ;

Que, sous le nom de *mendicité,* ils percevaient des *impôts* plus forts que les princes ;

Que, sous celui de dons et offrandes, ils se procuraient des revenus certains et exempts de frais,

Que, sous celui de *recueillement* et de *dévotion,* ils vivaient dans l'oisiveté et dans la licence ;

Qu'ils avaient fait de l'*aumône* une *vertu,* afin de vivre tranquillement du travail d'autrui ;

Qu'ils avaient inventé des cérémonies du culte, afin d'attirer sur eux le respect du peuple, en jouant le rôle des dieux dont ils se disaient les *interprètes* et les *médiateurs,* pour s'en attribuer toute la puissance ; que dans ce dessein, selon les lumières ou l'ignorance des peuples, ils s'étaient faits tour à tour *astrologues, tireurs d'horoscopes, devins, magiciens, nécromanciens, charlatans, médecins, courtisans, confesseurs* de princes, toujours tendant au but de gouverner pour leur propre avantage ;

Que tantôt ils avaient élevé le pouvoir des rois et consacré leurs personnes, pour s'attirer leurs faveurs ou participer à leur puissance ;

Et que tantôt ils avaient prêché le *meurtre* des *tyrans* (se réservant de spécifier la tyrannie), afin de se venger de leur mépris ou de leur désobéissance ;

Que toujours ils avaient appelé *impiété* ce qui nuisait à leurs intérêts ; qu'ils résistaient à toute instruction publique, pour exercer le monopole de la science ;

qu'enfin en tout temps, en tout lieu, ils avaient trouvé le secret de vivre en paix au milieu de l'anarchie qu'ils causaient, en sûreté sous le despotisme qu'ils favorisaient, en repos au milieu du travail qu'ils prêchaient, dans l'abondance au sein de la disette ; et cela, en exerçant le commerce singulier de *vendre* des *paroles* et des *gestes* à des gens crédules, qui les payent comme des denrées du plus grand prix.

Alors les peuples, saisis de fureur, voulurent mettre en pièces les hommes qui les avaient abusés ; mais le législateur arrêtant ce mouvement de violence, et s'adressant aux chefs et aux docteurs: « Quoi ! leur dit-il, instituteurs des peuples, est-ce donc ainsi que vous les avez trompés ? »

Et les prêtres troublés répondirent : « O législateur ! nous sommes hommes; et *les peuples sont si superstitieux !* ils ont eux-mêmes provoqué nos erreurs. »

Et les rois dirent : « O législateur ! les peuples sont si *serviles* et si *ignorants !* eux-mêmes se sont prosternés devant le joug, qu'à peine nous osions leur montrer. »

Alors le législateur, se tournant vers les peuples : « Peuples ! leur dit-il, souvenez-vous de ce que vous venez d'entendre : ce sont deux *profondes vérités*. Oui, vous-mêmes causez les maux dont vous vous plaignez ; c'est vous qui encouragez les tyrans par une lâche adulation de leur puissance, par un engouement imprudent de leurs fausses bontés, par l'avilissement dans l'obéissance, par la licence dans la liberté, par l'accueil crédule de toute imposture : sur qui punirez-vous les fautes de votre ignorance et de votre cupidité ? »

Et les peuples interdits demeurèrent dans un morne silence.

CHAPITRE XXIV

SOLUTION DU PROBLÈME DES CONTRADICTIONS

Et le législateur, reprenant la parole, dit : « O nations ! nous avons entendu les débats de vos opinions ; et les dissentiments qui vous partagent nous ont fourni plusieurs réflexions, et nous présentent plusieurs questions à éclaircir et à vous proposer.

« D'abord, considérant la diversité et l'opposition des croyances auxquelles vous êtes attachés, nous vous demandons sur quels motifs vous en fondez la persuasion : est-ce par un choix réfléchi que vous suivez l'étendard d'un prophète plutôt que celui d'un autre ? Avant d'adopter telle doctrine plutôt que telle autre, les avez-vous d'abord comparées ? en avez-vous fait un mûr examen ? ou bien ne les avez-vous reçues que du hasard de la naissance, que de l'empire de l'habitude et de l'éducation ? Ne naissez-vous pas chrétiens sur les bords du Tibre, musulmans sur ceux de l'Euphrate, idolâtres aux rives de l'Indus, comme vous naissez blonds dans les régions froides, et brûlés sous le soleil africain ? Et si vos opinions sont l'effet de votre position fortuite sur la terre, de la parenté, de l'imitation, comment le hasard vous devient-il un motif de conviction, un argument de vérité ?

« En second lieu, lorsque nous méditons sur l'exclusion respective et l'intolérance arbitraire de vos prétentions, nous sommes effrayés des conséquences qui découlent de vos propres principes. Peuples, qui vous dévouez tous réciproquement aux traits de la colère céleste, supposez qu'en ce moment l'*Être universel* que vous révérez, descendît des cieux sur cette multitude, et qu'investi de toute sa puissance, il s'assît sur ce trône pour vous juger tous ; supposez qu'il vous dît :
« Mortels ! c'est votre propre justice que je vais exercer
« sur vous. Oui, de tant de cultes qui vous partagent,
« un seul aujourd'hui sera préféré ; tous les autres,
« toute cette multitude d'étendards, de peuples, de
« prophètes, seront condamnés à une perte éternelle ;
« et ce n'est point assez.... parmi les sectes du *culte*
« *choisi*, une seule peut me plaire, et toutes les autres
« seront condamnées ; mais ce n'est point encore assez :
« de ce petit groupe réservé, il faut que j'exclue tous
« ceux qui n'ont pas rempli les conditions qu'imposent
« ses préceptes : ô hommes ! à quel petit nombre
« d'*élus* avez-vous borné votre race ? à quelle pénurie
« de bienfaits réduisez-vous mon immense bonté ? à
« quelle solitude d'admirateurs condamnez-vous ma
« grandeur et ma gloire ? »

Et le législateur se levant : « N'importe ; vous l'avez voulu ; peuples ! voilà l'urne où vos noms sont placés : un seul sortira.... Osez tirer cette loterie terrible.... »

Et les peuples, saisis de frayeur, s'écrièrent : *Non, non ;* nous sommes *tous frères, tous égaux ;* nous ne pouvons nous condamner.

Alors, le législateur s'étant rassis, reprit : « O hommes ! qui disputez sur tant de sujets, prêtez une oreille attentive à un problème que vous m'offrez, et que vous devez résoudre vous-mêmes. » Et les peuples ayan prêté une grande attention, le législateur leva un bras vers le ciel ; et montrant le soleil : Peuples, dit-il, ce soleil qui vous éclaire vous paraît-il carré ou triangulaire ? Non, répondirent-ils unanimement, il est rond.

Puis, prenant la balance d'or qui était sur l'autel t Cet or que vous maniez tous les jours, est-il plus pesant qu'un même volume de cuivre ? Oui, répondirent unanimement tous les peuples, l'or est plus pesant que le cuivre.

Et le législateur prenant l'épée : Ce fer est-il moins dur que du plomb ? Non, dirent les peuples.

Le sucre est-il doux et le fiel amer ? — Oui.

Aimez-vous tous le plaisir, et haïssez-vous la douleur ? — Oui.

Ainsi, vous êtes tous d'accord sur ces objets et sur une foule d'autres semblables.

Maintenant, dites, y a-t-il un gouffre au centre de la terre et des habitants dans la lune ?

A cette question, ce fut une rumeur universelle ; et chacun y répondant diversement, les uns disaient *oui*, d'autres disaient *non ;* ceux-ci, que *cela était probable ;* ceux-là, que la question *était oiseuse, ridicule ;* et d'autres, que cela *était bon à savoir :* et ce fut une discordance générale.

Après quelque temps, le législateur ayant rétabli le silence : « Peuples, dit-il, expliquez-nous ce problème. Je vous ai proposé plusieurs questions, sur lesquelles vous avez tous été d'accord, sans distinction de race ni de secte : *hommes blancs, hommes noirs,* sectateurs de *Mahomet* ou de *Moïse,* adorateurs de *Bouddha* ou de *Iésous,* vous avez tous fait la même réponse. Je vous en propose une autre, et vous êtes tous discordants ! *Pourquoi cette unanimité dans un cas, et cette discordance dans un autre?* »

Et le groupe des hommes simples et sauvages, prenant la parole, répondit : « La raison en est simple : dans le premier cas, nous *voyons*, nous *sentons* les objets ; nous en parlons par sensation : dans le second, ils sont hors de la portée de nos sens ; nous n'en parlons que par conjecture.

« Vous avez résolu le problème, dit le législateur : ainsi, votre propre aveu établit cette première vérité :

« *Que toutes les fois que les objets peuvent être soumis à vos sens, vous êtes d'accord dans votre prononcé ;*

« *Et que vous ne différez d'opinion, de sentiment, que quand les objets sont absents et hors de votre portée.*

« Or, de ce premier fait en découle un second, également clair et digne de remarque. De ce que vous êtes d'accord sur ce que vous connaissez avec certitude, il s'ensuit que vous n'êtes *discordants que sur ce que vous ne connaissez pas bien, sur ce dont vous n'êtes pas assurés* ; c'est-à-dire *que vous vous disputez, que vous vous querellez, que vous vous battez pour ce qui est incertain, pour ce dont vous doutez.* O hommes ! n'est-ce pas là folie ?

« Et n'est-il pas alors démontré que ce n'est point pour la vérité que vous contestez ; que ce n'est point sa cause que vous défendez, mais celle de vos affections, de vos préjugés ; que ce n'est point l'objet tel qu'il est en lui, que vous voulez prouver, mais l'objet tel que vous le voyez ; c'est-à-dire que vous voulez faire prévaloir, non, pas l'*évidence* de la *chose*, mais l'*opinion* de votre personne, votre manière de voir et de juger ? C'est une *puissance* que vous voulez exercer, un intérêt que vous voulez satisfaire, une prérogative que vous vous arrogez ; c'est la *lutte de votre vanité. Or, comme chacun de vous, en se comparant à tout autre, se trouve son égal, son semblable*, il résiste par le sentiment d'un *même droit*. Et vos disputes, vos combats, votre intolérance, sont l'effet de ce *droit* que vous vous déniez, et de la *conscience inhérente* de *votre égalité*.

« Or, le seul moyen d'être d'accord est de revenir à la nature, et de prendre pour arbitre et régulateur l'ordre de choses qu'elle-même a posé ; et alors votre accord prouve encore cette autre vérité :

« *Que les êtres réels ont en eux-mêmes une manière d'exister identique, constante, uniforme, et qu'il existe dans vos organes une manière semblable d'en être affectés.*

« *Mais en même temps, à raison de la mobilité de ces organes par votre volonté*, vous pouvez concevoir des affections différentes, et vous trouver avec les mêmes objets dans des rapports divers, en sorte que vous êtes à leur égard comme *une glace réfléchissante, capable de les rendre tels qu'ils sont en effet, mais capable aussi de les défigurer et de les altérer.*

« D'où il suit que, *toutes les fois que vous percevez les objets tels qu'ils sont, vous êtes d'accord entre vous et avec eux-mêmes et cette similitude entre vos sensations et la manière dont existent les êtres*, est ce qui constitue pour vous leur *vérité ;*

« Qu'au contraire, toutes les fois que vous différez d'opinions, *votre dissentiment* est la *preuve* que vous ne *représentez pas les objets tels qu'ils sont, que vous les changez.*

« Et de là se déduit encore, que *les causes de vos dissentiments n'existent pas dans les objets eux-mêmes, mais dans vos esprits*, dans la manière dont vous *percevez* ou *dont vous jugez.*

« Pour établir l'*unanimité d'opinion*, il faut donc préalablement bien établir la *certitude*, bien constater *que les tableaux que se peint l'esprit sont exactement ressemblants à leurs modèles ;* qu'il réfléchit les objets correctement tels qu'ils existent. Or, cet effet ne peut s'obtenir qu'autant que ces objets peuvent être rapportés au témoignage, et soumis à l'examen des sens. Tout ce qui ne peut subir cette épreuve est par là même impossible à juger ; il n'existe à son égard aucune règle, aucun terme de comparaison, aucun moyen de certitude.

CHAPITRE XXIV.

« D'où il faut conclure que, *pour vivre en concorde et en paix*, il faut consentir à ne point prononcer sur de tels objets, à ne leur attacher aucune importance ; en un mot, qu'*il faut tracer une ligne de démarcation entre les objets vérifiables* et ceux *qui ne peuvent être vérifiés*, et séparer d'une barrière inviolable *le monde des êtres fantastiques* du monde des réalités ; c'est-à-dire qu'il faut *ôter tout effet civil aux opinions théologiques et religieuses*.

« Voilà, ô peuples ! le but que s'est proposé une grande nation affranchie de ses fers et de ses préjugés ; voilà l'ouvrage que nous avions entrepris sous ses regards et par ses ordres, quand vos rois et vos prêtres sont venus le troubler…. O rois et prêtres ! vous pouvez suspendre encore quelque temps la publication solennelle des lois de la nature ; mais il n'est plus en votre pouvoir de les anéantir ou de les renverser. »

Alors un cri immense s'éleva de toutes les parties de l'assemblée ; et l'universalité des peuples, par un mouvement unanime, témoignant son adhésion aux paroles du législateur : « Reprenez, lui dirent-ils, votre saint et sublime ouvrage, et portez-le à sa perfection ! Recherchez des lois que la nature a posées en nous pour nous diriger, et dressez-en l'authentique et immuable code ; mais que ce ne soit plus pour une seule nation, pour une seule famille ; que ce soit pour nous tous sans exception ! Soyez le législateur de tout le *genre humain*, ainsi que vous serez l'*interprète de la même nature* ; montrez-nous la ligne qui sépare le *monde* des *chimères* de *celui* des *réalités*, et enseignez-nous, après tant de religions et d'erreurs, la religion de l'évidence et de la vérité ! »

Alors, le législateur, ayant repris la recherche et l'examen des attributs physiques et constitutifs de l'homme, des mouvements et des affections qui le régissent dans l'état *individuel* et *social*, développa en ces mots les lois sur lesquelles la nature elle-même a fondé son bonheur.

LA
LOI NATURELLE

OU

PRINCIPES PHYSIQUES DE LA MORALE DÉDUITS
DE L'ORGANISATION
DE L'HOMME ET DE L'UNIVERS

AVERTISSEMENT DE L'EDITEUR

Si les livres se prisent par leur poids, celui-ci sera compté pour peu de chose ; s'ils s'estiment par leur contenu, peut-être sera-t-il placé au rang des plus importants.

En général, rien de plus important qu'un bon livre élémentaire ; mais aussi rien de plus difficile à composer et même à lire : pourquoi cela ? parce que tout devant y être analyse et définition, tout doit y être dit avec vérité et précision : si la vérité et la précision manquent, le but est manqué ; si elles existent, il devient abstrait par sa force même.

Le premier de ces défauts a été sensible jusqu'à ce jour dans tous les livres de morale : on n'y trouve qu'un chaos de maximes décousues, de préceptes sans causes, d'actions sans motifs. Les pédants du genre humain l'ont traité comme un petit enfant : ils lui ont prescrit d'être sage par la frayeur des esprits et des revenants. Maintenant que le genre humain grandit, il est temps de lui parler raison, il est temps de prouver aux hommes que les mobiles de leur perfectionnement se tirent de leur organisation même, de l'intérêt de leurs passions, et de tout ce qui compose leur existence. Il est temps de démontrer que la morale est une science physique et géométrique, soumise aux règles et au calcul des autres sciences exactes ; et tel est l'avantage du système exposé dans ce livre, que les bases de la moralité y étant fondées sur la nature même des choses, elle est fixe et immuable comme elles ; tandis que dans tous les systèmes théologiques la morale étant assise sur des opinions arbitraires, non démontrables et souvent absurdes, elle change, s'affaiblit, périt avec elles, et laisse les hommes dans une dépravation absolue. Il est vrai que par la raison même que notre système se fonde sur des faits et non sur des rêves, il trouvera plus de difficulté à se répandre et à s'établir ; mais il tirera des forces de cette lutte même, et tôt ou tard l'éternelle religion de la nature renversera les religions passagères de l'esprit humain.

Ce livre fut publié pour la première fois en 1793, sous le titre de *Catéchisme du Citoyen français :* il avait d'abord été destiné à être un livre national ; mais il pourrait également bien s'intituler *Catéchisme du bon sens et des honnêtes gens* ; il faut espérer qu'il deviendra un livre commun à toute l'Europe. Il est possible que dans sa brièveté il n'ait pas suffisamment rempli le but d'un livre classique populaire ; mais l'auteur sera satisfait s'il a du moins le mérite d'indiquer le moyen d'en faire de meilleurs.

LA LOI NATURELLE

ou

PRINCIPES PHYSIQUES DE LA MORALE

CHAPITRE PREMIER

DE LA LOI NATURELLE

D. Qu'est-ce que la loi naturelle ?

R. C'est l'*ordre régulier* et *constant* des faits, par lequel Dieu régit l'univers ; ordre que sa *sagesse* présente aux sens et à la raison des hommes, pour servir à leurs actions de règle égale et commune, et pour les guider, sans distinction de pays ni de secte, vers la perfection et le bonheur.

D. Définissez-moi clairement le mot *loi*.

R. Le mot *loi,* pris littéralement, signifie *lecture*[1], parce que, dans l'origine, les *ordonnances* et *règle-*

---

[1] Du latin *lex, lectio* : Alcoran signifie aussi la lecture, et n'est qu'une traduction littérale du mot loi.

ments étaient la lecture par excellence que l'on faisait au peuple, afin qu'il les observât et n'encourût pas les peines portées contre leur infraction : d'où il suit que, l'usage originel expliquant l'idée véritable, la loi se définit :

« Un ordre ou une défense d'agir, avec la clause
« expresse d'une peine attachée à l'infraction, ou
« d'une récompense attachée à l'observation de cet
« ordre. »

D. Est-ce qu'il existe de tels ordres dans la nature ?

R. Oui.

D. Que signifie ce mot *nature* ?

R. Le mot *nature* prend trois sens divers :

1° Il désigne l'univers, le monde matériel : on dit, dans ce premier sens, *la beauté de la nature*, *la richesse de la nature,* c'est-à-dire les objets du ciel et de la terre offerts à nos regards ;

2° Il désigne la *puissance* qui anime, qui meut l'univers, en la considérant comme un être distinct, comme l'âme est au corps : on dit, dans ce second sens : « Les *intentions de la nature,* les secrets incompréhensibles de la nature. »

3° Il désigne les opérations partielles de cette puissance dans chaque être ou dans chaque classe d'êtres ; et l'on dit, dans ce troisième sens : « C'est une énigme que la *nature* de l'*homme* ; chaque être agit selon sa *nature*. »

Or, comme les actions de chaque être ou de chaque espèce d'êtres sont soumises à des règles constantes et générales, qui ne peuvent être enfreintes sans que l'ordre général ou particulier soit interverti et troublé, l'on donne à ces règles d'actions et de mouvements le nom de lois *naturelles* ou *lois de la nature*.

D. Donnez-moi des exemples de ces lois.

R. C'est une loi de la nature que le soleil éclaire successivement la surface du globe terrestre ; — que sa présence y excite la lumière et la chaleur ; — que la chaleur agissant sur l'eau forme des vapeurs ; — que ces vapeurs, élevées en nuages dans les régions de l'air, s'y résolvent en pluies ou en neiges, qui renouvellent sans cesse les eaux des sources et des fleuves.

C'est une loi de la nature que l'eau coule de haut en bas ; qu'elle cherche son niveau ; qu'elle soit plus pesante que l'air ; que tous les corps tendent vers la terre, que la flamme s'élève vers les cieux ; — qu'elle désorganise les végétaux et les animaux ; — que l'air soit nécessaire à la vie de certains animaux ; que, dans certaines circonstances, l'eau les suffoque et les tue ; que certains sucs de plantes, certains minéraux attaquent leurs organes, détruisent leur vie, et ainsi d'une foule d'autres faits.

Or, parce que tous ces faits et leurs semblables sont immuables, constants, réguliers, il en résulte pour l'homme autant de véritables *ordres* de s'y conformer, avec la clause expresse d'une peine attachée à leur observation ; de manière que si l'homme prétend voir clair dans les ténèbres, s'il contrarie la marche des saisons, l'action des éléments ; s'il prétend vivre dans l'eau sans se noyer, toucher la flamme sans se brûler, se priver d'air sans s'étouffer, boire des poisons sans se détruire, il reçoit de chacune de ces infractions aux lois naturelles une punition corporelle et proportionnée à sa faute ; qu'au contraire, s'il observe et pratique chacune de ces lois dans les rapports exacts et réguliers qu'elles ont avec lui, il conserve son existence, et la rend aussi heureuse qu'elle peut l'être ; et parce que toutes ces lois, considérées relativement à l'espèce humaine, ont pour but unique et commun de la conserver et de la rendre heureuse, on est convenu d'en rassembler l'idée sous un même mot et de les appeler collectivement la *loi naturelle*.

CHAPITRE II

CARACTÈRES DE LA LOI NATURELLE

D. Quels sont les caractères de la loi naturelle ?
R. On en peut compter dix principaux.
D. Quel est le premier ?
R. C'est d'être inhérente à l'existence des choses, par conséquent, d'être *primitive* et antérieure à toute autre loi ; en sorte que toutes celles qu'ont reçues les hommes n'en sont que des imitations, dont la perfection se mesure sur leur ressemblance avec ce modèle primordial.
D. Quel est le second ?
R. C'est de venir immédiatement de Dieu, d'être présentée par lui à chaque homme, tandis que les autres

ne nous sont présentées que par des hommes qui peuvent être trompés ou trompeurs.

D. Quel est le troisième ?

R. C'est d'être commune à tous les temps, à tous les pays, c'est-à-dire d'être une et universelle.

D. Est-ce qu'aucune autre loi n'est universelle ?

R. Non ; car aucune ne convient, aucune n'est applicable à tous les peuples de la terre ; toutes sont locales et accidentelles, nées par des circonstances de lieux et de personnes ; en sorte que si tel homme, tel événement n'eût pas existé, telle loi n'existerait pas.

D. Quel est le quatrième caractère ?

R. C'est d'être uniforme et invariable.

D. Est-ce qu'aucune autre n'est uniforme et invariable ?

R. Non ; car ce qui est *bien* et *vertu* selon l'une, est *mal* et *vice* selon l'autre ; et ce qu'une même loi approuve dans un temps, elle le condamne souvent dans un autre.

D. Quel est le cinquième caractère ?

R. D'être évidente et palpable, parce qu'elle consiste tout entière en faits sans cesse présents aux sens et à la démonstration.

D. Est-ce que les autres lois ne sont pas évidentes ?

R. Non ; car elles se fondent sur des faits passés et douteux, sur des témoignages équivoques et suspects, et sur des preuves inaccessibles aux sens.

D. Quel est le sixième caractère ?

R. D'être raisonnable, parce que ses préceptes et

toute sa doctrine sont conformes à la raison et à l'entendement humain.

D. Est-ce qu'aucune autre loi n'est raisonnable ?

R. Non ; car toutes contrarient la raison et l'entendement de l'homme, et lui imposent avec tyrannie une croyance aveugle et implacable.

D. Quel est le septième caractère ?

R. D'être juste, parce que dans cette loi les peines sont proportionnées aux infractions.

D. Est-ce que les autres lois ne sont pas justes ?

R. Non ; car elles attachent souvent aux mérites ou aux délits, des peines ou des récompenses démesurées, et elles imputent à mérite ou à délit des actions nulles ou indifférentes.

D. Quel est le huitième caractère ?

R. D'être pacifique et tolérante, parce que, dans la loi naturelle, tous les hommes étant frères et égaux en droits, elle ne leur conseille à tous que paix et tolérance, même pour leurs erreurs.

D. Est-ce que les autres lois ne sont pas pacifiques ?

R. Non ; car toutes prêchent la dissension, la discorde, la guerre, et divisent les hommes par des prétentions exclusives de vérité et de domination.

D. Quel est le neuvième caractère ?

R. D'être également bienfaisante pour tous les hommes, en leur enseignant à tous les véritables moyens d'être meilleurs et plus heureux.

D. Est-ce que les autres ne sont pas aussi bienfaisantes ?

R. Non; car aucune n'enseigne les véritables moyens du bonheur; toutes se réduisent à des pratiques pernicieuses ou futiles ; et les faits le prouvent, puisque après tant de lois, tant de religions, de législateurs et de prophètes, les hommes sont encore aussi malheureux et aussi ignorants qu'il y a six mille ans.

D. Quel est le dernier caractère de la loi naturelle ?

R. C'est de suffire seule à rendre les hommes plus heureux et meilleurs, parce qu'elle embrasse tout ce que les autres lois civiles ou religieuses ont de bon et d'utile, c'est-à-dire qu'elle en est essentiellement la partie morale ; de manière que si les autres lois en étaient dépouillées, elles se trouveraient réduites à des opinions chimériques et imaginaires, sans aucune utilité pratique.

D. Résumez-moi tous ces caractères.

R. J'ai dit que la loi naturelle est :

1° Primitive ;	6° Raisonnable ;
2° Immédiate ;	7° Juste ;
3° Universelle ;	8° Pacifique ;
4° Invariable ;	9° Bienfaisante ;
5° Évidente ;	10° Et seule suffisante.

Et telle est la puissance de tous ces attributs de perfection et de vérité, que lorsqu'en leurs disputes les théologiens ne peuvent s'accorder sur aucun point de croyance, ils ont recours *à la loi naturelle*, dont l'oubli, disent-ils, a forcé Dieu d'envoyer de temps en temps des prophètes publier des lois nouvelles : comme si Dieu faisait des lois de circonstance, à la manière des hommes, surtout quand la première subsiste avec tant de force, qu'on peut dire qu'en tout temps et en tout pays elle n'a cessé d'être la loi de conscience de tout homme raisonnable et sensé.

D. Si, comme vous le dites, elle émane immédiatement de Dieu, enseigne-t-elle son existence ?

R. Oui, très-positivement ; car pour tout homme qui observe avec réflexion le spectacle étonnant de l'univers, plus il médite sur les propriétés et les attributs de chaque être, sur l'ordre admirable et l'harmonie de leurs mouvements, plus il lui est démontré qu'il existe un *agent suprême*, un moteur *universel et identique*, désigné par le nom de Dieu ; et il est si vrai que la loi naturelle suffit pour élever à la connaissance de Dieu, que tout ce que les hommes ont prétendu en connaître par des moyens étrangers s'est constamment trouvé ridicule, absurde, et qu'ils ont été obligés d'en revenir aux immuables notions de la raison naturelle.

D. Il n'est donc pas vrai que les sectateurs de la *loi naturelle* soient athées ?

R. Non, cela n'est pas vrai ; au contraire, ils ont de la Divinité des idées plus fortes et plus nobles que la plupart des autres hommes ; car ils ne la souillent point du mélange de toutes les faiblesses et de toutes les passions de l'humanité.

D. Quel est le culte qu'ils lui rendent?

R. Un culte tout entier d'action : la pratique et l'observation de toutes les règles que la *suprême sagesse* a imposées aux mouvements de chaque être ; règles éternelles et inaltérables, par lesquelles elle maintient l'ordre et l'harmonie de l'univers, et qui, dans leurs rapports avec l'homme, composent la loi naturelle.

D. A-t-on connu avant ce jour la loi naturelle ?

R. On en a de tout temps parlé : la plupart des législateurs ont dit la prendre pour base de leurs lois ; mais ils n'en ont cité que quelques préceptes, et ils n'ont eu de sa totalité que des idées vagues.

D. Pourquoi cela ?

R. Parce que, quoique simple dans ses bases, elle forme, dans ses développements et ses conséquences, un ensemble compliqué qui exige la connaissance de beaucoup de faits et toute la sagacité du raisonnement.

D. Est-ce que l'instinct seul n'indique pas la loi naturelle ?

R. Non; car par *instinct* l'on n'entend que ce sentiment aveugle qui porte indistinctement vers tout ce qui flatte les sens.

D. Pourquoi dit-on donc que la loi naturelle est gravée dans le cœur de tous les hommes?

R. On le dit par deux raisons : 1º parce que l'on a remarqué qu'il y avait des actes et des sentiments communs à tous les hommes, ce qui vient de leur commune organisation ; 2º parce que les premiers philosophes ont cru que les hommes naissaient avec des idées déjà formées, ce qui est maintenant démontré une erreur.

D. Les philosophes se trompent donc ?

R. Oui, cela leur arrive.

D. Pourquoi cela ?

R. 1° Parce qu'ils sont hommes ; 2° parce que les ignorants appellent philosophes tous ceux qui raisonnent bien ou mal ; 3° parce que ceux qui raisonnent sur beaucoup de choses, et qui en raisonnent les premiers, sont sujets à se tromper.

D. Si la loi naturelle n'est pas écrite, ne devient-elle pas une chose arbitraire et idéale ?

R. Non ; parce qu'elle consiste tout entière en faits dont la démonstration peut sans cesse se renouveler aux sens, et composer une science aussi précise et aussi exacte que la géométrie et les mathématiques ; et c'est par la raison même que la loi naturelle forme une science exacte, que les hommes, nés ignorants et vivant distraits, ne l'ont connue, jusqu'à nos jours, que superficiellement.

CHAPITRE III

PRINCIPES DE LA LOI NATURELLE PAR RAPPORT A L'HOMME

D. Développez-moi les principes de la loi naturelle par rapport à l'homme ?

R. Ils sont simples ; ils se réduisent à un précepte fondamental et unique.

D. Quel est ce précepte ?

R. C'est la conservation de soi-même.

CHAPITRE III

D. Est-ce que le bonheur n'est pas aussi un précepte de la loi naturelle?

R. Oui ; mais comme le bonheur est un état accidentel qui n'a lieu que dans le développement des facultés de l'homme et du système social, il n'est point le but immédiat et direct de la nature ; c'est, pour ainsi dire, un objet de luxe, surajouté à l'objet nécessaire et fondamental de la conservation.

D. Comment la nature ordonne-t-elle à l'homme de se conserver ?

R. Par deux sensations puissantes et involontaires, qu'elle a attachées comme deux guides, deux *génies gardiens*, à toutes ses actions : l'une, sensation de douleur, par laquelle elle l'avertit et le détourne de tout ce qui tend à le détruire ; l'autre, sensation de plaisir, par laquelle elle l'attire et le porte vers tout ce qui tend à conserver et à développer son existence.

D. Le plaisir n'est donc pas un *mal*, un *péché*, comme le prétendent les casuistes?

R. Non : il ne l'est qu'autant qu'il tend à détruire la vie et la santé, qui, du propre aveu de ces casuistes, nous viennent de Dieu même.

D. Le plaisir est-il l'objet principal de notre existence, comme l'ont dit quelques philosophes ?

R. Non : il ne l'est pas plus que la douleur ; le plaisir est un encouragement à vivre, comme la douleur est un repoussement à mourir.

D. Comment prouvez-vous cette assertion ?

R. Par deux faits palpables : l'un, que le plaisir, s'il est pris au delà du besoin, conduit à la destruction ;

par exemple, un homme qui abuse du plaisir de manger ou de boire attaque sa santé et nuit à sa vie. L'autre, que la douleur conduit quelquefois à la conservation ; par exemple, un homme qui se fait couper un membre gangrené souffre de la douleur, et c'est afin de ne pas périr tout entier.

D. Mais cela même ne prouve-t-il pas que nos sensations peuvent nous tromper sur le but de notre conservation ?

R. Oui : elles le peuvent momentanément.

D. Comment nos sensations nous trompent-elles ?

R. De deux manières : par ignorance et par passion.

D. Quand nous trompent-elles par ignorance ?

R. Lorsque nous agissons sans connaître l'action et l'effet des objets sur nos sens ; par exemple, lorsqu'un homme touche des orties sans connaître leur qualité piquante, ou lorsqu'il mâche de l'opium dont il ignore la qualité endormante.

D. Quand nous trompent-elles par passion ?

R. Lorsque, connaissant l'action nuisible des objets, nous nous livrons cependant à la fougue de nos désirs et de nos appétits ; par exemple, lorsqu'un homme qui sait que le vin enivre en boit avec excès.

D. Que résulte-t-il de là ?

R. Il en résulte que l'ignorance dans laquelle nous naissons et que les appétits déréglés auxquels nous nous livrons sont contraires à notre conservation ; que par conséquent l'instruction de notre esprit et la modération de nos passions sont deux obligations, deux lois qui dérivent immédiatement de la première loi de la conservation.

D. Mais si nous naissons ignorants, l'ignorance n'est-elle pas une loi naturelle ?

R. Pas davantage que de rester enfants, nus et faibles. Loin d'être pour l'homme une loi de la nature, l'ignorance est un obstacle à la pratique de toutes ses lois. C'est le véritable péché originel.

D. Pourquoi donc s'est-il trouvé des moralistes qui l'ont regardée comme une vertu et une perfection ?

R. Parce que, par bizarrerie d'esprit ou par misanthropie, ils ont confondu l'abus des connaissances avec les connaissances mêmes : comme si, parce que les hommes abusent de la parole, il fallait leur couper la langue : comme si la perfection et la vertu consistaient dans la nullité, et non dans le développement et le bon emploi de nos facultés.

D. L'instruction est donc une nécessité indispensable à l'existence de l'homme ?

R. Oui : tellement indispensable, que sans elle il est à chaque instant frappé et blessé par tous les êtres qui l'environnent; car, s'il ne connaît pas les effets du feu, il se brûle; ceux de l'eau, il se noie; ceux de l'opium, il s'empoisonne : si dans l'état sauvage il ne connaît pas les ruses des animaux et l'art de saisir le gibier, il périt de faim ; si dans l'état social il ne connaît pas la marche des saisons, il ne peut ni labourer, ni s'alimenter; ainsi de toutes ses actions dans tous les besoins de sa conservation.

D. Mais toutes ces notions nécessaires à son existence et au développement de ses facultés, l'homme isolé peut-il se les procurer ?

R. Non : il ne le peut qu'avec l'aide de ses semblables, que vivant en *société*.

D. Mais la société n'est-elle pas pour l'homme un état contre nature ?

R. Non : elle est au contraire un besoin, une loi que la nature lui impose par le propre fait de son organisation ; car, 1° la nature a tellement constitué l'être humain, qu'il ne voit point son semblable d'un autre sexe sans éprouver des émotions et un attrait dont les suites le conduisent à vivre en famille, qui déjà est un état de société ; 2° en le formant sensible, elle l'a organisé de manière que les sensations d'autrui se réfléchissent en lui-même, et y excitent des *co-sentiments* de plaisir, de douleur, qui sont un attrait et un lien indissoluble de la société ; 3° enfin, l'état de société, fondé sur les besoins de l'homme, n'est qu'un moyen de plus de remplir la loi de se conserver ; et dire que cet état est hors de nature parce qu'il est plus parfait, c'est dire qu'un fruit, amer et sauvage dans les bois, n'est plus le produit de la nature, alors qu'il est devenu doux et délicieux dans les jardins où on l'a cultivé.

D. Pourquoi donc des philosophes ont-ils appelé la vie sauvage l'état de *perfection* ?

R. Parce que, comme je vous l'ai dit, le vulgaire a souvent donné le nom de philosophes à des esprits bizarres, qui, par morosité, par vanité blessée, par dégoût des vices de la société, se sont fait de l'état sauvage des idées chimériques, contradictoires à leur propre système de l'homme parfait.

D. Quel est le vrai sens de ce mot *philosophe ?*

R. Le mot *philosophe* signifie *amant de la sagesse :* or, comme la sagesse consiste dans la pratique des lois naturelles, **le vrai** philosophe est celui qui connaît ces lois avec étendue et justesse, et qui y conforme toute sa conduite.

D. Qu'est-ce que l'homme dans l'état sauvage ?

R. C'est un animal brut, ignorant, une bête méchante et féroce, à la manière des ours et des orang-outangs.

D. Est-il heureux dans cet état ?

R. Non ; car il n'a que les sensations du moment ; et ces sensations sont habituellement celles de besoins violents qu'il ne peut remplir, attendu qu'il est ignorant par nature et faible par son isolement.

D. Est-il libre ?

R. Non : il est le plus esclave des êtres ; car sa vie dépend de tout ce qui l'entoure ; il n'est pas libre de manger quand il a faim, de se reposer quand il est las, de se réchauffer quand il a froid ; il court risque à chaque instant de périr : aussi la nature n'a-t-elle présenté que par hasard de tels individus ; et l'on voit que tous les efforts de l'espèce humaine depuis son origine n'ont tendu qu'à sortir de cet état violent, par le besoin pressant de sa conservation.

D. Mais ce besoin de conservation ne produit-il pas dans les individus l'*égoïsme*, c'est-à-dire l'*a*-

mour de soi? et l'égoïsme n'est-il pas contraire à l'état social ?

R. Non ; car, si par *égoïsme* vous entendez le penchant à nuire à autrui, ce n'est plus l'amour de soi, c'est la haine des autres. L'amour de soi, pris dans son vrai sens, non-seulement n'est pas contraire à la société, il en est le plus ferme appui, par la nécessité de ne pas nuire à autrui, de peur qu'en retour autrui ne nous nuise.

Ainsi la conservation de l'homme, et le développement de ses facultés dirigé vers ce but, sont la véritable loi de la nature dans la production de l'être humain ; et c'est de ce principe simple et fécond que dérivent, c'est à lui que se rapportent, c'est sur lui que se mesurent toutes les idées de *bien* et de *mal*, de *vice* et de *vertu*, de *juste* ou d'*injuste*, de *vérité* ou d'*erreur*, de *permis* ou de *défendu*, qui fondent la morale de l'homme individu, ou de l'homme social.

CHAPITRE IV

BASES DE LA MORALE ; DU BIEN, DU MAL, DU PÉCHÉ, DU CRIME, DU VICE ET DE LA VERTU

D. Qu'est-ce que le *bien* selon la loi naturelle ?

R. C'est tout ce qui tend à conserver et perfectionner l'homme.

D. Qu'est-ce que le *mal ?*

R. C'est tout ce qui tend à détruire et à détériorer l'homme.

D. Qu'entend-on par mal et bien *physique*, mal et bien *moral*?

R. On entend par ce mot *physique* tout ce qui agit immédiatement sur le corps. La santé est un bien *physique*; la maladie est un mal *physique*. Par *moral*, on entend ce qui n'agit que par des conséquences plus ou moins prochaines. La calomnie est un mal *moral*; a bonne réputation est un bien *moral*, parce que l'une et l'autre occasionnent à notre égard des dispositions et des *habitudes*[1] de la part des autres hommes, qui sont utiles ou nuisibles à notre conservation, et qui attaquent ou favorisent nos moyens d'existence.

D. Tout ce qui tend à conserver ou à produire est donc un *bien*?

R. Oui : et voilà pourquoi certains législateurs ont placé au rang des œuvres agréables à Dieu la culture d'un champ et la fécondité d'une femme.

D. Tout ce qui tend à donner la mort est donc un *mal*?

R. Oui : et voilà pourquoi des législateurs ont étendu l'idée du mal et du péché jusque sur le meurtre des animaux.

D. Le meurtre d'un homme est donc un crime dans la loi naturelle?

R. Oui : et le plus grand que l'on puisse commettre;

---

[1] C'est de ce mot *habitudes, actions répétées*, en latin *mores*, que vient le mot *moral* et toute sa famille.

car tout autre mal peut se réparer, mais le meurtre ne se répare point.

D. Qu'est-ce qu'un *péché* dans la loi naturelle?

R. C'est tout ce qui tend à troubler l'ordre établi par la nature, pour la conservation et la perfection de l'homme et de la société.

D. L'intention peut-elle être un mérite ou un crime?

R. Non; car ce n'est qu'une idée sans réalité; mais elle est un commencement de péché et de mal, par la tendance qu'elle donne vers l'action.

D. Qu'est-ce que la *vertu* selon la loi naturelle?

R. C'est la pratique des actions utiles à l'individu et à la société.

D. Que signifie ce mot individu?

R. Il signifie un homme considéré isolément de tout autre.

D. Qu'est-ce que le *vice* selon la loi naturelle?

R. C'est la pratique des actions nuisibles à l'individu et à la société.

D. Est-ce que la *vertu* et le *vice* n'ont pas un objet purement spirituel et abstrait des sens?

R. Non : c'est toujours à un but physique qu'ils se rapportent en dernière analyse, et ce but est toujours de détruire ou de conserver le corps.

D. Le vice et la vertu ont-ils des degrés de force et d'intensité?

R. Oui : selon l'importance des facultés qu'ils attaquent ou qu'ils favorisent, et selon le nombre d'individus en qui ces facultés sont favorisées ou lésées.

D. Donnez-m'en des exemples ?

R. L'action de sauver la vie d'un homme est plus vertueuse que celle de sauver son bien ; l'action de sauver la vie de dix hommes l'est plus que de sauver la vie d'un seul ; et l'action utile à tout le genre humain est plus vertueuse que l'action utile à une seule nation.

D. Comment la loi naturelle prescrit-elle la pratique du bien et de la vertu, et défend-elle celle du mal et du vice?

R. Par les avantages mêmes qui résultent de la pratique du bien et de la vertu pour la conservation de notre corps, et par les dommages qui résultent, pour notre existence, de la pratique du mal et du vice.

D. Ses préceptes sont donc dans l'action ?

R. Oui : ils sont l'action même considérée dans son effet présent et dans ses conséquences futures.

D. Comment divisez-vous les vertus?

R. Nous les divisons en trois classes : 1° vertus individuelles ou relatives à l'homme seul ; 2° vertus domestiques ou relatives à la famille ; 3° et vertus sociales ou relatives à la société.

CHAPITRE V

DES VERTUS INDIVIDUELLES

D. Quelles sont les vertus individuelles ?

R. Elles sont au nombre de cinq principales, savoir :

1° La *science,* qui comprend la prudence et la sagesse ;

2° La *tempérance,* qui comprend la sobriété et la chasteté ;

3° Le *courage,* ou la force du corps et de l'âme ;

4° L'*activité,* c'est-à-dire l'amour du travail et l'emploi du temps ;

5° Enfin la *propreté,* ou pureté du corps, tant dans les vêtements que dans l'habitation.

D. Comment la loi naturelle prescrit-elle la *science ?*

R. Par la raison que l'homme qui connaît les causes et les effets des choses pourvoit d'une manière étendue et certaine à sa conservation et au développement de ses facultés. La science est pour lui l'œil et la lumière, qui lui font discerner avec justesse et clarté tous les objets au milieu desquels il se meut ; et voilà pourquoi l'on dit un homme *éclairé,* pour désigner un homme savant et instruit. Avec la science et l'instruction on a sans cesse des ressources et des moyens de subsister ; et voilà pourquoi un philosophe, qui avait fait naufrage, disait au milieu de ses compagnons qui se désolaient de la perte de leurs fonds : *Pour moi, je porte tous mes fonds en moi.*

D. Quel est le vice contraire à la science ?

R. C'est l'ignorance.

D. Comment la loi naturelle défend-elle l'ignorance ?

R. Par les graves détriments qui en résultent pour notre existence ; car l'ignorant, qui ne connaît ni les causes ni les effets, commet à chaque instant les erreurs les plus pernicieuses à lui et aux autres ; c'est un aveugle qui marche à tâtons, et qui, à chaque pas, est heurté ou heurte ses associés.

D. Quelle différence y a-t-il entre un ignorant et un sot ?

R. La même différence qu'entre un aveugle de bonne foi et un aveugle qui prétend voir clair : la sottise est la réalité de l'ignorance, plus la vanité du savoir.

D. L'ignorance et la sottise sont-elles communes ?

R. Oui, très-communes ; ce sont les maladies habituelles et générales du genre humain : il y a trois mille ans que le plus sage des hommes disait : *Le nombre des sots est infini* ; et le monde n'a point changé.

D. Pourquoi cela ?

R. Parce que pour être instruit il faut beaucoup de travail et de temps, et que les hommes, nés ignorants et craignant la peine, trouvent plus commode de rester aveugles et de prétendre voir clair.

D. Quelle différence y a-t-il du savant au sage ?

R. Le savant connaît, et le sage pratique.

D. Qu'est-ce que la prudence ?

R. C'est la vue anticipée, la *prévoyance* des effets et des conséquences de chaque chose ; prévoyance au moyen de laquelle l'homme évite les dangers qui le menacent, saisit et suscite les occasions qui lui sont favorables ; d'où il résulte qu'il pourvoit à sa conservation pour le présent et pour l'avenir d'une manière étendue et sûre, tandis que l'imprudent qui ne calcule ni ses pas, ni sa conduite, ni les efforts, ni les résistances, tombe à chaque instant dans mille embarras, mille périls, qui détruisent plus ou moins lentement ses facultés et son existence.

D. Lorsque l'Évangile appelle bienheureux les pauvres d'esprit, entend-il parler des ignorants et des imprudents ?

R. Non ; car, en même temps qu'il conseille la simplicité des colombes, il ajoute la prudente finesse des serpents. Par simplicité d'esprit on entend la droiture, et le précepte de l'Évangile n'est que celui de la nature.

CHAPITRE VI

DE LA TEMPÉRANCE

D. Qu'est-ce que la tempérance ?

R. C'est un usage réglé de nos facultés, qui fait que nous n'excédons jamais, dans nos sensations, le but de la nature à nous conserver ; c'est la modération des passions.

D. Quel est le vice contraire à la tempérance ?

R. C'est le déréglement des passions, l'avidité de toutes les jouissances, en un mot, la cupidité.

D. Quelles sont les branches principales de la tempérance ?

R. Ce sont la sobriété, la continence ou la chasteté.

D. Comment la loi naturelle prescrit-elle la sobriété ?

R. Par son influence puissante sur notre santé. L'homme sobre digère avec bien-être ; il n'est point accablé du poids des aliments ; ses idées sont claires et faciles, il remplit bien toutes ses fonctions ; il vaque avec intelligence à ses affaires ; il vieillit exempt de maladies ; il ne perd point son argent en remèdes, et il jouit avec allégresse des biens que le sort et sa prudence lui ont procurés. Ainsi, d'une seule vertu la nature généreuse tire mille récompenses.

D. Comment prohibe-t-elle la gourmandise ?

R. Par les maux nombreux qui y sont attachés. Le gourmand, oppressé d'aliments, digère avec anxiété ; sa tête troublée par les fumées de la digestion ne conçoit point d'idées nettes et claires ; il se livre avec violence à des mouvements déréglés de luxure et de colère qui nuisent à sa santé ; son corps devient gras, pesant et impropre au travail ; il essuie des maladies douloureuses et dispendieuses ; il vit rarement vieux, et sa vieillesse est remplie de dégoûts et d'infirmités.

D. Doit-on considérer l'abstinence et le jeûne comme des actions vertueuses ?

R. Oui, lorsque l'on a trop mangé ; car alors l'abstinence et le jeûne sont des remèdes efficaces et simples ; mais lorsque le corps a besoin d'aliments, les lui refuser et le laisser souffrir de soif ou de faim, c'est un délire et un véritable péché contre la loi naturelle.

D. Comment cette loi considère-t-elle l'ivrognerie ?

R. Comme le vice le plus vil et le plus pernicieux. L'ivrogne, privé du sens et de la raison que Dieu nous a donnés, profane le bienfait de la Divinité ; il se ravale à la condition des brutes ; incapable de guider même ses pas, il chancèle et tombe comme l'épileptique ; il se blesse et peut même se tuer ; sa faiblesse dans cet état le rend le jouet et le mépris de tout ce qui l'environne ; il contracte dans l'ivresse des marchés ruineux, et il perd ses affaires ; il lui échappe des propos outrageux qui lui suscitent des ennemis, des repentirs ; il remplit sa maison de troubles, de chagrins, et finit par une mort précoce ou par une vieillesse cacochyme.

D. La loi naturelle interdit-elle absolument l'usage du vin ?

R. Non : elle en défend seulement l'abus ; mais comme de l'usage à l'abus le passage est facile et prompt pour le vulgaire, peut-être les législateurs qui ont proscrit l'usage du vin ont-ils rendu service à l'humanité.

D. La loi naturelle défend-elle l'usage de certaines

viandes, de certains végétaux, à certains jours dans certaines saisons ?

R. Non : elle ne défend absolument que ce qui nuit à la santé ; ses préceptes varient à cet égard comme les personnes, et ils composent même une science très-délicate et très-importante ; car la qualité, la quantité, la combinaison des aliments, ont la plus grande influence, non-seulement sur les affections momentanées de l'âme, mais encore sur ses dispositions habituelles. Un homme n'est point, à jeun, le même qu'après un repas, fût-il sobre. Un verre de liqueur, une tasse de café donnent des degrés divers de vivacité, de mobilité, de disposition à la colère, à la tristesse ou à la gaieté ; tel mets, parce qu'il pèse à l'estomac, rend morose et chagrin ; et tel autre, parce qu'il se digère bien, donne de l'allégresse, du penchant à obliger, à aimer. L'usage des végétaux, parce qu'ils nourrissent peu, rend le corps faible, et porte vers le repos, la paresse, la douceur; l'usage des viandes, parce qu'elles nourrissent beaucoup, et des spiritueux, parce qu'ils stimulent les nerfs, donne de la vivacité, de l'inquiétude, de l'audace. Or de ces habitudes d'aliments résultent des habitudes de constitution et d'organes qui forment ensuite les tempéraments marqués chacun de leur caractère. Et voilà pourquoi, surtout dans les pays chauds, les législateurs ont fait des lois de régime. De longues expériences avaient appris aux anciens que la science diététique composait une grande partie de la science morale ; chez les Égyptiens, chez les anciens Perses, chez les Grecs même, à l'Aréopage, ou ne traitait les affaires graves qu'à jeun ; et l'on a remarqué que chez les peuples où l'on délibère dans la chaleur des repas ou dans les fumées de la digestion, les délibérations étaient fougueuses, turbulentes, et leurs résultats fréquemment déraisonnables et perturbateurs.

CHAPITRE VII

DE LA CONTINENCE

D. La loi naturelle prescrit-elle la continence ?

R. Oui : parce que la modération dans l'usage de la plus vive de nos sensations est non-seulement utile, mais indispensable au maintien des forces et de la santé ; et parce qu'un calcul simple prouve que, pour quelques minutes de privation, l'on se procure de longues journées de vigueur d'esprit et de corps.

D. Comment défend-elle le libertinage ?

R. Par les maux nombreux qui en résultent pour l'existence physique et morale. L'homme qui s'y livre s'énerve, s'alanguit ; il ne peut plus vaquer à ses études ou à ses travaux ; il contracte des habitudes oiseuses, dispendieuses, qui portent atteinte à ses moyens de vivre, à sa considération publique, à son crédit ; ses intrigues lui causent des embarras, des soucis, des querelles, des procès, sans compter les maladies graves et profondes, la perte de ses forces par un poison intérieur et lent, l'hébétude de son esprit par l'épuisement du genre nerveux ; et enfin, une vieillesse prématurée et infirme.

D. La loi naturelle considère-t-elle comme vertu cette chasteté absolue si recommandée dans les institutions monastiques ?

R. Non ; car cette chasteté n'est utile ni à la société où elle a lieu, ni à l'individu qui la pratique : elle est même nuisible à l'un et à l'autre. D'abord elle nuit à la société en ce qu'elle la prive de la population, qui est un de ses principaux moyens de richesse et de puissance ; et de plus, en ce que les célibataires, bornant toutes leurs vues et leurs affections au temps de leur vie, ont en général un égoïsme peu favorable aux intérêts généraux de la société.

En second lieu, elle nuit aux individus qui la pratiquent, par cela même qu'elle les dépouille d'une foule d'affections et de relations qui sont la source de la plupart des vertus domestiques et sociales ; et de plus, il arrive souvent, par des circonstances d'âge, de régime, de tempérament, que la continence absolue nuit à la santé et cause de graves maladies, parce qu'elle contrarie les lois physiques sur lesquelles la nature a fondé le système de la reproduction des êtres : et ceux qui vantent si fort la chasteté, même en supposant qu'ils soient de bonne foi, sont en contradiction avec leur propre doctrine, qui consacre la loi de la nature par le commandement si connu : *Croissez et multipliez.*

D. Pourquoi la chasteté est-elle plus considérée comme vertu dans les femmes que dans les hommes ?

R. Parce que le défaut de chasteté dans les femmes a des inconvénients bien plus graves et bien plus dangereux pour elles et pour la société ; car, sans compter les chagrins et les maladies qui leur sont communs avec les hommes, elles sont encore exposées à toutes les incommodités qui précèdent, accompagnent et suivent l'état de maternité dont elles courent les risques. Que si cet état leur arrive hors des cas de la loi, elles deviennent un objet de scandale et de mépris public, et remplissent d'amertume et de trouble le reste de leur vie. De plus, elles demeurent chargées des frais d'entretien et d'éducation d'enfants dénués de pères : frais qui les appauvrissent et nuisent de toute manière à leur existence physique et morale. Dans cette situation, privées de la fraîcheur et de la santé qui font leurs appas, portant avec elles une surcharge étrangère et coûteuse, elles ne sont plus recherchées par les hommes, elles ne trouvent point d'établissement solide, elles tombent dans la pauvreté, la misère, l'avilissement, et traînent avec peine une vie malheureuse.

D. La loi naturelle descend-elle jusqu'au scrupule des désirs et des pensées ?

R. Oui, parce que dans les lois physiques du corps humain, les pensées et les désirs allument les sens, et provoquent bientôt les actions : de plus, par une autre loi de la nature dans l'organisation de notre corps, ces actions deviennent un besoin machinal qui se répète par périodes de jours ou de semaines, en sorte qu'à telle époque renaît le besoin de telle action, de telle sécrétion ; si cette action, cette sécrétion, sont nuisibles à la santé, leur habitude devient destructive de la vie même. Ainsi les désirs et les pensées ont une véritable importance naturelle.

D. Doit-on considérer la pudeur comme une vertu ?

R. Oui, parce que la pudeur, n'étant que honte de certaines actions, maintient l'âme et le corps dans toutes les habitudes utiles au bon ordre et à la conservation de soi-même. La femme pudique est estimée, recherchée, établie avec des avantages de fortune qui assurent son existence et la lui rendent agréable, tandis que l'impudente et la prostituée sont méprisées, repoussées et abandonnées à la misère et à l'avilissement.

CHAPITRE VIII

DU COURAGE ET DE L'ACTIVITÉ

D. Le courage et la force de corps et d'esprit sont-ils des vertus dans la loi naturelle ?

R. Oui, et des vertus très-importantes ; car elles sont des moyens efficaces et indispensables de pourvoir à notre conservation et à notre bien-être. L'homme courageux et fort repousse l'oppression, défend sa vie, sa liberté, sa propriété ; par son travail il se procure une subsistance abondante, et il en jouit avec tranquillité et paix d'âme. Que s'il lui arrive des malheurs dont n'ait pu le garantir sa prudence, il les supporte avec fermeté et résignation ; et voilà pourquoi les anciens moralistes avaient compté la force et le courage au rang des quatre vertus principales.

D. Doit-on considérer la faiblesse et la lâcheté comme des vices ?

R. Oui, puisqu'il est vrai qu'elles portent avec elles mille calamités. L'homme faible ou lâche vit dans des soucis, dans des angoisses perpétuelles ; il mine sa santé par la terreur, souvent mal fondée, d'attaques et de dangers ; et cette terreur, qui est un mal, n'est pas un remède ; elle le rend au contraire l'esclave de quiconque veut l'opprimer ; par la servitude et l'avilissement de toutes ses facultés, elle dégrade et détériore ses moyens d'existence, jusqu'à voir dépendre sa vie des volontés et des caprices d'un autre homme.

D. Mais, d'après ce que vous avez dit de l'influence des aliments, le courage et la force, ainsi que plusieurs autres vertus, ne sont-ils pas en grande partie l'effet de notre constitution physique, de notre tempérament ?

R. Oui, cela est vrai ; à tel point que ces qualités se transmettent par la génération et le sang, avec les éléments dont elles dépendent : les faits les plus répétés et les plus constants prouvent que dans les races des animaux de toute espèce, l'on voit certaines qualités physiques et morales attachées à tous les individus de ces races, s'accroître ou diminuer selon les combinaisons et les mélanges qu'elles en font avec d'autres races.

D. Mais alors que notre volonté ne suffit plus à

nous procurer ces qualités, est-ce un crime d'en être privés ?

R. Non ; ce n'est point un crime, c'est un *malheur ;* c'est ce que les anciens appelaient une *fatalité funeste ;* mais alors même, il dépend encore de nous de les acquérir ; car, du moment que nous connaissons sur quels éléments physiques se fonde telle ou telle qualité, nous pouvons en préparer la naissance, en exciter les développements par un maniement habile de ces éléments ; et voilà ce que fait la science de l'éducation, qui, selon qu'elle est dirigée, perfectionne ou détériore les individus ou les races, au point d'en changer totalement la nature et les inclinations ; et c'est ce qui rend si importante la connaissance des lois naturelles par lesquelles se font avec certitude et nécessité ces opérations et ces changements.

D. Pourquoi dites-vous que l'activité est une vertu selon la loi naturelle ?

R. Parce que l'homme qui travaille et emploie utilement son temps en retire mille avantages précieux pour son existence. Est-il né pauvre, son travail fournit à sa subsistance ; et si de plus il est sobre, continent, prudent, il acquiert bientôt de l'aisance, et il jouit des douceurs de la vie : son travail même lui donne ces vertus ; car, tandis qu'il occupe son esprit et son corps, il n'est point affecté de désirs déréglés, il ne s'ennuie point, il contracte de douces habitudes, il augmente ses forces, sa santé, et parvient à une vieillesse paisible et heureuse.

D. La paresse et l'oisiveté sont donc des vices dans la loi naturelle?

R. Oui, et les plus pernicieux de tous les vices ; car elles conduisent à tous les autres. Par la paresse et l'oisiveté, l'homme reste ignorant et perd même la science qu'il avait acquise : il tombe dans tous les malheurs qui accompagnent l'ignorance et la sottise ; par la paresse et l'oisiveté, l'homme, dévoré d'ennuis, se livre, pour les dissiper, à tous les désirs de ses sens, qui, prenant de jour en jour plus d'empire, le rendent intempérant, gourmand, luxurieux, énervé, lâche, vil et méprisable. Par l'effet certain de tous ces vices, il ruine sa fortune, consume sa santé, et termine sa vie dans toutes les angoisses des maladies et de la pauvreté.

D. A vous entendre, il semblerait que la pauvreté fût un vice?

R. Non : elle n'est pas un vice, mais elle est encore moins une vertu ; car elle est bien plus près de nuire que d'être utile : elle est même communément le résultat du vice, ou son commencement ; car tous les vices individuels ont l'effet de conduire à l'indigence, à la privation des besoins de la vie ; et quand un homme manque du nécessaire, il est bien près de se le procurer par des moyens vicieux, c'est-à-dire nuisibles à la société. Toutes les vertus individuelles, au contraire, tendent à procurer à l'homme une subsistance abondante ; et quand il a plus qu'il ne consomme, il lui est bien plus facile de donner aux autres et de pratiquer les actions utiles à la société.

D. Est-ce que vous regardez la richesse comme une vertu ?

R. Non ; mais elle est encore moins un vice ; c'est son usage que l'on peut appeler vertueux ou vicieux, selon qu'il est utile ou nuisible à l'homme et à la société. La richesse est un instrument dont l'usage seul et l'emploi déterminent la vertu ou le vice.

CHAPITRE IX

DE LA PROPRETÉ

D. Pourquoi comptez-vous la propreté au rang des vertus ?

R. Parce qu'elle en est réellement une des plus importantes, en ce qu'elle influe puissamment sur la santé du corps et sur sa conservation. La *propreté*, tant dans les vêtements que dans la maison, empêche les effets pernicieux de l'humidité, des mauvaises odeurs, des miasmes contagieux qui s'élèvent de toutes les choses abandonnées à la putréfaction : la propreté entretient la libre transpiration ; elle renouvelle l'air, rafraîchit le sang et porte l'allégresse même dans l'esprit.

Aussi voit-on que les personnes soigneuses de la propreté de leur corps et de leur habitation sont en général plus saines, moins exposées aux maladies que celles qui vivent dans la crasse et dans l'ordure ; et l'on remarque de plus, que la propreté entraîne avec elle, dans tout le régime domestique, des habitudes d'ordre et d'arrangement, qui sont l'un des premiers moyens et des premiers éléments du bonheur.

D. La *malpropreté* ou *saleté* est donc un vice véritable ?

R. Oui, aussi véritable que l'ivrognerie, ou que l'oisiveté dont elle dérive en grande partie. La malpropreté est la cause seconde et souvent première d'une foule d'incommodités, même de maladies graves ; il est constaté en médecine qu'elle n'engendre pas moins les dartres, la gale, la teigne, la lèpre, que l'usage des aliments corrompus ou âcres ; qu'elle favorise les influences contagieuses de la peste, des fièvres malignes ; qu'elle les suscite même dans les hôpitaux et dans les prisons ; qu'elle occasionne des rhumatismes en encroûtant la peau de crasse et s'opposant à la transpiration ; sans compter la honteuse incommodité d'être dévoré d'insectes, qui sont l'apanage immonde de la misère et de l'avilissement.

Aussi la plupart des anciens législateurs avaient-ils fait de la *propreté*, sous le nom de *pureté*, l'un des dogmes essentiels de leurs religions : voilà pourquoi ils chassaient de la société et punissaient même corporellement ceux qui se laissaient atteindre des maladies qu'engendre la malpropreté ; pourquoi ils avaient institué et consacré des cérémonies d'*ablutions*, de *bains*, de *baptêmes*, de *purifications* même par la flamme et par les fumées aromatiques de l'encens, de la myrrhe, du benjoin, etc. ; en sorte que tout le système des souillures, tous ces rites des choses *mon-*

des ou *immondes*, dégénérés depuis en abus et en préjugés, n'étaient fondés dans l'origine que sur l'observation judicieuse que des hommes sages et instruits avaient faite de l'extrême influence que la propreté du corps, dans les vêtements et l'habitation, exerce sur sa santé, et, par une conséquence immédiate, sur celle de l'esprit et des facultés morales.

Ainsi, toutes les vertus individuelles ont pour but plus ou moins direct, plus ou moins prochain, la conservation de l'homme qui les pratique ; et, par la conservation de chaque homme, elles tendent à celle de la famille et de la société, qui se composent de la somme réunie des individus.

CHAPITRE X

DES VERTUS DOMESTIQUES

D. Qu'entendez-vous par vertus domestiques ?

R. J'entends la pratique des actions utiles à la famille, censée vivre dans une même maison [1].

D. Quelles sont ces vertus ?

R. Ce sont l'économie, l'amour paternel, l'amour conjugal, l'amour filial, l'amour fraternel et l'accomplissement des devoirs de maître et de serviteur.

D. Qu'est-ce que l'économie ?

---

[1] Domestique vient du mot latin *domus*, maison.

R. C'est, selon le sens le plus étendu du mot[1], la bonne administration de tout ce qui concerne l'existence de la famille ou de la maison ; et, comme la subsistance y tient le premier rang, on a resserré le nom d'*économie* à l'emploi de l'argent aux premiers besoins de la vie.

D. Pourquoi l'économie est-elle une vertu ?

R. Parce que l'homme qui ne fait aucune dépense inutile se trouve avoir un surabondant qui est la vraie richesse, et au moyen duquel il procure à lui et à sa famille tout ce qui est véritablement commode et utile ; sans compter que par là il s'assure des ressources contre les pertes accidentelles et imprévues, en sorte que lui et sa famille vivent dans une douce aisance, qui est la base de la félicité humaine.

D. La dissipation et la prodigalité sont donc des vices ?

R. Oui ; car par elles l'homme finit par manquer du nécessaire ; il tombe dans la pauvreté, la misère, l'avilissement ; et ses amis mêmes, craignant d'être obligés de lui restituer ce qu'il a dépensé avec eux ou pour eux, le fuient comme le débiteur fuit son créancier et il reste abandonné de tout le monde.

D. Qu'est-ce que l'amour paternel ?

R. C'est le soin assidu que prennent les parents, de faire contracter à leurs enfants l'habitude de toutes les actions utiles à eux et à la société.

D. En quoi la tendresse paternelle est-elle une vertu pour les parents ?

---

[1] *Oïco-nomos*, en grec, *bon ordre de la maison*.

R. En ce que les parents qui élèvent leurs enfants dans ces habitudes se procurent pendant le cours de leur vie des jouissances et des secours qui se font sentir à chaque instant, et qu'ils assurent à leur vieillesse des appuis et des consolations contre les besoins et les calamités de tout genre qui assiégent cet âge.

D. L'amour paternel est-il une vertu commune ?

R. Non : malgré que tous les parents en fassent ostentation, c'est une vertu rare ; ils n'*aiment* pas leurs enfants, ils les *caressent*, et ils les gâtent ; ce qu'ils aiment en eux, ce sont les agents de leurs volontés, les instruments de leur pouvoir, les trophées de leur vanité, les hochets de leur oisiveté : ce n'est pas tant l'utilité des enfants qu'ils se proposent, que leur soumission, leur obéissance ; et si parmi les enfants on compte tant de bienfaités ingrats, c'est que parmi les parents il y a autant de bienfaiteurs despotes et ignorants.

D. Pourquoi dites-vous que l'amour conjugal est une vertu ?

R. Parce que la concorde et l'union qui résultent de l'amour des époux établissent au sein de la famille une foule d'habitudes utiles à sa prospérité et à sa conservation. Les époux unis aiment leur maison et ne la quittent que peu ; ils en surveillent tous les détails et l'administration ; ils s'appliquent à l'éducation de leurs enfants ; ils maintiennent le respect et la fidélité des domestiques ; ils empêchent tout désordre, toute dissipation ; et, par toute leur bonne conduite, ils vivent dans l'aisance et la considération ; tandis que les époux qui ne s'aiment point remplissent leur maison de querelles et de troubles, suscitent la guerre parmi les enfants et les domestiques ; livrent les uns et les autres à toute espèce d'habitudes vicieuses ; chacun dans la maison dissipe, pille, dérobe de son côté : les revenus s'absorbent sans fruit ; les dettes surviennent ; les époux mécontents se fuient, se font des procès ; et toute cette famille tombe dans le désordre, la ruine, l'avilissement et le manque du nécessaire.

D. L'adultère est-il un délit dans la loi naturelle ?

R. Oui ; car il traîne avec lui une foule d'habitudes nuisibles aux époux et à la famille. La femme ou le mari épris d'affections étrangères négligent leur maison, la fuient, en détournent autant qu'ils peuvent les revenus, pour les dépenser avec l'objet de leurs affections : de là les querelles, les scandales, les procès, le mépris des enfants et des domestiques, le pillage et la ruine finale de toute la maison : sans compter que la femme adultère commet un vol très-grave, en donnant à son mari des héritiers d'un sang étranger, qui frustrent de leur légitime portion les véritables enfants.

D. Qu'est-ce que l'amour filial ?

R. C'est, de la part des enfants, la pratique des actions utiles à eux et à leurs parents.

D. Comment la loi naturelle prescrit-elle l'amour filial ?

R. Par trois motifs principaux : 1° par sentiment ; car les soins affectueux des parents inspirent dès le bas âge de douces habitudes d'attachement ; 2° par justice ; car les enfants doivent à leurs parents le retour et l'indemnité des soins et même des dépenses qu'ils leur ont causés; 3° par intérêt personnel; car, s'ils les traitent mal, ils donnent à leurs propres enfants des exemples de révolte et d'ingratitude qui les autorisent un jour à leur rendre la pareille.

D. Doit-on entendre par amour filial une soumission passive et aveugle ?

R. Non; mais une soumission raisonnable et fondée sur la connaissance des droits et des devoirs mutuels des pères et des enfants; droits et devoirs sans l'observation desquels leur conduite mutuelle n'est que désordre.

D. Pourquoi l'amour fraternel est-il une vertu ?

R. Parce que la concorde et l'union qui résultent de l'amour des frères établissent la force, la sûreté, la conservation de la famille : les frères unis se défendent mutuellement de toute oppression; ils s'aident dans leurs besoins, se secourent dans leurs infortunes, et assurent ainsi leur commune existence; tandis que les frères désunis, abandonnés chacun à leurs forces personnelles, tous tombent dans les inconvénients de l'isolement et de la faiblesse individuelle. C'est ce qu'exprimait ingénieusement ce roi scythe qui, au lit de la mort, ayant appelé ses enfants, leur ordonna de rompre un faisceau de flèches : les jeunes gens, quoique nerveux, ne l'ayant pu; il le prit à son tour, et l'ayant délié, il brisa du bout des doigts chaque flèche séparée. Voilà, leur dit-il, les effets de l'union : unis en faisceau, vous serez invincibles; pris séparément, vous serez brisés comme des roseaux.

D. Quels sont les devoirs réciproques des maîtres et des serviteurs ?

R. C'est la pratique des actions qui leur sont respectivement et justement utiles ; et là commencent les rapports de la société ; car la règle et la mesure de ces actions respectives est l'équilibre ou l'égalité entre le service et la récompense, entre ce que l'un rend et ce que l'autre donne ; ce qui est la base fondamentale de toute société.

Ainsi, toutes les vertus domestiques et individuelles se rapportent plus ou moins médiatement, mais toujours avec certitude, à l'objet physique de l'amélioration et de la conservation de l'homme, et sont par là des préceptes résultant de la loi fondamentale de la nature dans sa formation.

CHAPITRE XI

DES VERTUS SOCIALES ; DE LA JUSTICE

D. Qu'est-ce que la société ?

R. C'est toute réunion d'hommes vivant ensemble sous les clauses d'un contrat exprès ou tacite, qui a pour but leur commune conservation.

D. Les vertus sociales sont-elles nombreuses ?

R. Oui : l'on en peut compter autant qu'il y a d'espèces d'actions utiles à la société ; mais toutes se réduisent à un seul principe.

D. Quel est ce principe fondamental ?

R. C'est la *justice*, qui seule comprend toutes les vertus de la société.

D. Pourquoi dites-vous que la justice est la vertu fondamentale et presque unique de la société ?

R. Parce qu'elle seule embrasse la pratique de toutes les actions qui lui sont utiles, et que toutes les autres vertus, sous les noms de charité et d'humanité, de probité, d'amour de la patrie, de sincérité, de générosité, de simplicité de mœurs et modestie, ne sont que des formes variées et des applications diverses de cet axiome : *Ne fais à autrui que ce que tu veux qu'il te fasse*, qui est la définition de la justice.

D. Comment la loi naturelle prescrit-elle la justice ?

R. Par trois attributs physiques, inhérents à l'organisation de l'homme.

D. Quels sont ces attributs ?

R. Ce sont l'égalité, la liberté, la propriété.

D. Comment l'égalité est-elle un attribut physique de l'homme ?

R. Parce que tous les hommes ayant également des yeux, des mains, une bouche, des oreilles, et le besoin de s'en servir pour vivre, ils ont par ce fait même un droit égal à la vie, à l'usage des éléments qui l'entretiennent; ils sont tous égaux devant Dieu.

D. Est-ce que vous prétendez que tous les hommes entendent également, voient également, sentent également, ont des besoins égaux, des passions égales ?

R. Non; car il est d'évidence et de fait journalier que l'un a la vue courte, et l'autre longue; que l'un mange beaucoup, et l'autre peu ; que l'un a des passions douces, et l'autre violentes ; en un mot, que l'un est faible de corps et d'esprit, tandis que l'autre est fort.

D. Ils sont donc réellement inégaux ?

R. Oui, dans les développements de leurs moyens, mais non pas dans la nature et l'essence de ces moyens ; c'est une même étoffe, mais les dimensions n'en sont pas égales ; le poids, la valeur, n'en sont pas les mêmes. Notre langue n'a pas le mot propre pour désigner à la fois l'identité de la nature, et la diversité de la forme et de l'emploi. C'est une égalité proportionnelle ; et voilà pourquoi j'ai dit, égaux devant Dieu, et dans l'ordre de nature.

D. Comment la liberté est-elle un attribut physique de l'homme ?

R. Parce que tous les hommes ayant des sens suffisant à leur conservation, nul n'ayant besoin de l'œil d'autrui pour voir, de son oreille pour entendre, de sa bouche pour manger, de son pied pour marcher, ils sont tous par ce fait même constitués naturellement indépendants, libres ; nul n'est nécessairement soumis à un autre, ni n'a le droit de le dominer.

D. Mais si un homme est né fort, n'a-t-il pas le droit naturel de maîtriser l'homme né faible ?

R. Non ; car ce n'est ni une nécessité pour lui, ni une convention entre eux ; c'est une extension abusive de sa force ; et l'on abuse ici du mot *droit*, qui, dans son vrai sens, ne peut désigner que *justice* ou *faculté réciproque*.

D. Comment la propriété est-elle un attribut physique de l'homme ?

R. En ce que tout homme étant constitué égal ou semblable à un autre, et par conséquent indépendant, libre, chacun est le maître absolu, le propriétaire plénier de son corps et des produits de son travail.

D. Comment la justice dérive-t-elle de ces trois attributs ?

R. En ce que les hommes étant égaux, libres, ne se devant rien, ils n'ont le droit de rien se demander les uns aux autres, qu'autant qu'ils se rendent des valeurs égales ; qu'autant que la balance du donné au rendu est en *équilibre* ; et c'est cette *égalité,* cet *équilibre* qu'on appelle *justice, équité* [1] ; c'est-à-dire qu'*égalité* et *justice* sont un même mot, sont la même *loi* naturelle, dont les vertus sociales ne sont que des applications et des dérivés.

CHAPITRE XII

DÉVELOPPEMENTS DES VERTUS SOCIALES

D. Développez-moi comment les vertus sociales dérivent de la loi naturelle. Comment la charité ou l'amour du prochain en est-il un précepte, une application ?

R. Par raison d'égalité et de réciprocité ; car, lorsque

---

[1] *Æquitas, æquilibrium, æqualitas,* sont tous de la même famille.

nous nuisons à autrui, nous lui donnons le droit de nous nuire à son tour : ainsi, en attaquant l'existence d'autrui, nous portons atteinte à la nôtre par l'effet de la réciprocité ; au contraire, en faisant du bien à autrui, nous avons lieu et droit d'en attendre l'échange, l'équivalent : et tel est le caractère de toutes les vertus sociales, d'être utiles à l'homme qui les pratique, par le droit de réciprocité qu'elles lui donnent sur ceux à qui elles ont profité.

D. La charité n'est donc que la justice?

R. Non ; elle n'est que la justice, avec cette nuance, que la stricte justice se borne à dire : *Ne fais pas à autrui le mal que tu ne voudrais pas qu'il te fît* ; et que la charité ou l'amour du prochain s'étend jusqu'à dire : *Fais à autrui le bien que tu en voudrais recevoir.* Ainsi l'Évangile, en disant que ce précepte renfermait toute la loi et tous les prophètes, n'a fait qu'énoncer le précepte de la loi naturelle.

D. Ordonne-t-elle le pardon des injures ?

R. Oui, en tant que ce pardon s'accorde avec la conservation de nous-mêmes.

D. Donne-t-elle le précepte de tendre l'autre joue quand on a reçu un soufflet ?

R. Non ; car d'abord il est contraire à celui d'aimer le prochain *comme soi-même,* puisqu'on l'aimerait plus que soi, lui qui attente à notre conservation. 2° Un tel précepte, pris à la lettre, encourage le méchant à l'oppression et à l'injustice ; et la loi naturelle a été plus sage, en prescrivant une mesure calculée de courage et de modération, qui fait oublier une première injure de vivacité, mais qui punit tout acte tendant à l'oppression.

D. La loi naturelle prescrit-elle de faire du bien à autrui sans compte et sans mesure ?

R. Non ; car c'est un moyen certain de le conduire à l'ingratitude. Telle est la force du sentiment de la justice implanté dans le cœur des hommes, qu'ils *ne savent pas même gré des bienfaits donnés sans discrétion.* Il n'est qu'une seule mesure avec eux, c'est d'être juste.

D. L'aumône est-elle une action vertueuse ?

R. Oui, quand elle est faite selon cette règle ; sans quoi elle devient une imprudence et un vice, en ce qu'elle fomente l'oisiveté, qui est nuisible au mendiant et à la société ; nul n'a droit de jouir du bien et du travail d'autrui, sans rendre un équivalent de son propre travail.

D. La loi naturelle considère-t-elle comme vertus l'espérance et la foi, que l'on joint à la charité ?

R. Non ; car ce sont des idées sans réalité ; que s'il en résulte quelques effets, ils sont plutôt à l'avantage de ceux qui n'ont pas ces idées que de ceux qui les ont ; en sorte que l'on peut appeler la *foi* et l'*espérance* les vertus des *dupes* au profit des fripons.

D. La loi naturelle prescrit-elle la probité ?

R. Oui ; car la probité n'est autre chose que le respect de ses propres droits dans ceux d'autrui : respect fondé sur un calcul prudent et bien combiné de nos intérêts comparés à ceux des autres.

D. Mais ce calcul, qui embrasse des intérêts et des droits compliqués dans l'état social, n'exige-t-il pas des lumières et des connaissances qui en font une science difficile ?

R. Oui, et une science d'autant plus délicate, que l'honnête homme prononce dans sa propre cause.

D. La probité est donc un signe d'étendue et de justesse dans l'esprit ?

R. Oui ; car presque toujours l'honnête homme néglige un intérêt présent afin de ne pas en détruire un à venir ; tandis que le fripon fait le contraire et perd un grand intérêt à venir pour un petit intérêt présent.

D. L'improbité est donc un signe de fausseté dans le jugement, et de rétrécissement dans l'esprit ?

R. Oui ; et l'on peut définir les fripons, des calculateurs ignorants ou sots ; car ils n'entendent point leurs véritables intérêts, et ils ont la prétention d'être fins ; et cependant leurs finesses n'aboutissent jamais qu'à être connus pour ce qu'ils sont ; à perdre la confiance, l'estime, et tous les bons services qui en résultent pour l'existence sociale et physique. Ils ne vivent en paix ni avec les autres, ni avec eux-mêmes ; et, sans cesse menacés par leur conscience et par leurs ennemis, ils ne jouissent d'autre bonheur réel que de celui de n'être pas encore pendus.

D. La loi naturelle défend donc le vol ?

R. Oui ; car l'homme qui vole autrui lui donne le droit de le voler lui-même ; dès lors plus de sûreté dans sa propriété ni dans ses moyens de conservation ;

CHAPITRE XII

ainsi, en nuisant à autrui, il se nuit par contre-coup à lui-même.

D. Défend-elle même le désir du vol ?

R. Oui ; car ce désir mène naturellement à l'action ; et voilà pourquoi l'on a fait un péché de l'envie.

D. Comment défend-elle le meurtre ?

R. Par les motifs les plus puissants de la conservation de soi-même ; car, 1° l'homme qui attaque s'expose au risque d'être tué, par droit de défense ; 2° s'il tue, il donne aux parents, aux amis du mort et à toute la société un droit égal, celui de le tuer lui-même ; et il ne vit plus en sûreté.

D. Comment peut-on, dans la loi naturelle, réparer le mal qu'on a fait?

R. En rendant à ceux à qui l'on a fait ce mal un bien proportionnel.

D. Permet-elle de le réparer par des prières, des vœux, des offrandes à Dieu, des jeûnes, des mortifications?

R. Non ; car toutes ces choses sont étrangères à l'action que l'on veut réparer ; elles ne rendent ni le bœuf à celui à qui on l'a volé, ni l'honneur à celui que l'on en a privé, ni la vie à celui à qui on l'a arrachée ; par conséquent, elles manquent le but de la justice ; elles ne sont qu'un contrat pervers, par lequel un homme vend à un autre un bien qui ne lui appartient pas ; elles sont une véritable dépravation de la morale, en ce qu'elles enhardissent à consommer tous les crimes par l'espoir de les expier : aussi ont-elles été la cause véritable de tous les maux qui ont toujours tourmenté les peuples chez qui ces pratiques expiatoires ont été usitées.

D. La loi naturelle ordonne-t-elle la sincérité ?

R. Oui ; car le mensonge, la perfidie, le parjure, suscitent parmi les hommes les défiances, les querelles, les haines, les vengeances, et une foule de maux qui tendent à leur destruction commune; tandis que la sincérité et la fidélité établissent la confiance, la concorde, la paix, et les biens infinis qui résultent d'un tel état de choses pour la société.

D. Prescrit-elle la douceur et la modestie ?

R. Oui ; car la rudesse et la dureté, en aliénant de nous le cœur des autres hommes, leur donnent des dispositions à nous nuire ; l'ostentation et la vanité, en blessant leur amour-propre et leur jalousie, nous font manquer le but d'une véritable utilité.

D. Prescrit-elle l'humilité comme une vertu ?

R. Non ; car il est dans le cœur humain de mépriser secrètement tout ce qui lui présente l'idée de la faiblesse ; et l'avilissement de soi encourage dans autrui l'orgueil et l'oppression ; il faut tenir la balance juste.

D. Vous avez compté pour vertu sociale la *simplicité des mœurs ;* qu'entendez-vous par ce mot ?

R. J'entends le resserrement des besoins et des désirs à ce qui est véritablement utile à l'existence du citoyen et de sa famille ; c'est-à-dire que l'homme de *mœurs simples* a peu de besoins et vit content de peu.

D. Comment cette vertu nous est-elle prescrite ?

CHAPITRE XII

R. Par les avantages nombreux que sa pratique procure à l'individu et à la société ; car l'homme qui a besoin de peu s'affranchit tout à coup d'une foule de soins, d'embarras, de travaux ; évite une foule de querelles et de contestations qui naissent de l'avidité et du désir d'acquérir ; il s'épargne les soucis de l'ambition, les inquiétudes de la possession et les regrets de la perte : trouvant partout du superflu, il est le véritable riche ; toujours content de ce qu'il a, il est heureux à peu de frais ; et les autres ne craignant point sa rivalité, le laissent tranquille et sont disposés au besoin à lui rendre service.

Que si cette vertu de simplicité s'étend à tout un peuple, il s'assure par elle l'abondance ; riche de tout ce qu'il ne consomme point, il acquiert des moyens immenses d'échange et de commerce ; il travaille, fabrique, vend à meilleur marché que les autres, et atteint à tous les genres de prospérité au dedans et au dehors.

D. Quel est le vice contraire à cette vertu ?

R. C'est la cupidité et le luxe.

D. Est-ce que le luxe est un vice pour l'individu et la société ?

R. Oui : à tel point, que l'on peut dire qu'il embrasse avec lui tous les autres ; car l'homme qui se donne le besoin de beaucoup de choses s'impose par là même tous les soucis, et se soumet à tous les moyens justes ou injustes de leur acquisition. A-t-il une jouissance, il en désire une autre ; et au sein du superflu de tout, il n'est jamais riche : un logement commode ne lui suffit pas, il lui faut un hôtel superbe ; il n'est pas content d'une table abondante, il lui faut des mets rares et coûteux : il lui faut des ameublements fastueux, des vêtements dispendieux, un attirail de laquais, de chevaux, de voitures ; des femmes, des spectacles, des jeux. Or, pour fournir à tant de dépenses, il lui faut beaucoup d'argent; et, pour se le procurer, tout moyen lui devient bon, et même nécessaire : il emprunte d'abord, puis il dérobe, pille, vole, fait banqueroute, est en guerre avec tous, ruine et est ruiné.

Que si le luxe s'applique à une nation, il y produit en grand les mêmes ravages ; par cela qu'elle consomme tous ses produits, elle se trouve pauvre avec l'abondance ; elle n'a rien à vendre à l'étranger ; elle manufacture à grands frais ; elle vend cher ; elle se rend tributaire de tout ce qu'elle retire ; elle attaque au dehors sa considération, sa puissance, sa force, ses moyens de défense et de conservation ; tandis qu'au dedans elle se mine et tombe dans la dissolution de ses membres. Tous les citoyens, étant avides de jouissances, se mettent dans une lutte violente pour se les procurer ; tous se nuisent ou sont prêts à se nuire : et de là des actions et des habitudes usurpatrices qui composent ce que l'on appelle *corruption morale*, guerre intestine de citoyen à citoyen. Du luxe naît l'avidité ; de l'avidité, l'invasion par violence, par mauvaise foi : du luxe naît l'iniquité du juge, la vénalité du témoin, l'improbité de l'époux, la prostitution de la femme, la dureté des parents, l'ingratitude des enfants, l'avarice du maître, le pillage du serviteur, le brigandage de l'administrateur, la perversité du législateur, le mensonge, la perfidie, le parjure, l'assassinat, et tous les désordres de l'état social ; en sorte que c'est avec un sens profond de vérité que les anciens moralistes ont posé la base des vertus sociales sur la simplicité des mœurs, la restriction des besoins, le contentement de peu ; et l'on peut prendre pour mesure certaine des vertus ou des vices d'un homme la mesure de ses dépenses proportionnées à son revenu, et calculer sur ses besoins d'argent sa probité, son intégrité à remplir ses engagements, son dévouement à la chose publique et son amour sincère ou faux de la *patrie*.

D. Qu'entendez-vous par ce mot *patrie* ?

R. J'entends la *communauté* des *citoyens qui*, réunis par des sentiments fraternels et des besoins réciproques, font de leurs forces respectives une force commune, dont la réaction sur chacun d'eux prend le caractère conservateur et bienfaisant de la *paternité*. Dans la société, les citoyens forment une banque d'intérêt : dans la patrie, ils forment une famille de doux attachements ; c'est la charité, l'amour du prochain étendu à toute une nation. Or, comme la charité ne peut s'isoler de la justice, nul membre de la famille ne peut prétendre à la jouissance de ces avantages, que dans la proportion de ses travaux ; s'il consomme plus qu'il ne produit, il empiète nécessairement sur autrui ; et ce n'est qu'autant qu'il consomme au dessous de ce qu'il produit ou de ce qu'il possède, qu'il peut acquérir des moyens de sacrifice et de générosité.

D. Que concluez-vous de tout ceci ?

R. J'en conclus que toutes les *vertus sociales* ne sont que *l'habitude des actions utiles* à la société et à l'individu qui les pratique ;

Qu'elles reviennent toutes à l'objet physique de la conservation de l'homme ;

Que la nature ayant implanté en nous le besoin de cette conservation, elle nous fait une loi de toutes ses conséquences, et un crime de tout ce qui s'en écarte ;

Que nous portons en nous le germe de toute vertu, de toute perfection ;

Qu'il ne s'agit que de le développer ;

Que nous ne sommes heureux qu'autant que nous observons les règles établies par la nature dans le but de notre conservation ;

Et que toute sagesse, toute perfection, toute loi, toute vertu, toute philosophie, consistent dans la pratique de ces axiomes fondés sur notre propre organisation :

Conserve-toi ;

Instruis-toi ;

Modère-toi ;

Vis pour tes semblables, afin qu'ils vivent pour toi.

NOTES

SERVANT D'ÉCLAIRCISSEMENTS ET D'AUTORITÉS A DIVERS
PASSAGES DU TEXTE

Page 7, lig. 2. (*Le fil de la Sérique.*) C'est-à-dire la *soie*, originaire du pays montueux où se termine la *grande muraille*, pays qui paraît avoir été le berceau de l'empire chinois, connu des Latins sous le nom de *Regio Serarum, Serica*.

Ibidem. (*Les tissus de Kachemire.*) C'est-à-dire les châles qu'Ézéchiel, cinq siècles avant notre ère, paraît avoir désignés sous le nom de *Choud-Choud*.

Page 21, lig. 14. (*La presqu'île trop célèbre de l'Inde.*) Quel bien véritable le commerce de l'Inde, entièrement composé d'objets de luxe, procure-t-il à la masse d'une nation? quels sont ses effets, sinon d'en exporter, par une marine dispendieuse en hommes, des matières de besoin et d'utilité, pour y importer des denrées inutiles, qui ne servent qu'à marquer mieux la distinction du riche et du pauvre ; et quelle masse de superstitions l'Inde n'a-t-elle pas ajoutée à la superstition générale?

Page 22, lig. 3. (*Voilà Thèbes aux cent palais.*) L'expédition française en Égypte a prouvé que Thèbes, divisée en quatre ou cinq cités, sur les deux bords du Nil, ne put avoir les *cent* portes dont parle Homère. (*Voy.* le tome II de la *Commission d'Égypte.*) L'historien Diodore de Sicile avait déjà indiqué la cause de l'erreur, en observant que le mot oriental, *porte*, signifiait aussi *palais* (à cause du vestibule public qui en forme toujours l'entrée), et cet auteur semble avoir saisi la cause de cette tradition grecque, quand il ajoute : « Depuis Thèbes jusqu'à Memphis, il a existé le long du « fleuve *cent* vastes écuries royales, dont on voit encore les « ruines, et qui contenaient chacune *deux cents* chevaux (pour le service du monarque) » : tous ces nombres sont exactement ceux d'Homère. (Voy. *Diodore de Sicile*, liv. I, sect. II, § des *premiers rois d'Égypte.*) Le nom d'*Éthiopiens* appliqué ici aux *Thébains* est justifié par l'exemple d'Homère et par la peau réellement noire de ces peuples. Les expressions d'Hérodote, lorsqu'il dit que les *Égyptiens* avaient la *peau noire* et les *cheveux crépus*, d'accord avec la tête du sphinx des pyramides, ont pu et dû faire croire à *l'auteur* du *Voyage en Syrie* que cet ancien peuple fut de race *nègre*, mais tout ce que l'expédition française a fait connaître de momies et de têtes sculptées est venu démentir cette idée ; et le voyageur, docile aux leçons des faits, a délaissé son opinion, avec plusieurs autres qu'il avait consignées dans un Mémoire chronologique, composé à l'âge de vingt-deux ans, et qui, mal à propos, occupe une place dans l'Encyclopédie in-4°, tome III des *Antiquités*. L'expérience et l'étude lui ont procuré le mérite de se redresser lui-même sur bien des points, dans un dernier ouvrage publié à Paris, en 1814 et 1815, sous le titre de *Recherches nouvelles sur l'Histoire ancienne*, 3 vol. in-8°. (Chez Bossange frères, libraires, rue Saint-André-des-Arts, n° 60. *Voy.* le tome II, pour les Égyptiens.)

Page 22, lig. 19. (*Ici étaient ces ports idumćens.*) Les villes d'*Aïlah* et d'*Atswm Gaber*, d'où les Juifs de Salomon, guidés par les *Tyriens* de *Hiram*, partaient pour se rendre à *Ophir*, lieu inconnu sur lequel on a beaucoup écrit, mais qui paraît avoir laissé sa trace dans *Ofor*, canton arabe, à l'entrée du golfe Persique. (*Voy*. à ce sujet les *Recherches nouvelles*, citées ci-dessus, tome Ier, et le *Voyage en Syrie*, tome II.)

Page 42, lig. 12. (*Ainsi parce qu'un homme fut plus fort, cette inégalité, accident de la nature, fut prise pour sa loi.*) Presque tous les anciens philosophes et politiques ont établi en principe et en dogme que les *hommes naissent inégaux; que la nature a créé les uns pour être libres, les autres pour être esclaves*. Ce sont les expressions positives d'Aristote dans sa *Politique*, et de Platon, appelé *divin*, sans doute dans le sens des rêveries mythologiques qu'il a débitées. Le *droit du plus fort* a été le *droit des gens* de tous les anciens peuples, des Gaulois, des Romains, des Athéniens ; et c'est de là précisément que sont dérivés les grands désordres politiques et les crimes publics des nations.

Page 42, lig. 22. (*Et le despotisme paternel fonda le despotisme politique.*) Qu'est-ce qu'une famille ? c'est la *portion* élémentaire dont se compose le grand corps appelé *nation*. L'esprit de ce grand corps n'est que la somme de ses fractions ; telles les mœurs de la famille, telles celles du tout. Les grands vices de l'Asie sont : 1° le *despotisme* paternel, 2° la polygamie, qui démoralise toute la maison, et qui, chez les rois et les princes, cause le massacre des frères à chaque succession, et ruine le peuple en apanages ; 3° le défaut de propriété des biens-fonds, par le droit tyrannique que s'arroge le despote ; 4° l'inégalité de partage entre les enfants ; 5° le droit abusif de tester ; 6° et l'exclusion donnée aux femmes dans l'héritage. Changez ces lois, vous changerez l'Asie.

Page 45, lig. 30. (*L'autre, effet de l'égoïsme, que tendant toujours à concentrer le pouvoir en une seule main.*) Il est très remarquable que la marche constante des sociétés a été dans ce sens, que commençant toutes par un état anarchique ou *démocratique*, c'est-à-dire par une grande division des pouvoirs, elles ont ensuite passé à *l'aristocratie*, et de l'aristocratie à la monarchie : de ce fait historique il résulterait que ceux qui *constituent des États sous la forme démocratique*, les destinent à subir tous les troubles qui doivent amener la *monarchie ;* mais il faudrait en même temps prouver que les *expériences sociales* sont déjà épuisées pour l'espèce humaine, et que ce mouvement spontané n'est pas l'effet même de son ignorance et de ses habitudes.

Page 47, lig. 26. (*Sous prétexte de religion, leur orgueil fonda des temples, dota des prêtres oiseux, bâtit, pour de vains squelettes, d'extravagants tombeaux, mausolées et pyramides.*) Le savant Dupuis n'a pu croire que les pyramides fussent des tombeaux ; mais, outre le témoignage positif des historiens, lisez ce que dit Diodore de l'importance religieuse et superstitieuse que tout Égyptien attachait à bâtir sa *demeure éternelle,* lib. I.

Pendant vingt ans, dit Hérodote, cent mille hommes travaillèrent chaque jour à bâtir la pyramide du roi égyptien *Cheops.* — Supposons par an seulement trois cents jours, à cause du *sabbat,* ce sera 30 millions de journées de travail en une année, et 600 millions de journées en vingt ans ; à 15 sous par jour, ce sera 450 millions de francs perdus sans aucun produit ultérieur. — Avec cette somme, si ce roi eût fermé l'isthme de Suez d'une *forte muraille,* comme celle de la *Chine,* la destinée de l'Égypte eût été tout autre. Les invasions étrangères eussent été arrêtées, anéanties, et les Arabes du désert n'eussent ni conquis, ni vexé ce pays. — *Travaux stériles !* que de milliards perdus à mettre pierre sur pierre, en forme de *temples* et *d'églises !* Les alchimistes changent *les pierres en or ;* les architectes changent l'or en pierres. Malheur aux rois (comme aux bourgeois) qui livrent leur bourse à ces deux classes d'empiriques !

Page 58, lig. 23. (*A prononcer mystérieusement* Aôm.) Ce mot, pour le sens, et presque pour le son, ressemble à l'*Aeuum* (œvum) des Latins, l'*éternité,* le *temps sans bornes.* Selon les Indiens, ce mot est l'emblème de la divinité tripartite : *A* désigne *Brahma* (le temps passé qui a créé); *U, Vichenou* (le temps *présent* qui conserve); *M, Chiven* (le temps futur qui détruira).

Ibid., lig. 26. (*S'il faut commencer par le coude.*) C'est un des grands points de schisme entre les partisans d'Omar et ceux d'Ali. Supposons que deux musulmans se rencontrent en voyage, et qu'ils s'abordent fraternellement; l'heure de la prière venue, l'un commence l'ablution par le bout des doigts, l'autre par le coude, et les voilà ennemis à mort. En d'autres pays, qu'un homme veuille manger de la viande tel jour plutôt que tel autre, ce sera un cri d'indignation. Quel nom donner à de telles folies ?

Page 67, lig. 18. (*La horde des Oguzians.*) Avant que les Turks eussent pris le nom de leur chef Othman Ier, ils portaient celui d'*Oguzians*; et c'est sous cette dénomination qu'ils furent chassés de la Tartarie par Gengiz, et vinrent des bords du *Gihoun* s'établir dans l'Anadoli.

Page 71, lig. 25. (*Qu'il régnait de peuple à peuple... des haines implacables.*) Lisez l'histoire des guerres de Rome et de Carthage, de Sparte et de Messène, d'Athènes et de Syracuse, des Hébreux et des Phéniciens ; et voilà cependant ce que l'antiquité vante de plus policé !

Page 79, lig. 5. (*Le Chinois avili par le despotisme du bambou.*) Les jésuites se sont efforcés de peindre sous de belles couleurs le gouvernement chinois ; aujourd'hui l'on sait que c'est un pur despotisme oriental (entravé par le vice d'une langue et surtout d'*une écriture mal construites*). Le peuple chinois est pour nous la preuve que dans l'antiquité, jusqu'à l'invention de l'écriture alphabétique, l'esprit humain eut beaucoup de peine à se déployer, comme avant les chiffres arabes on avait beaucoup de peine à compter. Tout dépend des méthodes : on ne changera la Chine qu'en changeant sa langue.

Page 86, lig. 10. (*Reconnaissez l'autorité légitime.*) Pour apprécier le sens du mot *légitime*, il faut remarquer qu'il vient du latin *legi-intimus*, *intrinsèque à la loi*, écrit en elle. Si donc la loi est faite par le *prince seul*, le prince seul se fait lui-même légitime : alors il est purement despote ; sa volonté est la *loi*. Ce n'est pas là ce qu'on veut dire ; car le même droit serait acquis à tout pouvoir qui le renverserait. Qu'est-ce que la *loi* (source du droit)? Le latin va encore nous le dire : le radical *leg-ere*, lire, *lectio*, a fait *lex, res lecta, chose lue :* cette chose lue est un *ordre de faire ou de ne pas faire telle action désignée*, et ce, sous la condition d'une *peine* ou d'*une récompense* attachées à l'*observation* ou à l'*infraction*. Cet *ordre est lu* à ceux qu'il concerne, afin qu'ils n'en ignorent. Il a été *écrit* afin d'être lu sans altération : tel est le sens, et telle fut l'origine du mot *loi*. De là les diverses épithètes dont il est susceptible : *loi sage, loi absurde, loi juste, loi injuste*, selon l'effet qui en résulte ; et c'est cet effet qui caractérise le pouvoir d'où elle émane. Or, dans l'état social, dans le gouvernement des hommes, qu'est-ce que le *juste* et l'*injuste ?* Le juste est de maintenir ou de rendre à chaque individu ce qui lui appartient : par conséquent, d'abord la vie qu'il tient d'un *pouvoir au dessus de tout* ; 2° l'usage des sens et des facultés qu'il tient de ce même pouvoir ; 3° la jouissance des fruits de son travail ; et tout cela, en ce qui ne blesse pas les *mêmes* droits en autrui ; car s'il les blesse, il y a *injustice*, c'est-à-dire rupture d'*égalité* et d'*équilibre* d'homme à homme. Or, plus il y a de lésés, plus il y a d'injustices : par conséquent, si, comme il est de fait, ce qu'on appelle le *peuple* compose l'immense majorité d'une nation, c'est l'intérêt, c'est le bien-être de cette majorité qui *constitue* la justice : ainsi la vérité se trouve dans l'axiome qui a dit : *Salus populi suprema lex esto*. Le *salut* du peuple, voilà la loi, voilà la *légitimité*. Et remarquez que le *salut* ne veut pas dire la *volonté*, comme l'ont supposé quelques fanatiques ; car d'abord le peuple peut se tromper ; puis comment exprimer cette volonté collective et abstraite? l'expérience nous l'a prouvé. *Salus populi!* L'art est de le connaître et de l'effectuer.

Page 92, lig. 18. (*L'idée de liberté contient essentiellement celle de justice qui naît de l'égalité.*) Les mots retracent eux-mêmes cette connexion; car *æquilibrium*, *æquitas*, *æqualitas*, sont tous d'une même famille, et l'idée de l'*égalité* matérielle, de la balance, est le type de toutes ces idées abstraites. La liberté elle-même, bien analysée, n'est encore que la *justice;* car si un homme, parce qu'il se dit libre, en attaque un autre, celui-ci, par le même droit de liberté, peut et doit le repousser : le droit de l'un est égal au droit de l'autre : la force peut rompre cet équilibre, mais elle devient injustice et tyrannie de la part du plus bas démocrate, comme de celle du plus haut potentat.

Page 104, lig. 26. (*Et cette religion* (de Mahomet) *n'a cessé d'inonder de sang la terre.*) Lisez l'histoire de l'Islamisme par ses propres écrivains, et vous vous convaincrez que toutes les guerres qui ont désolé l'Asie et l'Afrique depuis Mahomet ont eu pour cause principale le fanatisme apostolique de sa doctrine. On a calculé que César avait fait périr trois millions d'hommes : il serait curieux de faire le même calcul sur chaque fondateur de religion.

Page 107, lig. 18. (*Et cent autres sectes.*) Lisez à ce sujet le *Dictionnaire des hérésies*, par l'abbé Pluquet, qui en a omis un grand nombre ; 2 vol. in-8°, petit caractère.

Page 109, lig. 21. (*Et les Parsis se diviseront.*) Les sectateurs de Zoroastre, nommés *Parsis*, comme descendants des Perses, sont plus connus en Asie sous le nom injurieux de *Gaures* ou *Guèbres,* qui veut dire *infidèles ;* ils y sont ce que sont les Juifs en Europe. *Môbed* est le nom de leur *pape* ou *grand-prêtre.* Voy. *Henri Lord, Hyde,* et le *Zend-Avesta,* sur les rites de cette religion.

Page 110, lig. 12. (*Brahma.... réduit à servir de piédestal au lingam.*) Voy. le tome Ier in-4° du *Voyage de Sonnerat aux Indes.*

Page 111, lig. 21. (*Le Chinois l'adore dans* Fôt.) La langue chinoise n'ayant ni le *B* ni le *D*, ce peuple a prononcé *Fôt* ce que les Indiens et les Persans prononcent *Bodd*, ou *Boùdd* (par *où* bref). *Fôt*, au Pégou, est devenu *Fota* et *Fta*, etc. Ce n'est que depuis peu d'années que l'on commence d'avoir des notions exactes sur la doctrine de Boudd et de ses divers sectaires : nous devons ces notions aux savants anglais, qui, à mesure que leur nation subjugue les peuples de l'Inde, en étudient les religions et les mœurs pour les faire connaître. L'ouvrage intitulé *Asiatick Researches* est une collection précieuse en ce genre : on trouve dans le tome VI, page 163; dans le tome VII, page 32 et page 399, trois mémoires instructifs sur les *boudhistes* de *Ceylan* et de *Birmah* ou *Ava*. Un écrivain anonyme, mais qui paraît avoir médité ce sujet, a publié dans l'*Asiatick Journal de* 1816, mois de janvier et suivants, jusqu'en mai, des lettres qui font désirer de plus grands développements. Nous reviendrons à cet article dans une note du chapitre XXI.

Page 112, lig. 7. (*Le sintoïste nie l'existence*.) *Voy.* dans Kempfer la doctrine des sintoïstes, qui est celle *d'Épicure* mêlée à celle des *stoïciens*.

Ibidem, lig. 10. (*Le Siamois, l'écran talipat à la main*. C'est une feuille de palmier *latanier*; de là est venu aux bonzes de Siam le nom de *Talapoin*. L'usage de cet écran est un *privilége exclusif*.

Ibidem, lig. 15. (*Le sectateur de Confutsée cherche son horoscope*.) Les sectateurs de Confucius ne sont pas moins adonnés à l'astrologie que les bonzes. C'est la maladie morale de tout l'Orient.

Ibidem, lig. 19. *Le Dalaï-Lama*, ou *l'immense prêtre de La*, est ce que nos vieilles relations appelaient le prêtre *Jean*, par l'abus du mot persan *Djehân*, qui veut dire le monde. Ainsi le prêtre *Monde*, le dieu *Monde*, se lient parfaitement.

Dans une expédition récente, les Anglais ont trouvé des idoles des *lamas* qui contenaient des *pastilles sacrées* de la garde-robe du *grand-prêtre*. On en peut citer pour témoins *Hastings*, et le colonel *Pollier*, qui a péri dans les troubles d'Avignon. On sera bien étonné d'apprendre que cette idée si révoltante tient à une idée profonde, celle de la *métempsycose*, qu'admettent les *lamas*. Lorsque les Tartares *avalent* les reliques du *pontife* (comme ils le pratiquent), ils imitent le jeu de l'univers, dont les parties s'absorbent et passent sans cesse les unes dans les autres. C'est le *serpent qui dévore sa queue ;* et ce serpent est *Boudd* et le *monde*.

Page 119, lig. 15. (*Qui adore un serpent dont les porcs sont avides.*) Il arrive souvent que les porcs dévorent des serpents de l'espèce que les nègres adorent, et c'est une grande désolation dans le pays. Le président de Brosses a rassemblé, dans son *Histoire des Fétiches*, un tableau curieux de toutes ces folies.

(*Voilà le Teleute.*) Les Teleutes, nation tartare, se peignent Dieu portant un vêtement de toutes les couleurs, et surtout des couleurs rouges et vertes ; et parce qu'ils les trouvent dans un habit de dragon russe, ils en font la comparaison à ce genre de soldats. Les Égyptiens habillaient aussi le dieu *Monde* d'un habit de toute couleur. *Eusèbe*, *Præp. Evang.*, p. 115, lib. III. Les *Teleutes* appellent Dieu *Bou*, ce qui n'est qu'une altération de *Boudd*, le dieu Œuf et *Monde*.

(*Voilà le Kamtschadale.*) Consultez à ce sujet l'ouvrage intitulé *Description des peuples soumis à la Russie*, et vous verrez que le tableau n'est point chargé.

Page 126, lig. 14. (*Votre système porte tout entier sur des sens allégoriques.*) Quand on lit les *Pères* de l'Église, et que l'on voit sur quels arguments ils ont élevé l'édifice de la religion, l'on a peine à comprendre tant de crédulité ou de mauvaise foi ; mais c'était alors la manie des allégories : les païens s'en servaient pour expliquer les actions des dieux, et les chrétiens ne firent que suivre l'esprit de leur siècle en le tournant vers un autre côté. Il serait curieux de publier aujourd'hui de tels livres, ou seulement leurs extraits.

Page 129, lig. 26. (*Les Juifs devinrent nos imitateurs, nos disciples.*) Voy. à ce sujet le tome Ier des *Recherches nouvelles sur l'Histoire ancienne*, où il est démontré que le *Pentateuque* n'est point l'ouvrage de Moïse : cette opinion était répandue dans les premiers temps du christianisme, comme on le voit dans les *Clémentines*, homélie II, § 51, et homélie VIII, § 42 ; mais personne n'avait démontré que le véritable auteur fût le grand-prêtre *Helkias*, l'an 618 avant J.-C.

Page 131, lig. 2. (*Tant de choses analogues au christianisme.*) Les *parsis* modernes et les *mithriaques* anciens, qui sont la même chose, ont tous les sacrements des chrétiens, même le *soufflet* de la confirmation. « Le *prêtre de Mithra*, dit Tertullien, *De præscriptione*, c. 40, promet la délivrance des péchés par leur *aveu* et par le *baptême* ; et, s'il m'en souvient bien, *Mithra* marque ses soldats au front (avec le *chrême*, *Kouphi* égyptien) ; il célèbre l'*oblation du pain*, l'image de la *résurrection*, et présente la couronne, en menaçant de l'épée, etc. »

Dans ces mystères on éprouvait l'initié par mille terreurs, par la menace du feu, de l'épée, etc., et on lui présentait une couronne qu'il refusait, en disant : *Dieu est ma couronne. Voyez* cette *couronne* dans la sphère céleste, à côté de *Bootes*. Les personnages de ces mystères portaient tous des noms d'*animaux constellés*. La messe n'est pas autre chose que la célébration de ces mystères et de ceux d'Éleusis. Le *Dominus vobiscum* est à la lettre la formule de réception *chon-k, àm, p-ak.* Voy. Beausobre, *Histoire du Manichéisme*, tome II.

Ibidem, lig. 14. (*Longtemps avant Iésous.*) D'après les

notions des savants anglais dans l'Inde, la doctrine de *Boud dha* y est très-ancienne. L'écrivain anonyme que nous avons cité, page 282, lig. 14, cite un traité écrit il y a peu d'années par le chef des prêtres *bouddhistes* d'*Ava*, à la prière de l'évêque catholique de cette ville, qui dit : « Que les *dieux* « qui ont apparu dans le présent monde jusqu'à ce jour « sont au nombre de quatre, savoir : *Bouddha Chaucasam*, « *Bouddha Gonagom*, *Bouddha Gaspa* et *Bouddha Gau-* « *tama*, duquel la loi règne actuellement; il obtint la divinité « à trente-cinq ans, et passa à l'immortalité 2362 ans avant « la date dudit écrit, qui se place vers 1805). » Par conséquent *Gautama* serait mort vers l'an 557 avant l'ère chrétienne, au temps où régnait Kyrus en Perse, et où florissait Pythagore.

2° D'autre part, des écrivains arabes et persans, cités dans l'Histoire des Huns, tome II, par de Guignes; dans l'Histoire de la Chine, tome V, in-4°, note de la page 50, et dans la préface de l'*Ezour-Vedam* (Yadjour-Veda), placent l'apparition d'un autre *Bouddha* à l'année 1027 avant notre ère (ce serait *Gaspa*).

3° Le *Tableau statistique* de l'empereur mogol *Akbar*, intitulé *Ain Akberi*, traduit par Gladwin, dit, pag. 433, tome II, que *Boudd* avait disparu 2962 ans avant l'an 40 de cet empereur, c'est-à-dire 1366 ans avant J.-C. (ce serait *Gonagom*).

Page 132, lig. 5. Les *Vedas* ou *Vedams* sont les livres sacrés des Indous, comme les bibles chez nous. On en compte trois : le *Rick* Veda, le *Yadjour* Veda, et le *Sama* Veda : ils sont si rares dans l'Inde, que les Anglais ont eu beaucoup de peine à en trouver un original, dont ils ont fait faire une copie déposée au British Muséum ; ceux qui comptent *quatre* Vedas y comprennent l'*Attar* Veda, qui traite des cérémonies, et qui est perdu. Il y a ensuite des Commentaires nommés *Upanishada*, dont l'un a été publié par Anquetil du Péron, sous le titre de *Oupnekhat*, livre curieux en ce qu'il donne idée de tous les autres. La date de ces livres passe 25 siècles au-dessus de notre ère ; leur contenu prouve que toutes les rêveries des métaphysiciens grecs viennent de l'Inde et de l'Égypte. — Depuis l'an 1788, les savants anglais exploitent dans l'Inde une mine de littérature dont on n'avait aucune idée en Europe, et qui prouve que la civilisation de l'Inde remonte à une très-haute antiquité. Après les *Vedas* viennent les *Chastras*, au nombre de six. Ils traitent de théologie et de sciences. Puis viennent, au nombre de 18, les *Pouranas,* qui traitent de mythologie et d'histoire ; voyez le *Bahgouet-guîta*, le *Baga Vedam*, et l'*Ezour-Vedam*, traduits en français, etc.

Page 136, lig. 4. Toute cette cosmogonie des *lamas*, des *bonzes*, et même des brahmes, comme l'atteste Henri Lord, revient littéralement à celle des anciens Égyptiens. « Les Égyptiens, dit Porphyre, *appellent Kneph, l'intelligence* ou « *cause effectrice* (de l'univers). Ils racontent que ce dieu « rendit par la bouche un *œuf*, duquel fut produit un autre « *dieu*, nommé *Phtha* ou Vulcain (le feu principe, le soleil), « et ils ajoutent que cet *œuf* est le monde. » *Euseb.*, *Præp. Evang.*, page 115.

« Ils représentent, dit-il ailleurs, le dieu *Kneph* ou la « cause efficiente, sous la forme d'un homme de couleur bleu « foncé (celle du ciel), ayant en main un sceptre, portant « une ceinture, et coiffé d'un petit *bonnet royal de plumes* « *très-légères*, pour marquer combien est *subtile* et fugace « l'idée de cet être. » Sur quoi j'observerai que *Kneph*, en hébreu, signifie une *aile*, une *plume ;* que cette couleur bleue (céleste) se retrouve dans la plupart des dieux de l'Inde et qu'elle est, sous le nom de *narayan*, une de leurs épithètes les plus célèbres.

Page 138, lig. 2. (*Que les lamas ne sont que des manichéens.*) Voyez l'Histoire du Manichéisme, par Beausobre, qui prouve que ces sectaires furent purement des zoroastriens ; ce qui fait remonter l'existence de leurs opinions

1200 ans avant J.-C. Il suit de là que *Boudd Chaucasam*
fut encore antérieur, puisque la doctrine *bouddhiste* se trouve
dans les plus anciens livres indiens, dont la date passe 3100
ans avant notre ère (tel que *Bahgouet-guîta*). Observez d'ailleurs que *Boudd* est la 9e *avatar* ou *incarnation* de *Vichenou*, ce qui le place à l'origine de cette théologie. En outre,
chez les Indiens, les Chinois, les Tibétains, etc., *Boudd* est
le nom de la planète que nous appelons *Mercure*; et du jour
de la semaine consacré à cette planète (le mercredi) ; cela le
remonte à l'origine du calendrier; en même temps cela nous
l'indique primitivement identique à *Hermès*; ce qui étend
son existence jusqu'en Égypte : maintenant remarquez que
les prêtres égyptiens racontaient qu'*Hermès mourant* avait
dit : « Jusqu'ici j'ai vécu exilé de ma véritable patrie ; j'y
« retourne : ne me pleurez pas ; je retourne à la céleste
« patrie où chacun se rend à son tour ; là est Dieu ; cette
« vie n'est qu'une mort. » Voyez *Chalcidius in Timœum*. Or,
cette doctrine est précisément celle des *bouddhistes anciens*,
ou *samanéens*, des *pythagoriciens* et des *orphiques* : dans
la doctrine d'Orphée, le *dieu monde* est représenté par un
œuf : dans les idiomes hébreu et arabe, l'œuf se nomme
baidh, analogue à *Boudd* (Dieu), et à *Boûd*, en persan,
l'*existence, ce qui est* (le monde). Boudd est encore analogue à *bed* et *vad*, qui, chez les Indiens, signifie *science*
Hermès en était le dieu : il était l'auteur des livres sacrés
ou *Vedas* égyptiens. On voit quels rameaux présente, et à
quelle antiquité tout ceci nous porte. Maintenant le prêtre
bouddhiste d'*Ava* ajoute : « Qu'il est de foi que, de temps à
« autre, le ciel envoie sur la terre des *Boudda* pour *amen*-
« *der les hommes, les retirer de leurs vices*, et les *remettre*
« *en voie de salut*. » Avec un tel dogme répandu dans
l'Inde, dans la Perse, dans l'Égypte, dans la Judée, on sent
combien les esprits ont dû être disposés dès longtemps à
ce que des siècles postérieurs nous offrent.

Ibidem, lig. 18. (*Fondé sur l'absence de tout monument*

authentique.) « Tout le monde sait », disait *Fauste*, qui, quoique manichéen, fut un des plus savants hommes du IIIᵉ siècle, « tout le monde sait que les Évangiles n'ont été « écrits ni par J.-C. ni par ses apôtres, mais *longtemps* « après, par des inconnus, qui, jugeant bien qu'on ne les « croirait pas sur des choses qu'ils n'avaient pas vues, mi- « rent à la tête de leurs récits des noms d'apôtres ou d'hom- « mes apostoliques et contemporains. » Sur cette question, voyez l'*Histoire des Apologistes de la Religion chrétienne*, attribuée à Fréret, mais qui est de Burigny, membre de l'Académie des Inscriptions. *Voyez* aussi Mosheim, *De rebus christianorum; Correspondance of Aterbury*, Archbishop, 5 vol. in-8°, 1798 Toland, *Nazarenus;* et Beausobre, *Histoire du Manichéisme*, tome Iᵉʳ. Il résulte de tout ce que l'on a écrit pour et contre, que l'origine précise du christianisme n'est pas connue ; que les prétendus témoignages de Josèphe (*Antiq. Jud.*, lib. XVIII, c. 3) et de Tacite (*Annales*, lib. XV, c. 44) ont été interpolés vers le temps du concile de Nicée, et que personne n'a encore mis en évidence le fait radical, c'est-à-dire l'existence réelle du personnage qui a occasionné le système. Sans cette existence néanmoins, il serait difficile de concevoir l'apparition du système à son époque connue, encore qu'il ne soit pas sans exemple en histoire de voir des suppositions gratuites et absolues. Pour résoudre ce problème vraiment curieux et important, il faudrait qu'un esprit doué de sagacité, muni d'instruction, et surtout d'impartialité, profitant des recherches déjà faites, y ajoutât un tableau comparatif de la doctrine des bouddhistes, et spécialement de la secte de *Samana Gautama*, contemporain de Kyrus ; qu'il examinât qu'elle fut la facilité des communications de l'Inde avec la Perse et la Syrie, surtout depuis le règne de Darius Hystaspe, qui, selon Agathias et Ammien, consulta les sages de l'Inde, et introduisit plusieurs de leurs idées chez les mages ; quelle fut encore cette facilité depuis Alexandre, sous les Séleucides, qui entretenaient des relations diplomatiques avec les rois indiens ; il verrait que, par suite de ces communications, le système des samanéens put se répandre de proche en proche jusqu'en Égypte ; qu'il put être la cause déterminante de la corporation des esséniens en Judée, etc. : alors il ne resterait plus qu'à examiner si, toutes choses étant ainsi préparées, l'exaltation générale des esprits n'a pas pu susciter un individu qui aurait rempli le rôle désigné ; soit que lui-même se fût cru et annoncé pour être le *personnage* attendu, soit que ce fût la multitude qui, enthousiasmée de sa conduite de sa doctrine et de ses prédications, lui en eût attribué l'emploi. Dans l'un et l'autre cas, il serait conforme aux probabilités humaines que des attroupements populaires eussent excité la surveillance et l'inquiétude du gouvernement romain, et qu'enfin un incident remarquable, tel que l'*entrée* en Jérusalem, eût déterminé le préfet à une mesure de rigueur, à un acte de sévice qui aurait brusquement terminé ce drame (à peu près comme il est raconté), mais qui n'aurait fait qu'accroître l'intérêt pour le personnage regretté, et par là, donné lieu à des récits et à des associations dont le résultat cadrerait parfaitement avec l'état de choses qui apparaît ensuite dans l'histoire. Sans doute là où manque son témoignage positif, l'on ne pourrait établir ce qu'on appelle *certitude morale*; mais par l'enchaînement des causes et des effets, on pourrait arriver à un degré de *probabilité* qui en produirait l'effet ; puisque d'ailleurs, avec les témoignages les plus positifs, l'histoire n'a jamais de droit qu'aux plus ou moins grandes probabilités.

Page 139, lig. 1. (*La doctrine intérieure.*) Les boudhistes ont deux doctrines, l'une *publique* et ostensible, l'autre *intérieure* et secrète, précisément comme les prêtres égyptiens. Pourquoi cette différence ? demandera-t-on ; c'est que, la doctrine *publique* enseignant les *offrandes*, les *expiations*, les *fondations*, etc., il est utile de la prêcher au peuple ; au lieu que, l'autre enseignant le *néant* et ne rapportant rien, il convient de ne la faire connaître qu'aux adeptes. On ne peut classer plus évidemment les hommes en *fripons* et en *dupes*.

Page 140, lig. 15. (*Voilà ce qu'a révélé notre Bouddha.*) Ce sont les propres termes de *La Loubère*, dans sa Description du royaume de Siam et de la théologie des *bonzes*. Leurs dogmes, comparés à ceux des anciens philosophes de la Grèce et de l'Italie, retracent absolument tout le système des stoïciens et des épicuriens, mêlé avec des superstitions astrologiques et quelques traits de pythagorisme.

Page 148, lig. 10. (*La barbarie originelle du genre humain.*) C'est le témoignage unanime de toutes les histoires et même des légendes, que les premiers hommes furent partout des sauvages, et que ce fut pour les civiliser et leur apprendre à *faire du pain* que les dieux se manifestèrent.

Ibidem, lig. 15. (*N'acquiert d'idées que par l'intermède de ses sens.*) Voilà précisément où ont échoué les anciens, et d'où sont venues leurs erreurs : ils ont supposé les *idées de Dieu innées*, coéternelles à l'âme ; et de là toutes les rêveries développées dans Platon et Yamblique. Voy. le *Timée*, le *Phédon*, et *De mysteriis Ægyptiorum*, sect. Ire, chapitre 3.

Page 153, lig. 10. (*Le témoignage de tous les anciens monuments.*) Il résulte clairement, dit Plutarque, des *vers d'Orphée* et des livres *sacrés* des Égyptiens et des Phrygiens que la *théologie* ancienne, non-seulement des Grecs, mais en général de tous les peuples, ne fut autre chose qu'un *système de physique, qu'un tableau des opérations de la nature*, enveloppé *d'allégories mystérieuses* et de *symboles énigmatiques ;* de manière que la multitude ignorante s'attachât plutôt au sens apparent qu'au sens caché, et que même dans ce qu'elle comprenait de ce dernier, elle supposât toujours quelque chose de plus profond que ce qui paraissait. *Plutarque, fragment d'un ouvrage perdu, cité dans Eusèbe, Præpar. Evang.*, lib. III, chap. I, page 85.

La plupart des philosophes, dit *Porphyre*, et entre autres Chæremon (*qui vécut en Égypte dans le premier siècle de l'ère chrétienne*), ne pensent pas qu'il ait jamais existé d'autre monde que celui que nous voyons ; et ils ne reconnaissent pas d'*autres dieux*, de tous ceux qu'allèguent les Égyptiens, que ce que l'on appelle vulgairement les *planètes*, les *signes* du *zodiaque* et les *constellations*, qui jouent avec eux en aspect (de *lever* et de *coucher*) ; à quoi ils ajoutent *leurs divisions de signes* en *décans* ou *maîtres du temps*, qu'ils appellent les *chefs forts* et *puissants*, dont les *noms*, les *vertus curatives* des maladies, les *couchers*, les *levers*, les *présages* de ce qui doit arriver, font la matière des almanachs (c'est-à-dire que les prêtres égyptiens faisaient de véritables almanachs de *Matthieu Laensberg*) : car lorsque les prêtres disaient que le soleil était l'*architecte* de l'univers, Chæremon sentait que tous leurs récits sur *Isis* et sur *Osiris*, que toutes leurs fables sacrées se rapportaient en partie aux planètes, aux phases de la lune, au cours du soleil, en partie (*aux étoiles de*) l'hémisphère du jour ou de la nuit, ou au fleuve du Nil ; en un mot, à des êtres physiques, naturels, et rien à des êtres *immatériels* et *dépourvus* de corps... Tous ces philosophes croient que les mouvements de notre volonté et de nos actions dépendent de ceux des astres, qu'ils en sont dirigés ; et ils soumettent tout aux lois d'une *nécessité* (physique) qu'ils appellent *destin* ou *fatum*, supposant une chaîne (de causes et d'effets) qui lie, par je ne sais quel lien, tous les êtres entre eux (depuis l'atome) jusqu'à la puissance supérieure, et à l'influence première de ces *dieux* ; en sorte que, soit dans les temples, soit dans les *simulacres* ou *idoles*, ils n'adorent autre chose que *la puissance de la destinée*. (Porphyr. *Epis. ad Janebonem.*)

Page 153, lig. 26. (*Exigea la connaissance des cieux.*) Jusqu'à ce jour on a répété, sur l'autorité indirecte de la *Genèse*, que l'astronomie avait été inventée par les *enfants de Noé*.

On a raconté gravement que, pâtres errants dans les plaines de *Sennaar*, ils employaient leur désœuvrement à rédiger un système des cieux : comme si des pâtres avaient *besoin* de connaître plus que l'étoile polaire, et comme si le *besoin* n'était pas l'unique motif de toute invention ! Si les anciens pasteurs furent si studieux et si habiles, comment arrive-t-il que les modernes soient si ignorants et si négligents? Or, il est de fait que les Arabes du désert ne connaissent pas six constellations, et qu'ils n'entendent pas un mot d'astronomie.

Page 154, lig. 25. (*Des génies auteurs des biens et des maux*) Il paraît que par le mot *genius* les anciens ont entendu proprement une *qualité*, une *faculté génératrice*, productrice ; car tous les mots de cette famille reviennent à ce sens : *generare, genos, genesis, genus, gens*.

« Les sabéens anciens et modernes, dit Maimonides, reconnaissent un dieu principal, fabricateur du monde et possesseur du ciel ; mais à cause de son éloignement trop grand, ils le pensent inaccessible ; et, imitant la conduite du peuple à l'égard des rois, ils emploient auprès de lui pour médiateurs, les *planètes* et leurs anges, auxquels ils donnent le titre de princes et de rois, et qu'ils supposent habiter dans ces corps lumineux, comme dans des *palais* ou *tabernacles*, etc. » (*More Nebuchim*, pars III, c. 29.)

Page 155, lig. 10. (*Un sexe tiré du genre de son appellation.*) Selon qu'un objet se trouva du genre masculin ou féminin dans la langue d'un peuple, le dieu qui porta son nom se trouva mâle ou femelle chez ce peuple. Ainsi les Cappadociens disaient le *dieu Lunus* et la *déesse Soleil* ; et ceci présente sans cesse les mêmes êtres sous des formes diverses, dans la mythologie des anciens.

Ibidem, lig. 28. (*Ce qui contribue à la conservation de soi et de ses semblables.*) A ceci Plutarque ajoute que ces prêtres (égyptiens) ont toujours fait le plus grand cas de la conservation de la santé..., et qu'ils la regardent comme une condition nécessaire au service des dieux et à la piété, etc. (*Voy. Isis* et *Osiris*, à la fin.)

Page 156, lig. 4. (*Paraissent remonter au delà de quinze mille ans.*) L'orateur historien suit ici l'opinion du savant *Dupuis*, qui d'abord en son Mémoire sur l'*Origine des Constellations*, puis dans son grand ouvrage sur l'*Origine de tous les Cultes*, a rassemblé une foule de preuves que jadis la *balance* était placée à l'équinoxe du printemps, et le *bélier* à l'équinoxe d'automne; c'est-à-dire que la *précession* des équinoxes a causé un déplacement de plus de sept signes L'action de ce phénomène est incontestable: les calculs les plus récents l'évaluent à 50 secondes 12 ou 15 tierces par an ; donc chaque degré de signe zodiacal est déplacé et *mis en arrière*, en 71 ans 8 ou 9 mois ; donc un signe entier en 2152 ou 53 ans. Or, si comme il est de fait, le point équinoxial du printemps fut juste au premier degré du *bélier*, l'an 388 avant J.-C.; c'est-à-dire si, à cette époque, le soleil avait parcouru et mis en arrière tout ce signe, pour entrer dans les *poissons*, qu'il a quitté de nos jours, il s'ensuit qu'il avait quitté le *taureau* 2153 ans auparavant, c'est-à-dire vers l'an 2540 avant J.-C., et qu'il y était entré vers l'an 4692 avant J.C. Ainsi, remontant de signe en signe, le premier degré du *bélier* avait été le point équinoxial d'automne environ 12912 ans avant l'an 388, c'est-à-dire 13300 ans avant l'ère chrétienne : ajoutez nos dix-huit siècles, vous avez quinze mille et cent ans, et de plus, la quantité de temps et de siècles qu'il fallut pour amener les connaissances astronomiques à ce degré d'élévation. Maintenant remarquez que le culte du signe *taureau* joue un rôle principal chez les Égyptiens, les Perses, les Japonais, etc.; ce qui indique à cette époque une marche commune d'idées chez ces divers peuples. Les cinq ou six mille ans de la Genèse ne font objection que pour ceux qui y croient par éducation. (*Voy.* à ce sujet l'analyse de la Genèse, dans le tom. Ier des *Recherches nouvelles sur l'Histoire ancienne*;

voy. aussi l'*Origine des Constellations*, par Dupuis, 1781 ; l'*Origine des Cultes*, en 3 volumes in-4º, 1794, et le *Zodiaque chronologique*, in-4º, 1806.)

Page 158, lig. 1. (*Les noms des objets terrestres qui leur répondaient.*) « Les anciens, dit Maimonides, portant toute « leur attention sur l'agriculture, donnèrent aux étoiles des « noms tirés de leurs occupations pendant l'année. » (*More Neb...*, pars v.)

Page 159, lig. 13. (*Tel fut le moyen d'appellation.*) Les anciens disaient : *crabiser, capriser, tortuiser*, comme nous disons : *serpenter, coqueler ;* tout le langage a été construit sur ce mécanisme.

Page 161, lig. 13. (*En qui la vertu des astres s'était insérée.*) Les anciens astrologues, dit le plus savant des Juifs (Maimonides), ayant consacré à chaque planète une couleur, un animal, un bois, un métal, un fruit, une plante, ils formaient de toutes ces choses une *figure* ou représentation de l'astre, observant pour cet effet de choisir un *instant approprié, un jour heureux*, tel que la *conjonction* ou tout autre aspect favorable ; par leurs cérémonies (magiques), ils croyaient pouvoir faire passer dans ces *figures* ou *idoles* les influences des êtres supérieurs (leurs modèles). C'étaient ces idoles qu'adoraient les *Kaldéens-sabéens* : dans le culte qu'on leur rendait, il fallait être vêtu de la couleur propre... Ainsi, par leurs pratiques, les astrologues introduisirent l'idolâtrie, *ayant pour objet de se faire regarder comme les dispensateurs des faveurs des cieux ;* et parce que les peuples anciens étaient entièrement adonnés à l'agriculture, ils leur persuadaient qu'ils avaient le pouvoir de disposer des *pluies* et des autres biens des saisons; ainsi, toute l'agriculture s'exerçait par des règles d'astrologie, et les prêtres faisaient des talismans pour chasser les sauterelles, les mouches, etc. Voy. *Maimonides, More Nebuchim*, pars III, c. 9.

« Les prêtres égyptiens, indiens, perses, etc., prétendent lier les dieux à leurs idoles, les faire descendre du ciel à leur gré ; ils menacent le soleil et la lune de révéler les secrets des mystères, d'ébranler les *cieux*, etc. » (*Eusèbe, Præparat. Evang.*, page 198, et Yamblique, *De mysteriis Ægyptiorum.*)

Page 161, lig. 26. (*Fut censé en remplir les rôles astronomiques.*) Ce sont les propres paroles de Yamblique, *De Symbolis Ægyptiorum*, c. 2, sect. 7. Il était le grand *Protée*, *le métamorphiste universel.*

Page 163, lig. 2. (*Votre tonsure est le disque du soleil.*) « Les Arabes, dit Hérodote, lib. III, *se rasent la tête en rond et autour des tempes*, ainsi que se la rasait, disent-ils, Bacchus (qui est le soleil). Jérémie, c. XXV, v. 23, parle de cette coutume La touffe que conservent les musulmans est encore prise du soleil, qui, chez les Égyptiens, était peint, au solstice d'hiver, n'ayant plus *qu'un cheveu sur la tête.* (*Votre étole est son zodiaque.*) Les étoles de la déesse de Syrie et de la Diane d'Éphèse, d'où dérivent celles des prêtres, portent les douze animaux du zodiaque. Les *chapelets* se retrouvent dans toutes les idoles indiennes, composées il y a plus de 4500 ans, et leur usage est universel et immémorial en Asie. La *crosse* est précisément le bâton de *Bootes* ou *Osiris*. (*Voy.* la planche 3.) Tous les lamas portent la mitre, ou bonnet *conique*, qui était l'emblème du soleil.

Ibidem, lig. 28. (*On en fit la vie historique d'Hercule.*) *Voy.* l'ouvrage de Dupuis, *Origine des Constellat.* et *Origine de tous les Cultes.*

Page 164, lig. 24. (*La réunion de ces figures avait des sens convenus.*) Le lecteur verra sans doute avec plaisir plusieurs exemples des hiéroglyphes des anciens.

« Les Égyptiens, dit Hor-Apollo, désignent l'éternité par les figures du soleil et de la lune. Ils figurent le monde par un serpent bleu à *écailles jaunes* (*les étoiles*; c'est le dragon chinois). S'ils veulent exprimer l'année, ils représentent

Isis, qui dans leur langue se nomme aussi *Sothis,* ou la *canicule,* première des constellations, par le lever de qui l'année commençait. Son inscription à Saïs était : *C'est moi qui me lève dans la constellation du chien.*

« Ils figurent aussi l'année par un *palmier,* et le mois par un *rameau,* parce que, chaque mois, le palmier pousse une branche.

« Ils la figurent encore par le quart d'un arpent. (L'arpent entier, divisé en *quatre,* désignait la période bissextile de quatre ans : l'abréviation de cette figure du champ quadripartite est visiblement la lettre *ha* ou *hêth,* septième de l'alphabet samaritain : les lettres alphabétiques pourraient bien n'être que des abréviations d'hiéroglyphes astronomiques ; et par cette raison on aurait écrit de droite à gauche, dans le sens de la marche des étoiles.) Ils désignent un *prophète* par l'image d'un *chien,* attendu que l'astre-chien *(Anoubis)* annonce par son lever l'inondation.

« Ils peignent l'inondation par un lion, parce qu'elle arrive sous ce signe ; et de là, dit Plutarque, l'usage des figures de lion vomissant de l'eau à la porte des temples.

« Ils expriment Dieu et la destinée par une étoile. Ils représentent aussi Dieu, dit Porphyre, par une pierre *noire,* parce que sa nature est *ténébreuse, obscure.* Toutes les choses blanches expriment les dieux *célestes, lumineux ;* toutes les *circulaires* expriment le monde, la *lune,* le *soleil,* les *orbites ;* tous les *arcs* et *croissants,* la lune... Ils figurent le *feu* et les dieux de l'Olympe par des *pyramides* et des *obélisques* (le nom du soleil, *Baal,* se trouve dans ce dernier mot), le soleil par un *cône* (la mitre d'Osiris), la terre par un cylindre (qui roule) ; la puissance génératrice (de l'air) par le *phallus,* et celle de la terre par un triangle, emblème de l'organe femelle. (*Eusèbe, Præpar. Evang.,* p. 98.)

« Le limon, dit Yamblique, *De symbolis,* sect. 7, c. 2, désigne la *matière,* la puissance *générative* et *nu-*

tritive ; tout ce qui reçoit la *chaleur*, la *fermentation* de la vie.

« Un homme assis sur le *lotos* ou *nénuphar* désigne l'*esprit moteur* (le soleil), qui, de même que cette plante vit dans l'eau sans toucher au limon, existe pareillement séparé de la matière, nageant dans l'espace, *se reposant sur lui même; rond* dans toutes ses parties, comme le fruit, les feuilles et les fleurs du *lotos*. (Brahma a des yeux de lotos, dit le *Chaster Néardisen*, pour désigner son intelligence, son *œil*, qui surnage à tout, comme la fleur du *lotos* sur l'eau.) Un homme au timon d'un vaisseau, continue Yamblique, désigne le *soleil* qui *gouverne* tout. Et Porphyre nous dit que c'est encore lui que représente un homme dans un vaisseau sur un crocodile (amphibie, emblème de l'air et de l'eau.)

« A Éléphantine on adorait une figure d'homme *assis, de couleur bleue,* ayant une tête de *bélier*. et des cornes de bouc qui embrassaient le disque ; le tout pour figurer la conjonction du soleil dans le bélier avec la lune ; la couleur bleue désigne la puissance attribuée à la lune dans cette conjonction, d'élever les eaux en *nuages* (apud Euseb., *Præpar. Evang.* pag. 116).

« L'épervier est l'emblème du *soleil* et de la *lumière*, à raison de son vol rapide et élevé au plus haut de l'air, où *abonde la lumière.*

« Le poisson est l'emblème de l'aversion, et l'hippopotame de la violence, parce que, dit-on, il tue son père et viole sa mère. De là, dit Plutarque, l'inscription hiéroglyphique du temple de Saïs, où l'on voit peints sur le vestibule : 1° un enfant, 2° un vieillard, 3° un épervier, 4° un poisson, et 5° un hippopotame ; ce qui signifie : 1° arrivant (à la vie), et 2° partant, 3° dieu, 4° hait, 5° l'injustice (Voyez *Isis et Osiris*).

« Les Égyptiens, ajoute-t-il, peignent le *monde* par un scarabée, parce que cet insecte pousse à contre-sens de sa marche une boule qui contient ses *œufs*, comme le ciel des fixes pousse le *soleil* (jaune de l'œuf) à contre-sens de sa rotation.

« Ils peignent le monde par le nombre *cinq*, qui est celui des éléments, savoir, dit Diodore, la terre, l'eau, l'air, le feu et l'éther ou *spiritus* (ils sont les mêmes chez les Indiens) ; et, selon les mystiques, dans Macrobe, ce sont le Dieu suprême ou premier mobile, l'intelligence ou *mens* née de lui, l'âme du monde qui en procède, les sphères célestes et les choses terrestres. De là, ajoute Plutarque, l'analogie de *penté*, *cinq* (en grec), à *Pan*, le *tout*.

« L'âne, dit-il encore, désigne *Typhon*, parce qu'il est de couleur *rousse*, comme lui ; or Typhon est tout ce qui est *bourbeux*, limoneux » (et j'observerai qu'en hébreu, *limon*, couleur *rousse*, et *âne*, sont des mots formés de la même racine *hamr*). De plus, Yamblique nous a dit que le *limon* désignait la *matière*, et il ajoute ailleurs que tout *mal*, toute *corruption* viennent de la matière ; ce qui, comparé au mot de Macrobe, *tout est périssable*, sujet au changement dans la sphère céleste, nous donne la théorie du système d'abord physique, puis moralisé, du *bien* et du *mal* des anciens. (*Voy.* encore le Mémoire *sur le zodiaque de Dendera*, que le savant Dupuis a inséré dans le journal intitulé : *Revue philosophique*, année 1801.)

Page 167, lig. 26. (*Une cause insensée de superstition.*) C'est le propre texte de Plutarque, qui raconte que ces divers cultes furent donnés par un roi d'Égypte aux différentes villes, pour les désunir et les asservir (et ces rois étaient pris dans la caste des prêtres). Voy. *Isis et Osiris*.

Page 170, lig. 3. (*Dans la projection de la sphère que traçaient les prêtres astronomes.*) Les anciens prêtres eurent trois espèces de projection, qu'il est utile de faire connaître au lecteur.

« Nous lisons dans *Eubulus*, dit Porphyre, que Zoroastre

fût le premier qui, ayant choisi dans les montagnes voisines de la Perse une caverne agréablement située, la consacra à *Mithra* (le soleil), *créateur* et *père* de toutes choses ; c'est-à-dire qu'ayant partagé cet antre en divisions géométriques qui représentaient les *climats* et les *éléments*, il imita en petit l'ordre et la disposition de l'univers par *Mithra*. Après Zoroastre, ce devint un usage de consacrer les antres à la célébration des *mystères ;* en sorte que, de même que les temples sont affectés aux dieux célestes, les autels champêtres aux héros et aux dieux terrestres, les souterrains aux dieux *infernaux* (inférieurs) ; de même les *antres* et les grottes furent spécialement attribués au *monde,* à l'*univers* et aux nymphes : de là est venue à Pythagore et à Platon l'idée d'appeler le *monde* une *caverne,* un *antre.* (*Porphyre, De antro Nympharum.*)

« Voici donc une première projection en relief ; et quoique les *Perses* aient fait honneur de son invention à Zoroastre, on peut assurer qu'elle eut lieu chez les Égyptiens, et que même étant la plus simple, elle dut y être la plus ancienne ; les cavernes de Thèbes, remplies de peintures, autorisent ce sentiment. »

En voici une seconde : « Les *prophètes* ou *hiërophantes* des Égyptiens, dit l'évêque Synnesius, qui avait été *initié* aux mystères, ne permettent pas aux ouvriers ordinaires de faire les idoles ou images des dieux ; mais ils descendent eux-mêmes dans les *antres* sacrés, où ils ont des coffres cachés, qui renferment certaines *sphères* sur lesquelles ils composent ces *images* en secret et à l'insu du *peuple,* qui méprise les choses simples et naturelles, et qui veut des *prodiges* et des *fables* (*Syn., in Calvit.*). » C'est-à-dire que les prêtres avaient des sphères armillaires comme les nôtres ; et ce passage, si concordant avec celui de Chérémon, nous donne la clef de toute leur *théologie astrologique.*

Enfin, ils avaient des *plans plats*, dans le genre de la

planche III; avec cette différence, que leurs plans, très-compliqués, portaient toutes leurs divisions fictives de *décans* et *sous-décans*, avec les indications (hiéroglyphiques) de leurs influences. Kirker en a donné une copie dans son OEdipe égyptien, et Gébelin un fragment figuré dans son volume du calendrier (sous le nom de *Zodiaque* égyptien). Les anciens Égyptiens, dit l'astrologue *Julius Firmicus* (*Astron*, lib. II, c. 4, et lib. IV, c. 16), divisent chaque signe du zodiaque en trois sections; et chaque section fut sous la direction d'un être fictif, qu'ils appelèrent *décan* ou *chef de dizaine;* en sorte qu'il y eut trois *décans* par mois, et trente-six par an. Or, ces *décans*, qui furent aussi appelés *dieux* (Théoi), règlent les destinées des hommes... et ils étaient spécialement placés dans certaines étoiles... Dans la suite on imagina en chaque dizaine trois autres *dieux*, que l'on appela les *dispensateurs*; de sorte qu'il y en eut neuf par mois, qui furent encore divisés en un nombre infini de *pui sances*. (Les Perses et les Indiens firent leurs sphères sur des plans semblables; et si l'on dressait un tableau de la description qu'en donne Scaliger à la fin de Manilius, l'on y verrait précisément la définition de leurs hiéroglyphes, car chaque article en est un.)

Page 170, lig. 6. (*L'hémisphère d'hiver lui était antipode.*) Voilà précisément pourquoi le nom d'Ahrimanes était toujours écrit par les Perses, renversé ainsi, ·*upɯɹɥy* ∀.

Ibidem, lig. 27. (*Typhon, c'est-à-dire le déluge, à raison des pluies.*) Typhon, prononcé *touphon* par les Grecs, est précisément le *touphan* arabe, qui veut dire *déluge;* et tous ces *déluges* des *mythologies* ne sont, tantôt que l'*hiver* et les pluies, et tantôt le débordement du Nil; de même que les prétendus *incendies* qui doivent terminer le *monde*, ne sont que la *saison* d'été. Voilà pourquoi Aristote, *De meteoris*, lib. I, c. 14, dit que l'hiver de la grande année cyclique est un *déluge*, et son été un *incendie*. « Les

Égyptiens, dit Porphyre, emploient chaque année un talisman en *mémoire* du monde ; au solstice d'été, ils marquent de *rouge* les *maisons*, les *troupeaux*, les *arbres*, disant que ce jour-là tout le monde a été *incendié*. C'était aussi alors que se célébrait la danse *pyrrhique* ou de *l'incndie*. » (Et ceci explique l'origine des purifications par le feu et par l'eau ; car ayant appelé le tropique du cancer *portes des cieux* et de la *chaleur*, ou *feu* céleste, et celui du capricorne *porte du déluge* ou de *l'eau*, il fut censé que les esprits ou âmes qui passaient par ces portes pour aller et venir aux cieux étaient *rôtis* ou *baignés :* de là le *baptême* de Mithra, et le passage à travers les flammes, pratiqués dans tout l'Orient longtemps avant Moïse.)

Page 170, lig. 29. (*Dans la Perse, en un temps postérieur.*) Dans un temps postérieur, c'est-à-dire lorsque le bélier devint le signe équinoxial, ou plutôt lorsque le dérangement du ciel eut fait apercevoir que ce n'était plus le taureau.

Page 171, lig. 23. (*Tous les actes religieux du genre gai.*) Toutes les fêtes anciennes, relatives au retour ou à l'exaltation du soleil, portaient ce caractère : de là les *hilaria* du calendrier romain au *passage* (pascha) de l'équinoxe vernal. Les danses étaient des imitations de la marche des planètes. Celle des derviches la figure encore aujourd'hui.

Ibid., lig. 28. (*Tous les actes religieux du genre triste.*) On n'offre, dit Porphyre, de sacrifices sanglants qu'aux démons ou aux génies malfaisants, pour détourner leur colère Les démons aiment le *sang*, l'*humidité*, la puanteur. (*Apud Euseb.*, *Præp. Evang.*, p. 173.)

« Les Égyptiens, dit Plutarque, n'offraient de victimes sanglantes qu'à Typhon. On lui immole un bœuf roux ; et l'animal de sacrifice est un animal exécré, chargé de tous *les péchés du peuple* (le bouc de Moïse). » Voyez *De Iside et Osiride*.

Page 172, lig. 1. (*Ce partage des animaux en sacrés et abominables.*) Strabon dit, à l'occasion de Moïse et des Juifs : « De la superstition sont nées les prohibitions de certaines viandes et les circoncisions. » — Et j'observe, à l'égard de cette dernière pratique, que son but était d'enlever au symbole d'Osiris (phallus) l'*obstacle* prétendu de la fécondation : obstacle qui portait le sceau de Typhon, « dont la nature, dit Plutarque, est tout ce qui *empêche, s'oppose, fait obstruction.* »

Page 176, lig. 27. (*Les heureux n'y donneront point d'ombre.*) Il est à ce sujet un passage de Plutarque si intéressant et si explicatif de tout ce système, que le lecteur nous saura gré de le lui citer en entier ; après avoir dit que la théorie du *bien* et du *mal* avait de tout temps exercé les physiciens et les théologiens : « Plusieurs, ajoute-t-il, croient qu'il y a deux dieux dont le penchant opposé se plaît, l'un au *bien*, et l'autre au *mal* ; ils appellent spécialement *dieu* le premier, et *génie* ou *daemon* le second. Zoroastre les a nommés *Oromaze* et *Ahrimanes*, et il a dit que de tout ce qui tombe sous nos sens, la lumière est l'être qui représente le mieux l'un ; les ténèbres et l'ignorance, l'autre. Il ajoute que *Mithra* leur est *intermédiaire* ; et voilà pourquoi les Perses appellent *Mithra* le *médiateur* ou *l'intermédiaire*. Chacun de ces dieux a des plantes et des animaux qui lui sont particulièrement consacrés : par exemple, les chiens, les oiseaux, les hérissons sont affectés au bon génie ; tous les animaux *aquatiques* au mauvais.

« Les Perses disent encore qu'Oromaze naquit ou fut formé de la lumière la plus pure ; Ahrimanes, au contraire, des ténèbres les plus épaisses ; qu'Oromaze fit *six* dieux aussi bons que lui, et qu'Ahrimanes leur en opposa six méchants ; qu'ensuite *Oromaze se tripla* (Hermès trismégiste), et s'éloigna du soleil autant que le soleil est éloigné de la terre ; et qu'il fit les étoiles, et entre autres *Sirius*, qu'il plaça dans les cieux comme un *gardien* et une *senti nelle*. Or, il fit encore vingt-quatre autres dieux, qu'il plaça dans un *œuf;* mais Ahrimanes en créa vingt-quatre autres qui percérent l'*œuf*, et alors les biens et les maux furent mêlés (dans l'univers). Mais enfin Ahrimanes doit être un jour vaincu, et la terre deviendra *égale* et *aplanie*, afin que tous les hommes vivent heureux.

« Théopompe ajoute, d'après les livres des mages, que tour à tour l'un de ces dieux domine tous les trois mille ans, pendant que l'autre a du *dessous;* qu'ensuite ils combattent à armes égales pendant trois autres mille ans; mais enfin que le mauvais génie doit succomber (sans retour). *Alors les hommes deviendront heureux, et ne donneront point d'ombre.* Or, le Dieu qui médite ces choses se repose en attendant qu'il lui plaise de les exécuter. » (*De Iside et Osiride.*)

L'allégorie se montre à découvert dans tout ce passage. L'*œuf* est la sphère des fixes, le *monde;* les six dieux d'Oromaze sont les six signes d'été; les six signes d'Ahrimanes, les six signes d'hiver. Les quarante-huit dieux créés ensuite sont les quarante-huit constellations de la sphère ancienne, partagée également entre Ahrimanes et Oromaze. Le rôle de *Sirius, gardien, sentinelle,* décèle l'origine égyptienne de ces idées; enfin, cette expression, que la terre deviendra *égale* et *aplanie*, et que les *hommes heureux ne donneront point d'ombre,* nous montre que le *paradis véritable* était l'*équateur*.

Page 177, lig. 5. (*Les cérémonies de l'antre de Mithra.*) Dans les antres factices que les prêtres pratiquèrent partout, on célébrait des mystères qui consistaient, dit Origène contre Celse, *à imiter les mouvements des astres, des planètes* et de tous les cieux. Les initiés portaient des noms de constellations, et prenaient des figures d'animaux. L'un était déguisé en lion, l'autre en corbeau, celui-ci en bélier. De là les masques de la première comédie. Voy. *Antiq. dévoilée,* tome II, page 244. Dans les mystères de Cérès, le chef de la *procession* s'appelait le *créateur* ; le porteur de flambeau, le *soleil* ; celui qui était près de l'autel, la *lune* ; le héraut ou diacre, *Mercure*. En Égypte, il y avait une fête où des hommes et des femmes représentaient l'*année*, le *siècle*, les *saisons*, les parties du jour, et ils suivaient Bacchus. (Athénée, lib. v, c. 7.) Dans l'antre de *Mithra* il y avait une échelle à sept échelons ou degrés, figurant les sept sphères des planètes, par où montaient et descendaient les *âmes* : c'est précisément l'échelle de la vision de Jacob ; ce qui indique, à cette époque, tout le système formé. Il y a à la Bibliothèque royale un superbe volume de peinture des dieux de l'Inde, où l'échelle se trouve représentée avec les âmes qui y montent, *planche dernière*.

Voy. l'Astronomie ancienne par Bailly, où nos assertions sur les connaissances des prêtres sont amplement prouvées.

Page 179, lig. 13. (*Dont toutes les parties avaient une liaison intime*) Ce sont les propres paroles de Yamblique. *De Myst. Ægypt.*

Ibid., lig. 16. (*Un fluide igné, électrique.*) Plus je considère ce que les anciens ont entendu par *æther* et *esprit*, et ce que les Indiens nomment l'*akache*, plus j'y trouve d'analogie avec le fluide électrique. Un fluide lumineux remplissant l'univers, composant la matière des astres, principe de mouvement et de chaleur, ayant des molécules rondes, lesquelles s'insinuant dans un corps, le remplissent en s'y dilatant, quelle que soit son étendue : quoi de plus ressemblant à l'électricité ?

Ibidem, lig. 19. (*Le cœur ou le foyer.*) Les physiciens, dit Macrobe, appelèrent le soleil *cœur* du monde, c. 20, *Som. Scip*. Les Égyptiens, dit Plutarque, appellent l'orient le *visage*, le nord le *côté droit*, le midi le *côté gauche* du monde (parce que le cœur y est placé). Sans cesse ils comparaient l'univers à un *homme*, et de là le *Microcosme* si célèbre des *alchimistes*. Observons, en passant, que les alchimistes, les cabalistes, les francs-maçons, les magnétiseurs, les martinistes, et tous les visionnaires de ce genre, ne sont que des disciples égarés de cette école antique. Consultez encore le pythagoricien *Ocellus Lucanus*, et l'OEdipus Ægyptiacus de Kirker, t. II, pag. 205.

Page 180, lig. 8. (*Dans l'éther, au milieu de la voûte des cieux.*) Cette comparaison à un jaune d'œuf porte : 1° sur l'analogie de la figure *ronde* et *jaune* ; 2° sur la situation au *milieu* ; 3° sur le *germe* ou principe de vie placé dans le jaune. La figure ovale serait-elle relative à l'*ellipse des orbites?* Je suis porté à le croire. Le mot *orphique* offre d'ailleurs une remarque nouvelle. Macrobe dit (*Som. Scip*, c. 14 et c. 20) que le soleil est la *cervelle* de l'univers, et que c'est par analogie que dans l'homme le crâne est *rond*, comme l'astre siége de l'intelligence : or, le mot *ærph* (par aïn) signifie en hébreu le *cerveau* et son *siége* (cervix) ; alors *Orphée* est le même que *Bedou* ou *Baits* ; et les *bonzes* sont ces mêmes *orphiques* que Plutarque nous peint comme des charlatans qui ne mangeaient point de viande, vendaient des talismans, des pierres, etc., et trompaient les particuliers et même les *gouvernements*. Voy. *un savant Mémoire de Fréret, sur les Orphiques. Acad. des Inscript.*, tom. XXIII, in-4°.

Ibidem, lig. 18. (*Sur sa tête une sphère d'or.*) Voy. Porphyre, dans Eusèbe, *Præpar. Evangel.*, lib. III, pag. 115.

Page 182, lig. 13. (*De là tout le système de l'immortalité de l'âme.*) Dans le système des premiers spiritualistes, l'âme n'était point créée avec le corps, ou en même temps que lui, pour y être insérée ; elle existait antérieurement et de toute éternité. Voici, en peu de mots, la doctrine qu'expose Macrobe à cet égard. (*Som. Scip. passim*) :

« Il existe un fluide *lumineux, igné, très-subtil*, qui, sous le nom d'*æther* et de *spiritus*, remplit l'univers ; il compose la substance du soleil et des astres ; il est le principe et l'*agent essentiel* de tout mouvement, de toute vie ; il est la Divinité. Quand un corps doit être animé sur la terre, une molécule *ronde* de ce fluide gravite par la voie lactée vers la sphère lunaire ; et, parvenue là, elle se combine avec un *air* plus grossier, et devient propre à s'associer à la matière : alors elle entre dans le corps qui se forme, le remplit tout entier, l'anime, croît, souffre, grandit et diminue avec lui : lorsque ensuite il périt et que ses éléments grossiers se dissolvent, cette molécule *incorruptible* s'en sépare, et elle se réunirait de suite au grand océan de l'éther, si sa combinaison avec l'*air* lunaire ne la retenait : c'est cet air (ou *gaz*) qui, conservant les formes du corps, reste dans l'état d'ombre ou de fantôme, image parfaite du défunt. Les Grecs appelaient cette ombre l'*image* ou l'*idole* de l'âme ; les pythagoriciens la nommaient son *char*, son *enveloppe* ; et l'école rabbinique son *vaisseau*, sa *nacelle*. Lorsque l'homme avait bien vécu, cette âme entière, c'est-à-dire son *char* et son *éther*, remontait à la lune, où il s'en faisait une séparation ; le *char* vivait dans l'élysée *lunaire*, et l'*éther* retournait aux *fixes*, c'est-à-dire à *Dieu*; car, dit Macrobe, plusieurs appellent *Dieu* le ciel des fixes (c. 14).

« Si l'homme n'avait pas bien vécu, l'âme restait sur terre pour se purifier, et elle errait çà et là à la manière des ombres d'Homère, qui connut toute cette doctrine, en Asie, trois siècles avant que Phérécide et Pythagore l'eussent rajeunie en Grèce. Hérodote dit, à cette occasion, que tout le *roman de l'âme et de ses transmigrations a été inventé par les Égyptiens*, et répandu en Grèce par des hommes qui s'en sont prétendus les auteurs. Je sais leurs noms, dit-il, mais je veux les taire (lib. II). Cicéron y supplée, en nous apprenant positivement que ce fut Phérécide, maître de Pythagore. (*Tuscul.*, lib. I, § 16.) Dans la Syrie et dans la Judée, nous trouvons une preuve palpable de son existence, cinq siècles avant Pythagore, en cette phrase de Salomon, où il dit : « Qui sait si l'esprit de l'homme monte « dans les régions supérieures ? Pour moi, méditant sur la « condition des hommes, j'ai vu qu'elle était la même que « celle des animaux. Leur fin est la même ; l'homme « périt comme l'animal ; ce qui reste de l'un n'est pas plus « que ce qui reste de l'autre ; tout est néant. » *Eccles.*, c. III, v. 11.

Et telle avait été l'opinion de Moïse, comme l'a bien observé le traducteur d'Hérodote (Larcher, dans sa première édition, note 389 du liv. II), où il dit aussi que *l'immortalité* ne s'introduisit chez les Hébreux que par la communication des Assyriens. Du reste, tout le système pythagoricien, bien analysé, n'est qu'un pur système de physique mal entendu.

Page 185, lig. 12. (*Ses noms mêmes, tous dérivés.*) En dernière analyse, tous les noms de la Divinité reviennent à celui d'un *objet matériel* quelconque, qui en fut censé le siége. Nous en avons vu une foule d'exemples : donnons-en un encore dans notre propre mot *dieu*. Ce terme, comme l'on sait, est le *deus* des Latins, qui lui-même est le *theos* des Grecs. Or, de l'aveu de Platon (*in Cratylo*), de Macrobe (*Saturn.*, lib. I, c. 24), et de Plutarque (*Isis et Osiris*), sa racine est *theïn*, qui signifie *errer*, comme *planéin*; c'est-à-dire qu'il est synonyme à *planètes*, parce que, ajoutent ces auteurs, *les anciens Grecs, ainsi que les barbares, adoraient spécialement les planètes*. Je sais que l'on a beaucoup décrié cette recherche des étymologies ; mais si, comme il est vrai, les *mots* sont les *signes* représentatifs des *idées*, la généalogie des uns devient celle des autres, et un bon dictionnaire étymologique serait la plus parfaite *histoire* de l'entendement humain. Seulement il faut porter dans cette recherche des précautions que l'on n'a pas prises jusqu'à ce jour, et entre autres il faut avoir fait une comparaison exacte de la valeur des lettres des divers alphabets.

Mais, pour continuer notre sujet, nous ajouterons que dans le phénicien, le mot *thàh* (par aïn) signifie aussi *errer*, et qu'il paraît être la source de *théïn :* si l'on veut que *deus* dérive du grec *Zeus,* nom propre de *Youpiter,* ayant pour racine *zaw, je vis,* il reviendra précisément au sens de *you,* et signifiera l'*âme* du monde, le *feu principe. Div-us,* qui ne signifie que *génie. dieu* de second ordre, me paraît venir de l'oriental *div* pour *dib*, loup et chacal, l'un des emblèmes du *soleil.* A Thèbes, dit Macrobe, *le soleil était peint sous la forme d'un loup* ou *chacal* (car il n'y a pas de *loups* en Égypte). La raison de cet emblème est sans doute que le *chacal* annonce par ses cris le lever du soleil, ainsi que le coq ; et cette raison se confirme par l'analogie du mot *lykos,* loup, et *liké, lumière du matin*, d'où est venu *lux.*

Dius, qui s'entend aussi du soleil, doit venir de *dih*, *épervier.* « Les Égyptiens, dit Porphyre (*Euseb.*, *Præp.*
« *Evang.*, p. 93), peignirent le soleil sous l'emblème d'un
« *épervier*, parce que cet oiseau vole au plus haut des airs,
« où abonde la lumière. » Et, en effet, on voit sans cesse au Kaire des milliers de ces oiseaux planer dans l'air, d'où ils ne descendent que pour importuner par leur cri qui imite la syllabe *dih ;* et ici, comme dans l'exemple précédent, se retrouve l'analogie des mots *dies, jour, lumière,* et *dius, dieu, soleil.*

Page 185, lig. 29. (*Hâtèrent par leurs disputes le progrès des sciences et des découvertes.*) L'une des preuves les plus plausibles que ces systèmes furent inventés en Égypte, réside surtout en ce que ce pays est le seul où l'on voie un corps complet de doctrine formé dès la plus haute antiquité.

Clément d'Alexandrie nous a transmis (*Stromat.*, lib. vi) un détail curieux de 42 volumes que l'on portait dans la procession d'Isis. « Le chef, dit-il, ou chantre, porte un des « instruments, symboles de la musique, et deux livres de

« Mercure, contenant, l'un des hymnes aux dieux, l'autre
« la liste des rois. Après lui l'*horoscope* (l'observateur du
« temps) porte une palme et une horloge, symboles de l'as-
« trologie ; il doit savoir par cœur les quatre livres de Mer-
« cure qui traitent de l'astrologie, le premier sur l'ordre
« des planètes, le second sur les levers du soleil et de la
« lune, et les deux autres sur les levers et aspects des astres.
« L'*écrivain sacré* vient ensuite, ayant des plumes sur la
« tête (comme *Kneph*), et en main un livre, de l'encre et
« un *roseau* pour écrire (ainsi que le pratiquent encore les
« Arabes) ; il doit connaître les *hiéroglyphes*, la description
« de l'univers, le cours du soleil, de la lune, des planètes ;
« la division de l'Égypte (en 36 nômes), le cours du Nil, les
« instruments, les ornements sacrés, les lieux saints, les
« mesures, etc. Puis vient le *porte-étole*, qui porte la cou-
« dée de *justice*, ou mesure du Nil, et un *calice* pour les
« libations : dix volumes concernent les sacrifices, les
« hymnes, les prières, les offrandes, les cérémonies, les
« fêtes. Enfin arrive le *prophète*, qui porte dans son sein et
« à découvert une *cruche* ; il est suivi par ceux qui
« portent les *pains* (comme aux noces de Cana). Ce prophète,
« en qualité de président des mystères, apprend dix (autres)
« volumes sacrés qui traitent des lois, des dieux et de toute
« la discipline des prêtres, etc. Or, il y a en tout quarante-
« deux volumes, dont trente-six sont appris par ces per-
« sonnages ; les six autres sont du ressort des *pastophores :*
« ils traitent de la médecine, de la construction du corps
« humain (l'anatomie), des maladies, des médicaments, des
« instruments, etc. »

Nous laissons au lecteur à déduire toutes les conséquences
d'une pareille encyclopédie. On l'attribuait à Mercure ; mais
Yamblique nous avertit que tout livre composé par les
prêtres était dédié à ce *dieu*, qui, à titre de génie ou décan
ouvreur du zodiaque, présidait à l'ouverture de toute entre
prise : c'est le *Janus* des Romains, la *Guianesa* des In-

diens, et il est remarquable que *Yasus* et *Guianesa* sont homonymes. Du reste, il paraît que ces livres sont la source de tout ce que nous ont transmis les Latins et les Grecs dans toutes les sciences, même en *alchimie*, en nécromancie, etc. Ce que l'on doit le plus regretter, est la partie de l'hygiène et de la diététique, dans lesquelles il paraît que les Égyptiens avaient réellement fait de grands progrès et d'utiles observations.

Page 186, lig. 26. (*Son Dieu n'en fut pas moins un dieu égyptien.*) « A une certaine époque, dit Plutarque (*De « Iside*), tous les Égyptiens font peindre leurs dieux ani-« maux. Les Thébains sont les seuls qui ne payent pas de « peintres, parce qu'ils adorent un dieu dont les formes ne « tombent pas sous les sens et ne se figurent point. » Et voilà le dieu que Moïse, élevé à Héliopolis, adopta par préférence, mais qu'il n'inventa point.

Ibid., lig. 28. (*Et Yahouh, décelé par son propre nom.*) Telle est la vraie prononciation du *Jehovah* de nos modernes, qui choquent en cela toutes les règles de la critique, puisqu'il est constant que les anciens, surtout les orientaux Syriens et Phéniciens, ne connurent jamais ni le *Jé* ni le *v*, venus des Tartares. L'usage subsistant des Arabes, que nous rétablissons ici, est confirmé par Diodore, qui nomme *Iaw* le *dieu* de Moïse (lib. I) ; et l'on voit que *Iaw* et *Iahouh* sont le même mot : l'identité se continue dans celui de *Ioupiter* ; mais afin de la rendre plus complète, nous allons la démontrer par le sens même.

En hébreu, c'est-à-dire dans l'un des dialectes de la langue commune à la basse Asie, le mot *Yahouh* équivaut à notre périphrase *celui qui est lui*, *l'être existant*, c'est-à-dire le *principe de la vie*, le *moteur* ou même le *mouvement* (l'âme universelle des êtres). Or, qu'est-ce que Jupiter? Écoutons les Latins et les Grecs expliquant leur théologie: « Les Égyptiens, dit Diodore d'après Manéthon, prêtre de « Memphis, les Égyptiens, donnant des noms aux *cinq*

« *éléments*, ont appelé l'*esprit* (ou éther) *Youpiter*, à raison
« du *sens propre de ce mot* ; car l'*esprit* est la *source de*
« *la vie,* l'auteur du *principe vital* dans les animaux ; et
« c'est par cette raison qu'ils le regardèrent comme le *père*,
« le *générateur des êtres.* » Voilà pourquoi Homère dit
père et *roi* des hommes et des dieux. (*Diod.*, lib. I,
sect. 1.)

Chez les théologiens, dit Macrobe, Youpiter est l'âme du monde ; de là le mot de Virgile : *Muses*, commençons par *Youpiter :* Tout est plein de *Youpiter* (*Songe de Scipion*, c. 17) ; et dans les *Saturnales*, il dit : *Jupiter est le soleil lui-même* ; c'est encore ce qui a fait dire à Virgile : « L'es-
« prit alimente la vie (des êtres), et l'*âme* répandue dans
« les vastes membres (de l'univers) en agite la masse, et ne
« forme qu'un corps immense. »

« Youpiter, disent les vers très-anciens de la secte des
« orphiques nés en Égypte, vers recueillis par Onomacrite,
« au temps de Pisistrate, Youpiter, que l'on peint la foudre
« à la main, est le commencement, l'origine, la fin et le
« milieu de toutes choses : puissance une et universelle, il
« régit tout, le ciel, la terre, le feu, l'eau, les éléments, le
« jour, la nuit. Voilà ce qui compose son corps immense ;
« ses yeux sont le soleil et la lune ; il est l'éternité, l'espace.
« Enfin, ajoute Porphyre, Jupiter est le *monde*, l'*univers*,
« ce qui constitue l'existence et la vie de tous les êtres. Or,
« continue le même auteur, comme les philosophes disser-
« taient sur la nature et les parties constituantes de ce dieu,
« et qu'ils n'imaginaient aucune figure qui représentât tous
« ses attributs, ils le peignirent sous l'apparence d'un
« homme... Il est *assis*, pour faire allusion à son essence
« immuable ; il est découvert dans la partie supérieure du
« corps, parce que c'est dans les parties supérieures de
« l'univers (les astres), qu'il s'offre le plus à découvert. Il
« est couvert depuis la ceinture, parce qu'il est le plus
« voilé dans les choses terrestres. Il tient un sceptre de la

« main gauche, parce que le cœur est de ce côté, et que le
« cœur est le siége de l'entendement qui (dans les hommes)
« règle toutes les actions. » (Voy. *Eusèbe, Præpar. Evang.*,
pag. 100.)

Enfin, voici un passage du géographe philosophe Strabon, qui lève tous les doutes par l'identité des idées de Moïse et de celles des théologiens païens.

« Moïse, qui fut un des prêtres égyptiens, enseigna que
« c'était une erreur monstrueuse de représenter la Divinité
« sous les formes des animaux, comme faisaient les Égyp-
« tiens, ou sous les traits de l'homme, ainsi que le pra-
« tiquent les Grecs et les Africains : cela seul est la *Divinité*,
« disait-il, qui compose le ciel, la terre et tous les êtres, ce
« que nous appelons le *monde; l'universalité* des *ch ses*,
« la *nature*; or, personne d'un esprit raisonnable ne s'a-
« visera d'en représenter l'image par celle de quelqu'une
« des choses qui nous environnent. C'est pourquoi, rejetant
« toute espèce de simulacres (idoles), Moïse voulut qu'on
« adorât cette Divinité sans emblème et sous sa propre
« nature; il ordonna qu'on lui élevât un temple digne d'elle,
« etc. » *Géograph.*, lib. XVI, pag. 1104, édit. de 1707.

La théologie de Moïse n'a donc point différé de celle des sectateurs de l'*âme du monde*, c'est-à-dire des *stoïciens*, et même des *épicuriens*.

Quant à l'histoire de Moïse, Diodore la présente sous un jour naturel, quand il dit, lib. XXXIV et XL, « que les Juifs
« furent chassés d'Égypte dans un temps de disette, où le
« pays était surchargé d'étrangers, et que Moïse, homme
« supérieur par sa prudence et par son courage, saisit cette
« occasion pour établir sa nation dans les montagnes de
« Judée. » A l'égard des six cent mille hommes armés que l'*Exode* lui donne, c'est une erreur de copiste, dont le lecteur trouvera la démonstration tirée des livres mêmes, au tome Ier des *Recherches nouvelles sur l'Histoire ancienne*, pag. 162 et suivantes.

Page 187, lig. 5. (*Sous le nom d'Éi.*) C'était le monosyllabe écrit sur la porte du temple de Delphes. Plutarque en a fait le sujet d'un traité.

Ibid., lig. 19. (*Le nom d'Osiris même.*) Il se trouve en propres termes au c. 32 du *Deutéronome* « Les ouvrages de « *Tsour* sont parfaits. » On a traduit *Tsour* par *créateur*; en effet, il signifie donner des *formes*; et c'est l'une des définitions d'*Osiris* dans Plutarque.

Pag. 191, lig. 16. (*Satan, l'archange Michel.*) « Les noms « des anges et des mois, tels que Gabriel, Michel, Yar, Ni- « san, etc., vinrent de Babylone avec les Juifs, » dit en propres termes le Talmud de Jérusalem. Voyez *Beausobre*, *Hist. du Manich..* tome II, page 624, où il prouve que les saints du calendrier sont imités des 365 anges des Perses; et Yamblique, dans ses *Mystères égyptiens,* sect. 2, c. 3, parle des anges, archanges, séraphins, comme un vrai chrétien.

Ibidem, lig. 29. (*Consacrèrent la théologie de Zoroastre.* « Toute la philosophie des gymnosophistes, dit Diogène « Laërce, sur l'autorité d'un ancien, est issue de celle des « *Mages*, et plusieurs assurent que celle des Juifs en a « aussi tiré son origine; » (lib. I, c. 9) Magasthènes, historien distingué du temps de Séleucus Nicanor, et qui avait écrit particulièrement sur l'Inde, parlant de la philosophie des anciens sur les *choses naturelles*, joint dans un même sens les brahmanes et les Juifs.

Page 192, lig. 30. (*Ramener l'âge d'or sur la terre.*) Voilà la raison de tous ces oracles païens que l'on a appliqués à Jésus, et, entre autres, de la quatrième églogue de Virgile et des vers sibyllins si célèbres chez les anciens.

Page 193, lig. 20. (*Au bout de six mille ans prétendus.*) Lisez à ce sujet le chapitre 17 du tome I des *Recherches nouvelles sur l'Histoire ancienne*, où est expliquée la *Mythologie de la création.* La version des Septante comptait cinq mille et près de six cents ans; et ce calcul était le plus suivi : on sait combien, dans les premiers siècles de l'Église, cette opinion de la *fin du monde* agita les esprits. Par la suite, les saints conciles s'étant rassurés, ils la taxèrent d'hérésie dans la secte des *millénaires ;* ce qui forme un cas bien singulier ; car, d'après les propres Évangiles que nous suivons, il est évident que Jésus eût été un *millénaire,* c'est-à-dire un *hérétique.*

Page 195, lig. 2. (*Figuré par la constellation du serpent.*) « Les Perses, dit Chardin, appellent la constellation du ser- « pent Ophiucus, *serpent d'Ève ;* et ce serpent *Ophiucus* ou « *Ophioneus* jouait le même rôle dans la théologie des Phé- « niciens ; » car Phérécides, leur disciple et le maître de Pythagore, disait « qu'*Ophioneus serpentinus* avait été le « chef des rebelles à Jupiter. » Voy. *Mars. Ficin. Apol. Socrat.*, p. m. 797, col. 2. Et j'ajouterai qu'*œphah* (par aïn) signifie en hébreu, *vipère, serpent.*

Au sens physique *séduire, seducere,* n'est qu'*attirer* à soi, mener avec soi.

Voy. dans Hyde, page 111, édit. de 1760, *De Religione veterum Persarum,* le tableau de *Mithra,* cité ici.

Page 195, ligne 21. (*Persée monte de l'autre côté.*) Bien plus, la tête de Méduse, cette tête de femme *jadis si belle,* que Persée coupa et qu'il tient à la main, n'est que celle de la Vierge dont la tête tombe sous l'horizon précisément lorsque Persée se lève ; et les serpents qui l'entourent sont *Ophiucus* et le *dragon* polaire, qui alors occupent le zénith. Ceci nous indique la manière dont les anciens astrologues ont composé toutes leurs figures et toutes leurs fables ; ils prenaient les constellations qui se trouvaient en même temps sur la bande de l'horizon, et en assemblant les parties, ils en forment des groupes qui leur servaient d'almanach, en caractères hiéroglyphiques : voilà le secret de tous leurs tableaux, et la solution de tous les monstres mythologiques. La Vierge est encore Andromède, délivrée par Persée de la baleine qui la *poursuit (pro-sequitur).*

NOTES

Page 196, lig. 5. (*Allaité par une vierge chaste.*) Tel était le tableau de la sphère persique, cité par Aben-Ezra, dans le *Cœlum poeticum* de Blaen, page 71. La case du premier décan de la Vierge, dit cet écrivain, « représente cette « belle vierge à longue chevelure, assise dans un fauteuil, « deux épis dans une main, allaitant un enfant appelé « *Iésus* par quelques nations, et *Christ* en grec. »

Il existe à la Bibliothèque du Roi un manuscrit arabe, n° 1165, dans lequel sont peints les douze signes, et celui de la vierge représente une jeune fille ayant à côté d'elle un enfant ; d'ailleurs toute la scène de la naissance de Jésus se trouve rassemblée dans le ciel voisin. L'*étable* est la constellation du cocher et de la *chèvre*, jadis le *bouc* ; constellation appelée *præsepe Jovis Heniochi, étable d'Iou* ; et ce mot *Iou* se retrouve dans le nom d'*Iou-seph* (Joseph). Non loin est l'*âne* de Typhon (la grande ourse), et le bœuf ou taureau, accompagnements antiques de la crèche. Pierre, portier, est *Janus* avec ses clefs et son front chauve ; les douze apôtres sont les génies des douze mois, etc. Cette vierge a joué les rôles les plus variés dans toutes les mythologies ; elle a été l'*Isis des Égyptiens*, laquelle disait dans l'inscription citée par Julien : *Le fruit que j'ai enfanté est le soleil*. La plupart des traits cités par Plutarque lui sont relatifs, de même que ceux d'*Osiris* conviennent à *Bootès*. Aussi les sept étoiles principales de l'ourse, appelées *chariot de David*, s'appelaient-elles *chariot d'Osiris* (voy. Kirker ; et la *couronne* qu'il a derrière lui était formée de lierre, appelé *chen-Osiris, arbre d'Osiris*. La *Vierge* a aussi été *Cérès*, dont les mystères furent les mêmes que ceux d'Isis et de Mithra ; elle a été la *Diane* d'Éphèse, la grande déesse de Syrie, *Cybèle* traînée par les *lions* ; *Minerve*, mère de Bacchus ; *Astrée*, vierge pure, qui fut enlevée au ciel à la fin de l'*âge d'or ; Thémis* aux pieds de qui est la balance qu'on lui mit en main ; la *Sibylle* de Virgile, qui descend aux *enfers* ou sous l'hémisphère avec son rameau à la main, etc.

Page 196, lig. 10. (*Vivrait abaissé, humble.*) Ce mot *humble* vient du latin *humi-lis, humi-jacens*, couché ou penché *à terre* ; et toujours le sens physique se montre la racine du sens abstrait et moral.

Ibidem, lig. 24. (*Renaissait ou résurgeait dans la voûte des cieux.*) Resurgere, *se lever une seconde fois*, n'a signifié *revenir à la vie* que par une métaphore hardie ; et l'on voit l'effet perpétuel des sens équivoques de tous les mots employés dans les traditions.

Ibid., lig. 28. (*Chris*, c'est-à-dire le *conservateur.*) Selon leur usage constant, les Grecs ont rendu par *x* ou jota espagnol le *hâ* aspiré des Orientaux, qui disaient *hâris* ; en hébreu, *héres* s'entend du *soleil;* mais en arabe le mot radical signifie *garder, conserver*, et *hâris, gardien, conservateur.* C'est l'épithète propre de *Vichenou* ; et ceci démontre à la fois l'identité des trinités indienne et chrétienne et leur commune origine. Il est évident que c'est un même système, qui, divisé en deux branches, l'une à l'orient, l'autre à l'occident, a pris deux formes diverses : son tronc principal est le système pythagoricien de *l'âme du monde*, ou *Ioupiter*. Cette épithète de *piter* ou *père* ayant passé au *Dêmi-Ourgos* des platoniciens, il en naquit une équivoque qui fit chercher le *fils.* Pour les philosophes, ce fut l'*entendement*, *nous* et *logos*, dont les Latins firent leur *verbum :* et l'on touche ici au doigt et à l'œil l'origine du *père éternel* et du *verbe* son fils, qui *procède* de lui (*mens ex Deo nata*, dit Macrobe); l'*anima* ou *spiritus mundi* fut le *Saint-Esprit;* et voilà pourquoi *Manès, Basilide, Valentin*, et d'autres prétendus hérétiques des premiers siècles, qui remontaient aux sources, disaient que Dieu le père était la lumière inaccessible et suprême du ciel (premier cercle, l'*aplanès*) ; que le fils était la lumière seconde résidante dans le soleil, et le Saint-Esprit l'air qui enveloppe la terre. (Voy. *Beausobre*, t. II, page 586). De là, chez les Syriens, son emblème de *pigeon*, oiseau de *Vénus Uranie*, c'est-à-dire de l'air.

« Les Syriens (dit *Nigidius in Germanico*) disent qu'une
« *colombe* couva plusieurs jours dans l'Euphrate un *œuf* de
« poisson, d'où naquit *Vénus*. » Aussi ne mangent-ils pas
de pigeon, dit *Sextus Empyricus, Inst. Pyrrh.*, lib. III, c.
23 ; et ceci nous indique une *période* commencée au signe
des poissons (solstice d'hiver). Remarquons d'ailleurs que si
Chris vient de *Harisch* par un *chin*, il signifiera *fabricateur*; épithète propre du soleil. Ces variantes, qui ont dû
embarrasser les anciens, prouvent toujours également qu'il
est le véritable type de Jésus, ainsi qu'on l'avait déjà aperçu
dès le temps de Tertullien. « Plusieurs, dit cet écrivain,
« pensent, avec plus de *vraisemblance*, que le soleil est
« notre Dieu ; et ils nous renvoient à la religion des Perses. »
(*Apologétique*, c. 16.)

Page 197, lig. 3. (*L'une des périodes solaires.*) Voy. l'ode
curieuse de *Martianus Capella* au soleil, traduite par Gébelin. volume du *Calendrier*, pag. 547 et 548.

Page 204, lig. 22. (*Aboli les sacrifices humains.*) Lisez la
froide déclamation d'Eusèbe, *Præp. Ev.*, lib. I, page 2, qui
prétend que depuis que Christ est venu, il n'y a plus eu ni
guerres, ni tyrans, ni *anthropophages*, ni pédérastes, ni
incestueux, ni sauvages mangeant leurs parents, etc. Quand
on lit ces premiers docteurs de l'Église, on ne cesse de
s'étonner de leur mauvaise foi ou de leur aveuglement. Un
travail curieux serait de publier aujourd'hui un demi-volume de leurs passages les plus remarquables, pour mettre
en évidence leur folie. La vérité est que le christianisme
n'a rien inventé en morale, et que tout son mérite a été de
mettre en pratique des principes dont le succès a été dû aux
circonstances du temps : c'est-à-dire que le despotisme orgueilleux et dur des Romains, dans ses diverses branches
militaires, judiciaires et administratives, ayant lassé la patience des peuples, il se fit, dans les classes inférieures ou
populaires, un mouvement de réaction absolument semblable à celui qui depuis vingt-cinq ans a lieu en Europe, de là

part des peuples contre l'oppression des deux castes dites *sacerdotale* et *féodale*.

Page 206, lig. 17. (*Association d'hommes assermentés pour nous faire la guerre.*) C'était l'ordre de Malte, dont les chevaliers faisaient vœu de tuer ou de réduire en esclavage des musulmans, *pour la gloire de Dieu*.

Page 208, lig. 4. (*Un tarif de crimes.*) Tant qu'il existera des moyens de se purger de tout crime, de se racheter de tout châtiment avec de l'argent ou de frivoles pratiques; tant que les grands et les rois croiront se faire absoudre de leurs oppressions et de leurs homicides en bâtissant des temples, en faisant des fondations ; tant que les particuliers croiront pouvoir tromper et voler, pourvu qu'ils jeûnent le carême, qu'ils aillent à confesse, qu'ils reçoivent l'extrême-onction, il est impossible qu'il existe aucune morale privée ou publique, aucune saine législation pratique. Au reste, pour voir les effets de ces doctrines, lisez l'*Histoire de la puissance temporelle des Papes*, 2 vol. in-8º, Paris, 1811.

Ibidem, lig. 11. (*Jusque dans le sanctuaire du lit nuptial.*) La confession est une très-ancienne invention des prêtres, qui n'ont pas manqué de saisir ce moyen de gouverner... Elle était pratiquée dans les mystères égyptiens, grecs, phrygiens, persans, etc. Plutarque nous a conservé le mot remarquable d'un Spartiate qu'un prêtre voulait confesser : *Est-ce à toi ou à Dieu que je me confesserai ?* A Dieu, répondit le prêtre. En ce cas, dit le Spartiate, *homme, retire-toi*. (*Dits remarquables des Lacédémoniens.*) Les premiers chrétiens confessèrent leurs fautes publiquement comme les esséniens. Ensuite commencèrent de s'établir des prêtres, avec l'autorité d'absoudre du péché d'*idolâtrie*... Au temps de Théodose, une femme s'étant publiquement confessée d'avoir eu commerce avec un diacre, l'évêque Nectaire, et son successeur Chrysostome, permirent de communier sans confession. Ce ne fut qu'au septième siècle que les *abbés* des couvents imposèrent aux moines et moinesses la confession deux fois l'année ; et ce ne fut que plus tard encore que les évêques de Rome la généralisèrent. Quant aux musulmans, qui ont eu horreur cette pratique, et qui n'accordent aux femmes ni un caractère moral, ni presque une âme, ils ne peuvent concevoir qu'un honnête homme puisse entendre le récit des actions et des pensées les plus secrètes d'une fille ou d'une femme. Nous, Français, chez qui l'éducation et les sentiments rendent beaucoup de femmes meilleures que les hommes, ne pourrions-nous pas nous étonner qu'une honnête femme pût les soumettre à l'impertinente curiosité d'une moine ou d'un prêtre ?

Page 208, lig. 20. (*Corporations ennemies de la société.*) Veut-on connaître l'esprit général des prêtres envers les autres hommes, qu'ils désignent toujours par le nom de peuple, écoutons les docteurs de l'Église eux-mêmes. « Le *peuple*, dit l'évêque Synnésius (*in Calvit.*, page 515), veut absolument qu'on le trompe ; on ne peut en agir autrement avec lui... Les anciens prêtres d'Égypte en ont toujours usé ainsi ; c'est pour cela qu'ils s'enfermaient dans leurs temples, et y composaient, à son insu, leurs mystères ; (et oubliant ce qu'il vient de dire) si le peuple eût été du secret, il se serait *fâché* qu'on le trompât. Cependant, comment faire autrement avec le peuple, puisqu'il est peuple ? Pour moi, je serai toujours philosophe avec moi, mais je *serai prêtre* avec le peuple. »

« Il ne faut que du babil pour en imposer au peuple, écrivait Grégoire de Nazianze à Jérome (*Hieron. ad Nep.*). Moins il comprend, plus il admire... Nos pères et docteurs ont souvent dit, non ce qu'ils pensaient, mais ce que leur faisaient dire les circonstances et le besoin. »

« On cherchait, dit Sanchoniaton, à exciter l'admiration par le merveilleux. » (*Præp. Ev.*, lib. III.) Tel fut le régime de toute l'antiquité ; tel est encore celui des brahmes et des lamas, qui retrace parfaitement celui des prêtres d'Égypte. Pour excuser ce système de fourberie et de mensonge, on dit qu'il serait dangereux d'éclairer le peuple, parce qu'il abuserait de ses lumières. Est-ce à dire qu'instruction et friponnerie sont synonymes ? Non, mais comme le peuple est malheureux par la sottise, l'ignorance, et la cupidité de ceux qui le mènent et l'endoctrinent, ceux-ci ne veulent pas qu'il y voie clair Sans doute il serait dangereux d'attaquer de front la croyance *erronée* d'une nation ; mais il est un art philanthropique et médical de préparer les yeux à la lumière, comme les bras à la liberté. Si jamais il se forme une corporation dans ce sens, elle étonnera le monde par ses succès.

Page 209, lig. 17. (*Magiciens, devins.*) Qu'est-ce qu'un *magicien*, dans le sens que le peuple donne à ce mot ? C'est un homme qui, par des *paroles* et des *gestes*, prétend agir sur des êtres surnaturels, et les forcer de descendre à sa voix, d'obéir à ses ordres. Voilà ce qu'ont fait tous les anciens prêtres, ce que font encore ceux de tous les *idolâtres*, et ce qui, de notre part, leur mérite le nom de *magiciens*. Maintenant, quand un prêtre chrétien prétend faire descendre Dieu du ciel, le fixer sur un morceau de levain, et rendre, avec ce talisman, les âmes pures et en état de grâce, que fait-il lui-même, sinon une *acte de magie ?* Et quelle différence y a-t il entre lui et un chaman tartare, qui invoque les *génies*, ou un brame indien, qui fait descendre *Vichenou* dans un vase d'eau, pour chasser les mauvais esprits ? Mais telle est la *magie de l'habitude et de l'éducation*, que nous trouvons simple et raisonnable en nous ce qui, dans autrui, nous paraît extravagant et absurde...

Page 210, lig. 8. (*Denrées du plus grand prix.*) Ce serait une curieuse histoire que l'histoire comparée des *agnus* du pape et des *pastilles* du grand *lama!* En étendant cette idée à toutes les pratiques religieuses, il y a un très-bon ouvrage à faire : ce serait d'accoler, par colonnes, les traits analogues ou contrastants de croyance et de superstition de tous les peuples. Un autre genre de superstition dont il serait également utile de les guérir, est le respect exagéré pour les *grands;* et, pour cet effet, il suffirait d'écrire les détails de la vie privée de ceux qui gouvernent le monde, princes, courtisans et ministres Il n'est point de travail plus philosophique que celui-là : aussi avons-nous vu quels cris ils jetèrent quand on publia les anecdotes de la cour de Berlin. Que serait-ce si nous avions celles de chaque cour? Si le peuple voyait à découvert toutes les misères et toutes les turpitudes de ses idoles, il ne serait pas tenté de désirer leurs fausses jouissances, dont l'aspect mensonger le tourmente et l'empêche de jouir du bonheur plus vrai de sa condition.

FIN DES NOTES

HISTOIRE DE SAMUEL

INVENTEUR

DU SACRE DES ROIS

PRÉFACE DE L'ÉDITEUR

Au moment où un gouvernement constitutionnel se propose de donner à l'Europe du dix-neuvième siècle le spectacle d'un roi légitime requérant ou acceptant son titre d'investiture de la main d'un prêtre, son sujet : au moment où l'on trouve sage de rappeler aux Français qu'un sacre, même *papal*, n'a pas eu la vertu de conjurer la chute d'un gouvernement puissant, mais illibéral, il ne sera peut-être pas sans intérêt pour beaucoup de lecteurs de connaître mieux qu'on ne l'a fait jusqu'à ce jour quelle a été l'origine égyptienne ou juive de la bizarre cérémonie qui, au moyen d'un peu d'huile versée sur la tête d'un homme, prétend lui imprimer des droits indélébiles, indépendants de sa conduite et de sa capacité ; de connaître quels furent le caractère personnel, les vues, la moralité de l'individu prêtre qui le premier administra de son chef ce nouveau genre de sacrement ; quels furent enfin les effets de ce don perfide, et pour les deux rivaux qui le reçurent, et pour la nation imprudente et superstitieuse qui se le laissa imposer. On méprise les Juifs et on les imite ; on repousse leur code, on garde leurs rites; on parle doctrine, on n'est que passion ; on invoque la religion, on ne veut que son moyen ; on s'autorise des Bibles, on ne les a pas lues ; on les a lues, on ne les a pas comprises ; on ne l'a pu, car aucune de leurs traductions n'est fidèle ; aucune ne rend constamment le sens vrai de l'original. Quel homme instruit, quel grammairien osera nier ce fait? L'écrit que nous présentons en offre une preuve nouvelle ; il ne fut pas destiné d'abord à l'emploi que nous en faisons aujourd'hui ; mais il s'y adapte si bien que tout ami du bon sens et de l'honneur national, disons même de l'honneur royal, nous saura gré de l'y avoir appliqué.

Le manuscrit original paraît venir d'un voyageur américain, de la société des amis dits *Free Quakers :* le traducteur a dû supprimer la formule du *tutoiement,* qui est de mauvais goût, et convertir les mesures anglaises en mesures françaises.

HISTOIRE DE SAMUEL

INVENTEUR

DU SACRE DES ROIS

§ Ier

Préliminaires du voyageur. — Motifs accidentels de cette dissertation.

Au Kaire, en Égypte, 1818, second mois
(février, *style des Quakers*).

LETTRE DE JOSIAH NIBBLER A SON AMI KALEB LISTENER, NÉGOCIANT A PHILADELPHIE (*États-Unis d'Amérique*).

Enfin j'ai vu *Jérusalem*, et la terre de *lait* et de *miel* si vantée [1] ; j'ai mesuré le pays des fameux Phi-

---

[1] En ce moment tout Paris, grâce à l'art de M. *Prévost*, voit ou peut voir Jérusalem aussi bien que notre voyageur : l'illusion du Panorama est complète, mais elle détruit celles de l'imagination ; chacun se dit : *Quoi ! c'est là Jérusalem !* Les réflexions de notre auteur n'en seront que mieux appréciées. Il est fâcheux que la vérité du tableau de M. Prévost soit gâtée par une notice triviale, pleine d'erreurs populaires et de contes de *pèlerins*.

listins, qui purent posséder 15 lieues de long sur 7 de large ; j'ai calculé l'enceinte de la puissante *Tyr*, jadis située sur un îlot de rocailles, dont le pourtour actuel n'est pas de plus de 1600 toises [1] ; j'ai traversé deux fois le fleuve *Jourdain*, qui du plus au moins peut avoir 60 à 80 pieds de large ; j'ai visité, à l'entrée de l'Égypte, la terre de *Goshem*, séjour ancien des Hébreux, aujourd'hui *vallon* de *Tomlat* ; elle peut avoir 11 lieues d'étendue.... Vous le dirai-je, mon ami ? j'ai perdu beaucoup d'illusions ; mais j'ai gagné beaucoup de *faits* positifs, intéressants, que j'ai le droit d'appeler des *vérités*. Me voici en Égypte, dans cette terre d'abondance, but premier de notre spéculation.

Ne me blâmez point de mon épisode. Ayant terminé nos affaires à *Tunis*, je trouvai impossible de me rendre au *Kaire* sans caravane, par terre, au mois d'août ; une occasion de mer se présente pour *Acre* en Syrie, d'où l'on passe facilement à *Damiette* ; je la saisis : un coup de vent nous jette sur *Saide* ou *Sidon* ; j'y débarque, et de suite voilà que je conçois le projet d'une tournée intéressante : devant moi je voyais les montagnes des *Druzes* ; sur ma gauche, au loin, les cimes du *Liban :* à ma droite, l'ancienne Phénicie, qui me menait aux *dix tribus* et à la Judée. Vous savez combien notre éducation biblique a nourri notre esprit des

---

[1] Au temps d'Alexandre, la ville de Tyr, selon les Grecs, avait 46,000 habitants, entassés dans des maisons à *quatre étages*, construction rare chez les anciens.

idées et des noms de ces contrées : je ne pus résister au désir de les voir, de les juger par moi-même ; j'étais encouragé par un moyen précieux.

Pendant les quinze mois de négociations qu'il m'avait fallu passer à Tunis, j'avais employé mes loisirs à apprendre l'arabe vulgaire ; j'arrivai en Syrie comme en pays connu ; au bout de quinze jours j'entendis et je fus entendu : je me mis sous la protection d'une autorité française ; j'eus bientôt converti à mon désir l'autorité turke ; un peu d'argent placé à propos ne manque pas son but avec celle-ci ; la politesse, les bons procédés réussissent avec l'autre : je fus censé un commis de maison cherchant des débouchés de commerce ; j'eus des recommandations pour la montagne druze ; bientôt j'y acquis droit d'hospitalité ; quelques présents me firent des amis ; j'eus l'air d'acheter et de vendre des bagatelles d'un lieu à l'autre : mon peu de botanique me fut très-utile ; j'appliquai même au besoin l'ipécacuanha et l'émétique, qui sont le grand remède de ces gens-là : mais mon meilleur instrument, mon plus efficace passe-port fut de parler couramment la langue et d'agir directement sur les esprits ; l'on n'apprécie pas toute la puissance de ce moyen : tout est là.

Le voyageur qui ne peut converser est un sourd et muet qui ne fait que des gestes, et de plus un demi-aveugle qui n'aperçoit les objets que sous un faux jour ; il a beau avoir un interprète, toute traduction est un tapis vu à revers : la parole seule est un miroir de réflexion, qui met en rapport deux âmes sensibles.....

La plus forte finit par maîtriser l'autre ; j'en ai fait d'heureuses épreuves : muni des connaissances scientifiques que donne l'éducation moderne à nous autres Occidentaux, j'ai imprimé l'attention et le respect en éveillant la curiosité. Le bon ton en ce pays est un air grave, un maintien posé, une indifférence apparente pour ce qui entoure ; avec ces manières, on voit mieux et plus que les babillards et les empressés qui sèment leur argent ; j'ai circulé pendant trois mois dans un intérieur peu connu. Je me joignis à une caravane venant de Damas, pour m'introduire dans Jérusalem ; là, je me suis gardé d'être *pèlerin*, j'eusse été en proie à l'avarice turke, et, ce qui la vaut bien, à l'hypocrite mendicité chrétienne : j'ai eu le bonheur de sortir sans dommage de ce foyer de superstition et de fourberie, de malice et de pauvreté.

Je voulais rejoindre *Acre* par *Jaffa :* un de ces hasards qui ne manquent guère en voyage me fit trouver dans la garnison de cette dernière ville le frère de notre *censal* [1], Maure de Tunis ; il m'offrit ses services avec cette gravité musulmane qui ne trompe point ; je lui confiai mon désir de me rendre au Kaire : l'aga préparait une petite caravane pour faire ce trajet hasardeux ; j'y fus joint avec protection. Chemin faisant, je vis les ruines d'*Azot* et d'*Ascalon* ; je traversai à sec le torrent d'Égypte, les anciens marais de *Sirbon*, et depuis six semaines je suis en cette ville d'abondance et de tranquillité : j'y occupe mon repos à digérer mes

---

[1] Courtier.

idées nouvelles, à mettre en ordre les faits assez nombreux que j'ai acquis ; c'est de ce sujet que je veux vous entretenir aujourd'hui.

Je ne saurais vous exprimer le changement que cette tournée de quelques mois a produit dans mon esprit, et surtout dans mes opinions du genre historique ; presque rien de tout ce que j'ai vu n'a ressemblé aux images que je m'en étais faites, aux idées que nous en donne notre éducation : et, au fait, que peuvent en savoir plus que nous nos docteurs d'école et de cabinet ? Aujourd'hui il m'est démontré que nous autres Occidentaux n'entendons rien aux choses d'Asie : les usages, les mœurs, l'état domestique, politique, religieux, des peuples de cette contrée, diffèrent tellement des nôtres, que nous ne pouvons nous les représenter sur de simples récits ; il faut avoir vu soi-même les objets, pour en saisir les rapports, pour en lier le système ; cela veut du temps, de la méditation : un voyageur qui ne ferait que passer ne verrait qu'incohérence, n'emporterait que surprise ; il recevrait les récits sans apprécier les témoignages ; il admettrait les faits sans les avoir discutés, et, par négligence ou par amour-propre, il transmettrait à d'autres les erreurs qu'il aurait acceptées, il se dissimulerait même celles qu'il n'aurait pu redresser.

Pour moi, j'avoue franchement que je suis arrivé ici imbu d'une foule d'opinions que maintenant je reconnais pour n'être que des préjugés sans fondement ; par exemple, je croyais que ces traditions orientales, dont on nous vante l'autorité, avaient quelque chose de régulier et de certain dans leur origine et leur transmission; aujourd'hui il m'est démontré que les habitants de ces contrées, juifs, arabes, chrétiens, musulmans, n'ont pas plus de sûreté dans la mémoire, pas plus de fidélité et de bonne foi dans l'intention que nous autres Occidentaux, que nos sauvages et nos paysans : il m'est démontré que là, comme partout, l'homme ne garde guère de souvenir que de ce qu'il a vu dans sa jeunesse; que bien peu de ces gens-là connaissent l'histoire de leur propre famille au delà de leur grand-père; que la plupart ne savent ni leur âge, ni l'année de leur naissance; que chez eux, comme chez nous, il n'y a de vrais moyens de garder, de transmettre les faits que par les écrits; or ils en sont privés au point de ne tenir registre de rien, soit public, soit particulier.

De plus, la série des générations ayant été plusieurs fois rompue par des guerres, des invasions et des conquêtes, les traditions de faits anciens, aujourd'hui régnantes, ne peuvent être le fruit d'une transmission orale, mais dérivent d'une interprétation faite après coup de ces mêmes livres anciens, que l'on prétend maintenant soutenir par elles. Le pays de Jérusalem, plus que tout autre, fournit des preuves de cette vérité, puisqu'on y trouve de ces prétendues traditions, les unes contraires aux propres textes des Bibles[1], les autres portant sur des faits reconnus

---

[1] Dans l'*Itinéraire à Jérusalem*, tome II, le poétique auteur cite, page 129, le village de Saint-Jérémie comme étant la patrie du pro-

faux. Vous n'avez pas d'idée de ce que l'esprit de secte et la rivalité de clientèle font inventer de fraudes de cette espèce.

En général, ce que nous ne comprenons point assez, nous autres Occidentaux, ce qui m'a le plus surpris en mon particulier dans toute cette contrée, c'est l'ignorance profonde et universelle en choses physiques et naturelles, jointe à l'entêtement et à la présomption en choses dites *divines*, c'est-à-dire en choses hors de notre portée; c'est la crédulité la plus puérile, jointe à une défiance cauteleuse; c'est l'esprit de dissimulation, de fourberie, joint à une simplicité de mœurs apparente, quelquefois réelle; enfin c'est l'esprit de servilité craintive qui n'attend que l'occasion de devenir arrogance et audace. Expliquer tout ce mélange, donner les raisons d'un tel état de choses, serait sans doute un travail très-intéressant; mais mon but en ce moment se borne à vous faire connaître comment la vue de l'état présent est devenue pour moi un moyen d'apprécier l'état passé, cet état idéal pour nous, et qui ne nous est indiqué que par des livres dont le sens obscur est ou méconnu ou falsifié par ceux qui s'en font les docteurs. Quand je compare mes idées actuelles à celles que m'avaient imposées

---

phète de ce nom, et il reconnaît que cette tradition est fausse, puisque la Bible établit *Anatot*.

Page 123, *selon les habitants*, tous les monuments du pays seraient dus à sainte Hélène, et il convient que cela n'est pas vrai...... etc. L'auteur eût pu en citer bien d'autres exemples, mais ce n'était ni son intention ni son but.

19.

nos instituteurs, je ne puis m'empêcher de rire de tous les contre-sens, de toutes les méprises dont, maîtres et disciples, nous sommes également les dupes.

On nous fait lire dès l'enfance des récits grossiers, scandaleux, absurdes, et moyennant les interprétations mystiques qu'on leur donne, les pieuses allégories qu'on y trouve, on les retourne si bien que nous finissons par être édifiés de la *sagesse cachée* et *profonde* : notre enfance docile par crainte ou par séduction se plie à tout, s'habitue à tout, et notre esprit finit par n'avoir plus le tact de la vérité et de la raison. — Je vous l'avouerai, mon ami, avant ce jour je ne concevais rien à la plupart des événements qui composent l'histoire des Juifs, je les regardais comme appartenant à un vieil ordre de choses, aboli comme l'Ancien Testament ; cette histoire d'Abraham, de sa famille errante qui devient un peuple, de ce peuple qui d'esclave devient conquérant, de ces conquérants qui retombent en anarchie et en servitude, puis sont reconstitués en monarchie pour se diviser et se déchirer encore, tout cela me semblait plutôt romanesque que probable ; aujourd'hui tout cela me semble parfaitement naturel, conforme à ce que je vois, explicable par l'état actuel.

Dans les mœurs, la vie, les aventures d'une tribu arabe, d'un chef bedouin, je vois la copie ou le modèle des mœurs, des aventures de la horde hébraïque fondée par Abraham et Jacob. Je la vois errante d'abord, se fixer ensuite sur la frontière d'Égypte où on la tolère, comme les pachas tolèrent les Bedouins moyennant des redevances annuelles, des tributs de nature quelconque ; je la vois se multiplier assez vite par l'abondance de ce pays ; puis inquiéter ses protecteurs comme nos nègres trop nombreux nous inquiètent nous-mêmes ; puis, à raison de son malaise, concevoir des idées de rébellion et d'indépendance. Plaçons cet état de choses dans le temps présent ; supposons sous le règne des Mamlouks une horde de *Ouahâbis* établie dans la basse Égypte, entrée en contestation avec les naturels pour causes d'opinions religieuses et de vexations domestiques ; supposons qu'un homme de cette race ait voyagé en quelque contrée civilisée de l'Europe ; qu'il y ait puisé quelques connaissances militaires, législatives, physiques, qui le rendent supérieur à ses compatriotes, même à leurs oppresseurs, il pourra jouer le rôle de Moïse, il pourra devenir chef, emmener ses sectateurs dans le désert, leur y donner une organisation systématique, religieuse et guerrière, au moyen de laquelle leur race, renouvelée de personnes et de mœurs, pourra s'introduire en Syrie, s'y fortifier dans les montagnes, et enfin, à travers bien des vicissitudes, s'y perpétuer, comme font les Druzes et les Motouâlis.

Ces Druzes, avec leur esprit exclusif, mystérieux, avec leur caractère presque hostile aux étrangers, offrent une analogie singulière avec l'ancien peuple juif ; je dis plus, ils en sont la vivante image : leur manière d'être m'explique tout ce qu'il a pu être au sens moral, religieux, politique et militaire : les in-

trigues de leur petit gouvernement oligarchique, les
manœuvres secrètes de leur corporation religieuse,
appelée les *Okkâls (spirituels),* me donnent la clef de
celles qui ont dû exister chez les Hébreux au temps
des juges et même de la monarchie : par exemple,
l'anecdote de Samuel, le récit de son élévation, de sa
haute influence, puis l'obligation où il fut de se substituer un roi, de le consacrer, enfin le caprice qu'il
eut de le changer pour lui en substituer un autre plus
à son gré, tout cela m'avait dès longtemps donné le
soupçon d'un jeu de causes naturelles, différent de
celui que présente le narrateur; j'avais soupçonné
des passions humaines et même sacerdotales là où
l'historiographe nous présente des volontés mobiles,
irascibles, vindicatives dans la Divinité.

En relisant ici ma Bible à mes heures de loisir et
de repos, j'ai été frappé de voir mon soupçon se convertir en parfaite évidence ; je me suis amusé à faire
à ce sujet un travail nouveau, en appliquant au fond
du récit les règles de notre critique historique moderne, et les calculs de probabilité raisonnable déduits
des mœurs du temps, du caractère des témoins, des
intérêts apparents ou cachés du narrateur ; il en est
résulté un tableau piquant de naïveté et de vraisemblance. Je l'ai communiqué à un Européen qui voyage
ici, et qui se trouve être versé dans la langue hébraïque (il m'assure que, pour qui sait bien l'arabe, cette
langue est une bagatelle) : mon travail a tellement
excité son intérêt, qu'il l'a enrichi de notes précieuses,
en ce qu'elles redressent en plusieurs endroits des

fautes et des contre-sens de nos traductions grecques et latines, que d'ailleurs il accuse d'inexactitude habituelle ; il n'a pas meilleure opinion de notre traduction anglaise, et il ne conçoit pas comment les sociétés *bibliques,* avant de la tant prôner et propager, ne l'ont pas refaite meilleure. C'est leur affaire ; la mienne aujourd'hui est de vous donner un témoignage de mon constant souvenir ; quand vous lirez le fragment que je vous envoie, j'espère que vous ne jugerez point l'ouvrage d'un simple *marchand* avec la sévérité due à un lettré de profession ; et que votre amitié recevra avec indulgence l'offrande que la mienne se plaît à lui adresser avec sincérité.

§ II

Histoire de Samuel, calculée sur les mœurs du temps et sur les probabilités naturelles. — Dispositions morales et politiques des Hébreux au temps de Samuel.

Pour bien entendre le drame historique dans lequel Samuel parvient, d'un grade très-subalterne, à être le premier personnage, il est nécessaire de connaître l'état des choses et des esprits à son époque ; et cela ne s'entend bien qu'en faisant connaître les antécédents dont cet état ne fut que la conséquence.

Après que les Hébreux se furent emparés de cette portion de la Phénicie qui est entre le Jourdain et la mer, exception faite d'une lisière littorale qui leur résista, ils éprouvèrent dans leur manière d'être un changement qui mérite d'être remarqué. Pendant leur long séjour dans le désert, Moïse les avait constitués en un régime à la fois militaire et sacerdotal : le sacerdotal n'a pas besoin d'être expliqué ; le militaire se prouve par les règlements que Moïse fit pour la distribution intérieure du camp, par les manœuvres de marches, de campement et de décampement, enfin par les stratagèmes que l'on voit employés à passer le Jourdain, à renverser les murs de Jéricho, et qui indiquent des études militaires dont on n'a pas jugé à propos de faire mention. Les Hébreux, une fois établis dans le pays qu'ils venaient de conquérir, n'eurent plus le même besoin d'organisation militaire.

Dans les plaines du désert, ils étaient un corps d'armée sans cesse en mouvement, parce que, vivant pasteurs, il fallait chaque jour changer de pâturages : dans les montagnes de Phénicie et de Judée, ils furent tout à coup cultivateurs fixés chacun sur la portion de terrain qui leur échut en lot de butin et dont ils devinrent propriétaires ; ce fut un peuple de paysans laboureurs. Dans le désert, il était facile de mouvoir, de conduire une troupe errante : dans le pays cultivable et cultivé, chaque tribu, chaque famille, attachée au sol qui la fit vivre, ne fut plus disponible et maniable : chacun eut des occupations qu'il ne put aisément quitter. La masse nationale était divisée en douze tribus distinctes ; chaque tribu devint un petit peuple aspirant à l'égalité, presque à l'indépendance : dans chaque tribu, toute famille puissante par le nombre de ses membres eut encore de cet esprit égoïste qui tend à s'isoler : le gouvernement ne dut plus être que fédératif, et ce cas n'avait point été prévu par le législateur, aucun rapport de subordination n'avait été établi pour mouvoir au besoin les parties du corps politique; on s'en aperçoit sitôt après la mort du général *Josué* et de cette *génération de vieillards* qui avait été son état-major. L'on voit de suite naître une véritable anarchie, comme dans notre Amérique à la dissolution de notre armée sous *Washington ;* les petits peuples environnants en profitent pour attaquer chacun la tribu qui leur est voisine : les Ammonites, les Moabites vexent, soumettent au tribut celles qui sont à l'est du Jourdain ; les Philistins en font autant à celles qui leur sont contiguës : rarement les servitudes furent générales, et voilà pourquoi l'histoire des juges n'a point d'unité de chronologie.

En cet état de choses, la nation hébraïque eût été dissoute, si elle n'avait pas eu son lien d'unité dans le système sacerdotal comme dans la bizarre et indélébile *cocarde* [1] que lui avait imprimée Moïse. Les devoirs du culte rappelèrent sans cesse tous les individus au point central de l'arche, dont le grand prêtre était le gardien, dont tous les mâles de la tribu de Lévi étaient la milice ; mais ce grand prêtre et cette milice n'avaient d'armes que les prières et un certain pouvoir surnaturel de faire des miracles dont l'efficacité n'apparaissait pas toujours au besoin.

[1] La circoncision.

En lisant toute l'histoire des juges, on ne voit pas qu'aucun grand prêtre ait délivré la nation d'aucune servitude par aucun moyen divin ni humain : ces servitudes ne furent repoussées et dissoutes que par l'insurrection d'individus courageux, qui, irrités des vexations des *inci1conci8,* appelèrent la nation aux armes, et qui, pour prix de leur audace et de leurs succès militaires, étant regardés comme des envoyés de Dieu, s'investirent eux-mêmes ou furent investis par l'opinion publique, sous le nom de *suffètes*[1] *(juges)*, d'un pouvoir suprême qui ne fut temporaire que faute d'héritiers de leurs talents ; alors l'autorité du grand prêtre était comme suspendue et limitée aux fonctions de chef des sacrifices et d'interprète des oracles. Cet état de choses ressemblait à celui du Japon et de bien d'autres pays, où le pouvoir est partagé en deux branches ayant pour chefs l'une le *Coubo* ou chef laïque, et l'autre le *Daïri,* ou chef ecclésiastique.

Tant que vivaient les juges, le peuple hébreu jouissait de la paix et de l'indépendance : étaient-ils morts, l'anarchie ne tardait pas à renaître et à ramener une servitude. L'expérience et l'observation de ces alternatives ne purent manquer de faire naître et de répandre dans les esprits l'opinion que, pour obtenir un état durable et solide, il eût fallu avoir un juge, un chef militaire permanent. On sent que les grands prêtres, appelés par la simple naissance et le droit héré-

---

[1] C'était aussi le nom des deux *consuls* de Kartage, dont le peuple, né phénicien, parlait un langage tout à fait analogue à l'hébreu.

ditaire au pouvoir suprême, n'y apportaient pas également la capacité requise : on sent qu'eux et toute la caste sacerdotale, nourris aux frais de la nation, dans une oisive abondance, vivaient presque nécessairement dans une mollesse et un relâchement de mœurs qui devaient diminuer leurs facultés morales, et par suite leur crédit et leur considération. Le peuple dut remarquer que les étrangers qui le subjuguaient avaient toujours des *rois* combattant à la tête de leurs armées ; il dut attribuer leurs succès à ce régime, qui effectivement en fut une cause ; par une conséquence naturelle, il dut concevoir l'idée et former le vœu d'avoir aussi des rois. Un obstacle à ce vœu se trouvait dans l'habitude de la *théocratie,* c'est-à-dire dans le respect rendu aux *prêtres* sous le manteau de Dieu, et dans l'intérêt qu'avaient ces prêtres de maintenir un respect qui était la base de leur autorité et de leur abondance.

A l'époque dont nous parlons, le siége était occupé par le grand prêtre Héli, qui avait l'espoir de le transmettre à ses enfants ; mais un concours de circonstances singulières, où la superstition vit le doigt de Dieu, introduisit dans sa maison et dans le parvis du tabernacle un enfant étranger, une espèce d'orphelin qui, par son initiation aux mystères de l'art et par la force personnelle de son caractère, parvint à être plus que son successeur, puisqu'il parvint à cumuler les deux puissances. Cet enfant fut *Samuel :* pour tracer son histoire, je vais rentrer dans la narration du texte même, en l'abrégeant quelquefois, mais en conservant le plus que je pourrai son coloris et son instructive naïveté.

§ III

Enfance de Samuel, circonstances de son éducation ; son caractère en devient le résultat.

« [1] Un homme des montagnes d'Ephraïm avait deux
« femmes. Une d'elles, nommée *Hannah*, était sté-
« rile ; sa compagne l'insultait et la tourmentait à ce
« sujet (la stérilité a de tout temps été une honte chez
« les peuples arabes). Chaque année le mari condui-
« sait sa famille à *Shiloh*, où était la maison de *Dieu* :
« il y offrait des victimes et ne donnait qu'une seule
« portion à sa femme stérile, tandis que l'autre était
« fière d'en avoir plusieurs. *Hannah* pleurait et ne
« mangeait point. Dans l'un de ces jours de sacrifice,
« elle se rendit à la porte de la maison de Dieu ; le
« grand prêtre *Héli* [2] était assis à cette porte sur son
« siége de juge : elle s'y livra à la prière avec tant
« d'effusion, qu'Héli la crut ivre ; il la réprimanda,
« et lui ordonna de se retirer. Elle, s'excusant, lui
« exposa son chagrin, lui dit qu'elle demandait à Dieu
« un enfant mâle, et qu'elle faisait vœu de le lui con-
« sacrer pour la vie : jamais le rasoir ne passera sur
« sa tête (c'était le signe de ce dévouement). Allez en

---

[1] *Samuel* ou *Rois*, liv. I, chap. I.
[2] Ce nom est le même que l'arabe *Ali*, lettre pour lettre. Le latin a introduit l'*h* pour exprimer l'*aïn*.

« paix, répondit Héli, Dieu vous donnera un enfant.
« En effet, de retour chez elle, et devenue calme et
« contente, elle conçut peu après ; et elle eut un enfant
« mâle qu'elle nomma Samuel. »

Telle est la substance du premier chapitre, dont les détails sont de nature à faire supposer que quelqu'un aurait tenu procès-verbal de la conversation d'*Héli* et d'*Hannah*; je reviendrai ailleurs sur ce sujet.

On sent que, dans le petit bourg, dans le village où vivait cette famille, les querelles de ménage, causées par sa stérilité, avaient fait bruit : le vœu ne put manquer d'y être également divulgué, ni son succès d'y causer une vive sensation. Ce peuple, qui voyait le doigt de Dieu en tout, qui, selon notre historien, disait : *Dieu a clos les entrailles d'Hannah*, n'a pas manqué de dire que *Dieu lui avait donné* cet enfant par un don spécial. Cet enfant consacré devint l'objet de la curiosité et de l'attention publiques. — Suivons son histoire :

« Lorsque le temps de sevrer Samuel fut venu (ceci
« dans les mœurs du pays comporte au moins deux
« ans), *Hannah* fut le présenter au grand prêtre à
« *Shiloh,* en y joignant une offrande de trois veaux,
« de trois mesures de farine et d'une amphore de vin.
« Héli accepta l'enfant, qui de ce moment fut élevé
« sous sa surveillance. »

Ici le narrateur nous dit qu'*Hannah* composa elle-même un cantique qui remplit les dix premiers versets du chapitre second. La femme d'un cultivateur aisé, même riche si l'on veut, mais enfin la femme d'un homme de campagne, une paysanne, peut-elle avoir composé un morceau qui a les formes poétiques ? cela n'est pas probable. Ce cantique a dû être fait par quelque lévite du temps, et même après coup par l'écrivain de cette histoire. Cette licence nous avertit de l'intérêt personnel et même de la partialité que nous devons trouver en tout ce récit.

La situation domestique de Samuel dans la maison d'Héli mérite une attention particulière, à raison de l'influence qu'ont dû exercer sur son caractère toutes les circonstances de son éducation : cet enfant est comme orphelin dans une famille étrangère ; cette famille est composée d'une ou plusieurs femmes d'Héli déjà âgé, puisque ses deux fils *Ophni* et *Phinées* étaient sacrificateurs en exercice ; ses deux fils déjà mariés ont aussi des enfants sur qui doit se porter la tendresse de toute la maison. Selon les mœurs du pays et du temps, ces divers personnages ont dû vivre réunis ; naturellement Samuel n'a dû recevoir que des soins de charité, et il a pu être exposé à des jalousies. Son caractère a dû se concentrer, le porter à se suffire à lui-même, à ne s'épancher, à ne se confier à personne : il a eu le temps de penser et de méditer. L'âge est venu développer en lui cette double faculté ; il a dû devenir observateur de tout ce qui se passait autour de lui, et il a pu tout voir, parce qu'il a vécu sous la protection du grand prêtre, dans une intimité de famille et dans un service d'autel et de temple, qui l'ont initié à tous les secrets.

Vers quinze ou seize ans, ce service du *temple* [1] l'a mis en rapport avec tous les fonctionnaires, avec tous les lévites qui y étaient employés : *Shiloh,* situé en pays montueux et de difficile accès, pour cause de sûreté, n'était pas une ville, mais un village dont la population dut se composer uniquement de prêtres et de lévites. C'est un état de choses que l'on retrouve chez tous les anciens, où les siéges d'oracles, les foyers de culte étaient tenus à distance des regards profanes et de l'inspection populaire; dans tout village, on sait combien il y a de caquet, de petites passions, d'inimitiés, de jalousies ; dans un village de prêtres, qui, quoique mariés, ne participaient pas moins au caractère des moines, on sent que si les formes furent plus graves, le fond ne fut guère moins agité par des tracasseries de tout genre. Dans le cas dont je traite, des circonstances particulières durent y fournir un puissant aliment.

Le grand prêtre Héli devenait vieux; on calculait son successeur : ses deux fils *Ophni* et *Phinées* avaient aigri les esprits par un genre de vexation qui mérite d'être textuellement cité :

« Or les fils d'Héli étaient des hommes de vice et de
« débauche qui ne connaissaient ni Dieu, ni le devoir
« du prêtre envers le peuple. — Lorsqu'un Hébreu
« offrait un sacrifice, le serviteur de l'un d'eux venait à

---

[1] Le texte emploie ce mot, quoiqu'il n'y eût point encore de *temple* comme celui de Salomon : c'était ou ce dut être un bâtiment provisoire, assez simple, comme le furent les premiers temples chez les anciens.

« l'endroit où l'on faisait cuire la chair (de la victime) ;
« il plongeait une grande fourchette à trois dents, soit
« dans la chaudière, soit dans la marmite, et tout ce
« qu'il en pouvait retirer du coup, il l'emportait pour
« le prêtre ; (de même) avant que l'on fît griller les
« graisses, il disait : Donnez-moi de la chair pour le
« prêtre, il n'en veut point de cuite, il la veut crue.
« L'homme répondait : Laissez-la moi griller selon
« l'usage, et vous en prendrez ce que vous voudrez.—
« Non, disait le serviteur, donnez-la-moi de suite, ou
« je la prendrai de force ; et l'on traitait ainsi tous ceux
« qui venaient à *Shiloh*. »

§ IV

Caractère essentiel du prêtre en tout pays ; origine et motifs des corporations sacerdotales chez toute nation.

Ce récit naïf présente divers sujets d'instruction : d'abord il peint la simplicité ou pour mieux dire la grossièreté des mœurs du temps, très-analogues au siècle d'Homère ; j'ai dit que ce peuple hébreu n'était composé que d'hommes rustiques, vivant sur de petites propriétés qu'ils cultivaient de leurs mains, comme font aujourd'hui les Druzes. La seule classe un peu bourgeoise, un peu moins ignorante, était la tribu des lévites, c'est-à-dire des prêtres, qui vivaient oiseux, entretenus par les offrandes volontaires ou forcées de la nation : cette classe avait plutôt le temps que les moyens d'occuper son esprit. Cet esprit se montre ici dans le ton et le style du narrateur, qui, par son instruction en *devoirs de prêtre,* s'annonce pour un homme du métier. On peut comparer ce lévite aux moines du huitième et du neuvième siècle, écrivant leurs dévotes chroniques sous les auspices de la superstition et de la crédulité. Dans ce même récit, on voit le caractère essentiel du prêtre, dont le premier et constant objet d'attention est cette *marmite* ou *chaudière* sur laquelle se fonde son existence, et cela nous révèle les motifs de tout ce régime de victimes et de sacrifices qui joue un si grand rôle chez les peuples anciens.

Jusqu'ici je n'avais pu concevoir le mérite et la convenance d'avoir converti les cours et les parvis des temples en *boucheries* journalières, en *vivanderies* permanentes ; je ne conciliais pas l'idée du hideux spectacle de ces égorgements d'animaux sensibles, de ce versement de flots de sang, de ce nettoiement d'entrailles, avec les idées que nous nous faisons de la majesté, de la bonté divines, qui repoussent si loin les besoins grossiers que supposent ces pratiques. En réfléchissant à ce qui se passe ici, je vois maintenant la solution très-naturelle de l'énigme ; je vois que, dans leur état primitif, les anciens peuples ont été, comme sont encore les Tartares d'Asie et leurs frères nos sauvages d'Amérique, des hommes féroces luttant incessamment contre des dangers, contre des besoins dont la violence exaltait tous les sentiments, des hommes habitués à verser le sang à raison de la chasse sur qui se fondait leur subsistance : dans cet état, les premières idées qu'ils se sont faites, **les seules qu'ils aient pu se faire de la Divinité**, ont été de se la représenter comme un être plus puissant qu'eux, mais raisonnant et sentant comme eux, ayant leurs passions et leur **caractère** : l'histoire entière dépose de la vérité de ce fait.

Par suite de ce raisonnement, ces sauvages crurent que **tout fâcheux accident**, tout mal qui leur arrivait, avait pour cause **intime la haine, le ressentiment**, l'envie de quelque **agent caché, de quelque pouvoir secret irascible, vindicatif comme eux-mêmes**, et conséquemment susceptible comme eux d'être apaisé par des **prières et par des dons**. De cette idée naquirent ces habitudes spontanées d'offrandes religieuses dont la pratique se montre chez presque tous les sauvages anciens et **modernes** ; mais parce qu'en tout temps, en toute société, il **naît** ou il se forme des individus plus subtils, plus *madrés* que la multitude, il **se sera** de bonne heure trouvé quelque vieux sauvage qui, ne partageant point cette croyance ou s'en étant désabusé, aura conçu l'idée de la tourner à son profit, et aura supposé avoir des moyens secrets, des recettes particulières pour calmer la colère des *dieux*, des génies ou *esprits*, et pour se les rendre propices : l'ignorance vulgaire, toujours crédule, surtout lorsqu'elle est mue de crainte ou de désir, se sera adressée à ce morte favorisé, et voilà un *médiateur* constitué entre l'homme et la Divinité : voilà **un voyant,** un jongleur, un prêtre comme en **ont tous les Tartares, comme en** ont la plupart de nos sauvages et des peuples nègres : ces *jongleurs* auront trouvé commode de vivre ainsi aux dépens d'autrui, et ils auront cultivé et perfectionné leur art de faire des illusions, des tromperies : la *fantasmagorie sacerdotale* sera née. Aujourd'hui que ses moyens physiques nous sont connus, nous apercevons ses artifices dans les prodiges des anciens oracles, dans les miracles de l'ancienne magie.

A l'époque où le métier devint avantageux, il se fit des associations d'adeptes, et le régime de ces associations devint la base du sacerdoce : or, comme ces corporations de *devins*, de *voyants*, d'*interprètes* et de *ministres* des dieux, employaient tout leur temps à leurs fonctions publiques, à leurs pratiques secrètes, il fut nécessaire que leur subsistance journalière et annuelle fût organisée en système régulier ; alors le régime jusque-là casuel des offrandes et des sacrifices volontaires fut constitué en tribut obligatoire par *conscience*, régulier par *législation* ; le peuple amena au pied des autels, au parvis des temples, l'élite de ses brebis, de ses agneaux, même de ses bœufs et de ses veaux ; il apporta de la farine, du vin, de l'huile : la corporation sacerdotale eut des rentes, la nation eut des cérémonies, des prières, et tout le monde fut content. Le reste n'a pas besoin d'explication [1] ; seulement je re-

---

[1] Beaucoup d'ouvrages critiques et philosophiques ont été composés sur l'origine, le droit, le mérite ou l'abus de la royauté ; sur les vexations, les vices, les scandales des rois : n'est-il pas singulier que l'on en ait si peu composé de tels sur l'origine, le droit,

marque que la division des animaux en purs et impurs paraît dériver de leur *bonté* comme *mangeables,* ou de leur *inconvenance* comme nuisibles ou désagréables à manger : voilà pourquoi le bouc puant était jeté dans le désert ; pourquoi le vieux bélier coriace et *suiveux* était brûlé *sans reste ;* pourquoi le porc ladre et donnant la gale était *honni ;* mais c'est assez parler de la cuisine des prêtres de *Shiloh ;* suivons leur histoire.

§ V

Manœuvres secrètes en faveur de Samuel. — Quel a pu en être l'auteur ?

« Or Héli était très-vieux ; il apprit ce que faisaient
« ses fils ; il leur en fit des reproches, mais ils ne l'é-
« coutèrent point, *parce que Dieu voulait les tuer.* »

Quelle pensée scélérate et perverse ! *endurcir les gens pour les tuer !* mais à qui Dieu a-t-il dit sa pensée ? si c'est à l'homme seulement, si c'est au prêtre qui nous la répète, n'avons-nous pas droit de l'attribuer à ce porteur de parole lui-même, à ce soi-disant interprète ? Il est clair que ceci ne vient point de Dieu, mais d'une *bouche juive,* d'un *cœur hébreu fanatique* et *féroce*, plein des passions et des préjugés qu'il place dans son idole. — Revenons à Samuel.

le mérite ou l'abus de la prêtrise, sur les vices, les scandales des prêtres ? Pourquoi cela, quand le sujet est si riche ? — Parce qu'en tout pays la plupart des écrivains ont été de la caste des prêtres.

« Il s'avançait (en années), et croissait, » dit le texte, « et il était agréable à Dieu et aux hommes. »

Ici toutes les traductions commettent une erreur, elles qualifient Samuel d'*enfant;* ce n'est pas là le sens du mot hébreu *nar;* il signifie jeune homme adolescent, et il peut s'appliquer jusqu'à l'âge de vingt à vingt-cinq ans ; la preuve en est que le texte l'applique à l'écuyer qui accompagne Jonathas dans un coup de main militaire des plus audacieux ; à David quand il est présenté à Saül comme un sujet déjà fort et propre à la guerre ; aux serviteurs des prêtres qui parlent de prendre la chair par violence : toutes ces applications nécessitent un âge de vingt ans au moins.

Samuel n'a pu en avoir moins à l'époque dont nous parlons, et il a pu en avoir jusqu'à vingt-quatre, comme il résulte du calcul de sa vie ; car, sous peu, nous allons voir périr Héli très-vieux ; vingt ans et sept mois après, Samuel va commencer sa propre judicature, jusqu'à ce qu'il devienne assez vieux pour vouloir se substituer ses enfants, et il vivra encore environ *dix-huit ans* sous Saül. Enfin il mourut très-âgé. Supposons lui *vingt ans* d'administration, plus ces *dix-huit ans,* plus les vingt entre son avénement et la mort d'Héli, voilà cinquante-huit ans ; l'on ne peut lui donner moins de vingt à vingt-deux ans à la mort d'Héli, pour faire soixante-dix-huit ou quatre-vingts ans qu'exige sa vie.

A cet âge de *vingt-deux ans*, il a été déjà capable de beaucoup de calculs et de raisonnements ; il a été nourri de tous les discours, de toutes les plaintes, de toutes les intrigues, de tous les projets du cercle sacerdotal dans lequel il vivait : il a entendu les vœux souvent formés de voir exclure les enfants d'Héli, de voir apparaître un de ces *hommes de Dieu* envoyés de temps à autre pour sauver le peuple d'Israël ; il a su ce qu'il fallait pour être un *homme de Dieu* ; pourquoi ne se serait-il pas lui-même trouvé propre à jouer ce rôle ? La suite du récit va nous éclaircir cette question.

Sur ces entrefaites arrive un incident singulier ; « un
« *homme de Dieu* [1] vient trouver Héli ; il lui reproche
« au nom de *Jehovah* ou *Jehwh* les prévarications
« de ses enfants ; il lui annonce qu'ils ne lui succéde-
« ront point, et que *Jehwh* s'est choisi un autre prêtre

---

[1] Le mot *Jehovah* n'est connu d'aucun indigène arabe, d'aucun Juif purement asiatique ; son origine même chez les Européens qui le consacrent, n'est ni claire ni authentique. Lorsque l'on présente aux Arabes, transcrites en leur alphabet, les quatre lettres hébraïques qui le composent, ils lisent *iahouah* ou *ihwh* ; ils ne peuvent même prononcer à l'anglaise ou à la française le mot *Jehovah*, parce qu'en leur langue ils n'ont ni *jé* ni *vé*. Le célèbre auteur de la Polyglotte anglaise, le docteur *Robert Walton*, l'un des plus savants et des plus sensés biblistes qui aient écrit sur ces matières, blâme expressément la prononciation *jehova* comme inouïe aux anciens (*Prolegom.*; page 49). « Il observe que les éditeurs des Bibles ont eu l'audace de
« falsifier à cet égard les manuscrits mêmes ; par exemple, à l'occa-
« sion du psaume VIII, lorsque *Jérôme* observe qu'il faut lire le nom
« de Dieu de *telle manière*, les éditeurs ont mis qu'il faut lire
« *Jehova*, tandis que le manuscrit compulsé par Frobenius porte
« *Jao*. »

Le premier auteur, ajoute *Walton*, qui ait lu *Jehova*, fut Pierre Galatin, en 1520, dans son traité *De Arcanis catholicæ veritatis*, tome Ier, liv. II.

« fidèle. Je couperai, dit Dieu, ton bras (c'est-à-dire
« ton pouvoir) et le bras de ta maison, en sorte qu'elle
« n'aura point de vieillards. Le signe que j'en donne-
« rai sera que tes deux enfants Ophni et Phinées
« *mourront en un même jour*; et je me susciterai un
« prêtre selon mon cœur et mon esprit, pour gouver-
« ner pendant toute sa vie. Les gens de ta maison
« viendront se courber devant lui, et lui offrir une pe-
« tite pièce d'argent, en le priant de les admettre au
« service du temple. »

Que de choses à noter dans ce récit! D'abord voici un tête-à-tête divulgué; par qui? Héli ne s'en sera pas vanté; c'est donc l'*homme de Dieu* qui l'a ébruité. Quel intérêt a-t-il eu de préparer les esprits à un changement désiré de plusieurs, même du plus grand nombre? En sa qualité de prophète et de *prédiseur*, cet *homme de Dieu* a dû connaître le successeur annoncé, déjà présumé; n'agirait-il pas déjà de concert avec lui? Sa prédiction va se trouver faite en faveur de Samuel. — Samuel ne jouerait-il pas un rôle en cette affaire? L'axiome de droit dit : *Celui-là a fait qui a eu intérêt de faire*; ici ne serait-ce pas *Samuel* même? Notez qu'Héli était aveugle, et qu'on a pu lui parler sans qu'il ait reconnu la personne. Il y a ici manœuvre de fourberie; Samuel n'est pas atteint, mais il est prévenu. Quant à la prédiction de la mort des deux fils d'Héli en un même jour, on sent combien il a été facile à l'écrivain ou au copiste de l'interpoler après coup : où est le procès-verbal primitif? Suivons le récit.

Chap. III. « Or Samuel servait Dieu près d'Héli (il
« faisait le service du temple) ; la parole de Dieu était
« rare en ce temps-là ; il n'apparaissait plus de vi-
« sions [1]. Les yeux d'Héli s'étaient obscurcis, il ne
« voyait plus ; et il arriva (une nuit) qu'Héli était
« couché en son lieu ; la lampe n'était pas éteinte, et
« Samuel était aussi couché dans le temple du (Dieu)
« *Jehwh,* où est l'arche sainte ; et Dieu appela Samuel,
« lequel courut vers Héli, et lui dit : Me voilà ; tu m'as
« appelé. — Non, dit Héli, je ne t'ai point appelé ;
« retourne et dors. Une seconde fois Jehwh appela
« Samuel, et Samuel courut vers Héli, qui dit en-
« core : Je ne t'ai point appelé ; retourne et dors. Or
« Samuel ne connaissait point encore la parole de
« Dieu. Appelé une troisième fois, il courut encore
« vers Héli, qui comprit alors que c'était Dieu qui
« l'appelait. Retourne, dit-il ; si l'on t'appelle de nou-
« veau, réponds : Parle, *Jehwh*, ton serviteur écoute.
« Samuel retourna se coucher, et (le Dieu) Jehwh
« vint se poser debout, et il lui cria deux fois : Sa-
« muel ! et Samuel répondit : Parle, ton serviteur
« écoute. »

Pour abréger ce récit, il suffit de dire que le Dieu
Jehwh répéta en substance ce que l'homme de Dieu
avait déjà dit à Héli, savoir : qu'à raison des prévarications de ses enfants et de sa faiblesse à ne pas les
réprimer, il avait supplanté sa maison, et qu'il lui

---

[1] Les Hébreux s'étaient éclairés par quelques progrès de civilisation.

substituerait un étranger dans le pouvoir suprême. Le lendemain matin, Samuel resta silencieux sur la chose, mais Héli le força de tout lui réciter. Après l'avoir entendu, le vieillard se contenta de dire : « Il est « *Jehwh* (le maître), il fera ce qui sera bon à ses « yeux. »

Maintenant, pour apprécier cette histoire, je ne veux point raisonner sur le fond du fait. Dieu, venir dans une chambre, se poser debout à distance d'un lit, parler comme une personne de chair et d'os ; que pourrais-je dire à qui croirait un tel conte ? Je ne m'occupe que de la conduite et du caractère de Samuel ; et d'abord, je demande qui a vu, qui a entendu tout ceci, et surtout qui l'a raconté, qui l'a ébruité et rendu public ? Ce n'est pas Héli, ce ne peut être que Samuel seul, qui est ici acteur, témoin, narrateur ; lui seul a eu intérêt de faire, intérêt de raconter : sans lui, qui eût pu spécifier tous les menus détails de cette aventure [1] ? Il est évident que nous avons ici une scène de fantasmagorie du genre de celles qui ont eu lieu chez tous les anciens dans les sanctuaires des temples et pour l'émission des oracles. Le jeune adepte y a été encouragé par la caducité, par la faiblesse physique et morale du grand prêtre Héli ; peut-être par l'instigation de quelques personnages cachés sous la toile, ayant des inté-

---

[1] L'auteur des *Paralipomènes* (présumé être le prêtre Esdras) nous dit positivement, liv. I, chap. XXIX, vers. 29 : « Toutes les « actions du roi David, tant les premières que les dernières, sont « écrites dans le livre du prophète *Samuel*, dans celui du prophète « *Nathan* et dans celui du prophète *Gad*. »

rêts, des passions que nous ne pouvons plus juger ; néanmoins le plus probable est que Samuel ne s'est fié à personne, et ce que par la suite nous verrons de sa profonde dissimulation fixe la balance de ce côté.

La divulgation n'a pas été difficile ; il aura suffi de quelques confidences à un serviteur, à un ami dévoué, à une vieille ou à une jeune prêtresse, pour que l'apparition de Dieu, pour que son oracle venu de l'arche sainte se soit répandu en acquérant de bouche en bouche une mystérieuse intensité de certitude et de croyance.

« Or Samuel grandit, ajoute le texte, et Dieu fut
« avec lui, et aucune de ses paroles ne tomba par
« terre ; et tout Israël connut qu'il était devenu pro-
« phète de Dieu ; et Dieu continua d'apparaître dans
« Shiloh. »

Sur ce mot *prophète*, j'observe que le narrateur nous dira bientôt qu'à cette époque le terme hébreu *nabiâ*, employé ici, n'était point connu ; que l'on ne se servait que du mot *râh*, qui signifie *voyant*. Nous avons donc ici un écrivain posthume qui a rédigé à son gré les mémoires que Samuel ou autres contemporains avaient composés au leur. Il lui a plu d'établir en fait positif *la croyance de tout Israël* en ce conte ; mais il est seul déposant, il n'est pas même témoin. Si nous avions de ce temps-là des mémoires de plusieurs mains, nous aurions matière à juger raisonnablement : déjà nous en avons le moyen dans le verset où il nous dit que *depuis du temps la parole de Dieu était devenue rare, et qu'il n'apparaissait plus de visions* : pourquoi cela ?

parce qu'il y avait des incrédules ; parce qu'il était arrivé des scandales, de faux oracles, des divulgations de supercheries sacerdotales, qui avaient éveillé le bon sens de la classe riche ou aisée du peuple. L'aveugle et fanatique croyance était restée, comme il arrive toujours, dans la multitude ; ce fut sur elle que Samuel compta, et nous verrons lors de l'installation de Saül qu'il eut toujours contre lui un parti de *non croyants* assez puissant pour l'obliger à beaucoup de ménagements, pour l'obliger même à se démettre.

§ VI

Nouvelle servitude des Hébreux. — Samuel dans sa retraite prépare leur insurrection et devient suffète ou juge. — Superstition du temps.

A l'époque où nous sommes, c'est-à-dire après sa vision, voilà Samuel candidat sur le trottoir de la puissance ; le peuple s'occupe de lui : on attend les événements : Héli tout vieux peut mourir à chaque instant ; le temps s'écoule ; supposons un ou au plus deux ans, Samuel a eu vingt-deux ans, ou au plus vingt-quatre. Une guerre survient, les Philistins, par un motif quelconque, la déclarent : les Hébreux s'assemblent ; une bataille se livre au lieu nommé *Aphek* ; ils sont battus ; leurs dévots imaginent d'amener l'arche dans le camp, afin que Dieu *Jehwh* pulvérise les Philistins ; ceux-ci, d'abord effrayés, reprennent courage : ils taillent en pièces les Hébreux, ils s'emparent de l'arche, l'emmènent dans leur pays, et soumettent tout Israël au tribut. Dans cette bataille, les deux fils d'Héli sont tués ; le vieillard, resté à *Shiloh,* apprend sur son haut siége de juge tout ce désastre ; frappé de désespoir, il tombe renversé, se disloque la nuque et reste mort : le siége est vacant, ouvert à Samuel ; mais sa fine prudence juge le moment trop orageux : il se retire sans bruit en son pays, espérant avec raison que le peuple malheureux, vexé par l'ennemi, ne sera que mieux disposé à recevoir un libérateur quand il sera temps. Ce temps fut long ; Samuel eut le loisir et la nécessité de préparer de longue main les moyens qui effectivement le ramenèrent sur la scène, comme nous le verrons. Ce qui se passa dans cet intervalle ne lui est pas directement relatif, mais parce qu'il offre une vive image de l'esprit du temps, il mérite de prendre place ici.

L'arche du Dieu des Juifs était aux mains profanes des Philistins ; il semblerait que ce peuple ennemi eût dû profiter de l'occasion de détruire ce talisman dont il était lui-même épouvanté ; mais à cette époque la superstition était commune à tout peuple ; et chez tout peuple la corporation des prêtres avait un intérêt commun à l'entretenir, de peur que le mépris d'une idole étrangère n'amenât des guerriers farouches à examiner de plus près l'idole indigène. L'arche est donc respectée ; les prêtres philistins la placent dans le temple de leur dieu *Dagon* en la ville d'*Azot*. Le lendemain, en se levant, les gens d'Azot trouvent l'idole de Dagon tombée sur le visage (posture d'adoration) à côté de l'arche ; ils relèvent l'idole et la replacent ; le lendemain ils la retrouvent tombée encore ; mais cette fois ses mains et sa tête, séparées du corps, étaient posées sur le seuil du temple. — On peut juger de la rumeur. D'où vint ce tour d'audace et de fourberie secrète ? quelque Juif s'était-il introduit dans la ville avec cette ruse, avec cette habileté de filouterie dont les Arabes et les paysans d'Égypte et de Palestine donnent encore de nos jours d'étonnants exemples ? Cela serait possible ; le fanatisme a pu y conduire ; il paraît que le temple n'avait point de sentinelles, que même il était ouvert. La sécurité de la victoire aura banni toute vigilance ; d'autre part, ne serait-il pas possible que même les prêtres de *Dagon* eussent calculé cette fourberie par le motif que j'ai indiqué ci-dessus ? Leur conduite subséquente, tout à fait partiale, va rendre cette alternative la plus probable.

Le peuple d'*Azot* n'a point dû croire son Dieu assez impuissant pour se laisser traiter ainsi par une force humaine ; il aura dit : « C'est Dagon lui-même qui
« explique sa volonté, qui déclare son respect pour
« son frère le Dieu des Juifs, il ne veut point le tenir
« captif. » L'alarme se répand, les *prédiseurs* annoncent quelque calamité, suite de la colère céleste ; survient une maladie épidémique d'intestins (notez qu'en ce pays les hernies et les dyssenteries sont communes), puis une irruption de rats et de mulots destructeurs ; les têtes s'échauffent ; tout est attribué à la captivité de l'arche ; le peuple du lieu demande sa

sortie ; le peuple d'une autre ville où on la mène, apprenant le motif, en conçoit un surcroît d'alarme ; la maladie survient par contagion : la terreur devient générale.

Enfin, après sept mois de déportation, les chefs militaires des Philistins appellent devant eux leurs prêtres et leurs devins ; ils leur demandent ce qu'ils doivent faire de l'arche ; c'était le cas de la brûler ; mais remarquez la réponse des prêtres : ils conseillent non-seulement de la renvoyer, mais encore d'y joindre une offrande expiatoire du péché des guerriers. Ceux-ci (par un cas assez commun), non moins crédules que braves, demandent : Quelle offrande ? Les prêtres répondent : « Faites fabriquer cinq anus d'or et cinq
« rats aussi d'or, selon le nombre de vos principautés,
« pour calmer le Dieu des Hébreux. Pourquoi avez-vous
« endurci vos cœurs comme le roi d'Égypte ? Vous avez
« été frappés comme lui ; renvoyez de même l'arche
« du Dieu des Hébreux. »

Ici l'esprit et le système des prêtres sont évidents ; ils nourrissent la crédulité publique en faveur de leur pouvoir particulier, aux dépens même des intérêts de leur propre nation ; n'ai-je pas eu raison de dire que le tour joué à Dagon est venu de leur main ?

La rentrée de l'arche chez les Hébreux est, comme de raison, accompagnée de prodiges ; mais leur existence prouverait encore plus le manque de jugement de l'écrivain que la crédulité du peuple. Cet écrivain veut que dans un *seul* village, où la curiosité engagea les paysans à regarder dans l'arche, Dieu ait frappé de mort cinquante mille de ces curieux : dans le style sacerdotal, c'est toujours Dieu qui *tue*, qui *extermine*; mais comme en ce pays-là il n'y a et il n'y eut jamais de village de cinq mille âmes, ni même de trois mille, il est clair qu'on doit supprimer plusieurs zéros et peut-être tous ; le but de notre lévite a été d'effrayer le vulgaire, et de *tuer* cet esprit de recherche et d'examen qui est l'effroi des imposteurs et des charlatans. L'arche fut déposée au village de *Gabaa*, où elle resta *paisible pendant vingt ans* (Voyez le ch. VII, vers. 2). A la mort d'Héli, Samuel en avait vingt-deux à vingt-quatre ; il était donc maintenant âgé de quarante-deux à quarante-quatre ans, dans la vigueur de l'esprit et de la maturité du jugement.

Comment avait-il passé ce long intervalle ? Le livre ne nous le dit pas, parce qu'il n'est habituellement qu'une chronique sèche, un vrai squelette dépouillé de ses ligaments ; mais l'issue va nous prouver qu'il n'avait pas perdu son temps. Les circonstances étaient difficiles ; les Hébreux, accablés de deux défaites meurtrières, n'avaient plus de force morale ni militaire ; l'ennemi, maître du pays, surveillait tous leurs mouvements ; sa jalousie ne leur permettait pas même d'avoir des forgerons, de peur qu'ils ne fissent des armes ; sa politique les épuisait par des tributs de toute nature, les divisait par des préférences perfides. Samuel, retiré dans son pays natal, où il avait apporté sa réputation de prophète, ne put manquer d'y avoir des envieux, des ennemis. Où est-on prophète moins qu'en son pays ? Il fallut calmer les passions domestiques, endormir l'espionnage étranger, dissimuler son crédit, sa capacité, et cependant préparer sous main les moyens de secouer un joug insupportable par une révolte inattendue qui n'allât pas être un coup manqué.

En effet, au bout des vingt ans cités, cette révolte éclate ; tout à coup un cri de guerre appelle, assemble les Hébreux au camp de Maspha[1]. Les Philistins arrivent bientôt pour les combattre. A la guerre, un des premiers moyens de succès est dans la confiance de l'homme qui se bat, surtout s'il n'a pas l'habitude et l'art de se battre ; ici ce n'étaient que des paysans levés en masse, précisément comme sont encore les Druzes actuels. En de tels hommes, la confiance naît de l'idée qu'ils se font de l'habileté de leur chef et de la bonté de leur position ; Samuel, qui eut le choix de ces deux moyens, eut déjà un grand avantage ; le local de *Maspha*, coupé de ravins et de coteaux, au bord d'une plaine, le mit en mesure d'accepter ou de refuser le combat ; ainsi posté, on sent qu'il attend le moment favorable. Il connaît l'extrême superstition des deux partis combattants ; il lui faut quelques prodiges, quelques présages semblables à ceux de tous les anciens peuples ; il épie ce qui l'entoure ; il aperçoit dans l'atmosphère une indication d'orage ; des gens apostés le pressent d'invoquer Dieu en faveur du

---

[1] De nos jours, c'est encore le même usage chez les Druzes et leurs voisins du Kasraouan. Des hommes se placent le soir sur les hauteurs, et se transmettent de l'un à l'autre un cri, qui, en moins de deux heures, est répandu dans tout le pays.

peuple chéri; il annonce un sacrifice, il immole un agneau; il invoque *Jehwh* à grands cris; les Philistins commencent l'attaque; le tonnerre éclate; les Juifs sont persuadés que Dieu répond à son prêtre; ils chargent avec transport, et l'ennemi est battu. Telle est la substance du chapitre vii, revêtue des probabilités omises par le narrateur. Le succès de cette journée fut tel, que les Philistins vaincus rendirent les bourgs qu'ils avaient depuis longtemps usurpés, et cessèrent de troubler le peuple hébreu, qu'ils avaient dominé.

Ici commence la judicature de Samuel, c'est-à-dire l'exercice de ce pouvoir suprême vers lequel il tendait depuis si longtemps. Cette victoire de Maspha l'établit en une position nouvelle et meilleure; mais il ne faut pas s'y tromper : dans un état démocratique comme était celui des Hébreux, chez un peuple de paysans répandus sur un territoire coupé de montagnes, de bois, de ravins, où chaque famille vivait sur sa propriété, où il n'existait ni subordination municipale, ni force militaire organisée, ni même une seule ville ayant une masse de six mille habitants, on sent que l'exercice du pouvoir était soumis à une opinion morcelée, flottante, susceptible de beaucoup de vicissitudes. La seule superstition était le lien général et commun; mais cette superstition n'est pas toujours un obstacle à la lutte des intérêts et des passions. Dans un tel ordre de choses, on ne peut disconvenir que Samuel n'ait gouverné avec prudence et talent, puisque tout le temps de son administration fut paisible au dedans et au dehors ; la preuve de cette paix est que le narrateur passe sans aucun détail à nous dire que Samuel ne cessa plus de juger, et qu'étant devenu vieux, il établit ses enfants juges à côté de lui (pour les préparer à lui succéder). Cette durée non exprimée comporte une vingtaine d'années, ce qui donne un âge de soixante-deux à soixante-quatre ans à Samuel, au moment où, contre son attente, on va le forcer de nommer un roi.

§ VII

Le peuple rejette les enfants de Samuel et le force de nommer un roi. — Samuel a exercé la profession de devin.

Ce contre-temps, auquel il paraît que sa divination ne s'était pas attendue, fut causé par la mauvaise conduite de ses enfants, qui, semblables à ceux d'Héli, trouvèrent le secret d'irriter, de scandaliser le peuple par leurs vexations, leurs débauches, leur impiété ; de manière que nous voyons ici ce mécanisme général de l'espèce humaine, qui, sans jamais profiter de l'exemple et de l'expérience, retombe toujours dans le cercle des mêmes habitudes, des mêmes passions. Les pères arrivent au pouvoir par beaucoup de peines et de soins ; les enfants, nés dans l'abondance, se livrent aux écarts et aux habitudes vicieuses qu'engendre la prospérité ; néanmoins, il est à croire que dans cette occasion, le mécontentement de la multitude fut alimenté par l'opposition et la haine secrètes de familles puissantes, peut-être même sacerdotales, choquées d'avoir pour chef et maître un homme de bas étage, un intrus. Il est à remarquer qu'encore aujourd'hui, chez les Druzes et chez les Arabes, ce préjugé de famille *ancienne*, de famille *riche* et pour ainsi dire *noble*, exerce une grande influence sur l'opinion populaire. Toujours est-il vrai qu'à l'époque dont il s'agit, une sorte de conspiration fut formée, puisque, selon l'historien, une députation des anciens d'Israël vint trouver Samuel à sa résidence paternelle de *Ramatha* pour lui demander un roi, un gouvernement royal constitué comme chez les peuples voisins, dont l'exemple général lui fut allégué.

La réponse qu'il fit à cette députation, les détails de la conduite qu'il tint en cette affaire, décèlent le dépit d'une ambition trompée, d'un orgueil profondément mécontent ; il lui fallut plier sous la force, céder à la nécessité ; mais nous allons le voir dans l'exécution porter un esprit de ruse, même de perfidie, qui, par son analogie avec ses aventures du temple, ses prétendues visions et révélations nocturnes, met à découvert tout son caractère. On le force de nommer un roi; il pourrait, il devrait par conscience choisir l'homme le plus capable par ses talents, par ses moyens de tout genre, de remplir ce poste éminent; point du tout : un tel homme régnerait par lui-même et ne lui obéirait pas ; il lui faut un sujet docile ; il le cherche dans une famille de bas étage, sans crédit, sans entours, ayant à la vérité cet extérieur qui en impose au peuple, mais quant au moral, n'ayant que la dose de sens nécessaire à un cours de choses ordinaires, en sorte qu'un tel homme aura le besoin de recourir souvent à un bienfaiteur qui conservera la haute main. Samuel, en un mot, va chercher un bel homme de guerre qui sera son pouvoir exécutif, son lieutenant, tandis que lui continuera d'être le pouvoir législatif, le régnant. Voilà le secret de toute la conduite que nous allons lui voir tenir dans l'élection de Saül, puis dans la disgrâce de ce roi et dans la substitution de David, laquelle fut un dernier trait de machiavélisme sacerdotal. Écoutons l'historien, dont le récit est toujours d'une naïveté instructive et piquante :

« Il y avait dans la tribu de Benjamin un homme
« appelé Kis, grand et fort ; son fils, nommé Saül,
« était le plus bel homme des enfants d'Israël ; sa
« taille était plus haute de toute la tête que celle
« ordinaire. Il arriva que les ânesses de Kis dispa-
« rurent un jour ; il dit à son fils de prendre un valet
« et d'aller ensemble à leur recherche. Ils traversèrent
« la montagne d'Éphraïm, puis le canton de *Shelshah*,
« sans rien trouver, puis encore le canton de *Salim* et
« celui de *Iemini*. Quand ils furent à celui de *Souf*,
« où vivait Samuel, Saül voulut s'en retourner, mais
« son valet lui dit : Il y a ici dans le bourg un homme
« de Dieu très-respecté ; tout ce qu'il dit arrive : allons
« le consulter, il nous éclairera. Saül répondit : Nous
« n'avons rien à lui présenter [1]. J'ai sur moi un quart

---

[1] L'ancien et indélébile usage de ces pays, l'usage de tous les peuples arabes, est, comme l'on sait, de ne jamais se présenter devant quelqu'un sans lui offrir un cadeau quelconque : ici le quart de *sicle*

« de sicle d'argent, reprit le valet, je le donnerai au
« *voyant*; car alors, dit le texte, on appelait voyant
« (râh) ce qui aujourd'hui s'appelle prophète (nabiâ). »

Notez bien ces détails ; c'est-à-dire qu'en ces temps d'ignorance générale et de crédulité rustique, le peuple hébreu partageait avec les Grecs d'Homère, avec les Romains de Numa, avec tous les peuples de l'antiquité, la ferme croyance aux *devins*, aux *diseurs* d'oracles et de bonne aventure, et que Samuel fut un de ces *devins-là*. Nos biblistes s'efforcent vainement d'imaginer des différences entre la divination des Juifs et celle des païens [1] ; ce sont des subtilités sans fondement. Les mœurs tant religieuses que civiles furent les mêmes ; les livres des Juifs en fournissent la preuve à chaque page, jusque dans le reproche perpétuel d'idolâtrie qui leur est fait par leurs propres écrivains ; oui, cette manie de connaître l'avenir, qui est dans le cœur humain, cet art fripon de s'en prévaloir pour se faire des rentes sur la crédulité, sont des maladies épidémiques qui n'ont pas cessé de régner dans toute l'antiquité. Voyez le tableau que Cicéron en trace dans son curieux livre de la *Divination*; voyez comment, sous le nom d'*Atticus*, il nous dépeint, non le bas peuple seulement, mais les gouvernants, les philosophes entêtés de cette croyance, et la soutenant d'un appareil d'arguments qui ébran-

---

est connu pour avoir pesé 21 grains d'argent fin, valant un peu moins de 5 sous de France ; mais à cette époque, l'argent plus rare pouvait valoir dix fois plus qu'aujourd'hui ; ce quart a pu représenter en *denrées* 40 de nos sous.

[1] Païens, *pagani*, gens de village, paysans.

lerait encore aujourd'hui bien des gens qui s'en moquent ; et comment cette croyance n'eût-elle pas dominé dans les temps passés, lorsque de nos jours, au milieu de nos sciences et des nombreuses classes d'hommes éclairés qui résultent du moderne système social, elle n'est pas éteinte, et se retrouve encore dans les campagnes de l'Italie, de la Suisse, de la France même, où l'on consulte le *sorcier ;* lorsque les villes sont remplies de tireurs de cartes, et qu'au sein même des capitales il n'a cessé d'exister des devins et des devineresses, des *voyants* mâles et femelles consultés par les bourgeois comme par les artisans, par les riches comme par les pauvres, par les gens d'église même comme par les laïques [1] ?

Il ne faut donc pas s'étonner que chez les montagnards juifs cette croyance ait été générale, habituelle et même autorisée ; car on voit leur roi Saül consulter une femme devineresse, une vraie pythie delphique (chap. xxviii), pour lui faire apparaître Samuel. Du temps de Jérémie, le roi Josias et les prêtres vont consulter la devineresse *Holdah*. Ce serait un utile et curieux travail en ce temps-ci, de traiter de nouveau et à fond le sujet des devins, des oracles, des revenants, des esprits aériens, sujet que dans le siècle dernier des savants tels que le Hollandais Van-Dale et le Français Fontenelle [2] n'ont pu qu'effleurer ; il en résulterait sur les procédés des anciens serviteurs et

---

[1] Et les illuminés de l'Allemagne et du Nord, l'auteur les oublie-t-il ?

[2] Tout récemment M. Clavier, dans son livre des Oracles.

agents des temples, sur le système de fourberie généralement adopté par les ministres des cultes de toute secte, un jour de reflet dont le siècle présent, malgré son orgueil, éprouve encore le besoin. Mais je ne veux pas perdre de vue mon sujet ; je reviens à Saül et à son valet, en chemin pour consulter le *voyant*.

« Ils montent vers le bourg ; ils rencontrent des
« femmes et des filles qui venaient à la fontaine
« chercher de l'eau ; ils leur disent : Le voyant est-il
« ici? Elles répondent : Il y est venu, parce qu'il fait
« aujourd'hui un sacrifice sur le haut lieu ; en vous
« pressant, vous le trouverez avant qu'il y arrive pour
« manger, car il a invité du monde. Ils entrent, et
« bientôt ils trouvent Samuel qui venait en face d'eux,
« s'acheminant vers le haut lieu. Or Dieu avait le jour
« précédent révélé à Samuel l'arrivée de Saül, en lui
« disant : Demain je t'enverrai l'homme de Benjamin
« que tu sacreras chef de mon peuple ; et Samuel
« ayant regardé Saül, Dieu lui dit (à l'oreille) : Voilà
« cet homme. Saül s'avança et dit à Samuel : In-
« diquez-moi le logis du voyant. Samuel répondit :
« C'est moi ; montez devant moi au lieu haut, vous
« mangerez aujourd'hui avec moi ; demain je vous
« renverrai après vous avoir dit tout ce qui est dans
« votre cœur ; quant à vos ânesses égarées depuis trois
« jours, n'en prenez souci, elles sont trouvées. Eh !
« tout ce qu'il y a de bon et de meilleur dans Israël, à
« qui sera-t-il, sinon à vous et à la maison de votre
« père? Saül (étonné) répondit : Ne suis-je pas un Ben-
« jamite de la moindre tribu d'Israël et des moindres

« familles de la tribu ? Pourquoi me parlez-vous de
« la sorte ? Et Samuel fit entrer Saül et son valet dans
« la salle du repas, où étaient environ trente convives ;
« et Samuel dit au cuisinier : « Donnez à ces deux
« étrangers le morceau que je vous ai fait mettre à
« part ; et le cuisinier leur donna une épaule entière
« (de mouton)[1]. Ensuite, étant revenus au bourg,
« Samuel entretint Saül sur la terrasse (toute la soi-
« rée), et à la pointe du jour, Samuel vint dire à
« Saül : Vous pouvez partir. Et comme ils descen-
« daient du bourg, il lui dit encore : Faites passer
« votre valet devant nous, mais vous, restez ici, j'ai à
« vous dire la parole de Dieu. »

Que pensez-vous, mon ami, de tout ce narré ? Croyez-vous que ce soit par hasard que les ânesses de Kis aient disparu, et que Saül ait été amené à la maison de Samuel ? Permis à ceux qui croient aux voyants, aux devins, et à la surveillance particulière du Dieu de l'univers pour faire retrouver des ânesses ; mais pour qui n'a pas perdu ou abjuré le sens le plus commun, il est clair que tout ceci est une manœuvre astucieuse, secrètement ourdie pour arriver à un but projeté. On ne peut douter que Samuel, homme si répandu dans Israël, n'ait déjà connu la personne de Saül ; il a cru son caractère propre à ses fins ; mais pour s'en assurer précisément, il a fallu causer avec lui ; il n'a pu décemment aller le trouver, il a dû le faire venir ; il a dit à un dévoué, comme en ont tou-

---

[1] L'épaule et le bras étaient l'emblème et même l'expression de la force active et du pouvoir.

jours les hommes de cette trempe : « Dieu veut éprou
« ver son serviteur *Kis ;* va, détourne ses ânesses,
« et mène-les à tel endroit. » L'homme a obéi :
voilà Saül en recherche. Il ne trouve rien. En pareil
cas, combien de paysans suisses, bavarois, tyroliens,
bretons, vendéens, iraient chez le devin? Or rien de
plus facile à ce devin que d'aposter des gens sur la
route que dut suivre Saül; elle était prévue par
Samuel; il projeta le sacrifice et le repas d'après ce
calcul; la portion mise à part pour un convive absent
en est la preuve. Lorsqu'il a eu Saül en sa maison, il
a employé la soirée à le sonder de toutes manières ; il
l'a préparé à son nouveau rôle ; finalement, il écarte le
serviteur, et mystérieusement, sans témoin, il exécute
la grande, l'importante cérémonie de lui verser un peu
d'huile sur la tête (notez bien cette circonstance, *il
l'oint sans témoins, en secret*, pour un effet qui sera
public) ; il lui donne un baiser, dit le texte ; il lui déclare que de ce moment Dieu l'a *sacré roi incommu-
table*, ineffaçable, d'Israël.

A ce point de leur intimité, on sent que la con-
fidence a été complète : Saül a connu et accepté les
propositions et les conditions de Samuel. Celui-ci, qui
a mesuré l'esprit de son client, pour le subjuguer de
plus en plus, lui fait diverses prédictions d'un accomplissement immédiat. « En retournant chez vous, lui
« dit-il, vous allez rencontrer à tel endroit deux
« hommes qui vous diront que votre père a retrouvé
« les ânesses; plus loin, vous trouverez trois hommes
« allant à Beitel : ils vous diront *telle chose*, ils vous

« feront *tel présent*. Plus loin, à la colline des Phi-
« listins, vous trouverez la procession des *prophètes*
« descendant du *haut lieu*, au son des lyres, des tam-
« bours (de basque), des flûtes (à sept tuyaux) et des
« guitares. L'esprit de Dieu vous saisira; vous pro-
« phétiserez avec eux, et vous serez changé en un
« autre homme. Quand ces signes vous seront arrivés,
« vous ferez ce que vous voudrez. Dieu sera avec
« vous; vous viendrez me trouver à Galgala pour faire
« un sacrifice ; j'y descendrai pour faire les offrandes
« pacificatoires; vous attendrez sept jours mon arrivée,
« et je vous ferai connaître ce que vous ferez. Saül s'en
« alla, et tout ce que lui avait prédit Samuel lui
« arriva. »

Si l'on y prend garde, on ne verra là rien de mira-
culeux ; il fut facile à Samuel d'organiser toutes ces
rencontres, et même de calculer le temps et le lieu
de la procession des prophètes, cérémonie religieuse
qui, par cette raison, dut avoir ses jours et heures
fixes.

§ VIII

Qu'était-ce que les prophètes et la confrérie des prophètes chez les anciens Juifs ?

Autrefois je ne comprenais point ce que pouvaient
être ces prophètes formant un cordon[1], une file
d'hommes nus ou presque nus, dansant, chantant,

---

[1] Le mot hébreu *habl* signifie positivement un *câble*, un *cordon*, une *chaîne*.

échevelés, marchant au son des instruments (comme David devant l'arche). Je ne pouvais allier cette idée avec celle que je me faisais d'Isaïe, de Jérémie, d'Amos, de Nahum, etc., qui nous sont peints comme des hommes graves, écoutant en silence le souffle de vérités sublimes. Aujourd'hui que je connais ce pays, le caractère de ses habitants, je vois dans les mœurs actuelles la solution la plus simple du problème.

Il faut savoir que dans tous les pays musulmans il existe des confréries de dévots qui s'associent pour certaines pratiques et cérémonies, qu'eux-mêmes s'imposent, ou qui leur sont dictées par des chefs; à le bien prendre, la même chose n'a-t-elle pas lieu en Espagne, en Italie? n'a-t-elle pas eu lieu dans la France, l'Angleterre, l'Allemagne, dans toute la chrétienté, quand y régnait la ferveur religieuse? Si je recherche les motifs de ces associations volontaires, j'en trouve plusieurs : les uns naturels, dérivés de l'organisation même de l'homme; les autres artificiels, dérivés de l'état social.

L'homme, organisé comme il l'est, ne peut vivre ni solitaire, ni silencieux, ni immobile. Ses nerfs ont le besoin, la nécessité d'agir, comme son sang de circuler : ces nerfs sont construits de manière que si le fluide de sensibilité y est en surabondance, son évacuation, sa sécrétion deviennent aussi nécessaires que l'évacuation d'un excès de sang ou de sucs alimentaires. D'autre part, la nature a voulu, par un mécanisme singulier, que deux êtres humains ne pussent être en présence l'un de l'autre sans que leur système nerveux ne se mût réciproquement. De ces bases physiques, il a résulté que, dans l'état social, les hommes ont eu le besoin constant de se communiquer leurs idées, leurs sensations, leurs passions, et de s'associer selon les lois de sympathie ou d'intérêt, variables dans leur application.

La facilité ou la difficulté de ces communications et associations forme ce que l'on appelle la *liberté* civile et politique. Là où existe cette liberté réglée par les usages ou les lois, le mouvement est paisible et sans secousses. Là où elle est contrariée, contrainte par la force, l'homme s'agite en tous sens pour vaincre ou éluder les obstacles et pour dépenser d'une manière quelconque son activité, sa sensibilité ; alors se forment les associations partielles, les confréries de factions ou de sectes, qui finissent en général par être la même chose, et qui sont au fond un instrument de pouvoir recherché par les individus comme abri, et par les chefs comme levier : voilà pourquoi dans les États despotiques, il y a plus spécialement de ces associations et confréries qui se couvrent d'un manteau religieux pour en imposer à la violence militaire ; tandis que dans les États libres, comme dans notre Amérique, il n'existe pour ainsi dire rien de semblable, ou ce qui en existe n'a pas d'effet sensible. Sans doute encore, voilà pourquoi ces confréries, ces associations pieuses ont beaucoup de ferveur dans les temps d'ignorance, de bigoterie, d'esclavage et de grossièreté, tandis qu'elles en ont moins en raison du progrès des lumières, des sciences exactes et de la civilisation.

A ces titres, vous apercevez les motifs de leur activité dans tous les pays musulmans, où, par un instinct naturel, les hommes se groupent en confréries autour des mosquées, en *moineries* dans des couvents, comme font entre autres les derviches. Quelquefois le gouvernement les favorise comme instrument ; quelquefois il les redoute comme résistance, parce que s'il frappe un membre, tout le corps retentit ; c'est une compagnie d'assurance de la sûreté des personnes : et qu'y a-t-il de différent dans la chrétienté ? Qu'était-ce que le gouvernement de la Provence quand le roi René y instituait la procession des *fous*, quand s'y formait la confrérie des *pénitents blancs*, des *pénitents gris*, etc.? Remarquez encore que ces confréries sont surtout du goût des méridionaux, sans doute parce que leur vivacité a plus besoin de se dissiper en cris, en gestes, en spectacles, en cérémonies.

Quand j'ai eu pesé toutes ces considérations, j'ai conçu que de telles institutions ne purent manquer d'exister chez les anciens Hébreux, où elles trouvèrent des aliments généraux et particuliers. Par exemple, la tribu ou caste sacerdotale, ou lévitique, vivait dans une oisiveté absolue : le nombre des prêtres en fonctions étant limité, tout le reste, qui vivait aux frais de la nation, c'est-à-dire du produit des offrandes et sacrifices, n'avait à s'occuper, comme les brahmes et comme les druides, que de rites et de pratiques dévotes qu'ils avaient intérêt de multiplier pour provoquer les dons des fidèles ; de tels hommes durent avoir des confréries, des processions et tout ce qui s'ensuit.

D'autre part, chez ce peuple livré à une anarchie constante, c'est-à-dire au pouvoir déréglé, au despotisme transitoire de chaque individu, de chaque famille turbulente ou forte, dans cet état où fut le peuple hébreu pendant toute la période des juges (400 ans au moins), les confréries religieuses durent être un abri, et, comme je l'ai déjà dit, une compagnie d'assurance contre les violences et les brutalités dont le livre des Juges offre de choquants exemples. Enfin, à l'époque de Samuel, lorsque cet individu, faible d'abord, commença d'aspirer au pouvoir, et lorsque ensuite il y fut parvenu, les confréries lui offrirent un moyen d'appuyer sa marche, d'affermir, d'étendre son crédit ; et il dut d'autant mieux cultiver ce moyen, qu'étant un *intrus* dans le sacerdoce, un usurpateur par rapport à la famille d'Héli, il eut un parti d'opposition, dont nous verrons bientôt les preuves, et parmi les hautes familles dont il blessait la vanité, et parmi les prêtres, qui durent savoir à quoi s'en tenir sur les visions.

De tout ceci je déduis que la procession des prophètes *chantants* et *dansants* comme des derviches, dont Samuel annonce la rencontre à Saül en le congédiant, a dû lui être bien connue en ses mouvements, a dû être formée de ses amis, de ses dévoués, comme l'indique une anecdote postérieure ; car l'historien nous dit que lorsque Saül roi voulut faire tuer David, qui s'était réfugié près de Samuel dans le canton de *Niout*, ses émissaires armés trouvèrent la confrérie des *prophètes* dans l'acte de *prophétiser*, et Samuel debout qui les présidait.

Quant à ce qu'ajoute l'historien, « que ces émis-
« saires furent saisis de *l'esprit de Dieu* et qu'ils se
« mirent à *prophétiser* aussi ; que même chose arriva
« à deux autres escouades envoyées par Saül ; enfin
« que ce roi lui-même étant arrivé plein de colère, il
« fut également *saisi de l'esprit divin*, et se mit à *pro-*
« *phétiser* en présence de Samuel, après avoir jeté ses
« vêtements pour demeurer *nu* pendant un jour et une
« nuit ; » ces faits bizarres peuvent sembler incroyables
à des hommes de *sens rassis* et de *sang-froid*, comme
nous autres gens du *nord* et de l'*ouest ;* moi-même je
les ai d'abord rejetés comme non prouvés ; et en effet
ils manquent de témoins suffisants ; aujourd'hui que
je connais le pays, je les admets comme probables par
plusieurs raisons naturelles.

D'abord j'observe que David, pendant le temps qu'il
a vécu près de Saül, s'est fait beaucoup d'amis, témoin,
entre autres, Jonathas (fils du roi), qui se dévoue pour
lui ; cette disposition a dû porter plusieurs émissaires
à chercher des motifs d'éluder l'ordre ; d'autres ont
pu être influencés par l'ascendant religieux que Samuel
avait conquis sur les esprits, et entre autres sur celui
de leur prince ; enfin tous, et surtout Saül, ont pu
être maîtrisés par ce mécanisme du système nerveux,
par ce *magnétisme animal* qui, encore aujourd'hui,
exerce devant nous de fréquents exemples de ses phénomènes. Veuillez remarquer ce qui se passe toutes les
fois que des hommes s'assemblent dans l'intention et
l'exercice d'un sentiment commun : leurs regards, leurs
cris, leurs gestes, les électrisent à chaque instant da-

vantage ; et pour peu que la parole vienne y joindre des tableaux, les têtes s'exhalent au point de ne plus se posséder. Voyez ce qui arrive au théâtre tragique, ou dans le meilleur drame : si la salle est peu remplie de monde, les spectateurs ne s'émeuvent que faiblement, tandis que si elle est bien pleine, ils s'exaltent progressivement jusqu'à l'enthousiasme : voyez encore ce qui arrive dans nos temples aux jours de prédication de nos zélés puritains et méthodistes : les auditeurs arrivent froids ; peu à peu leurs nerfs sont agacés par les gestes convulsifs de l'orateur acteur, par ses cris âcres tirés du fond de la gorge, par les tableaux de damnation et d'enfer dont il se fait un mérite et un art d'effrayer les imaginations ; une femme nerveuse tombe en convulsion, et voilà qu'une foule d'autres l'imitent et que tout l'auditoire est en trépidation ; n'avons-nous pas vu fréquemment ces scènes à Philadelphie, dans les prédications du dimanche, surtout celles qui se font à la fin du jour [1] ? Enfin consultez les médecins, et ils vous diront qu'en nombre d'occasions l'aspect des convulsions, même épileptiques, est devenu contagieux pour les sujets délicats, tels que les femmes et les enfants. Or cette irritabilité nerveuse existe principale-

[1] Et nous autres Français, ne le voyons-nous pas aujourd'hui dans les prédications des comédiens missionnaires qui parcourent les villes et les campagnes de nos provinces du Midi, où ils exploitent la sottise populaire avec tous les raffinements d'escamotage et de pantomime qu'a inventés l'Italie ? Nos pères, dans le siècle dernier, ne l'ont-ils pas vu dans les scènes extravagantes, devenues si célèbres, des miracles opérés au faubourg Saint-Marcel par les sectateurs du diacre Pâris, etc. ?

ment dans les pays chauds, où elle est favorisée et promue par les aliments généralement âcres, par l'abondance du calorique et par le jeûne, qui est un des grands promoteurs de *manies* visionnaires et d'extase ; voilà les diverses causes du phénomène nerveux qui a eu lieu dans l'assemblée chantante et hurlante des *confrères prophètes* à Niout et à la colline des Philistins.

Quant à l'acte de prophétiser, ce n'est pas la faute des livres hébreux si nous nous en formons des idées fausses ; ils disent tout ce qu'il faut pour les redresser ; d'abord ils peignent les circonstances, le chant, ou plutôt les cris, la nudité ; ensuite le mot même qu'ils emploient pour signifier *prophète* et *prophétiser* en est une définition, une explication très-claire ; car le mot *nabiâ* est un dérivé de *naba*, qui signifie littéralement *être fou*, faire *le fou* (insanire), *crier, déclamer comme un poëte* qui chante des vers, comme un prophète qui *chante* des hymnes, des *psaumes*, des oracles [notez que *chanter un psaume* est un pléonasme, puisqu'en hébreu *psaume* se dit *mazmour*, qui signifie *chant* et *chansons*]. Or qu'est-ce que tout ceci, sinon ce que faisait la Pythie de Delphes, ce que faisaient tous les *rendeurs* d'oracles chez les peuples de l'antiquité, ce que font encore chez les musulmans les *derviches* et les *ikours* (confrérie des *écumeurs*) dont je vois ici les folies, ce que font chez nous-mêmes les ardents, les illuminés de nos sectes bigotes ? Par cela même que tous ces gens-là étaient ou semblaient être *hors d'eux-mêmes*, hors de leur sens naturel, ils étaient considérés comme *saisis*, comme *agités* de l'*esprit divin*. Certes, si quelque chose caractérise l'ignorance populaire d'une part, l'imposture de la fourberie sacerdotale d'une autre, c'est cette idée bizarre, cette opinion monstrueuse d'appeler *esprit de Dieu* les déréglements maladifs de notre nature humaine; d'appeler l'épilepsie *esprit divin, mal sacré,* comme il est encore nommé dans toute la Turquie par les musulmans et par les chrétiens. — Mais j'ai un peu quitté mon sujet, sans néanmoins le perdre de vue; m'y voici rentré.

§ IX

Suite de la conduite astucieuse de Samuel. — Première installation de Saül à Maspha. — Sa victoire à Iabès. — Deuxième installation. — Motifs de Samuel.

« Saül donc, congédié par Samuel, rencontra la pro-
« cession des prophètes, et à la vue de ce cortége, saisi
« de l'esprit de Dieu, il se mit à prophétiser avec eux.
« Ce fut une rumeur dans le peuple d'apprendre que
« Saül fût devenu prophète; ceux qui l'avaient connu
« se disaient: Qu'est-il donc arrivé au fils de Kis, pour
« être aussi prophète? Et quelques gens dirent : Quel
« est leur père à eux[1]? Son beau-père l'ayant inter-

---

[1] Ce mot est équivoque ; est-ce des prophètes, est-ce de Kis et de Saül dont on demande cela ? Si c'est de Kis et de Saül, cela voudra dire : Sont-ils *lévites?* Si c'est des prophètes, cela voudra dire qu'eux-mêmes n'y avaient pas plus de droit par naissance que Saül, et que la confrérie était formée de gens de toutes classes. Ce dernier sens nous paraît le véritable ; autrement cette phrase ne serait que la répétition de la précédente.

« rogé sur les détails de son voyage, Saül lui dit *tout*,
« excepté l'affaire de la royauté. » (Voilà une connivence entre Saül et Samuel.)

Il restait une scène publique à jouer pour capter le
respect et la crédulité du peuple : à cet effet, Samuel
convoqua à *Maspha* une assemblée générale. Après des
reproches de la part de Dieu (car rien ne se fait sans
ce nom) : « Vous avez voulu, dit-il, un autre roi que
« votre Dieu, vous l'aurez. En même temps, il com-
« mença à tirer au sort les douze tribus d'Israël, pour
« savoir de quelle tribu sortirait ce roi. Le sort tomba
« sur la famille de Benjamin : il tire au sort les fa-
« milles de Benjamin ; le sort tombe sur la famille de
« *Matri*, puis enfin dans cette famille, sur la personne
« de Saül. »

Assurément, s'il est une *jonglerie*, c'est celle de tirer
au sort une chose déjà résolue. Quant à la ruse de diriger ce sort, on sait qu'il ne faut qu'un peu d'adresse
de joueur de gobelets ; partout on en a vu, on en voit
encore des exemples. En ce temps de civilisation, la
France n'a-t-elle pas vu ses cinq directeurs tirant au
sort à qui sortirait de charge, lorsque entre eux le sortant était convenu? Eh bien, moyennant un lot de
cent mille francs comptant, une voiture attelée de deux
bons chevaux et le brevet d'un emploi, le sortant ne
manquait pas, sur les cinq boules d'ivoire mises dans
l'urne, de prendre celle qui était chaude, et le monde
était édifié.

Il fallait ici que le peuple hébreu crût que Dieu lui-
même faisait choix de Saül, afin que ce choix imposât

obéissance à tous, et respect aux mécontents, dont
l'opposition ne laissa pas encore de se montrer :
par surcroît de jonglerie, Saül ne se trouva point présent : il est clair que Samuel l'avait fait cacher : on
le cherche, bientôt on le trouve dans sa *cache,* que
le *voyant* aura peut-être encore eu le mérite de deviner : le peuple fut émerveillé de voir un si bel homme,
et selon le récit littéral, il cria : Vive le roi (*ïahihé
malek*) !

« Alors Samuel lut au peuple les *statuts* de la
« royauté, et il les écrivit en un livre qu'il déposa (sans
« doute dans le temple). Après cette cérémonie, le
« peuple étant congédié, Saül revint en sa maison,
« c'est-à-dire en son domaine rural, en sa métairie[1],
« et il rassembla autour de lui, pour faire une armée,
« les hommes dont Dieu toucha le cœur (c'est-à-dire
« les croyants, les partisans de Samuel) : mais des
« méchants dirent : Quoi ! *c'est là celui qui nous
« sauvera !* Et ils ne lui portèrent pas de présents. »

Ces derniers mots nous montrent un parti de mécontents qui est dans la nature des choses ; l'esprit
et le ton de dédain de cette expression indiquent
d'abord, pour son motif, le bas étage, la condition
populaire où était né Saül, et peut-être ensuite la
médiocrité de ses talents déjà connus de ses voisins,
sans compter une infirmité secrète que nous verrons
se développer. On sent alors que ces mécontents
furent des gens de la classe distinguée par la nais-

Comme les rois de France de la première race.

sance et la richesse, lesquels ne sont, dans le texte, qualifiés de *méchants* que parce que le rédacteur est un *croyant*, un *dévot* qui abonde dans le sens du prêtre, son héros, et de la superstitieuse majorité de la nation.

D'autre part, un fait digne d'attention est ce livre des *statuts royaux* écrits par Samuel. Le mot hébreu est *mashfat*[1], qui signifie *sentence rendue, loi imposée*. Quelle fut cette loi, cette constitution de la royauté ?

La réponse n'est pas douteuse : ce fut ce même *mashfat*, mentionné au chap. VIII, vers. 11, où Samuel (irrité) dit au peuple : « Voici le *mashfat* du roi qui
« régnera sur vous; il prendra vos enfants, il les
« emploiera au service de son char et de ses chevaux ;
« ils courront devant lui et devant ses attelages de
« guerre; il en fera des (soldats), des chefs de mille,
« des chefs de cinquante hommes; il les emploiera à
« labourer ses champs, à faire ses moissons, à fabri-
« quer ses instruments de combat, et ses armes et ses
« chars ; il prendra vos filles et en fera ses parfu-
« meuses (ou laveuses de vêtements), ses cuisinières,
« ses boulangères; il s'emparera de vos champs de
« blés, de vos vergers d'oliviers, de vos clos de vigne, il
« les donnera aux gens de son service; il prendra la
« dîme de vos grains et de vos vins pour la donner à
« ses *eunuques*, à ses serviteurs; il enlèvera vos *es-
« claves* ou serviteurs mâles et femelles, ainsi que

---

[1] Composé du radical *shafat*, il a jugé, il a *rendu sentence*.

« vos ânes ; et tout ce que vous avez de meilleur
« dans vos biens sera à son service ; il dîmera sur vos
« troupeaux, et de vos propres personnes il fera ses
« esclaves[1]. »

On se tromperait si l'on prenait ceci pour de simples menaces : c'est tout simplement le tableau de ce qui se passait chez les peuples voisins qui avaient des rois ; c'est une esquisse instructive de l'état civil et politique, même militaire, de ce temps-là, où nous voyons les chars, les esclaves, les eunuques, les dîmes, les cultures de diverses espèces, les compagnies et bataillons de mille et de cinquante, etc., comme dans les temps postérieurs ; mais tels étaient les maux résultant du régime *théocratique*, c'est-à-dire du gouvernement par les *prêtres*, sous le manteau de Dieu, que les Hébreux lui préférèrent le *despotisme* militaire concentré dans la personne d'un seul homme qui, à l'intérieur, eût le pouvoir de maintenir la paix, et qui, à l'extérieur, eût celui de repousser les agressions, les oppressions étrangères : il faut nous en rapporter à eux pour croire que de leur part ce ne fut pas une résolution si déraisonnable d'insister comme ils le firent, et de forcer le prêtre Samuel à constituer une royauté[2].

[1] Dans l'hébreu, il n'y a pas deux mots divers pour *esclave* et *serviteur*, c'est toujours *abd*.

[2] Il ne faut pas s'y méprendre : c'est ici la véritable *royauté patriarcale* des *anciens* temps : chez les peuples de race arabe, le père de famille a toujours eu et a encore le droit de *vie* et de *mort* dans sa maison ; ses enfants, ses femmes sont à sa discrétion. Voyez comme Abraham se dispose à égorger son fils sans aucun obstacle

Si ce prêtre eût été un homme équitable, il eût, en établissant les droits de roi, constitué aussi la balance de ses devoirs qui composent les droits du peuple ; il lui eût imposé, comme il se pratiquait en Égypte, les devoirs de la tempérance en toutes choses, de l'abstinence du luxe, de la répression de ses passions, de la surveillance de ses agents, de la haine de ses flatteurs, de la fermeté à punir, de l'impartialité à juger entre les opinions et les sectes de ses sujets, etc., etc. Mais le prêtre Samuel, irrité de se voir arracher le sceptre qu'avait conquis sa fourberie, en aiguisa la pointe pour en faire, dans les mains de son successeur, une *lance* ou un *harpon*.

Le plus fâcheux de cette affaire fut que Saül, de son côté, ne se trouva point doué d'assez de moyens, d'assez d'esprit pour contre-miner ce perfide protecteur : il l'eût pu, en feignant de se tenir strictement à ses ordres, en l'obligeant de les expliquer nettement, pour rejeter sur lui les échecs qui en eussent résulté, et pour avoir lui-même devant le peuple le mérite des succès qu'il eût obtenus en s'en écartant. David, à sa place, n'y eût pas manqué ; mais Saül fut tout uniment un brave guerrier qui, ne se doutant pas de la politique des temples, devint la dupe et la victime d'un machiavélisme consommé. L'art exista longtemps avant que l'Italie en eût écrit les préceptes.

humain, et comme il force tout son monde, plus de 300 mâles, esclaves ou libres, à se faire la douloureuse amputation du prépuce. On ne remarque point assez que le *despotisme oriental* a ses bases dans le despotisme *domestique*, qui tire son origine de l'état *sauvage primitif*.

J'allais oublier une dernière remarque, importante sous plusieurs rapports : elle m'est suggérée par le contraste frappant que je trouve entre la *doctrine* de Samuel et celle de Moïse *sur la royauté*.

Nous venons de voir que, selon *Samuel*, le *mashfat* ou *statut* royal est un *pur* et *dur* despotisme, une vraie *tyrannie*; selon *Moïse*, c'est tout autre chose. Pour s'en convaincre, il suffit de lire ses préceptes consignés au dix-septième chapitre du Deutéronome, vers. 14 et suivants : le texte dit littéralement : « Quand vous
« serez entrés dans la terre que *Iehouh, votre Dieu,*
« vous a donnée, et que vous la posséderez et l'habi-
« terez, et que vous direz : *Je veux établir sur moi un*
« *roi comme tous les peuples qui m'environnent,* —
« vous établirez celui que choisira *Iehouh,* votre
« Dieu ; — vous le prendrez parmi vos *frères (juifs)* ;
« vous ne prendrez point un étranger, qui n'est point
« votre *frère;* — et (ce roi) ne possédera point une
« *multitude* de chevaux ; il ne fera point retourner le
« peuple en Égypte pour avoir plus de chevaux ; il ne
« se donnera point une multitude d'épouses ; son
« cœur ne *déviera* point....... Il *n'entassera* point de
« trésors en or et en argent ; et lorsqu'il s'assiéra sur
« le trône, il *écrira* pour lui-même un *double* de la loi
« (copié) sur le livre qui est *devant* les prêtres lévites ;
« — et cette copie restera entre ses mains ; il la lira
« tous les jours de sa vie pour apprendre à craindre
« *Iehouh* son Dieu, et pour pratiquer tous ses pré-
« ceptes. »

Quelle différence entre ce *statut* de Moïse et celui de

Samuel ! Notez bien ces mots : Le roi sera un de vos *frères*, un homme tout simplement comme chacun de vous, et il *sera soumis à toutes les lois* qui gouvernent la nation ! Comment se fait-il que Samuel n'ait pas intimé, pas insinué un seul mot d'une ordonnance si précise, si radicale du législateur ? Comment personne n'en a-t-il fait la moindre mention ? Est-ce que la loi de *Moïse* était ignorée, oubliée ? Est-ce que par hasard cet article, du moins, n'y était pas encore inséré ? Des soupçons raisonnables peuvent s'élever à cet égard. — D'habiles critiques ont déjà remarqué que dans le Pentateuque plus de trente passages sont manifestement postérieurs à Moïse, et *postérieurs* de plusieurs siècles : de ce nombre est le terme *nabiâ*, employé pour dire *prophète*, lequel, de l'aveu de l'historien des Rois, n'a été substitué que très-tard au mot *râh (voyant)*, usité par conséquent au temps de Moïse : or dans tout le *Pentateuque* on n'emploie que le mot *nabiâ* : donc cet ouvrage serait tardif.

De plus, ce qui est dit ici, « ne pas posséder une
« *multitude de chevaux;* ne pas se donner une multi-
« tude de *femmes;* ne pas entasser des trésors d'or et
« d'argent ; ne pas laisser dévier son cœur (des voies
« d'*Iehouh),* » est une allusion si directe aux *péchés de Salomon*, qu'il en résulte une preuve additionnelle de posthumité : par surcroît, ces mots, *quand vous posséderez la terre* (promise) et que vous direz : « *Je veux éta-
« blir* sur moi un roi comme tous les autres peuples ; »
ces mots, dis-je, sont tellement la peinture de ce qui est arrivé sous Samuel, que l'on a droit de les prendre

pour un récit historique, métamorphosé après coup en prophétie. Qui jamais a fait mention d'aucun roi juif *ayant copié de sa main la loi*, à moins que ce ne soit celui qui eut pour régent et tuteur un grand prêtre, de la part de qui un tel ordre vient admirablement bien (Helqiah)? Si ce fut un précepte de Moïse, comment fut-il textuellement oublié par Samuel même, prophète et grand juge ? Ne sont-ce pas là autant d'arguments puissants en faveur de ceux qui soutiennent que le Pentateuque est une composition tardive, et peu antérieure à la captivité de Babylone? et que le fond des Chroniques, sur divers points et sur diverses époques, conserve plus réellement le caractère de l'antiquité? Je viens à mon sujet.

Après l'installation du nouveau roi, chacun retourne à son village, à ses champs. Bientôt le roi des Ammonites prend les armes, et vient assiéger la ville de *Jabès* à l'orient du Jourdain. Les habitants hébreux offrent de se rendre, de payer tribut. Ce roi ne veut les recevoir à composition qu'en leur crevant à tous l'œil droit, pour les livrer, dit-il, à l'opprobre et au mépris d'Israël. Ces malheureux dépêchent à leurs frères d'Israël des députés que l'on conduit à Saül ; on le trouve ramenant du labourage sa charrue attelée de deux bœufs (vive peinture des mœurs du temps) ; Saül est saisi de colère (le narrateur appelle cela l'esprit de Dieu), il coupe ses deux bœufs en morceaux qu'il envoie par tout Israël, avec ces paroles : « Quiconque ne viendra « pas de suite rejoindre Saül, ses bœufs seront traités « de la sorte. »

Le moyen fut efficace ; tout Israël se rassembla, *comme un homme*, dit le texte ; ici l'hébreu dit 30,000 hommes de Juda, et 300,000 des onze tribus ; le grec au contraire : 70,000 de Juda, 600,000 du reste. De telles variantes, qui sont très-répétées, montrent le crédit que méritent ces livres au moral quand le matériel est ainsi traité. D'après le grec, en comptant six têtes pour fournir un homme de guerre, ce serait plus de 3 millions d'habitants sur un territoire de 900 lieues carrées au plus, par conséquent plus de 3,000 âmes par lieue carrée, ce qui est contre toute vraisemblance. Le plus raisonnable est, nombre moyen, peut-être 20,000 pris par élite pour un coup de main qui demandait surtout de la rapidité. Saül part comme un trait ; il arrive à la pointe du jour (sans doute le sixième), et fond sur le camp des Ammonites, qui, habitués aux lenteurs fédérales des Juifs, n'attendaient rien de tel ; il les surprend, les écrase et délivre la ville. Le peuple, charmé de ce début, le porte aux nues, et propose à Samuel de *tuer ceux qui ne l'avaient point reconnu et salué roi*. Saül, brave, et par cette raison généreux, s'y oppose. Ce jour-là, Samuel, satisfait, ordonne qu'il y ait une autre assemblée générale à Galgala, pour y renouveler l'installation ; cela fut fait.

Pourquoi cette seconde cérémonie ? Est-ce afin de donner aux opposants, aux mécontents, le moyen de se rallier à la majorité du peuple et d'étouffer un schisme qui eut plus de partisans qu'on ne l'indique ; car nous en reverrons la trace lors de la prochaine guerre des Philistins, dans le camp desquels se trouvèrent

22.

beaucoup d'émigrés hébreux, portant les armes contre le parti de Samuel et de Saül.

Voilà un premier motif apparent, déjà habile; mais nous allons découvrir que Samuel, toujours profond et plein d'embûches, en eut un autre *secret*, puisé dans son intérêt et son caractère.

Le texte nous dit, chap. xii, que l'assemblée étant formée, Samuel, debout devant tout le peuple, fit une harangue dont la substance est « qu'il a géré les af-« faires avec une entière intégrité; qu'il n'a pris le « bœuf ni l'âne de personne; qu'il n'a opprimé, persé-« cuté aucun habitant; qu'il n'a point reçu de présents « de séduction, et cependant, laisse-t-il entendre « *vous m'avez forcé de mettre un roi à ma place.* » Il attribue ce reproche à Dieu; mais *Dieu*, c'est lui.— Or, comme par la nature du régime royal tel qu'il l'a dépeint, Saül ne pouvait manquer de faire des vexations de ce genre, il en résulte à son détriment un contraste qui, en ce moment même, tend à diminuer le crédit qu'il venait d'acquérir, et qui met en évidence la jalousie qu'en avait conçue Samuel.

Ce prêtre insista sur l'idée que Dieu avait jusque-là gouverné la nation par des élus spéciaux tels que Moïse, Aaron, Sisara, Gédéon, Jephté, etc., et que le peuple, rebelle aujourd'hui, voulait se gouverner de lui-même par des hommes de son propre choix; or, comme ce nouveau système enlevait le pouvoir suprême et arbitraire à la caste des prêtres dont Samuel s'était rendu le chef, on voit d'où lui vient le profond dépit qu'il en conserve; en même temps que l'on voit l'arrogance sacrilége de ce caractère sacerdotal, qui s'établit de son chef interprète et représentant de la Divinité sur la terre.

Ici le narrateur (prêtre aussi) a joint une circonstance remarquable : « Vous voyez, dit Samuel au « peuple, que nous sommes dans le temps de la mois- « son (c'est-à-dire à la fin de juin et aux premiers jours « de juillet); eh bien! j'invoquerai Dieu, et il me « donnera réponse par la voix du tonnerre et par la « pluie, et vous connaîtrez votre péché de désobéis- « sance. Or il survint du tonnerre et de la pluie, et le « peuple fut saisi d'effroi; il connut son péché, il de- « manda pardon à Samuel, qui (généreusement) ré- « pondit qu'il ne cesserait néanmoins jamais de prier « Dieu pour eux, etc. »

C'est fort bien : mais sur ce récit, nous avons droit de dire d'abord : Où sont les témoins ? Qui a vu cela ? Qui nous le dit ? Un narrateur de seconde main : fut-il témoin? il est le seul, il est partial; et d'ailleurs une foule de faits ou de récits semblables se trouvent chez les Grecs, chez les Romains, chez tous les Barbares anciens, et alors il faut croire que leurs *voyants*, que leurs *devins* eurent aussi le don des prodiges; mais admettons le récit et le fait : nous avons encore le droit de dire que Samuel, plus habile en toutes choses morales et physiques que son peuple de paysans superstitieux, avait vu les indices précurseurs d'un orage, qui d'ailleurs n'est pas chose rare à cette époque de l'année. Moi-même, voyageur, n'en ai-je pas vu aux derniers jours de décembre, où le cas est bien plus singulier?

En résultat, le peuple prit une nouvelle confiance dans la puissance de Samuel, et c'était là ce que voulait ce *roi ecclésiastique* pour ne pas perdre la tutelle de son *lieutenant royal*.

§ X

Brouillerie et rupture de Samuel avec Saül. — Ses motifs probables.

A cette époque, Saül devait être un homme âgé, pour le moins, de quarante ans; car dans la guerre des Philistins qui va éclater tout à l'heure, son fils Jonathas se montre un guerrier déjà capable de faits d'armes hardis et brillants. Comment se fait-il donc que le texte hébreu et toutes ses versions nous disent que Saül était âgé *d'un an* quand il régna? Les interprètes ont voulu corriger cela par diverses subtilités; il n'est à cette erreur qu'une bonne solution. Le texte hébreu ne porte point le mot *un*, il dit sèchement : *Saül était âgé de.... an;* il est clair que dans le manuscrit premier, source des autres, le nombre est resté en blanc, parce que l'auteur (présumé Esdras) oublia ou ne put établir le nombre; et la preuve ou l'indice de ce fait est que la version grecque présumée faite sur ce manuscrit a totalement supprimé l'article. Je reviens à Saül.

Il fut naturel à ce nouveau roi d'être enflé de son premier et brillant succès, de sa subite et haute fortune : aussi le voit-on, très-peu de temps après cette

assemblée, déclarer la guerre aux Philistins ; divers incidents mentionnés donnent lieu de soupçonner que ce fut contre l'avis de Samuel, et que de là naquit entre eux cette mésintelligence que nous allons voir éclater. Samuel put, avec raison, représenter à Saül « que les Philistins étaient puissants, aguerris, redou-
« tables ; que leur commerce maritime, rival de celui
« des Sidoniens et des Tyriens [1], leur donnait des
« moyens d'industrie supérieurs à ceux des Hébreux;
« que ceux-ci, quoique laissés en paix sous sa judica-
« ture, n'étaient cependant pas en état complet d'in-
« dépendance ni de résistance, puisqu'ils n'avaient pas
« même la liberté d'avoir des forgerons (chap. XIII,
« vers. 19) pour fabriquer leurs faux, leurs socs de
« char, et à plus forte raison des lances[2]; que le mieux
« était de temporiser. »

Tout cela était vrai et sage : Saül passa outre; il était plein de confiance dans l'ardeur du peuple; il pût répondre aussi que Dieu bienveillant y pourvoirait, comme au temps de Gédéon et de Jephté. — Il choisit 3,000 hommes pour rester sur pied avec lui, il renvoie le reste : sur cette élite il donne 1,000 hommes à son fils Jonathas ; bientôt ce jeune homme attaque un poste de Philistins qui crient aux armes, et se rassemblent ;

---

[1] L'historien Justin remarque qu'à une époque qui dut être 1100 ou 1200 ans avant notre ère, les Philistins s'étaient emparés de Sidon, et que ce fut à cette occasion que des émigrés de cette ville bâtirent la ville de Tyr.

[2] Lorsque Saül retourne de la maison de Samuel chez son père, il est dit qu'il doit trouver sur sa route un corps de garde philistin, et la ligne de cette route est tout à fait dans l'intérieur du pays.

Saül les voyant nombreux, appelle tous les Hébreux. Selon l'historien, les Philistins déploient 30,000 chars de guerre, 6,000 cavaliers et une multitude de piétons pareille au sable de la mer; nous demandons qui a compté ces chars et ces cavaliers; en outre il y a ici une invraisemblance choquante, car tout le territoire des Philistins n'était pas plus de 100 lieues carrées, qui ne comportent pas plus de 200,000 têtes d'habitants : l'on nous supposerait ici plus de guerriers; c'est une chose tout à fait remarquable que les nombres soient généralement enflés dans les livres juifs à un degré hors de croyance, et presque toujours en nombres ronds par décimales.

La peur saisit les Hébreux; ces paysans (à la mode des Druzes) se dispersèrent, et furent se cacher dans les montagnes et les cavernes : Saül se trouva dans un très-grand embarras ; il invoqua Samuel : celui-ci lui répondit d'attendre sept jours (il voulait voir comment cela tournerait); pendant ce temps le peuple continue de déserter. Saül, croyant que le succès dépendait surtout du sacrifice propitiatoire, en ordonna les préparatifs; et parce qu'il vit l'ennemi prêt à l'attaquer sans que Samuel fût arrivé, il se décida à faire lui-même le sacrifice, qui était l'attribut du prêtre. Enfin Samuel arrive : « Qu'avez-vous fait ? » dit-il à Saül. Ce roi lui explique ses motifs. Samuel lui répond : « Vous
« avez agi comme un insensé; vous n'avez point ob-
« servé les ordres que vous a donnés Dieu ; il avait
« établi votre règne pour toujours : maintenant votre
« règne ne s'affermira point; Dieu a cherché un

« homme selon son cœur; il l'a établi chef sur son
« peuple, » et Samuel s'en alla.

Une telle conduite, un changement si brusque, n'ont pu avoir lieu sans de graves motifs; il faut nécessairement supposer qu'il s'était passé entre eux quelque dissentiment, quelque contestation grave du genre que j'ai indiqué, et cependant cela ne suffirait pas encore pour expliquer un parti si décidé, pour justifier tant d'orgueil et tant d'insolence; j'aperçois un autre motif: la suite des actions publiques et privées de Saül mettra en évidence qu'il fut attaqué d'une maladie nerveuse, dont les symptômes sont ceux de l'épilepsie : ne serait-ce pas que ce genre de maladie, si fâcheux en lui-même, étant ordinairement tenu caché, Samuel n'en eut point connaissance quand il choisit Saül, mais que, l'ayant ensuite connu, il se sentit pris en défaut devant l'opinion publique, devant ses propres ennemis, et qu'alors il chercha l'occasion et le moyen de se dédire pour se redresser? Il n'en est pas moins vrai qu'ici sa conduite est méchante et blâmable, en ce qu'elle détruit la confiance du peuple en son chef, et l'encourage à le déserter pour ouvrir le pays à l'ennemi.

Ce prêtre a cru toute victoire impossible, et en immolant son protégé vaincu, il a voulu se ménager des capitulations personnelles avec ses ennemis intérieurs et étrangers.

Le sort trompa ses calculs : « Saül, resté seul avec
« six cents hommes déterminés comme lui, ne perd
« point courage : il prend poste devant le camp en-

« nemi, en prohibant toute attaque. Quelques jours se
« passent : son fils Jonathas se dérobe à son insu
« (probablement de nuit), suivi d'un seul écuyer [1] ; il
« se présente à un poste philistin, situé sur un roc
« escarpé ; il est pris pour un transfuge hébreu, tel
« qu'il en était arrivé un grand nombre depuis deux
« jours. Il grimpe avec son écuyer; ils sont accueillis,
« et à l'instant tous deux frappent avec tant d'audace
« et de bonheur, qu'ils étendent morts vingt guerriers
« sur un demi-arpent de terre : la confusion et la peur
« se répandent dans le camp, les Philistins se croient
« trahis, soit les uns par les autres, soit par les trans-
« fuges hébreux : on se bat d'homme à homme ; Saül,
« averti par le bruit, accourt avec son monde, la dé-
« route devient complète : emporté par son bouillant
« courage, ce roi proclame l'imprudente défense de
« rien manger avant d'avoir fini le jour à tuer et à
« poursuivre. Son fils, qui l'ignore, rafraîchit sa soif
« d'un peu de miel ; le père veut l'immoler à son ser-
« ment (comme Jephté), mais le peuple s'y oppose et
« sauve Jonathas. »

Voilà une seconde victoire du nouveau roi ; mais
celle-ci, arrivée contre toute attente, dut déconcerter
Samuel ; aussi ne le voit-on point se montrer sur la
scène ; les Philistins vaincus rentrèrent chez eux. Il
paraît qu'une trêve fut admise, puisque l'historien ne
parle plus de guerre de ce côté ; il spécifie au contraire
que Saül tourna ses armes contre d'autres peuples :

---

[1] Mot impropre : on ne fait jamais ici mention de cavaliers, tout est piéton.

« qu'il attaqua, l'un après l'autre, les Moabites, les Ammonites, les Iduméens, les rois syriens de Sobah (au nord et par delà Damas), et que ce ne fut qu'ensuite qu'il revint contre les Philistins et les Amalekites » : partout il fut heureux et vainqueur.

On sent que ces diverses guerres prirent plusieurs années, et pour le moins, chacune d'elles une campagne : aussi le narrateur semble-t-il terminer là son histoire en dénombrant et nommant les femmes qu'épousa Saül, les enfants qu'il eut de chacune d'elles, les hommes qu'il établit commandants de sa garde et généraux de ses troupes.

A la manière dont est terminé ce chapitre, un lecteur habitué au style de ces livres croirait que l'histoire de Saül est réellement finie, car leur formule ordinaire pour clore l'histoire des autres rois est également de recenser leurs femmes, leurs enfants et les personnages marquants de leur règne ; et cependant le chapitre xv, qui est le suivant, semble commencer une autre portion du règne de Saül contenant spécialement les détails de la consécration et substitution de David, à dater d'une scène de rupture finale entre le roi et Samuel.

Ne serait-ce pas que le rédacteur final présumé Esdras, en compilant les mémoires originaux, écrits par *Samuel, Nathan* et *Gad,* selon le témoignage des Paralipomènes, chapitre xxix, aurait cousu leurs récits l'un à l'autre sans beaucoup de soins, comme ont fait, en général, les anciens ? Nous verrons la preuve de cette idée se reproduire dans la *présentation de David à Saül*.

§ XI.

Destitution du roi Saül par le prêtre Samuel.

Quoi qu'il en soit, plusieurs années, peut-être huit ou dix, se passent pendant les guerres de Saül, sans qu'il soit question de Samuel. Sans doute les succès et la popularité du roi en imposèrent au prophète. Enfin il reparaît sur la scène ; il a cherché une occasion favorable à ses vues : il vient trouver Saül ; il débute par lui rappeler qu'il *l'a sacré roi :* c'est déjà lui intimer l'obéissance à ce qu'il va lui dire, ne fût-ce que par un sentiment de gratitude : « Puis voici, lui dit-il, « ce qu'ordonne aujourd'hui Dieu, qui m'ordonna au- « trefois de vous sacrer. »

« Je me suis rappelé ce qu'a fait le peuple d'Amalek « contre mon peuple à sa sortie d'Égypte. » (Il y avait de cela 400 ans ; Amalek s'était opposé au passage des Hébreux et en avait tué plusieurs.) « Allez mainte- « nant, frappez Amalek, détruisez tout ce qui lui ap- « partient, n'épargnez rien ; vous tuerez hommes, « femmes, enfants, bœufs, agneaux, chameaux, ânes. »

Qui ne frissonne à un tel récit? faire parler Dieu pour exterminer une nation à cause d'une querelle de *quatre cents ans* de date, dans laquelle les Hébreux étaient agresseurs, car ils voulaient forcer le passage sur le territoire d'Amalek.

Mais ici quel est le but de Samuel ? Il a un dessein en vue ; il lui faut une occasion pour l'exécuter :

quelque rapine récente des Bédouins amalekites aura aigri le peuple juif : Samuel y a vu un motif de guerre populaire, il le saisit.

Saül forme une armée ; le texte hébreu y compte 10,000 hommes de Juda, 200,000 piétons, sans doute des autres tribus, le texte grec dit 400,000 hommes de l'un et 30,000 de l'autre [1]. Pourquoi ces contradictions ? pourquoi ces absurdités ? car c'en est une que 200,000 hommes pour faire un coup de main de surprise contre une petite tribu de Bédouins. « Saül part,
« il surprend les Amalekites dans le désert ; il tue
« tout ce qui lui tombe sous la main, saisit leur roi
« vivant, le garde avec une élite de bestiaux et de
« butin ; revient triomphant au *mont Carmel*, des-
« cend à Galgala, où est un autel, et se prépare à faire
« un sacrifice pour offrir à Dieu, dit le texte, ce qu'il
« y a de *meilleur* en son butin ; c'est-à-dire les *dé-
« pouilles opimes* selon les rites grec et romain. Sa-
« muel arrive ; or, nous dit l'historien, Dieu avait
« parlé à Samuel (pendant la nuit) et lui avait dit :
« Je me repens d'avoir fait Saül roi, car il s'est dé-
« tourné de moi et n'a pas suivi mes ordres ; et Sa-
« muel, effrayé, avait crié à Dieu toute la nuit. »

Encore une apparition, un colloque, un repentir de Dieu ! Pensez-vous que nos nègres et nos sauvages pussent entendre de tels contes sans rire ? Les Juifs digèrent tout ; ils ne demandent à Samuel aucune

---

[1] Le manuscrit alexandrin porte seulement *dix mille* de l'un, *dix mille* de l'autre, ce qui est le seul raisonnable.

preuve ; lui seul pourtant est témoin ; lui seul peut avoir écrit de tels détails ; il est ici auteur, acteur, juge et partie ; reste à savoir qui veut être juif pour le croire sur sa parole.

Il arrive, et s'avance vers Saül : « Quel est, lui dit-il, « ce bruit de troupeaux que j'entends ici ? Saül ré- « pond : Le peuple a épargné ce qu'il y a de meilleur « dans les biens d'Amalek pour l'offrir au Seigneur « *votre Dieu ;* nous avons détruit le reste. Permettez, « reprit Samuel, que je vous récite ce que m'a dit Dieu « cette nuit. Parlez, dit Saül. — Quand vous étiez « petit à vos yeux, dit le Seigneur, ne vous ai-je pas « fait roi d'Israël ; et maintenant ne vous ai-je pas en- « voyé contre Amalek, en vous spécifiant de l'exter- « miner ? pourquoi n'avez-vous pas rempli mon com- « mandement ? pourquoi avez vous péché et mis des « dépouilles à part ? — J'ai obéi, j'ai marché, j'ai dé- « truit Amalek, j'amène son roi vivant ; mais le peuple « a gardé des dépouilles et des victimes de bestiaux « pour les immoler à l'autel de Dieu à *Galgala*. Sa- « muel répond : Sont-ce des offrandes et des victimes « que Dieu demande, plutôt que l'obéissance à ses « ordres ? Ici l'on cherche à connaître la *bonne aven-* « *ture* par la victime, en inspectant la graisse des bé- « liers ; mais sachez que le péché de la divination est « une révolte, une chimère, une idolâtrie ; puisque « vous avez rejeté l'ordre de Dieu, il rejette votre « royauté. »

Saül, faible et superstitieux, s'avoue coupable ; il supplie l'ambassadeur de Dieu, pour effacer son péché ;

le *prêtre* repousse sa prière, lui réitère sa destitution, et s'écarte de lui pour partir : Saül saisit le pan de son manteau pour le retenir ; le prêtre implacable fait un effort par lequel le pan se déchire : « Dieu, répète-t-il, a « *déchiré* votre royauté sur Israël, et l'a livrée à un « autre meilleur ; il l'a ainsi décrété : *est-il un homme* « *pour se repentir?* Saül insiste : J'ai péché ; ne me « déshonorez pas devant mon peuple et devant ses « chefs ; revenez vers moi, je me courberai devant « *votre Dieu*[1] ; et Samuel revint, et Saül se courba « devant *Iehouh*; et Samuel dit : Faites approcher de « moi le roi Agag, le roi d'Amalek. Et Agag étant venu, « Samuel lui dit : Comme tu as fait aux enfants de nos « mères, il va être fait au fils de la tienne » ; et Samuel *le coupa en morceaux*[2] (il semble, *avec une hache*); et Samuel s'en retourna à *Ramatha*, et plus de son vivant ne revit Saül.

Quelle scène barbare ! elle est horrible, j'en conviens; mais j'en connais de plus horribles encore qui de nos jours se passent sous nos yeux. Supposons que Samuel eût emmené Agag à *Ramatha*; que là il l'eût enfermé

---

[1] Ce mot est remarquable : *votre Dieu!* il y avait donc chez les Hébreux d'autres dieux accrédités et *vivant au pair* du dieu *Jéhowh*.

[2] Tous les textes et anciens interprètes sont d'accord sur ce point : la Vulgate latine dit : *In frusta concidit* ; le grec dit: *jugulavit*; le syriaque et l'arabe portent : *coupa en morceaux*. Le seul anglais *Walton*, auteur de la Polyglotte, a pris sur lui de traduire par *fit couper*, le mot hébreu, qui ne pourrait avoir ce sens que par une *forme* arabe qui n'a pas lieu en hébreu : *Samuel coupa de ses propres mains*.

dans un cachot, au fond d'une citerne ; que chaque jour il fût venu quelques acolytes lui faire subir des tortures variées, lui griller les pieds, les mains, l'étendre sur un chevalet pour le disloquer, etc., tout cela avec des formules mielleuses, en lui disant que c'était *pour son bien ;* est-ce que le sort de la victime n'eût pas été mille fois plus affreux ? Ah ! vive la franche cruauté du prêtre hébreu comparée à la charité des prêtres et moines que consacre Rome ! Et des gouvernements européens souffrent, autorisent de telles abominations !

Mais Samuel se porta-t-il à un tel acte sans motif, sans but médité ? Cela ne serait pas conforme à son caractère profond et calculateur : il me semble ici apercevoir des motifs plausibles.

Depuis dix à douze ans, Saül, par ses victoires, ne cessait d'accroître, d'affermir son crédit royal sur l'esprit de toute la nation : Samuel se trouvait éclipsé ; ce prêtre prit une occasion de flatter la passion vindicative des Hébreux contre les Amalekites. La victoire de Saül lui fournit un moyen de prendre ce roi en faute, en désobéissance à *l'ordre de Dieu* donné par Moïse même, qui avait recommandé *l'extermination d'Amalek* : c'était le moment où Samuel méditait le coup audacieux de nommer, *d'oindre* le substitut, le rival de Saül ; il regarda comme utile, comme nécessaire de frapper les esprits de terreur par un coup préliminaire plus audacieux, plus imposant, qui pût faire craindre à Saül même de voir tomber sur lui quelque nouvel anathème céleste : ce qu'il y a de certain, c'est que ce but de Samuel paraît avoir été rempli, puisque Saül n'osa jamais se porter contre lui par la suite à aucun acte de violence.

En considérant l'action de Samuel sous un point de vue général, politique et moral, elle présente dans son auteur une réunion étonnante de cruauté et d'orgueil, d'audace et d'hypocrisie : un petit orphelin parvenu, décréter, pour sa fantaisie, l'extermination d'un peuple entier jusqu'au dernier être vivant ! Insulter, avilir un roi couvert de lauriers, devenu légitime par ses victoires, par l'assentiment de la nation reconnaissante de la paix et du respect qu'il lui procure ! Un *prêtre* troubler toute cette nation par un changement de prince, par l'intrusion d'un nouvel élu de son choix unique, par le schisme qui en doit résulter, et qui en effet, en résulta, au point que l'on peut dire que là s'est trouvé le premier germe de cette division politique des Hébreux qui, comprimée sous David et sous Salomon, éclata sous l'imprudent Roboam, et prépara la perte de la nation en la déchirant en deux petits royaumes, celui d'Israël et celui de Juda.

Et voilà les fruits de ce pouvoir *divin* ou *visionnaire*, imprudemment consenti par un peuple abruti de superstition, par un roi, d'ailleurs digne d'estime, mais faible d'esprit, au profit d'un imposteur qui ose se dire l'*envoyé de Dieu*, le *représentant de Dieu*, enfin *Dieu* lui-même (car telle est la transition d'idées qui ne manque jamais d'arriver quand on tolère la première).

Le naïf historien achève, sans le savoir, de nous

tracer le portrait du caractère de Samuel, en nous disant :

« Samuel ne revit plus Saül : mais *il pleura son* « *malheur* de ce que Dieu l'avait rejeté. »

Et quelque temps après, Dieu apparut au saint prophète, et lui dit : « Pourquoi continues-tu de pleurer « sur Saül ? Cesse de t'affliger ; il faut en sacrer un « autre. »

Ainsi Samuel, par ses cris nocturnes, se donnait la réputation de pleurer sur le roi qu'il assassinait ; l'Espagne et l'Italie, dans la science de leurs *saints offices*, ont-elles produit quelque inquisiteur plus tendre ou plus scélérat ?

§ XII

Samuel, de sa seule autorité, et sans aucune participation du peuple, oint le berger David et le sacre roi en exclusion de Saül.

Par réflexion, Samuel répondit à son Dieu : « Si « Saül connaît que j'ai sacré un autre, il me fera « mourir. » Alors le Dieu *Jehowh* lui explique comment il faut feindre un sacrifice chez le nommé *Isaï*, au village de *Betléhem*, et comment, sur les huit enfants mâles de cet homme, il lui fera connaître celui qu'il a choisi pour nouveau roi. Samuel donc remplit d'huile *une petite corne* [1], et il se rendit au village de *Betléhem*. Les vieillards, surpris et inquiets,

---

[1] Meuble du pays, encore à ce jour où le verre est si commun : il était très-rare alors.

sortirent au devant de lui, et lui dirent : La paix avec
vous [1] ; et il répondit : La paix (sheloûm). « Je suis
« venu *immoler*; sanctifiez-vous, vous viendrez avec
« moi manger la victime : et il sanctifia Isaï et ses
« enfants, et les appela au repas de la victime; et à
« mesure qu'ils entrèrent, voyant *Éliâb*, l'aîné, un
« bel homme, il se dit : Voilà sûrement l'oint de Dieu ;
« mais Dieu lui dit (tout bas) : Non, ce n'est pas lui.
« L'homme juge par l'œil, je juge par le cœur. »
Samuel fit ainsi passer les sept fils d'Isaï, et lui dit :
« Dieu ne fait pas de choix ; est-ce que tu n'as pas
« d'autres enfants ? Isaï répondit : Il y a encore le
« plus jeune qui veille aux troupeaux. Fais-le venir,
« dit Samuel, car nous ne nous assiérons pas à table
« sans lui. On alla donc le chercher; c'était un jeune
« homme *roux*, d'une bonne et belle physionomie,
« et Dieu dit à Samuel : « Oins-le, c'est lui ; » et
« Samuel prit la corne d'huile et l'oignit *à côté* de ses
« frères; et de ce moment l'esprit de Dieu prospéra
« sur David; et Samuel retourna à Ramah (chez lui).
« L'esprit de Dieu se retira de Saül, et un *esprit*
« *méchant envoyé par Dieu agita* ce roi, et ses servi-
« teurs lui proposèrent de lui amener un homme
« sachant jouer de la lyre : il accepta, et l'un d'eux
« ajouta : J'ai vu un fils d'Isaï de Betléhem qui en sait
« jouer; c'est un jeune homme *fort*, un *homme de*
« *guerre*, prudent en ses discours, d'une belle mine ;
« Dieu est avec lui : et Saül envoya vers Isaï demander

---

[1] *Shalam bouâk....* la paix sur votre arrivée

« David ; et Isaï prit des pains, une outre de vin et un
« jeune chevreau qu'il mit sur un âne, et il envoya
« David (avec ce présent) à Saül. Saül l'ayant vu, le
« prit en affection, et lui donna l'emploi de porter ses
« armes; et lorsque l'esprit de Dieu saisissait Saül,
« David prenait sa *lyre*, et Saül respirait, se trouvait
« mieux, et le méchant esprit se retirait de lui. »

Ce récit ne laisse pas de susciter plusieurs difficultés à résoudre. D'abord je ne concilie pas cette *présentation* de David à Saül avec celle du chapitre XVII, qui, à l'occasion du combat de Goliath, postérieur à ceci, nous dit que lorsque le berger David s'offrit pour combattre le géant, et qu'il fut à ce titre présenté à Saül, ce prince lui fit demander *qui il était, de qui il était fils* : il ne le connaissait donc pas, il ne l'avait donc pas encore vu; la première version est donc fausse.

Pour expliquer cette contradiction, je ne vois que le moyen dont j'ai déjà parlé, savoir ; d'admettre que primitivement il y a eu deux ou trois mémoires d'auteurs contemporains; que ces auteurs ont rapporté certains faits d'une manière différente; et que le compilateur final, embarrassé de faire un choix, a cousu ces divers récits à la suite l'un de l'autre, soit par négligence et défaut de critique, soit parce qu'il n'a osé faire un choix entre des autorités qui lui en imposaient également. Cette solution conviendrait à beaucoup d'autres quiproquo.

En second lieu, comment Samuel, qui a semblé craindre la vengeance du roi, s'est-il déterminé à l'encourir, à la braver? Il est clair qu'un homme de sa trempe ne s'est point aventuré sans avoir connu son terrain, sans avoir préparé ses voies, ses issues : voyez comment d'abord il a rempli son voisinage du *bruit* de ses pleurs nocturnes, de ses *cris* à Dieu sur le malheur de Saül, sur la disgrâce céleste de son pupille chéri. Cette rumeur n'a pu manquer d'arriver aux oreilles de Saül, vivant paisible à quelques lieues de là, dans sa métairie de Gebaa : il a appris que Dieu persécute le prophète pour lui faire *oindre* son successeur ; il connaît le caractère implacable de ce Dieu, qui ne veut jamais en vain, et qui peut-être menace Samuel de le tuer. Le saint homme, entre deux dangers, se trouve dans un grand embarras ; cependant il calcule que si Saül est violent, il est généreux et bon, que surtout il est *très-religieux*, c'est-à-dire très-persuadé de la mission divine de lui, Samuel ; très-persuadé que si le Dieu *Jehowh* a résolu sa destitution, rien ne pourra l'empêcher. Les devins ont beaucoup de ressources ; un homme comme Samuel a dû avoir quelque dévoué secret dans la maison et autour de Saül ; il aura connu ses dispositions, il aura su que, n'osant frapper le représentant de Dieu, le roi adresse plutôt ses menaces à son futur rival. Dans cette position, Samuel aura calculé que, le cas arrivant, ses devoirs seront remplis ; qu'il sera encore temps pour lui de se retirer, en disant que Dieu a eu ses raisons pour élever et abaisser qui lui a plu, et que lui n'a plus qu'à se taire.

Il faut encore remarquer que depuis le sacrifice de *Maspha* et la scène de rupture il s'est écoulé un laps de temps suffisant à tous ces préliminaires. Ainsi la démarche de Samuel, en sacrant David, n'est pas aussi imprudente qu'on le croirait d'abord. Néanmoins on a droit de penser qu'elle a dû se faire sans scandale; qu'elle a dû exiger le secret : et comment a-t-il pu être gardé ce secret, si l'onction a eu beaucoup de témoins? L'objection est juste, mais le texte n'est pas précis sur ce point : il dit bien que les vieillards furent *invités au repas*; mais il ne fait aucune mention d'eux à l'onction ; il n'est parlé que des *frères*; et notez bien qu'il n'est pas dit *en présence des frères*, selon l'expression ordinaire et propre; il est dit: *à côté*, au voisinage de ses frères (*be karb*). Ce mot oblique est remarquable: ne serait-ce pas que l'onction n'a réellement eu pour témoin qu'Isaï (celle de Saül n'en avait eu aucun, Samuel avait écarté le valet) ; et qu'ici le narrateur (qui doit être Samuel même), n'osant insérer le mot *en présence*, a mis l'équivoque *à côté*, au voisinage? Mais supposons que les sept frères fussent présents, ils ont encore pu, malgré leur jalousie, garder le secret; d'abord, parce que la dissimulation, la discrétion en choses domestiques sont un trait fondamental des mœurs arabes ; ensuite, parce qu'il y a eu intérêt de crainte pour tous : car le roi, selon un usage asiatique que nous retrouvons en tout temps, pouvait prendre le parti d'exterminer toute la famille (très-peu de temps après, le cas arriva à celle du grand prêtre *Achimeleck*, que Saül fit massacrer tout entière, par cela seul que le chef avait donné du pain à David). En résultat, il faut bien croire que le secret a été gardé, puisque, soit dans l'un, soit dans l'autre récit de présentation, l'on ne voit Saül commencer ses persécutions qu'un certain temps après l'onction.

Mais quelle raison Samuel a-t-il pu avoir de faire le choix, si singulier en apparence, d'un simple berger pour le convertir en roi ? Sans doute ceci est bizarre dans nos mœurs modernes, dans notre état de civilisation, qui a produit tant de classes d'hommes instruits et cultivés au sein de chaque nation, en Europe et en Amérique ; mais dans les mœurs asiatiques, en général, dans les mœurs arabes même actuelles, un tel choix n'a rien d'étrange ni de déraisonnable ; ne voit-on pas encore tous les jours chose semblable en Turkie, où des boulangers, des chaudronniers deviennent pachas, même vizirs ? Il faut se rappeler que la nation hébraïque n'était composée que de cultivateurs paysans, de quelques marchands peu riches, peu considérés, et d'une classe de prêtres très-peu cultivés. La condition du pasteur, d'administrateur de gros et menu bétail, qui forme une branche importante de la richesse et de la propriété d'une famille, cette condition n'était inférieure à aucune autre gestion rurale, et peut-être exige-t-elle plus de talents et d'habileté que la culture routinière des oliviers, des vignes et des blés ; du moins laissait-elle bien plus de temps pour la culture des facultés intellectuelles.

Ce soin de conduire et de gouverner des êtres animés qui ont leur sphère d'intelligence, leurs passions, leurs volontés, est plus propre qu'on ne croit à exercer le raisonnement d'une tête humaine, et à le préparer à des fonctions semblables vis-à-vis d'êtres d'un ordre plus élevé, mais d'une nature peu dissemblable. Le hasard voulut ici que d'heureuses facultés se trouvassent réunies dans un simple berger ; combien n'a-t-il pas existé d'autres paysans non moins bien organisés, à qui il n'a manqué que l'occasion de les développer, que les circonstances d'en faire usage ? David, né sur une frontière ennemie, celle des Philistins, fut de bonne heure à l'école des alarmes, des vexations, des dangers de tout genre ; il eut à lutter contre des voleurs hardis, contre des filous subtils, tels que le pays en nourrit encore : il y prit des leçons de ce courage et de cet esprit rusé qu'il montra dans la suite.

Les combats de lions et d'ours, dont il se glorifia devant Saül, n'ont point dû être une chimère en ce temps-là, puisqu'il est prouvé par divers passages qu'alors il existait, jusque sur la frontière du désert, des forêts et des bois qui là, comme partout ailleurs, ont disparu par l'effet de la population et le ravage des guerres. Un tel jeune homme put être remarquable dans tout le voisinage, surtout lorsqu'à ces moyens il joignit un talent d'agrément, celui de jouer d'un instrument de musique : ce goût fut toujours l'apanage des bergers, par la raison bien simple des longs loisirs dont ils jouissent : leurs yeux seuls sont occupés à la surveillance du troupeau ; toutes leurs autres facultés restent libres pour la méditation et la pensée. Nos savants de cabinet donnent une grande et lourde harpe à David, sans faire attention qu'il portait la sienne aux champs, et qu'avec elle il dansa légèrement devant l'arche : il est clair que ce fut la *lyre* ou le *luth*, qu'à la même époque on retrouve usité ou cité en Grèce.

L'âge de David, au temps dont nous parlons, ne dut pas être de moins de vingt ans, quoi qu'en disent les traducteurs, puisque les serviteurs de Saül le peignent comme un jeune homme vigoureux et propre à la guerre. Si sa réputation put parvenir jusqu'au séjour du roi, où l'on avait peu d'intérêt à y songer, combien n'a-t-elle pas dû parvenir à celui de Samuel, qui mettait tant d'intérêt à trouver un sujet capable de remplir ses vues? Ce *devin*, si répandu par ses relations de tout genre, aura ouï parler d'un tel jeune homme si *beau*, si *brave*, si *prudent en tous ses discours*; il l'aura suivi de l'œil et de la pensée pendant un temps suffisant à le bien connaître, à le bien apprécier; il n'arriva point chez Isaï sans bien savoir ce qu'il avait à faire; et quand lui ou son copiste nous conte les perpétuels colloques à voix basse du Dieu vivant *Jehowh*, il suppose toujours avoir affaire à des lecteurs juifs.

§ XIII

Origine de l'onction (à l'huile ou à la graisse)[1].

Mais une autre difficulté reste à expliquer. Comment un acte aussi insignifiant en lui-même, aussi trivial

---

[1] Le texte n'est pas clair à ce sujet, le mot hébreu *shamn* signifiant *toute* matière *grasse, onctueuse, huileuse*; et le mot *frosenemru*, dans l'arabe, restant affecté au *bandu*.

que celui de verser sur la tête, de frotter sur le front un peu d'huile ou de graisse, a-t-il eu l'effet prodigieux non-seulement de persuader à un simple pâtre qu'il était sérieusement appelé à être roi, mais encore d'étendre cette persuasion à l'immense majorité d'une nation, et jusqu'à Saül lui-même et à son fils Jonathas, qui en font la déclaration formelle au chap. xxiii, vers. 17, et chap. xxiv, vers. 21 ? Il faut convenir qu'au premier aspect un tel fait semble singulier ; mais quand on l'examine dans ses accessoires et ses antécédents, il redevient naturel et simple comme tous les autres de cette histoire, parce qu'il se trouve être l'effet d'une opinion et d'un préjugé qui, depuis longtemps, avaient préparé les esprits.

Il est bien vrai qu'avant cette époque aucun chef laïque et militaire n'avait reçu la cérémonie de l'onction et du frottement d'huile ; mais le rite n'en existait pas moins, dès longtemps public, solennel, entouré des circonstances les plus capables d'imposer respect, puisqu'il était le rite d'inauguration du grand prêtre de Dieu, l'acte qui avait consacré le premier grand prêtre Aaron par la main du législateur de l'État, du fondateur de la religion, par la main de Moïse : c'est ce que nous apprend le chap. xix de l'Exode, avec des détails dignes d'attention. Écoutons le texte : Dieu dit à Moïse : « Voici ce que vous ferez pour consacrer
« Aaron et ses enfants aux fonctions de prêtres. Pre-
« nez un veau et deux béliers sans taches, du pain non
« levé, des galettes non fermentées, mouillées d'huile,
« faites de farine et de froment ; posez-les sur une cor-

« beille, présentez-les avec le veau et les deux béliers;
« faites approcher Aaron et ses enfants à la porte de la
« tente où est l'arche; lavez-les avec de l'eau; prenez
« les vêtements (appropriés), et vêtissez Aaron d'une
« tunique, d'une robe longue (la chape), etc.; posez sur
« leurs têtes la tiare (ou mitre), et appliquez le dia-
« dème de sainteté sur la mitre; et vous prendrez
« l'huile d'onction, vous la verserez sur la tête d'Aa-
« ron, et vous l'en frotterez : vous ferez approcher
« aussi ses deux fils, et les vêtirez (sans les oindre
« d'huile), et ils seront consacrés à être mes prêtres
« pour toujours. »

On voit ici tout l'éclat et l'appareil de la cérémonie de l'onction faite en face de l'arche du Dieu *Jehowh*, en présence du peuple d'Israël; et l'on conçoit comment il fut facile d'en faire passer le respect religieux sur la tête d'un roi. Si c'eût été une nouveauté de l'invention de Samuel, certainement il n'eût point eu le crédit de lui inoculer ce caractère; il y a plus : si de la part de Moïse même elle eût été une nouveauté, une chose inventée par lui, on peut assurer qu'elle n'eût point produit l'effet qu'il désirait; mais Moïse, élève des prêtres égyptiens, et qui emprunta d'eux, sinon toutes, du moins la plupart de ses idées et de ses cérémonies, Moïse leur emprunta également celle-ci, qui chez eux dut tenir d'une haute antiquité son caractère saint et mystérieux.

Néanmoins, puisque dans cette antiquité quelconque elle eut, comme toutes choses, un commencement, un premier motif d'origine, quel a pu être ce motif, quelle idée a conduit son premier ou ses premiers inventeurs à imaginer cette singulière pratique ? Ce motif a dû être un besoin, une chose utile à la société qui la pratiqua. Or je trouve ce besoin, cette chose utile dans la nature des choses de ce temps-là, dans les mœurs des nations encore demi-sauvages, commençant d'entrer en société régulière. Je me figure une peuplade d'Égyptiens de la haute Égypte, nus ou presque nus, à raison du climat, voulant imprimer à un ou plusieurs d'entre eux un signe particulier de commandement, de fonctions quelconques; comment établiront-ils ce signe ? Sera-ce une écharpe, un bonnet d'étoffe ou de plumes, un petit bâton-sceptre, un bandeau sur le front ? Tous ces objets mobiles, fragiles, peuvent s'arracher par la violence du premier venu, l'homme n'est plus rien ; ils auront remarqué que certains liquides, tels que la graisse et l'huile, s'attachaient, se fixaient à la peau d'une manière tenace, difficile à effacer; l'eau n'y pouvait rien ; la poussière rendait la marque plus visible; ils auront trouvé cettte marque propre à leur but; l'effet de la poussière commune leur aura donné l'idée d'appliquer des poussières de couleur ; ils ont eu à leur disposition le rouge du corail, du minium, du cinabre, le jaune des ocres, le vert de cuivre, le bleu de certains coquillages et végétaux; la marque colorée qui en est résultée sera devenue chez les premiers peuples un signe d'utilité et de beauté, que nous retrouvons ensuite à toutes les époques et dans tous les pays, chez la plupart des peuples même policés.

Ce genre de signe est frappant chez les Indiens, où il porte un caractère religieux, puisque les adorateurs des trois dieux se distinguent l'un de l'autre par les couleurs et la forme de ces marques sur le front. Il se retrouve dans toutes les îles de l'océan Indien et Pacifique ; nous le voyons chez nos sauvages d'Amérique, comme chez leurs frères les Tartares d'Asie, et comme chez la plupart des noirs d'Afrique. Pour le rendre plus fixe, l'art perfectionné s'est avisé de faire pénétrer la couleur dans le tissu de la peau, en la piquant avec de fines pointes d'arêtes de poisson ou d'aiguilles de métal, ce qui a constitué l'art de *tatouer*, que les relations des voyageurs modernes ont rendu si célèbre. Ainsi, dans son origine et dans son but, la cérémonie d'*onction sacerdotale et royale,* à laquelle les peuples et les cultes judaïsants attachent une si haute et si mystérieuse importance, n'a été et n'est tout simplement que le *tatouage* ou le *tatouement* d'un individu, afin de le rendre ineffaçablement reconnaissable.

Mais je dois terminer l'histoire de Samuel ; et cependant je voudrais expliquer encore pourquoi il s'est obstiné à destituer le roi Saül, à lui donner un rival, un successeur qui ne peut être considéré que comme un intrus, un usurpateur. J'admets un peu pour premier motif le ressentiment du prêtre contre les prétentions de Saül à s'immiscer aux fonctions de *sacrificateur* et de *devin ;* néanmoins ce motif semble ne pas suffire, lorsque l'on considère le repentir plus qu'expiatoire auquel le roi s'abaisse. Il faut qu'il y ait eu une autre cause plus radicale, et je la trouve dans l'infirmité physique de Saül, laquelle, examinée médicalement, n'a pu être que l'épilepsie. Le texte hébreu lui-même autorise cette idée; car lorsqu'il dit qu'un méchant esprit *agita* ou *troubla* Saül, le mot *baat*, que l'on traduit par *agité* et *troublé*, signifie spécialement *trouble* avec *effroi*, avec *frisson* et *terreur*, précisément comme il arrive dans les convulsions épileptiques. Un tel mal, joint à l'idée d'un *méchant esprit* qui le cause, n'a pu que décréditer Saül dans les préjugés de son peuple ; et ce prince a dû achever de se perdre, tant par les violents accès de colère auxquels on le voit livré de plus en plus, que par la médiocrité de ses moyens moraux et politiques. Samuel, qui a fait le choix erroné d'un tel chef, ne s'est point pardonné sa méprise, et c'est pour la réparer qu'il a imaginé les prétextes que nous avons vus : d'ailleurs, dans l'exécution finale de son dessein, il introduit un ménagement digne de remarque ; car il ne choisit pas un homme âgé, capable d'être un compétiteur immédiat, il prend un jeune homme de vingt-quatre ans, qui, vis-à-vis de Saül, alors âgé d'environ cinquante-cinq, laisse à ce roi le temps d'achever sa carrière.

Depuis l'*onction* de David, l'on ne voit plus Samuel qu'une seule fois en scène, savoir, lorsque le *berger sacré*, devenu gendre de Saül, commence d'être persécuté par ce roi, et qu'il se réfugie à *Ramatha*, d'où Samuel l'emmène chercher un abri commun dans la confrérie des prophètes, à *Niout*. Nous avons vu ci-devant que Saül irrité y accourut lui-même : le cas fut périlleux, parce qu'à cette époque il dut être bien informé de l'onction secrète de David ; mais Samuel, toujours rusé, aura profité de cette entrevue pour calmer le roi, et faire avec lui sa paix ; il lui aura remontré qu'il n'avait pu se soustraire aux ordres du terrible *Jehowh;* il lui aura déclaré que désormais c'était l'affaire de Dieu de diriger son nouvel élu, et que lui personnellement ne se mêlerait plus de rien. Ce même raisonnement l'aura débarrassé de la tutelle de David, qui devint de plus en plus dangereuse ; car, peu de temps après, David ayant reçu asile et secours du grand prêtre Achimelek, toute la famille de ce prêtre fut massacrée sans pitié par l'ordre et en présence de Saül lui-même. On a droit de penser qu'un homme aussi fin que Samuel, et qui connaissait si bien le caractère de son premier pupille, avait depuis du temps apprécié le progrès de ses fureurs naturelles et maladives ; et la preuve de la conduite réservée du prophète depuis cette entrevue est qu'on le voit, deux ans après, mourir paisible, laissant dans l'esprit de Saül une si haute vénération de sa mémoire, que ce prince, la veille du combat où il périt, n'espéra de consolation et de secours que de la part de l'ombre de Samuel, qu'il fit évoquer par la magicienne de Aïndor. L'examen de cette scène de fantasmagorie serait un nouveau morceau curieux et instructif des usages du temps ; mais il me mènerait trop loin.

En résumé, vous voyez la conduite de Samuel s'expliquer dans tous ses détails par des causes naturelles, puisées dans les mœurs et les préjugés de sa nation ;

vous voyez toutes ses actions trouver leurs motifs palpables dans son caractère personnel toujours le même, toujours calculateur, astucieux, hypocrite, ambitieux de pouvoir, et louvoyant à travers les difficultés de sa position avec autant d'art que les circonstances le comportent. Je voudrais qu'après avoir lu mon commentaire, vous relussiez le texte qui me l'a fourni ; vous sentiriez mieux combien est transparent le voile de *prodiges* et de merveilles qui l'enveloppe ; vous vous convaincriez que ce merveilleux n'a existé que dans le cerveau visionnaire d'un peuple ignorant ; et vous vous étonneriez avec moi de l'entêtement aveugle qui prétend soutenir encore aujourd'hui de si sauvages erreurs ; mais le monde, qui à chaque génération redevient *enfant,* est toujours gouverné par la routine et par les vieilles habitudes. Il faut croire que chacun y trouve son compte ; les uns dans les illusions voient une mine à exploiter, et ils l'exploitent à la manière de Samuel et de sa *confrérie,* les autres y trouvent un aliment, une autorité au besoin de *croire,* qui semble un des attributs de la nature humaine : tel est le mécanisme de cette nature, que lorsqu'en notre enfance nos nerfs ont été pliés à certaines habitudes, toute la vie les sons mêmes et les mots qui s'y sont liés ont le pouvoir magique d'exciter et ressusciter en nous les mêmes mouvements, les mêmes dispositions [1]. On nous a imprégnés au ber-

---

[1] Qu'est-ce que *croire ?* je le demande au plus habile métaphysicien ; n'est-ce pas *voir comme existant* ce qu'on nous dit exister ? Mais ce tableau que l'on *voit* ou que l'on se figure *voir* peut n'exis-

ceau des récits de la Bible, on a lié les noms de ses personnages à certaines opinions, à certaines idées ; et voilà que les jugements qui nous ont été infusés s'incorporent avec nous, et persistent machinalement toute notre vie; j'ai souvent pensé, et j'en ai fait quelquefois l'expérience, que si à l'âge mûr on nous présentait ces mêmes récits, revêtus d'autres noms et comme venant de la Chine et des Indes, nous en porterions des jugements très-différents : là est la solution d'un problème qui souvent étonne dans la société, et qui consiste à trouver en des personnes d'ailleurs bien organisées un jugement sain et droit sur toutes les choses qu'elles ont apprises par elles-mêmes, mais constamment faux sur ce qu'elles ont appris par l'éducation du bas âge : dans le premier cas, leur âme ou principe intellectuel a opéré par lui-même, il a été conséquent en sensation et en jugement; dans le second cas, il n'a été qu'une machine à répétition, une horloge discordante, dont la sonnerie n'est pas d'accord avec le cadran que le soleil gouverne [1]. — Mais,

---

ter que dans notre *cerveau :* par exemple, d'anciens savants ont cru que le ciel était une voûte de cristal; il est clair que ce cristal, que cette voûte n'existaient que dans *leur cerveau* où ils la voyaient, et non dans le firmament. Toute la question des croyances est là. *Voir dans son cerveau :* cela ne dérange rien dans la nature. Josué ou son historien a-t-il vu autrement le soleil s'arrêter ? Répondez-moi, biblistes.

(Note de l'éditeur.)

[1] C'est encore par ce mécanisme que l'on voit souvent dans la vieillesse reparaître les impressions de l'enfance, qui avaient dormi pendant tout l'âge mûr. Par exemple, le physicien Brisson, élevé

à propos d'horloge, voilà que je crois, comme dans les *Contes arabes,* entendre l'heure m'avertir de clore ma *veillée* ou *nuit :* heureux si, ne l'ayant pas trouvée si amusante que ses *mille et une sœurs,* vous la jugez du moins plus utile en ses résultats.

Je suis, etc.

CONCLUSIONS DE L'ÉDITEUR

Questions de droit public sur la cérémonie de l'onction royale.

Notre voyageur a rempli ses fonctions d'historien critique ; nous sera-t-il permis de remplir celles de

dans le patois poitevin, l'avait perdu de vue dans sa très-longue résidence à Paris..... Devenu vieux, il eut une attaque d'apoplexie, qui, en lui laissant d'ailleurs ses facultés physiques, effaça toutes ses idées et connaissances acquises par l'étude, même le souvenir de la langue française : mais les impressions premières du *patois* de l'enfance reparurent et continuèrent jusqu'à sa mort, arrivée quelques mois après. Dans l'âge mûr, notre raison *tendue* repousse avec mépris les *loups-garous* et les *esprits revenants.* Dans la vieillesse, nos nerfs retombés dans l'état de végétation purement animale reprennent les *terreurs* de l'enfance : que d'exemples dans ce fameux siècle de Louis XIV, riche en arts d'imagination, pauvre en sciences exactes et physiques !

(*Note de l'Éditeur.*)

jurisconsulte scrutant les conséquences des faits présentés ? Nous n'entendons pas nous prévaloir du commentaire qui vient d'être lu : nous acceptons l'état des choses tel que le donne l'auteur original, encore qu'il ne soit point fondé en titre légal ; et nous bornant à raisonner sur le seul fait de l'onction conférée par Samuel, nous soumettons à nos lecteurs les questions suivantes :

1° Le Dieu que les Juifs peignent comme *endurcissant les hommes, afin de les perdre*; comme leur envoyant de *méchants esprits,* afin d'égarer leur raison ; comme *exterminant* tout un peuple, et *faisant hacher un roi* en pièces pour un fait arrivé 400 ans auparavant; ce Dieu peut-il être considéré comme le même qu'adorent les chrétiens, les Européens du dix-neuvième siècle de l'ère appelée de *grâce,* de charité et de lumière ? — (En d'autres termes :) Les anciens Hébreux ou Juifs se sont-ils fait de la Divinité les mêmes idées que s'en font les Européens actuels ?

2° Peut-on regarder les opinions des anciens peuples, sur n'importe quel sujet, comme obligatoires pour les peuples modernes? Et si dans le droit public un particulier ne peut en lier un autre ni dans ses actions ni dans ses pensées, peut-on admettre qu'une génération qui n'était pas née ait été liée d'esprit et de sensations par le fait d'une génération passée et dont la langue même lui est une énigme ?

3° Si dans aucun pays, si dans aucun code de justice, le fait le plus simple n'est admis comme *vrai* ou comme *apparent,* à moins de deux témoins, peut-on admettre des faits incroyables, sans aucun témoin autre que leur acteur et narrateur, nécessairement partial ?

4° Si dans aucun pays, si dans aucun code de justice, il n'est permis à un individu de se constituer, pour le moindre acte civil, le représentant d'une autre personne, sans exhiber un titre positif d'autorisation de cette personne, peut-on admettre, sans la plus stricte enquête, la prétention du premier venu qui se dit et se constitue représentant de *Dieu,* porteur de sa parole?

5° Peut-on espérer aucune paix parmi les hommes, aucune pratique de justice dans les sociétés, tant qu'il sera permis à des individus quelconques de s'arroger à eux-mêmes, de se conférer, de se garantir les uns aux autres la faculté de représenter *Dieu*, de lui donner des volontés, de lui interpréter des intentions?
— Toute action de ce genre n'est-elle pas l'affectation du pouvoir absolu, le premier pas au despotisme et à la tyrannie?

6° Toute *corporation* fondée sur ce principe de représentation ou d'autorisation divine n'est-elle pas une *conjuration* permanente contre les droits naturels de tous les hommes, contre l'égalité et la liberté des citoyens, contre l'autorité des gouvernements?

7° Si, chez les Juifs, l'établissement d'une royauté et d'un roi fut, comme le dit l'historien, une chose *contraire* à la volonté de *Dieu*, ne s'ensuit-il pas directement qu'au lieu d'être de droit divin, la royauté n'est qu'une invention de l'homme, une *rébellion* du peuple contre Dieu, et que le seul gouvernement saint et sacré est le *gouvernement* de Dieu par les *prêtres,* c'est-à-dire des prêtres au nom de Dieu?

8° Si Dieu, qui par sa toute-puissance pouvait d'un souffle exterminer le petit peuple hébreu ou changer leurs cœurs par l'envoi d'un *bon esprit,* si Dieu a préféré de se laisser forcer la main et de condescendre à leurs volontés, n'a-t-on pas droit d'en conclure que la Divinité même compte pour quelque chose la volonté du peuple, et qu'aucun pouvoir n'a le droit de la mépriser?

9° En admettant que Samuel n'ait pas été un usurpateur par fourberie; en admettant que l'installation de Saül par lui soit devenue légale à raison de l'assentiment du peuple, ne s'ensuit-il pas que le choix clandestin de David, fait sans aucune autorisation ni notion de ce même peuple, a été un acte illégal, contraire à tout droit public, et que le règne de toute la dynastie davidique est par cela même entaché d'*usurpation?*

10° Si dans le système des Juifs, l'onction conférée à David par Samuel eut un caractère indélébile à titre de divin, pourquoi, après la mort de ce prêtre et celle de Saül, le fils d'Isaï, qui fut un grand prophète théologien, trouva-t-il nécessaire d'assembler les *anciens (seniores et senatores)* d'abord de Juda, puis de tout Israël, pour se faire oindre publiquement et solennellement par eux[1]?

---

[1] Liv. II de *Samuel* ou des *Rois,* chap. v.

11° Si, comme il résulte des documents historiques, le sacre des rois de France a été institué à l'imitation de celui des rois juifs, n'est-il pas de stricte obligation d'y observer scrupuleusement les rites anciens et les *usages de nos pères*? Alors, puisque l'onction de Saül et de David par Samuel fut faite en *secret* et nullement en présence du peuple, quel droit le grand aumônier, ou tout prêtre chrétien, a-t-il de la rendre publique?

12° Si chez les Juifs le sacre par l'onction fut le transport du caractère sacerdotal sur la tête du roi, chez les Français un roi qui se fait sacrer entend-il participer à la prêtrise?

13° Si un roi de France reconnaît à un prêtre quelconque le droit de le sacrer aujourd'hui, n'est-ce pas lui reconnaître aussi le droit d'en sacrer un autre demain, à l'imitation du prophète Samuel?

14° De quel droit un individu quelconque peut-il sacrer un roi de France? Ce droit vient-il de l'évêque de Rome? Le roi de France est donc le vassal d'un prince étranger. Ce droit est-il *octroyé* au prêtre par le roi lui-même? Le roi se donne donc des droits. Où les puise-t-il? Est-ce dans la loi? Par qui a-t-elle été faite? Est-ce par lui? est-ce par le peuple? La *loi* est-elle un consentement mutuel de ces deux pouvoirs? N'est-elle que la force militaire? — Prenez-y garde; hors la *Charte*, tout est remis en question; tout redevient précaire et danger.

15° Si un sacre est une affaire d'État, pourquoi cette affaire est-elle de pur arbitre? Si c'est une cérémonie d'amusement, pourquoi la faire payer au peuple plus qu'une partie de chasse? Si c'est une cérémonie de piété, pourquoi en faire plus de bruit que de laver les pieds des pauvres et de toucher les écrouelles? Quand toute la morale de l'Évangile n'est qu'*humilité* et *simplicité*, pourquoi sa pratique n'est-elle que faste et dissipation?

Un digne et curieux appendice à cette histoire du prêtre Samuel serait celle de son pupille le berger David devenu roi. Il y a quelques années qu'un essai de ce genre fut publié à Londres sous le titre de *History of man according to God's own heart*, « Histoire de l'homme selon le cœur de Dieu ». L'auteur a bien saisi le caractère de cet homme, et il ne faut que savoir lire sans préjugé le livre juif pour le bien connaître par le récit de ses actions; mais cet auteur anonyme n'a pas su, comme le nôtre ici, analyser et faire ressortir les motifs qui ont dirigé David dans la plupart de ses actions; c'est là le plus piquant intérêt de la chose : l'on y verrait l'un des plus rusés, des plus subtils *machiavélistes* de l'antiquité : l'on y verrait que l'ancienne Asie a connu et pratiqué l'art raffiné de la tyrannie, longtemps avant que la perverse Italie moderne en eût rédigé les préceptes. En fait de talents militaires, en astuce politique, il y a une ressemblance frappante entre l'Hébreu David et le Carthaginois Annibal, qui tous deux parlèrent la même langue, furent élevés dans les mêmes usages nationaux et dans les mêmes principes de morale. Parmi les modernes, la meilleure copie du roi hébreu est le premier roi chrétien des Francs, Clovis, tel que vient de le peindre un poëte dans une tragédie qui est un portrait historique.

Un autre tableau serait celui du fils adultérin de David, ce Salomon de si célèbre sagesse. Il est à remarquer que tout ce que des voyageurs dignes de foi nous ont fait connaître depuis quelque temps de l'administration du pacha d'Égypte *Mehemed-Ali* se rapporte trait pour trait à ce que l'on nous raconte de celle de Salomon. Comme ce roi, le pacha turc a concentré en lui seul le commerce intérieur et extérieur de tout son peuple; lui seul achète et vend les blés, les riz, les sucres, toutes les denrées que produit l'Égypte; lui seul reçoit de l'étranger les cafés, les draps, les marchandises de tout genre, qu'il revend à son peuple. Il a, comme Salomon, un harem de plusieurs centaines de femmes, des écuries de plusieurs milliers de chevaux; de manière que, tout bien comparé, le pacha *Mehemed-Ali* est un Salomon, ou *Salomon* fut un pacha Mehemed-Ali. Nos voyageurs ajoutent que depuis longtemps le peuple d'Égypte n'avait été plus malheureux, vexé, pressuré avec plus d'*habileté* et de perversité. Les historiens juifs ne nous cachent pas qu'après la mort de Salomon le peuple se trouva si mécontent, si irrité, que ne pouvant obtenir de son fils les soulagements demandés, il éclata en révolte, et rejeta sa dynastie pour prendre des rois plus modérés. La *sagesse* de Salomon porte en hébreu le même nom que celle dont le Pharaon d'Égypte déclara vouloir se servir pour mieux accabler les Hébreux : *Opprimons-les,* dit-il, avec *sagesse,* (be hekmah). Nos docteurs déraisonnent sur ce mot; le fait est que son vrai sens est *habileté, emploi adroit et rusé de la puissance.* Mais Salomon bâtit un magnifique temple où furent logés et richement dotés de nombreux prêtres; et ces prêtres ont été ses historiens N'est-ce pas ainsi qu'a été écrite par des moines l'histoire des rois francs de la première et même de la seconde race ?

ÉCLAIRCISSEMENTS

SUR LES PROPHÈTES MENTIONNÉS AU § VIII, PAGE 372

Les usages et les mœurs des peuples asiatiques, et spécialement des races arabes au temps ancien et même actuel, sont si peu connus en général de nous autres Occidentaux, que beaucoup de lecteurs ont pu ou pourront croire que notre voyageur historien s'est livré à quelques idées systématiques dans ce qu'il a dit, § VIII, de la confrérie des prophètes. Nous regardons comme un devoir de confirmer la justesse de ses vues à cet égard, en joignant ici le témoignage d'un autre voyageur récent qui, dans une brochure intitulée : *Notice sur la cour du Grand Seigneur, suivie d'un Essai historique sur la religion mahométane* [1], a publié des faits notoires déjà cités par d'autres historiens, tels que Paul Rica, qui démontrent, dans l'état présent, le miroir authentique et fidèle de l'état passé. Nous allons copier quelques articles de la page 148.

DES SANTONS, AIFAQUIS, SCHEIKS, HOGIS ET TALISMANS.

« Les trois premiers ordres sont parmi les Turks les plus émi-
« nents dans le sacerdoce, et ils l'exercent avec beaucoup d'autorité;

---

[1] Un volume in-8o, publié en 1809, à Paris, par Joseph-Eugène Beauvoisins chef d'escadron et juge militaire au tribunal spécial de Naples.

« les hogis et talismans tiennent le rang de diacres et sous-diacres. »
Les santons assistent à l'office (de la mosquée), récitent les prières, expliquent des textes du Qoran, et sont quelquefois d'une telle véhémence, qu'ils manient les esprits au gré de leurs passions. On en vit un grand exemple en 1564, lorsque Soliman II hésitait d'aller assiéger Malte. Un de ses santons, prêchant un vendredi devant le sultan, parla avec tant de force, que le peuple, transporté de haine contre les chrétiens, demanda la guerre à grands cris, et contraignit Soliman de la promettre sur-le-champ. On sait combien de milliers de soldats y périrent, et combien fut honteuse la retraite de Soliman.

En 1600, vivait dans la ville d'Alep un vieillard septuagénaire de l'ordre des santons, qui s'était acquis une telle réputation de sainteté, qu'elle attirait un grand concours de peuple dans sa maison, quoique son humeur sauvage en rendît l'accès difficile. Les grands de l'empire en avaient seuls l'entrée; mais, croyant en recevoir des bénédictions, ils n'en recevaient que de fortes réprimandes.

Ce vieillard avait passé douze années entières dans sa maison sans en sortir, et depuis trois ans il n'avait pas seulement dépassé le seuil de la porte de sa chambre, quand un vœu qu'il avait fait interrompit sa solitude, et le força à faire un voyage à Jérusalem. Le bruit s'en répand bientôt dans les environs d'Alep; le peuple accourt pour le voir partir, et se rend en foule sur son passage, aux portes de la ville, dans les rues, devant sa maison : il parut, monté sur une mule que son fils menait par la bride, et tenant les yeux fermés pour être plus recueilli dans ses méditations; il s'éleva un cri universel d'admiration. Les spectateurs, se séparant ensuite en trois bandes, marchèrent devant lui, et l'accompagnèrent par honneur à trois lieues de la ville. Le pacha d'Alep était de cette troupe, suivi de deux cents chevaux; et celui du Caire vint au-devant de lui avec un appareil pompeux. Ces deux pachas abordèrent notre santon au milieu de la campagne, et lui soutinrent les bras, jusqu'à ce qu'il les eût priés de se retirer. Les lieux par où il passait étaient couverts d'hommes accourus de tous côtés pour voir un saint.

DES MOINES TURKS

Les moines turks se partagent en quatre classes; les géomailers, les dervis, les calenders et les torlaquis.

Les géomailers sont des jeunes gens de bonne maison, polis, formés aux usages du monde ; ils voyagent en Barbarie, en Egypte, en Arabie, en Perse et même dans les Indes orientales. Ils sont vêtus d'une saye de pourpre violette qui leur descend jusqu'aux genoux, et portent une longue ceinture d'or et de soie, au bout de laquelle sont suspendues des cymbales d'argent, dont le son joint à leur voix forme une agréable harmonie. Une peau de lion ou de léopard, nouée avec les deux pattes de devant sur leur poitrine, leur sert de manteau. Ils ont pour chaussure des sandales de corde ; ils vont tête nue, et laissent croître leurs cheveux, qu'ils ont soin de parfumer. Un livre d'amour plein de chansons qu'ils ont composées en langue arabe ou persane est le seul qu'ils lisent. Par les chansons et la musique de leurs cymbales, ils amusent les artisans, qu'ils obligent ainsi de leur donner de l'argent. Ils sont tous aussi savants qu'il est possible aux Turcs de l'être. Aussi écrivent-ils les relations de leurs voyages, et leurs discours sont-ils propres à séduire les jolies femmes, qui d'ailleurs ont beaucoup d'inclination pour eux.

Les dervis sont vêtus de deux peaux de mouton ou de chèvre, séchées au soleil ; ils vont tête et pieds nus, se rasent les cheveux, la barbe et tout le poil du reste du corps, et se brûlent les tempes avec un fer chaud, ou un morceau de jaspe de diverses couleurs. Ils habitent hors des villes, dans les faubourgs et dans les villages. Ils voyagent au retour du printemps ou pendant l'automne ; et partout où ils passent, ils laissent des marques de leur lubricité. S'ils rencontrent en leur chemin un passant qu'ils jugent un peu aisé, ils lui demandent l'aumône en l'honneur d'Hali, gendre de Mahomet ; s'il refuse, ils lui coupent la gorge, en l'assommant avec une petite hache qu'ils portent à la ceinture. Ils violent les femmes qu'ils trouvent à l'écart et se livrent entre eux aux excès les plus monstrueux.

Le chef-lieu de leur ordre est dans l'Asie Mineure. Il est bâti tout près de la tombe d'un personnage de leur secte, dont ils célèbrent la mémoire et révèrent les ossements. Leur général loge dans ce monastère, qui contient cinq cents religieux : ils l'appellent Assambaba, c'est-à-dire *père des pères*. Le vendredi est leur jour de fête. Après l'office, ils se rendent dans les prairies qui environnent leur monastère ; ils y dressent des tables et se livrent aux plaisirs de la bonne chère. Le général est assis au milieu d'eux. Après le repas, ils se lèvent et font leur prière d'actions de grâces. Ensuite deux jeunes garçons leur apportent d'une certaine poudre enivrante, et des feuilles d'une plante qu'ils nomment *mastach*. Après en avoir pris, ils passent bientôt de la joie à la fureur. Dans cet état, ils allument un grand feu, et se tenant par la main, ils dansent autour, et parviennent à un tel degré d'exaltation, qu'ils se déchirent la peau de mille manières et y tracent avec leurs couteaux diverses figures, comme des fleurs ou la figure d'un cœur, ou des paroles analogues à leurs amours.

A ces extravagances, ils ajoutent une certaine danse qu'ils exécutent en tournoyant avec une incroyable vitesse. Ils se forment en cercle ; un de la troupe commence à battre un tambourin et à se mettre à tourner. Les autres le suivent, et tournent si rapidement qu'il est impossible de discerner leurs traits. Tant que dure ce mouvement, ils récitent lentement certaines prières, jusqu'à ce que, les forces venant à leur manquer, ils tombent à terre comme morts. Quand ils se sont relevés ils recueillent les aumônes des assistants.

Malgré tous leurs exercices religieux, les dervis sont méprisés à Constantinople ; on les regarde même comme des hommes dangereux. Néanmoins, les habitants de cette ville ne refusant l'aumône à personne, ils y trouvent de quoi remplir leurs besaces aussi bien qu'ailleurs.

Les calenders sont moins vicieux que les dervis. Ils sont vêtus d'une petite robe courte, sans manches, peu différente d'un cilice, étant tissue de poil de cheval ou de chameau, mêlé avec de la laine. Ils se rasent le poil et se couvrent la tête d'un bonnet de feutre à la grecque, bordé à l'entour de franges longues de quatre doigts, faites de crin de cheval. Ils portent au cou un gros anneau de fer, en signe d'obéissance qu'ils rendent à leurs supérieurs. Leurs oreilles sont ornées d'anneaux du même métal. Ils font gloire du célibat, et portent d'énormes anneaux de fer qui les mettent dans l'impossibilité d'en enfreindre les lois. Ils demeurent dans de petites chapelles nommées *techie*.

Ces moines ne sont pas plus exempts d'ambition que les autres hommes ; et leurs anneaux de fer, et leur cilice, et leur grand bonnet n'empêchent pas qu'ils n'entrent dans les révoltes contre l'autorité du souverain. En 1526, l'empereur Soliman étant occupé à la guerre de Hongrie, les calenders se prévalurent de son absence pour se joindre aux dervis, et sous la conduite d'un nommé Zélebis, s'emparèrent de plusieurs places de l'Asie Mineure. Le peuple entra avec une sorte de fureur dans leur révolte, et nombre de soldats s'enrôlèrent sous leurs drapeaux. Au retour de son expédition, Soliman, pour éteindre ce feu qui menaçait le reste de l'Asie d'un embrasement général, envoya en diligence contre les rebelles le pacha Ibrahim, avec une partie de l'armée qui avait triomphé de la Hongrie. Les moines attendirent ce général avec toutes leurs forces et lui présentèrent la bataille. Quoiqu'ils ne fussent pas accoutumés aux exercices militaires, ils combattirent avec tant de courage, qu'ils arrêtèrent tout court les braves et vieux soldats de Soliman, et que la victoire resta indécise jusqu'à ce que le pacha, outré de la résistance de cette canaille, s'empara de l'enseigne la plus remarquable de son armée, et la jeta au milieu des ennemis, en criant à ses soldats : *Laissez ces moines vous ravir l'honneur de vos victoires, et qu'ils se glorifient maintenant d'avoir vaincu les vainqueurs des Hongrois* A peine eut-il achevé, que les troupes, animées d'une ardeur incroyable, se précipitent sur les moines, les enfoncent, leur arrachent l'enseigne que le pacha leur avait jetée, et les taillent en pièces. Le chef de la révolte fut tué ; et au lieu de retourner dans leur monastère, les moines qui échappèrent au carnage cherchèrent un asile dans les cavernes et les déserts.

Les torlaquis s'habillent à peu de chose près comme les dervis ; ils portent un bonnet de feutre sans bord, de la forme d'un pain de sucre cannelé ; le reste de leur corps est nu : ils ne savent ni lire, ni écrire, sont grossiers, fainéants, et passent leur vie dans une honteuse mendicité. Ils fréquentent les bains, les cabarets et les maisons de débauche, pour y trouver un dîner ou attraper quelques pièces d'argent, tout en marmottant des prières. A la campagne ou dans les bois, s'ils rencontrent un passant bien vêtu, ils le dépouillent, ils lui enlèvent son argent, et lui assurent que la volonté de Dieu est qu'il aille nu comme eux. Ils se mêlent aussi de prédire l'avenir ; et pour tromper le bas peuple, ils regardent dans les mains, comme font nos diseuses de bonne aventure. Ils mènent ordinairement avec eux un vieillard de leur ordre, fourbe habile, à qui ils affectent de rendre des honneurs presque divins. Quand ils arrivent dans un village, ils le logent dans la meilleure maison, et se rangent autour de lui, observant ses gestes et ses paroles. Le vieillard, après avoir affecté un grand air de sainteté et marmotté quelques prières, se lève tout à coup, et jetant de profonds soupirs, invite ses collègues à sortir promptement du village, qui, dit-il, va être détruit, en punition des péchés de ceux qui l'habitent ; le peuple, épouvanté, accourt de toutes parts, et comble les torlaquis d'aumônes, pour qu'ils obtiennent la miséricorde divine.

AUTRES RELIGIEUX TURKS

Outre les religieux dont nous venons de parler, les Turks ont encore certains solitaires qui ne sont sujets aux lois d'aucun iman ni général d'ordre, mais qui vivent en leur particulier, se logent dans des espèces de boutiques, en couvrent le pavé de peaux de bêtes sauvages, et tapissent les murailles de différentes espèces de cornes. Au milieu de cette loge ils placent un escabeau, le couvrent d'un tapis vert, et mettent dessus un chandelier de laiton sans lumière : ils traînent avec eux un cerf, un loup, un ours ou un aigle, symboles de leur renonciation au monde. Cependant ils vivent au milieu des grandes villes et des villages les plus peuplés ; on en voit beaucoup à Andrinople. Dans cette boutique où ils ont pris leur logement, ils reçoivent de l'argent et des vivres que la charité turke leur envoie : s'ils n'y font pas leurs affaires, ils se promènent dans les rues avec un des animaux dont on a parlé plus haut, au cou duquel ils ont suspendu une clochette pour avertir les habitants de leur donner l'aumône.

Il ne faut pas oublier les pèlerins de la Mecque, qui, après un si saint voyage, se dévouent le reste de leur vie à porter de l'eau par les carrefours, et à donner à boire à qui le désire. A cet effet, ils portent, pendue en écharpe, une outre de cuir couverte d'un drap de couleur, où sont brodées des feuilles de plusieurs sortes ; ils ont à la main une tasse de laiton dorée et damasquinée, dont le fond est orné de jaspe ou de calcédoine, pour rendre l'eau plus agréable à la vue. Tandis qu'ils la versent, ils exhortent ceux qui la reçoivent à mépriser les vanités de la vie, à penser à la mort ; ils ne demandent aucune récompense pour ce service, mais ils reçoivent l'argent qu'on leur donne, et répandent de l'eau de senteur sur la barbe de celui qui le leur offre. Il ne faut pas croire néanmoins à leur parfait désintéressement ; car on les voit quelquefois attroupés en grand nombre et demandant une rétribution à tous ceux qu'ils rencontrent, en l'honneur de quelque saint dont ils célèbrent la fête ce jour-là.

On voit par ces tableaux comment de tout temps un esprit d'astuce et de fourberie a suscité dans les Etats mal policés, chez les peuples crédules et superstitieux, des associations de fripons et d'escrocs qui, sous le manteau de la religion et les grimaces de la piété, ont su s'affranchir de la morale commune, et lever sur la multitude et même sur l'autorité militaire et civile, des contributions arbitraires au profit de leurs passions et de leurs vices. Comme les hommes placés dans les mêmes circonstances prennent presque toujours des habitudes semblables, on ne peut douter que chez les Hébreux il n'y ait eu des confréries d'un genre analogue, et que ces prédiseurs ou prophètes qui se montraient nus en public, même par les processions comme le fit si notoirement David, n'aient eu beaucoup d'analogie avec les moines musulmans que nous venons de citer ; surtout lorsque la religion et les rites musulmans ne sont, pour ainsi dire, que le judaïsme modifié.

TABLE DES MATIÈRES

CONTENUES DANS CE VOLUME

LES RUINES

Invocation	1
Chapitre 1er. Le voyage	3
II. La méditation	6
III. Le fantôme	12
IV. L'exposition	18
V. Condition de l'homme dans l'univers . . .	24
VI. État originel de l'homme	27
VII. Principes des sociétés	28
VIII. Sources des maux des sociétés	31
IX. Origine des gouvernements et des lois . .	33
X. Causes générales de la prospérité des anciens États	36
XI. Causes générales des révolutions et de la ruine des anciens États	41
XII. Leçons des temps passés répétées sur les temps présents	52
XIII. L'espèce humaine s'améliorera-t-elle ? . .	68
XIV. Le grand obstacle au perfectionnement . .	77
XV. Le siècle nouveau	82
XVI. Un peuple libre et législateur	88
XVII. Base universelle de tout droit et de toute loi	91

Chap. XVIII. Effroi et conspiration des tyrans. 94
XIX. Assemblée générale des peuples. 97
XX. La recherche de la vérité 102
XXI. Problème des contradictions religieuses. . 114
XXII. Origine et filiation des idées religieuses. . 144
§ 1er. Origine de l'idée de Dieu : culte des éléments et des puissances physiques de la nature. 149
§ II. Second système. Culte des astres, ou sabéisme 153
§ III. Troisième système. Culte des symboles, ou idolâtrie 157
§ IV. Quatrième système. Culte des deux principes, ou dualisme. . . . 168
§ V. Culte mystique et moral, ou système de l'autre monde. 173
§ VI. Sixième système. Monde animé, ou culte de l'univers sous divers emblèmes 177
§ VII. Septième système. Culte de l'Ame du monde, c'est-à-dire de l'élément du feu, principe vital de l'univers. 181
§ VIII. Huitième système. Monde-Machine, culte du Dèmi-Ourgos ou Grand Ouvrier 182
§ IX. Religion de Moïse, ou culte de l'âme du monde (You-piter). 186
§ X. Religion de Zoroastre. 187
§ XI. Brahmisme, ou système indien . . 188
§ XII. Bouddhisme, ou systèmes mystiques. 189
§ XIII. Christianisme, ou culte allégorique du soleil sous les noms cabalistiques de *Chris-en* ou *Christ*, et d'*Yès-us* ou *Jésus*. 190
XXIII. Identité du but des religions 199
XXIV. Solution du problème des contradictions. . 211

LA LOI NATURELLE

Avertissement de l'éditeur. 221

Chapitre Ier. De la loi naturelle. 223
    II. Caractères de la loi naturelle 226
    III. Principes de la loi naturelle par rapport à
        l'homme 232
    IV. Bases de la morale; du bien, du mal, du
        péché, du crime, du vice et de la vertu . 238
    V. Des vertus individuelles 242
    VI. De la tempérance. 244
    VII. De la continence 248
    VIII. Du courage et de l'activité. 251
    IX. De la propreté. 255
    X. Des vertus domestiques. 257
    XI. Des vertus sociales; de la justice. . . . 262
    XII. Développements des vertus sociales . . . 265

Notes servant d'éclaircissements et d'autorités à divers
passages du texte 275

HISTOIRE DE SAMUEL

Préface de l'éditeur 325

    § Ier. Préliminaires du voyageur. — Motifs acciden-
        tels de cette dissertation. 327
    § II. Histoire de Samuel, calculée sur les mœurs du
        temps et sur les probabilités naturelles. —
        Dispositions morales et politiques des Hé-
        breux au temps de Samuel. 337
    § III. Enfance de Samuel, circonstances de son édu-
        cation; son caractère en devient le résultat. 342

§ IV. Caractère essentiel du prêtre en tout pays ; origine et motifs des corporations sacerdotales chez toute nation 346

§ V. Manœuvres secrètes en faveur de Samuel. — Quel a pu en être l'auteur ? 350

§ VI. Nouvelle servitude des Hébreux. — Samuel dans sa retraite prépare leur insurrection et devient suffète ou juge. — Superstition du temps. 357

§ VII. Le peuple rejette les enfants de Samuel et le force de nommer un roi. — Samuel a exercé la profession de devin. 364

§ VIII. Qu'était-ce que les prophètes et la confrérie des prophètes chez les anciens Juifs ? 372

§ IX. Suite de la conduite astucieuse de Samuel. — Première installation de Saül à Maspha. — Sa victoire à Iabès. — Deuxième installation. — Motifs de Samuel. 380

§ X. Brouillerie et rupture de Samuel avec Saül. — Ses motifs probables 392

§ XI. Destitution du roi Saül par le prêtre Samuel. . 398

§ XII. Samuel, de sa seule autorité, et sans aucune participation du peuple, oint le berger David et le sacre roi en exclusion de Saül. . . . 404

§ XIII. Origine de l'onction (à l'huile ou à la graisse). 411

Conclusions de l'éditeur 420

Éclaircissements 428

FIN DE LA TABLE

Abbeville. — Typ. et stér. Gustave Retaux.

www.ingramcontent.com/pod-product-compliance
Lightning Source LLC
Chambersburg PA
CBHW070210240426
43671CB00007B/604